能源经济与低碳政策丛书

中国电力系统
效率评价与节能减排优化策略研究

POWER SYSTEM IN CHINA

Efficiency Evaluation and Optimization Strategy for Energy
Saving and Emission Reduction

解百臣　李汶华　段　娜　张　涛　等　著

科学出版社

北京

内 容 简 介

本书从理论方法和实证分析两个角度对电力系统及其各部门的效率进行深入探究。首先,对中国电力行业发展概况和国内外效率测度分析方法进行全方位、多层次阐述;其次,就发电部门展开研究,分别探讨了影响火电行业生产效率、环境效率和可再生能源发展路径的影响因素;再次,对输配部门的技术效率和服务效率进行讨论,并研究外部异质性因素对效率值的影响;最后,立足于电力系统整体视角深入探讨区域电力系统效率差异的原因,以及子部门对整体效率变化的贡献,为决策者提供技术支持方案和政策改革建议。

本书可供电力系统及能源领域的企事业单位管理工作者、各级政府部门决策人员、高等院校师生、科研机构政策研究人员等相关人士阅读参考。

图书在版编目 (CIP) 数据

中国电力系统效率评价与节能减排优化策略研究/解百臣等著. —北京:科学出版社,2021.3
(能源经济与低碳政策丛书)
ISBN 978-7-03-068269-7

Ⅰ. ①中⋯ Ⅱ. ①解⋯ Ⅲ. ①电力系统-节能减排-能源政策-研究-中国 Ⅳ. ①F426.61

中国版本图书馆 CIP 数据核字(2021)第 040463 号

责任编辑:徐 倩 / 责任校对:贾娜娜
责任印制:张 伟 / 封面设计:无极书装

科学出版社 出版
北京东黄城根北街 16 号
邮政编码:100717
http://www.sciencep.com

北京盛通商印快线网络科技有限公司 印刷
科学出版社发行 各地新华书店经销

*

2021 年 3 月第 一 版 开本:720×1000 B5
2021 年 3 月第一次印刷 印张:21 1/4 插页:2
字数:444 000

定价:228.00 元
(如有印装质量问题,我社负责调换)

总　序

　　能源和环境约束已经成为人类经济社会发展的重大挑战，节能减排和应对气候变化已经纳入中国社会经济发展的长远规划和发展战略中。中国在大力发展新能源和可再生能源、提高能源利用效率、降低单位国内生产总值（gross domestic product，GDP）碳排放强度的同时，进一步在《能源发展"十三五"规划》中提出"能源消费总量控制在 50 亿吨标准煤以内"。我国计划在 2030 年左右使二氧化碳排放达到峰值，并争取尽早实现。

　　不断深入的能源革命和节能减排实践，对经济学和管理学提出了新的挑战和要求，包括经济结构调整和经济转型、能源市场化改革、气候变化的全球性、新能源新技术的发展动力等，这些既有国际范围的课题，又有中国特有的课题。范英教授带领的研究组是国内较早对这些课题开展系统深入研究的团队，他们围绕能源和环境的现实挑战，应用扎实规范的经济学和管理科学理论方法，长期耕耘探索，不断积累，形成了丰富的研究成果。"能源经济与低碳政策丛书"是这些优秀成果的汇编，丛书具有以下鲜明的特点。

　　问题来源于实践。丛书中每本专著的选题都来自现实的能源环境挑战，特别是针对中国经济的特点和所处的发展阶段，发挥了经济学和管理科学的学以致用的特点，直面问题，揭示规律，探索机制，提出优化的政策建议。

　　研究方法有创意。丛书采用规范的经济学和管理科学研究方法，基于大量的实际数据，将理论研究和实证研究相结合。书中涉及很多数学模型和计算，研究成果已经过同行评议，并发表在国际、国内一流学术期刊上。

　　重视研究成果的落实。在理论研究和模型分析的基础上，注重讨论决策和机制设计问题，以及决策变量与环境条件参数的关系，将现实的决策与未来的情景分析结合起来，最后推导出优化的政策选择。

　　"能源经济与低碳政策丛书"选题新颖、内容丰富、论证严谨，理论与实证相结合，具有创新性、前瞻性和实用性，是一套优秀的学术丛书。我希望并深信这套丛书的出版将进一步推动中国能源经济学、环境经济学和能源环境管理学科的发展，推动中国能源环境决策的科学化和国际化。希望范英教授团队和国际、国内同行一道，在应对能源和环境挑战的事业中不断做出新的贡献。

中国优选法统筹法与经济数学研究会原理事长

中国科学院科技政策与管理科学研究所原所长

2015 年 10 月于北京

序

在 2015 年 11 月的第 21 届联合国气候变化大会上，我国向世界庄严承诺，中国将于 2030 年左右使二氧化碳排放达到峰值并争取尽早实现，2030 年单位国内生产总值二氧化碳排放比 2005 年下降 60%～65%。在 2016 年发布的《能源发展"十三五"规划》中，我国明确提出对能源消费强度和消费总量实施双控制；2017 年印发的《能源生产和消费革命战略（2016—2030）》则从能源消费总量、非化石能源占比、单位国内生产总值二氧化碳排放、单位国内生产总值能耗、能源自给能力等角度制定了我国的能源发展战略目标。

2000 年以来，我国电力、热力行业占全社会碳排放总量的比例一直维持在 40% 以上，要实现总体减排的目标，必须减少以电力行业为代表的高能耗行业的化石燃料消耗。近年来，我国电力行业生产效率显著提高，此外，火电行业单位千瓦时能耗下降明显，清洁能源电力发展、特高压电网建设等均取得了举世瞩目的成绩。但严峻的减排形势带来的挑战仍然需要更大力度的政策激励和技术进步来化解，需要大力发展绿色能源，优化电源结构。习近平总书记在哈萨克斯坦纳扎尔巴耶夫大学发表演讲并回答学生们提出的问题，在谈到环境保护问题时他指出："我们既要绿水青山，也要金山银山。宁要绿水青山，不要金山银山，而且绿水青山就是金山银山。"[①]这一科学论断中构想了未来经济社会发展的新局面。

自 1997 年以来，我国推行了多项电力改革政策。其中影响最大的是 2002 年发布的《国务院关于印发电力体制改革方案的通知》（国发〔2002〕5 号）（以下简称 5 号文）和 2015 年印发的《中共中央 国务院关于进一步深化电力体制改革的若干意见》（中发〔2015〕9 号）（以下简称 9 号文），其间还相继发布了煤电价格联动、输配分离体制改革、清洁能源补贴等多项政策。这些举措的提出，加快了电力行业管理体制改革、清洁能源开发和电网建设，使得我国逐步从传统的单一电源供应转向多种电源协调发展。然而，在具体实施过程中，由于我国各个地区的资源禀赋、地理条件等多方面的差异，不同地区、不同企业的政策执行效果参差不齐。如何科学地评估电力行业的发展，研究电力企业效率差异的原因，分析哪些因素是电力企业通过自身努力可以改变的，进而测算其效率提高的空间，对于政策制定者提高管理水平、进一步改进政策执行效果大有裨益。

---

① 《习近平总书记系列重要讲话读本》——八、绿水青山就是金山银山——关于大力推进生态文明建设. http://theory.people.com.cn/n/2014/0711/c40531-25267092.html[2019-09-30]。

对于发电部门效率评价的研究，经历了生产效率、环境效率、环境成本效率等多个发展阶段。非参数数据包络分析（data envelopment analysis，DEA）方法和参数随机前沿分析（stochastic frontier analysis，SFA）方法是目前电力系统效率评价中应用非常广泛的两种方法。这两种方法自 20 世纪 70 年代首次提出以来一直是学术研究的热点和前沿，其建模理论与实证研究均取得了丰硕的成果。在这一颇具挑战性的研究方向上，解百臣教授做出了突出的贡献。通过多年的研究，研究团队逐步形成了具有中国特色的电力系统环境效率评价理论方法体系；采用多种方式改进算法设计，提高了效率评价方法的稳健性；创新性地提出并证明了"电力自给率"能影响我国电力生产和排放配额分配；影响清洁能源发展的关键要素并非发电部门，而是电网建设和经济发展；我国的电网效率研究必须考虑异质性因素和服务质量；逐渐形成了构成该书核心内容的效率评价理论方法体系，产出了一系列重要的科研成果，在国内外产生了广泛的学术影响。

该书凝聚了作者研究团队多年的心血，以科学严谨的多目标决策理论和方法为基础，对传统电力系统效率评价理论进行了深入的思考、探索和扩展。围绕效率评价、政策分析、碳排放控制、异质性因素影响分析、减排优化策略选择等一系列亟待解决的科学问题开展了规范的方法探索、深入的实证研究，提出了具有理论高度和实践意义的政策建议。这部著作是作者在电力系统效率评价理论与实证研究方面典型成果的总结，也是对该研究领域的再思考、再探索。特别是文中提出了"电力自给率""电网服务效率"的概念，分析了异质性因素的影响，为推进本领域的研究工作做出了重要贡献。

希望该书的出版能够有效促进中国电力系统效率评价与节能减排优化路径的研究，为相关领域研究人员提供有效的策略分析工具，为政府部门提供决策技术支持。

范　英

北京航空航天大学经济管理学院院长

2020 年 5 月于北京

前　言

电力是当前应用最广泛的终端能源，影响社会的现代化、城镇化与智能化进程，电力系统是我国化石能源消耗与碳排放占比最大的行业。早在《能源发展"十二五"规划》中便已经提出了实行能源消费强度和消费总量双控制的举措，《能源发展"十三五"规划》进一步明确了具体要求，电力系统的节能减排工作面临着巨大的挑战。2000 年以来，电力行业的生产效率显著提高。截至 2018 年底，厂用电率从 6.28%降低到 4.70%，火电行业单位千瓦时能耗从 363 克标准煤降低到 308 克标准煤，单位千瓦时火电生产所产生的粉尘、二氧化硫、氮氧化物排放量分别下降 98%、96%和 94%；电网的线损率从 7.70%降低到 6.21%，电网户户通覆盖率从 98%提高到 100%，并于 2015 年实现了全国范围内的户户通；清洁能源发电、特高压电网也经历了从无到有的发展过程，目前总规模均遥居世界首位。

这些成果虽然显著提高了电力行业的生产效率，但仍不足以实现我国在巴黎联合国气候变化大会上制订的减排计划，更不足以应对日益增加的环境压力、实现社会可持续发展。我国正大力推进清洁能源发展和电力市场化改革，通过持续的政策改革和技术创新，大力发展绿色能源，优化电源结构，减少能源消耗和环境污染。燃料结构、技术水平的差异及有限能耗配额的竞争关系同样凸显科学评价电力系统环境效率的重要性。如何科学评估以往政策改革的成效，如何在保证电力供应的前提下加快清洁能源发展，如何逐步实现电源结构的优化调整是亟待研究的重要课题。

本书运用多目标规划、计量经济学、能源经济学和可持续发展的相关理论、方法，围绕污染物减排、经济效益及经营体制间的影响机理，构建既能反映成本，也能反映碳排放等非理想产出，同时考虑异质性因素影响的多种环境成本效率评价模型；研究发电部门、电网及电力系统整体的效率变动趋势，提出环境成本效率评价指标体系的选择方案。研究成果可用于以往政策改革效果分析，以及市场化改革背景下各决策主体环境成本效率改进策略研究；希望能为探索电力体制改革新方向提供基础理论框架和决策技术支持。本书关注的主要问题包括以下几个方面。

1. 21 世纪以来电力行业取得的成就

近年来，我国电力行业取得了举世瞩目的成绩。就发电部门而言，装机容量、发电量快速增长，技术创新加快，电源结构不断优化，污染物排放减少，尤其是清洁能源经历了从无到有的快速发展，所占比例不断攀升；反映到电力输配行业，电网投资快速增长，超高压、特高压线路建设稳步推进，清洁能源消纳能力不断提升，供电可靠性不断提高。

2. 21 世纪主要电力政策、效果及挑战

对我国电力行业发展影响较为深远的是 2002 年发布的 5 号文和 2015 年印发的 9 号文，其间还发布了煤电价格联动、特高压电网建设、清洁能源补贴等多项政策。本书从政策改革和改革成就两个视角梳理了电力行业改革历程，同时指出现阶段高碳电源结构导致的污染与碳排放问题的严峻性，明确不断提升的能源效率是助力"新常态"下经济发展的有力工具。

3. 电力系统效率评价综述

关于电力系统效率的研究最早可追溯至 20 世纪 60 年代关于企业生产非效率原因的讨论。数据包络分析和随机前沿分析方法的出现开启了效率研究的新篇章，二者也成为目前电力系统效率评价中应用最为广泛的两种方法。根据研究对象的差异，电力系统效率的研究可以分为发电部门、输配部门和电力系统整体的效率研究；根据研究视角的差异，电力系统效率的研究可以分为生产效率研究、环境效率研究和服务效率研究等。本书通过综述以往研究成果在方法演进、指标选择、分析视角上的变化，为后续研究工作奠定基础。

4. 发电部门环境效率比较研究

发电部门是最大的一次能源加工转化部门，也是电力部门的重要组成部分，是国家实现总体节能减排目标的关键。为提高评价结果的客观性，分析外部环境因素对评价结果的扰动，使所有决策单元具有共同的比较基础和比较条件是非常必要的，而研究视角、投入产出指标、评价方法的选择均影响评价结果。本书采用的三阶段数据包络分析方法提高了评价结果的客观性，对比分析生产效率和成本效率，以及是否分离异质性因素对评价结果的影响，进而提出效率提升及节能减排策略建议。

5. 发电部门动态环境效率分析

在节能减排、可持续发展的时代背景下，单纯的生产效率、成本效率研究已不能适应社会发展的需要，效率评价中必须考虑二氧化碳排放等非理想产出。效率评价的基本思想是评估特定决策主体在所有决策单元中的相对排序，而我国正

逐步从强度减排过渡到总量减排，各省减排配额分配存在竞争关系。本书结合 Malmquist 指数和自助法，通过使用博弈交叉模型和系统广义矩模型研究不同省发电部门环境效率与能源效率的差异，以及总量约束对评价结果的影响。

6. 政策改革对企业环境效率影响机理研究

尽管国家的减排目标通常是按行政区域分配的，但企业才是市场竞争中真正的决策主体。企业通常以追求经济效益为目标，被动适应国家节能减排政策的要求，而大量环保资金的投入既给企业带来成本压力，其效用发挥又存在时滞现象。本书首先研究发电企业的成本效率，然后考虑发电企业竞争环境下的博弈交叉动态环境效率，并结合市场煤和计划电的双轨制背景，探究煤电价格联动机制对火电企业环境效率的影响。

7. 清洁能源发展影响因素及路径探究

随着技术的不断突破，近年来可再生能源电源投资已超过火电行业，其发电比例也在不断攀升。风电、光伏发电等区别于传统火电的主要特点在于，其供电稳定性差，发电能力受资源禀赋影响大，因而探索可再生能源发展影响因素及持续发展路径显得尤为重要。本书采用随机动态规划方法构建能源-经济-环境综合模型，从成本最小化角度出发，探讨 2018～2050 年中国光伏发电的最优发展路径，为可再生能源深度发展提供决策技术支持；基于广义巴斯模型提出一个创新扩散模型，分析和预测八个陆上风电基地和全国海上风电的装机容量增长情况，分析不同地区风电发展的制约因素。

8. 输配电部门生产效率分析

电力系统涵盖发、输、配、售四个既紧密联系又相对独立的环节，提高其环境效率需要多个子部门的通力合作。输配环节由电网公司经营，与发电部门不同的是它直接面向用户，是电力作为公共物品的直接践行者。输配环节生产效率的提高，可以节约电量，间接提高电力系统环境效率。但同时电网基础设施投资巨大，具有自然垄断性，经营情况除了受电网公司自身的管理能力影响外，还受天气、地形等自然条件影响。本书将线路损耗作为非理想产出，将外生环境因素作为解释变量研究提高电网公司生产效率的方法。

9. 输配电部门服务效率研究

与其他国家电网公司相比，我国电网企业承担了更多公共服务的职能。国家为了提高电网覆盖率，保障偏远地区、困难群众用电，所耗费的成本远大于收益，这与电网公司追求经济效益的目标相违背。这种政策取向甚至在有些情况下会扭曲电力商品的经济属性，导致电力过剩、资源配置不均衡等问题。本书尝试将电源结构、地理位置、天气、客户服务和供电可靠性等指标纳入同一评价指标体系，探究影响电网服务效率的关键因素。

10. 一体化电力系统环境效率研究

电力系统是一个由发、输、配、售部门组成的复杂体系，直接视电力系统为有机整体或采用不同子部门效率值简单加权的方式难以完全刻画燃料结构与管理体制差异对电力系统运行和节能减排工作的影响，无法动态反映不同决策部门间的相互影响。本书以网络结构表示各子部门间既独立又紧密联系的关系，在此基础上引入电力自给率的概念，探讨电力改革政策的成效，进而提出未来电力系统及其各子部门进行管理体制改革与配额分配的新思路，为决策者提供电力系统短期发展的方案支持和长期改革政策建议。

本书是天津大学管理与经济学部能源效率研究团队长期以来研究成果的总结。本书围绕我国电力系统实际情况和政策改革变化，选择不同研究主题进行有针对性的研究，以期能推动电力经济学、电力政策与管理等学科的应用和发展，为政府制定电力发展战略和政策提供策略分析工具，并为电力企业制定发展战略和规划提供决策技术支持。

本书由解百臣负责总体设计、策划、组织和统稿。第1章由解百臣、时永恒、陈宪鹏、解普完成；第2章由解百臣、段娜、张涛完成；第3章由解百臣、段娜、郝鹏完成；第4章由解百臣、李汶华、王一舒完成；第5章由段娜、张涛、高婕完成；第6章由段娜、高婕、张爽完成；第7章由解普、曹瑞、马家军完成；第8章由解百臣、陈云飞、刘笑言完成；第9章由邓英芝、邓娜茜、陈云飞完成；第10章由解百臣、汪杰勇、段娜、孟钢完成。杜纲、赵涛、林盛、郭均鹏、刘立秋、郑立群、佘震宇、徐梅、商立峰、陆泽宇、杜平、赵薇、谭旭等参与了本书部分章节的讨论及修订工作。本书是能源效率研究团队全体成员的智慧结晶。

本书的研究和撰写过程，得到了国家自然科学基金项目（71874121、71003072、71373172）、国家社会科学基金重大项目（17ZDA065）、国家重点研发计划（2018YFC0704400）、中德政府间重点合作项目（2017YFE0101800）等的支持，先后得到余贻鑫院士、张维、王成山、杨列勋、马寿峰、李敏强、何桢、杨晓光、张中祥、范英、耿涌、田立新、陈彬、石敏俊、王兆华、周鹏、温宗国、龙勇、林长青、鲁刚、朱丽、孙鹏程、杜慧滨等的鼓励、指导、支持和无私帮助。我们很荣幸在著书过程中得到了许多国外专家的支持和帮助，尤其是剑桥大学能源政策研究中心 Michael Pollitt 教授、加州大学圣克鲁兹分校 Yihsu Chen 教授、芬兰阿尔托大学 Timo Kuosmanen 教授等为本书提供了许多有益的意见和建议。在此，向上述专家表示衷心的感谢和诚挚的敬意！并向本书所有引文的著者表示最真诚的感谢！

由于我们的知识水平有限，书中难免存在疏漏与不足之处，恳请各位读者批评、指正！

解启臣

2020 年 5 月于天津大学

目　　录

第1章 21世纪以来电力行业取得的成就

进入21世纪以来，我国能源消费保持上升态势。电力行业快速发展，发电量和总装机容量分别在2011年和2013年跃居世界首位，有效保障了中国经济的高速稳定发展。与此同时，随着科技的进步、自动化水平的提高，人类对电力的需求与依赖程度不断加大，电能已成为最主要的终端能源消费形式，电力在终端能源消费中的比例2017年提高到24.9%[1, 2]，预计2050年将超过50.0%[①]。在此期间，我国供电可靠性大幅度上升，并于2015年实现电网100%覆盖，很多发达国家尚未完成这一壮举。图1-1为我国2000~2017年GDP与电力生产量增长情况。在单位GDP能耗下降32.8%的情况下，全社会用电量增速为9.5%，高于GDP增速9.3%。

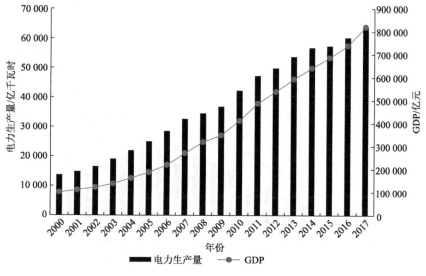

图1-1 电力生产量和GDP变化趋势

我国能源结构"富煤、贫油、少气"的特征，致使煤电在我国一直处于发电的主导地位。长期以来，电力部门一直是我国产生碳排放最多的行业，其排放占比最高时达到50%，造成了严重的环境问题。近年来国家出台多项政策鼓

---

① 资料来源：2019年11月30日在北京召开的能源转型发展论坛暨国网能源研究院2019年成果发布会。

励清洁能源发展，风电、光伏发电等迅猛增长，电源结构逐步从煤电占据绝对主导地位发展为水电、风电、太阳能发电等多种发电形式并举，但截至 2019 年，煤电仍然占总发电量的近 60%，发电部门形成的碳排放占国家总体碳排放的40%以上[①]。可以看出，要实现国家总体的减排目标，电力行业是核心和关键部分。下面简述进入 21 世纪以来发电部门、清洁能源和输配部门主要标志性指标的发展情况。

1.1　发电部门发展情况

进入 21 世纪以来，我国发电行业快速发展，具体包括如下方面。

（1）电力供应能力稳步增强。装机容量和发电量快速上升，电源结构稳步改善，图 1-2 为研究期间装机容量与发电量变化情况。2000~2017 年，我国发电设备装机容量从 3.19 亿千瓦增长到 17.77 亿千瓦，年均增长 10.63%。发电量从 13 700 亿千瓦时增长到 64 200 亿千瓦时，年均增长 9.51%。可以看出，装机容量增长速度高于发电量增长速度，这一现象与我国电源结构的不断优化是密不可分的。

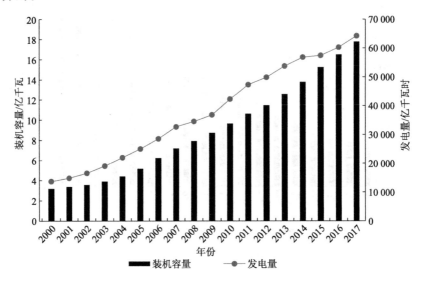

图 1-2　我国发电装机容量与发电量变化趋势

（2）电源结构持续优化调整。我国一次能源消费一直是以煤炭为主，如图 1-3

[①] 资料来源：国际能源署（International Energy Agency），《燃料燃烧二氧化碳排放统计 2019》。

所示，煤炭在能源消费总量中的占比高于 60%，甚至一度超过 70%，石油和天然气的消费量及清洁能源消费量占比较低，反映到发电结构上，即火电占据主导地位。自 2000 年至今，火力发电占比一直高达 65% 以上，甚至在很长一段时间内超过 80%，而火电又几乎全部为煤电，图 1-4 为 2000~2017 年电源结构变化情况。清洁能源发电尽管近几年取得了较好的成绩，但由于水电、风电、太阳能发电等受自然条件影响大、间歇性强，它们的平均发电时长低于发电较为稳定的火电，因而随着电源结构的调整，发电部门装机容量增速高于发电量增速。

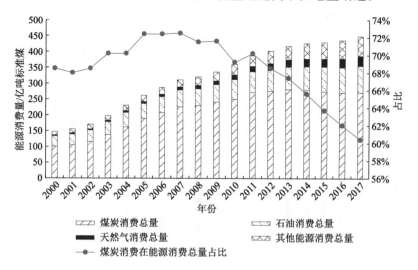

图 1-3　我国能源消费总量变化趋势
资料来源：国家统计局网站，www.stats.gov.cn

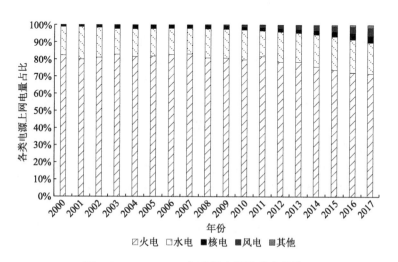

图 1-4　2000~2017 年我国电源结构变化情况

（3）能效水平持续提高。长期以来，我国一直持续推进电力行业的技术创新，伴随超临界、超超临界等发电技术的革新，促进化石能源清洁、高效利用的研发成果相继投产，我国逐步从发电侧的追随者变为领导者。2000 年以来，我国火电主力发电机组从 30 万千瓦变更为 60 万千瓦。全球在运营的百万千瓦以上级超超临界火电发电机组有一半以上分布在我国。全国 6000 千瓦及以上火电厂标准煤耗从 2000 年的 392 克/千瓦时下降到 2017 年的 309 克/千瓦时，单位千瓦时二氧化碳排放从 1071 克降低到 844 克[3]，达到国际领先水平；这得益于超低碳排放技术的大规模推广，厂用电率从 6.28%下降到 4.80%[①]，具体情况如图 1-5 所示。

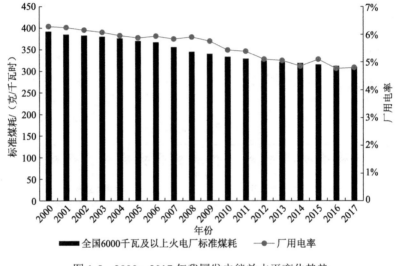

图 1-5　2000～2017 年我国发电能效水平变化趋势

（4）环境效率提升，污染物排放得到控制。近年来，全球气候变暖、大气污染严重，雾霾天气愈演愈烈，诸多环境问题日益成为人们的"心肺之患"。我国采取强力措施推行燃煤电厂的脱硫、脱硝技术。截至 2017 年底，全国已有 70%以上的燃煤电厂完成了超低排放改造，提前两年多完成了 2020 年改造任务[2]。如图 1-6 和图 1-7 所示，2000～2017 年，全国二氧化硫排放量、氮氧化物排放量、粉尘排放量分别从 810 万吨、469 万吨和 320 万吨下降为 120 万吨、114 万吨和26 万吨，单位发电量的二氧化硫排放量、氮氧化物排放量、粉尘排放量分别从 7.31克、4.23 克和 2.89 克降低到 0.26 克、0.25 克和 0.06 克，分别只有 2000 年的 3.56%、5.91%和 2.08%。

---

① 资料来源：《电力工业统计资料汇编》（2000～2017 年）。

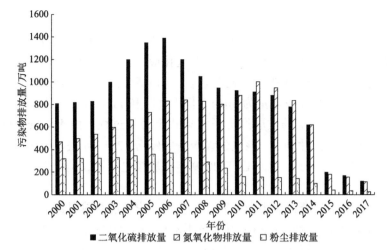

图 1-6　2000～2017 年全国二氧化硫排放量、氮氧化物排放量、粉尘排放量

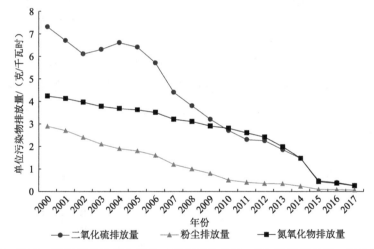

图 1-7　2000～2017 年单位发电量的二氧化硫排放量、氮氧化物排放量、粉尘排放量

1.2　清洁能源发展情况

（1）技术创新引致非化石能源发电技术快速发展，电源结构不断改善。截至目前，水电是我国占比最大的非化石能源发电类型，其发电量从 2000 年的 2431亿千瓦时增长到 2017 年的 11 931 亿千瓦时。与火电相比，水电几乎不产生任何污染物，发电成本和维护成本较低，且能源转化效率较高，但其受自然条件制约较大，建设成本高昂，还会对自然生态环境造成不利的影响。随着三峡水电站、溪洛渡水电站、向家坝水电站的相继投产，我国水电的技术可开发潜力由 4.93 亿千瓦上升到 5.7 亿千瓦。未来大规模的水电开发将受到限制，其占比很难大幅度

提高。

由于风机和太阳能光伏发电技术的突破，风电和太阳能发电近年来得到快速扶持，从商业化尝试迅速发展到大规模商业化应用，在很长一段时间内二者的装机容量年均增长率超过 50%，装机容量在 2017 年分别达到 16 325.2 万千瓦和12 942.54 万千瓦，相应发电为 3034.2 亿千瓦时和 1166.18 亿千瓦时。与其他发电方式不同，中国核电的发展经历了波动式上升的过程。由于对安全的考虑和2011 年福岛核电站发生泄漏，核电建设曾一度停滞，2017 年底核电装机容量在建规模减小到 2289 万千瓦。我国已于 2019 年重启核电建设，预计未来将迎来一段快速增长期。

（2）清洁能源投资占比大幅上升。为实现国家节能减排目标，近年来我国加大了对清洁能源发电投资的支持力度。图 1-8 为我国 2002～2017 年电源投资情况，可以看出，总电源投资在经历快速增长、稳步增长后，已进入平稳发展阶段，甚至在多数年份出现电源投资总额下降的情况。反观清洁能源发电，其投资占比从2002 年的 44.17% 快速增长，并在 2008 年超过火电，2017 年投资占比更是达到70.42%。但电源投资结构在此期间变化很大，风电和太阳能发电在 2000 年左右尚处于产业化探索阶段，投资较少；2003 年左右进入快速发展阶段，投资快速增长并于 2012 年达到顶峰；2012 年后进入降速发展阶段，但总体投资规模仍维持在较高水平。相对而言，水电投资变化较为平稳，而核电投资受政策影响最大，波动最为剧烈。

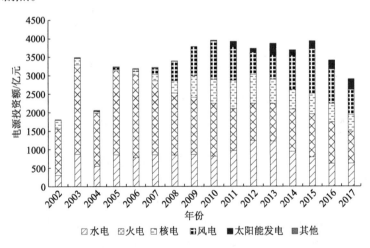

图 1-8　2002～2017 年我国电源投资情况

（3）新能源发电增量对电力生产的贡献作用显著增强。从图 1-4 可以看出，2000～2017 年可再生能源发电量占比从 19% 提高到 29%。具体而言，2000～2007年电源结构一直较为平稳，但是 2007 年之后，由于我国发电技术的突破，风电、太阳能发电的占比全面提高。我国已提出非化石能源占一次能源消费比重将在 2020 年达 15%, 2030 年达 20%的阶段性目标[4]。电力是非化石能源利用最主要的形式,为实现这一宏伟目标,必须加大对新能源发电的投资。由于水电在经济上受到可开发潜力的限制,未来非化石能源消费比重的提高将主要依靠风电、太阳能发电、核电的发展。从发电增量角度看,这一趋势更为明显。如图 1-9 和图 1-10 所示,2002 年以来,我国新增装机容量和发电量越来越集中于清洁电力,尤其是自 2016 年起,清洁能源新增装机容量已经超过火电,2017 年,清洁能源发电增量对全国发电增量的贡献已超过 42%。据中国电力企业联合会统计,2017 年,全国已有山东、云南、甘肃等 14 个省(自治区、直辖市)的新能源发电量增量超过火电发电量增量,新能源对发电生产的贡献作用显著增强[2]。

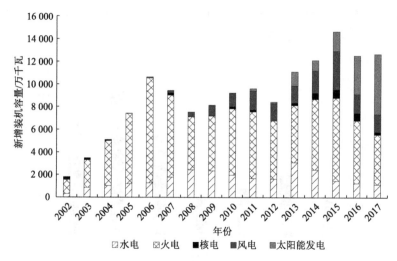

图 1-9　2002~2017 年我国新增装机容量

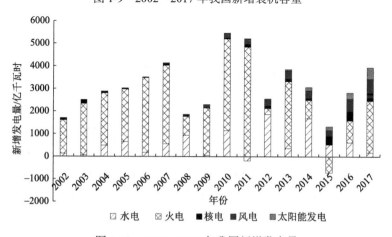

图 1-10　2002~2017 年我国新增发电量

（4）清洁能源消纳压力增大。2007 年以前，煤电、水电占我国总发电量的 98% 以上，尽管水电容易受外部条件影响，但其总体发电能力可以提前预测。2011 年后，一方面，电力逐步由供不应求转向供过于求，东北、西北地区电力供应过剩情况加剧，火电机组的发电时长出现一定程度的下滑；同时，以风电、太阳能发电为代表的清洁能源发电方式的成本高于火电，受自然环境影响很大，电力调度的及时性无法保证。清洁能源发电占比不断增加导致了严重的弃风、弃光现象，大量投资无法收获实际效用，造成了严重的资源浪费[5]。从图 1-11 可以看出，从 2014 年开始，全国弃风电量不断攀升，弃风电量于 2016 年达到顶峰，到 2017 年全国弃风电量稍有回落，但仍有 419 亿千瓦时的弃风电量，弃风较严重的区域包括新疆、甘肃、吉林、内蒙古等风电大省，弃光较严重的有新疆、甘肃、陕西、青海、宁夏等省（自治区），而这些省（自治区）的资源禀赋中清洁能源占比较高，存在较为严重的清洁能源过剩现象。

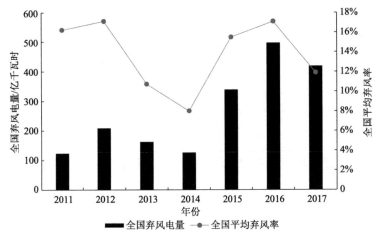

图 1-11 2011～2017 年全国弃风情况

1.3 输配部门发展情况

（1）电网规模稳步增长，跨省区输送能力大幅提升。电网是联系发电企业和用户之间的纽带，是实现电力消费的载体。21 世纪以来，我国全社会用电量从 2000 年的 11 292 亿千瓦时增长到 2012 年的 41 781 亿千瓦时，跃居世界首位，截止到 2017 年底，全社会用电量高达 63 077 亿千瓦时，2000～2017 年年均增长 10.65%，如图 1-12 所示。根据国家统计局发布的数据，2019 年我国全社会用电量首次突破 70 000 亿千瓦时（72 255 亿千瓦时）大关。在电网建设方面，全国 35 千伏及以上输电线路长度和 35 千伏及以上变压器容量分别从 2000 年的 72.62 万千米和

9.96 亿千伏安增加到 2017 年的 182.56 万千米和 66.31 亿千伏安[①]，见图 1-13，年均增长率分别为 5.57% 和 11.80%。

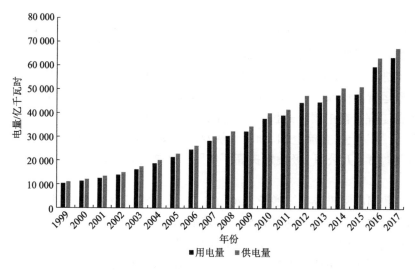

图 1-12　1999～2017 年我国全社会供电量和用电量随时间变化图

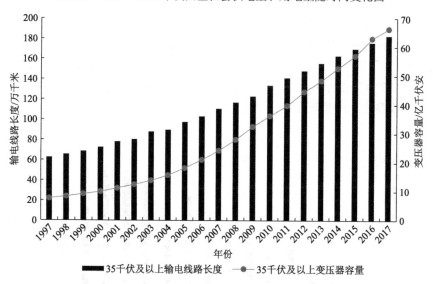

图 1-13　1997～2017 年 35 千伏及以上电网设备变化图

（2）跨区域输送能力大幅提高。截止到 2017 年底，全国跨区输电能力达到 1.3 亿千瓦；其中，交直流联网跨区输电能力超过 1.1 亿千瓦，架空线路、变压器、断路器三类主要输变电设施的可用系数分别为 99.497%、99.856%、99.942%。

---

① 资料来源：《中国电力年鉴》（1998～2017 年）。

（3）电网投资加大，尤其是特高压项目投资持续增长。随着电压等级的提高，线路传输能力增强，线损率降低的需求日益迫切。为大幅提高电网输电能力，特别是提升远距离输电走廊的输送功率，促进区域电网互联，优化不同区域之间的电力调度，有效提高我国电力行业的输配效率，减少资源的浪费，同时减少传输过程中的电力损耗，我国分别于 2004 年和 2008 年启动超高压线路和特高压线路建设，计划投资 4000 亿元建设一个高效的超级电网[6]。2011 年 12 月 16 日，世界首条商业运营的特高压交流输电工程（1000 千伏晋东南—南阳—荆门特高压交流试验示范工程）在中国正式投产。截止到 2017 年底，我国已经建设完成了包括 ±800 千伏及以上的直流电和 1000 千伏及以上交流电的全国性特高压网络，线路总长度超过 3.1 万公里，极大地提高了电网跨区能源优化配置能力和清洁能源消纳能力。

（4）我国电网投资持续增长。2010 年以前，全国范围内电力供不应求，电网投资增速较快，年均增速达 10.9%；在基本实现全国性的电力供求平衡后，电网投资增速仍保持增长，并稳定至 7.84% 的水平。由于电网建设的快速推进，全国范围内电力系统供不应求的情况在 2012 年得到基本解决，然而三北地区（东北、西北和华北）却广泛存在电力上网困难等问题，尤其是清洁能源上网难题。在超高压线路和特高压线路建设的政策推动下，我国电网中超高压和特高压线路的比重一直在快速增加，同时电力运输的效率不断提升。2002～2017 年超高压线路长度由 46 357 千米增长到 239 310 千米，占总输电线路比重由 5.77% 增长到 13.11%，线损率由 7.52% 降低至 6.48%；截止到 2017 年，特高压线路长度达到 30 946 千米，占总输电线路比重增长至 1.7%，如图 1-14～图 1-16 所示。

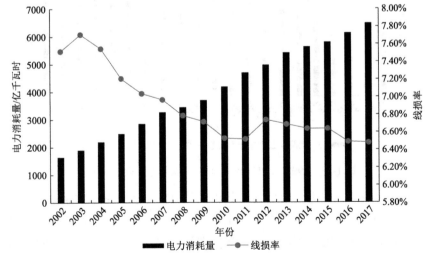

图 1-14　2002～2017 年电力消耗量与线损率变化趋势

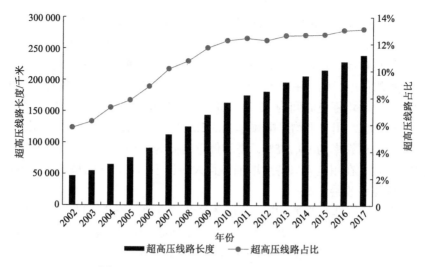

图 1-15　2002～2017 年超高压线路变化趋势

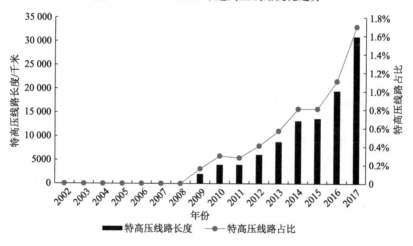

图 1-16　2002～2017 年特高压线路变化趋势

（5）鼓励技术创新，提高电网覆盖率和供电可靠性。我国一直致力于提高电网覆盖率，保障居民的用电权利。国家不断加大创新电力传输技术的支持力度，特高压输电技术、分布式电网、清洁能源接入技术、储能技术、综合能源系统等快速发展，提高了电网的传输技术水平和电网覆盖率。与电力有关的专利申请量从 2000 年的 1022 件增加到 2017 年的 85 770 件，年均增长高达 29.77%，大幅高于同期全国专利申请量 24.46% 的年均增幅。我国自提出电力村村通工程以来，于 2006 年提出户户通工程，2013 年国家能源局制定了《全面解决无电人口用电问题 3 年行动计划（2013—2015 年）》，电网覆盖率稳步提高。2000 年初，全国尚有无电农户 706 万户，通过多年艰苦卓绝的努力，2015 年底实现青海最后 9614 户，共计 3.98 万无电人口通电，彻底实现全国范围内电力传输的户户通。

（6）伴随电网覆盖率的提高，供电可靠性不仅未受影响，反而一直稳步提高。在顺利实现村村通、户户通后，我国电力行业的工作重点转移到提高供电可靠性上。用户平均停电时间、用户平均停电次数等供电可靠性指标明显提升。2017 年我国城市用户平均停电时间为 15.75 小时/户，比 2000 年降低 61.3%；平均供电可靠率为 99.820%，用户平均停电频率为 3.28 次/户，均比 2000 年得到明显改善。农村平均供电可靠率为 99.775%，平均停电时间为 19.73 小时/户，平均停电频率为 4.07 次/户。在用电人口持续增加，且大多位于偏远地区的情况下，各项供电稳定性指标显著改善。

（7）推进输配体制改革，电力市场体系和试点建设稳步推进。进入 21 世纪以来，我国电力行业经历了两次重大改革。一是 2002 年国务院印发的 5 号文，二是 2015 年中共中央、国务院印发的 9 号文。5 号文旨在改革原有的纵向一体化电力管理体制，启动以"厂网分开、竞价上网、打破垄断、引入竞争"为主的新一轮电力体制改革[①]。这次改革奠定了很长一段时间内我国电力管理体制的基本框架，并成功地在发电侧推行标杆电价，竞价上网政策。然而由于输配环节的天然垄断性，很长一段时间内并未真正建立起有效的竞争机制。我国相继颁布和实施了多项改革办法：2004 年 3 月，国家电力监管委员会下发《电力用户向发电企业直接购电试点暂行办法》，并于 2006 年在广东台山等地推行了大用户直购电改革。2014 年 6 月，中央财经领导小组第六次会议提出，坚定不移推进改革，还原能源商品属性，构建有效竞争的市场结构和市场体系[②]。2014 年 10 月，国家发展和改革委员会批复《深圳市输配电价改革试点方案》。2015 年 6 月，蒙西电网输配电价改革起步，深圳和蒙西两地的改革方案均提出将实行独立的输配电价和输配电准许成本核定办法，这拉开了新电改的序幕。2015 年 9 号文发布，明确提出要理顺电价形成机制，完善市场化交易机制，建立相对独立的电力交易机构，更多发挥市场机制的作用。截止到 2017 年底，输配体制改革已经在除西藏外的所有省（自治区、直辖市）全面铺开。这轮输配体制改革，将对电价形成机制和电网盈利模式产生深刻影响，其进程将影响电网对实体经济的让利程度和支撑作用。

---

① 新一轮电力体制改革，以下简称新电改。
② 习近平：积极推动我国能源生产和消费革命. http://cpc.people.com.cn/n/2014/0614/c64094-25147885.html [2020-09-28].

第2章　21世纪主要电力政策、效果及挑战

2.1　21世纪以来主要电力政策回顾

电力行业取得的众多成就，是多种因素共同作用的结果，包括满足国民经济增长外部需求的牵引、持续不断的电力管理体制改革和政策改革的驱动、通过不断的技术革新和管理变革进行内部挖潜及提高生产效率等。21世纪以来，我国电力行业通过不断的改革创新，依次解决了总量缺电、结构性缺电等重要性问题。除5号文和9号文外，还制定了若干优化电源结构，推进电力管理体制变革方面的政策。下面简单介绍部分影响深远，且与本书后续章节密切相关的政策。

2.1.1　火电发展相关政策

由于资源禀赋的限制，火电尤其是煤电在我国电源结构中长期占据绝对主导地位。我国一直积极采取各种措施优化电源结构，一方面通过提高火电机组的技术水平和大力推行清洁煤技术，减少火电生产造成的污染物排放；另一方面，通过制定清洁能源发展激励机制和补贴政策，大力推动新能源发电企业的发展。进入21世纪后，更是推行了多项对火电发展影响较为深远的政策，本书后续研究中重点关注如下几方面的内容。

1. 与上网电价有关的政策

煤炭是我国最先进行市场化改革的能源品种，我国从20世纪80年代就率先试行将煤炭定价权下放，继而90年代对电煤实行政府指导价的半市场定价。2002年5号文的发布，被视为电力体制改革的开端。新方案的三个核心部分包括厂网分开重组国有电力资产，竞价上网实行电价新机制，设立国家电力监管委员会。这次改革，发电侧推行标杆电价和竞价上网，是加快供给侧电力市场化改革的基础。为了更好地适应市场化改革，应对日益紧张的电力供应局面，2003年7月国务院下发的《电价改革方案》指出，电价改革要结合各地电力供求情况，因地制宜，因时制宜，稳步推进，既要有利于引导电力投资和建设，促进电力工业改革和正常生产，保证企业生产和居民生活用电需要，又要重视电价改革对宏观经济和人民生活的影响，改革初期要保持电价水平总体稳定，确保新旧电价体制平稳过渡。电价改革带来了机制转变，形成了一套完善的包括两部制电价、竞价上网、

峰谷电价、丰枯电价、需求侧管理在内的新型定价机制。

2005 年 3 月，与《电价改革方案》相配套的《上网电价管理暂行办法》发布，标志着我国正式实行新的定价机制。到 2006 年，包括动力煤在内的煤炭价格已完全市场化。与之形成鲜明对照的是，5 号文发布后，电力市场化进程仍然缓慢。尽管上网电价以标杆电价为基础小幅波动，但发电侧并未出现激烈的市场竞争，国家更是在一些重点行业对电力价格依然实行严格管制。很长一段时间内，煤炭价格持续上涨，电价上行压力较大。其后，又发布多项政策调整电价。比如，2014 年 8 月国家发展和改革委员会发布的《关于进一步疏导环保电价矛盾的通知》（发改价格〔2014〕1908 号）；11 月下旬国务院办公厅印发的《能源发展战略行动计划（2014—2020 年）》，文件中明确了"充分发挥市场在能源资源配置中的决定性作用"。2015 年 9 号文发布，国家大规模推行大用户直购电，电价改革才真正开始。2017 年全面推行电力市场建设，上网电价才正式进入市场化进程。即便如此，对于居民用电等重点领域，国家仍然对电价实行严格管制。

煤炭行业和电力行业的市场化改革进程不一，导致市场煤和计划电并存，形成煤电价格双轨制，因而中国的电力价格并不能够实时地反映要素价格的变动，电力短缺和电力过剩的现象时有发生。为了疏导煤炭和电力价格的关系，煤电价格联动政策应运而生。2004 年 12 月，国家发展和改革委员会印发《关于建立煤电价格联动机制的意见的通知》，提出"原则上以不少于 6 个月为一个煤电价格联动周期。若周期内平均煤价比前一周期变化幅度达到或超过 5%，相应调整电价；如变化幅度不到 5%，则下一周期累计计算，直到累计变化幅度达到或超过 5%，进行电价调整"。为更好地完善该项制度，2012 年和 2016 年又对发电企业内部的承担比例与消化方式、联动周期进行了调整。联动机制主要包括两个方面：上网电价和煤炭价格的联动及销售电价和上网电价的联动。表 2-1 为 2005～2016 年电价调整情况统计。

表 2-1　2005～2016 年电价调整详细情况

日期	上网电价调整幅度/(分/千瓦时)	销售电价调整幅度/（分/千瓦时）	备注
2005/05/01	2.300	2.520	典型煤电价格联动
2006/06/30	1.174	2.494	典型煤电价格联动
2008/07/01	1.700	2.500	典型煤电价格联动
2008/08/20	2.000	—	典型煤电价格联动
2009/11/20	—	2.800	促进可再生能源发展
2011/06/01	2.000	1.670	非典型煤电价格联动
2011/12/01	2.600	3.000	非典型煤电价格联动

续表

日期	上网电价调整幅度/(分/千瓦时)	销售电价调整幅度/(分/千瓦时)	备注
2013/09/25	−1.400	—	补贴可再生能源电价与环保电价
2014/09/01	−0.930	—	疏导环保电价矛盾
2015/04/20	−2.000	−1.800	典型煤电价格联动
2016/01/01	−3.000	−3.000	典型煤电价格联动

资料来源：国家发展和改革委员会与国泰君安证券

煤电价格联动只是协调煤炭价格和电力价格关系的过渡性政策。2015 年的 9 号文明确指出，改革的目标在于"加快构建有效竞争的市场结构和市场体系，形成主要由市场决定能源价格的机制"。虽然 2017 年已经启动电力市场化改革，希望通过电力行业的让利降低电价，提高我国的国际竞争力，但之后并未真正执行煤电价格联动政策。2019 年 9 月的国务院常务会议决定，对尚未实现市场化交易的燃煤发电电量，从 2020 年 1 月 1 日起，取消煤电价格联动机制，将现行标杆上网电价机制，改为"基准价+上下浮动"的市场化机制[①]，这标志着煤电价格联动和标杆电价政策正式退出历史舞台。考虑到发电部门是整个电力行业实现节能减排中最关键的环节，本书后续章节将重点分析标杆电价和煤炭价格联动的实施效果。

2. 与控制污染物排放有关的政策

进入 21 世纪后，全国性的电力供应短缺问题已经得到解决，为应对日益严峻的环境问题，在解决季节性电力供应紧张和局部电力短缺问题的同时，我国开始着手调整电源结构。一方面，国家采取多项措施促进清洁能源的发展；另一方面，国家大力推广清洁煤技术，采取多项措施提高燃煤机组的排放标准。针对火电机组容量偏小、效率偏低的问题，2004 年，国家发展和改革委员会出台了新建燃煤电站的技术标准，要求新建火电单机容量原则上应为 60 万千瓦及以上，发电煤耗控制在 286 克标准煤/千瓦时以下，开启了中国火电的"大机组"时代。下面简要回顾 21 世纪以来火电机组的"上大压小"与"关停并转"工作的实施过程。

从"十一五"开始，国家提出有序发展清洁高效火电，对一批能耗较大、污染较重的小火电机组予以关停，"上大压小"政策正式实施。"十二五"期间，国家进一步出台相应措施，调整优化能源结构，推进节能减排工作，发展清洁化的

---

① 国务院常务会议：明年 1 月 1 日起取消煤电价格联动机制. http://www.gov.cn/xinwen/2019-09/26/content_5433720.htm[2020-09-28]。

电力能源。"十一五"和"十二五"期间，全国分别累计关停小火电机组 7600 万千瓦和 2800 万千瓦，"十三五"前三年已经提前两年实现关停小火电机组 2000 万千瓦的目标。"十四五"规划预研认为，我国未来需进一步优化电源结构，除热电联产外，2020 年后不再大规模建设火电机组。近年来，国务院、国家发展和改革委员会、国家能源局、生态环境部、国家电力监管委员会等机构发布一系列政策，从节能和环保两个方面入手，要求企业提升发电效率、降低发电能耗、改进发电工艺，主要表现在对小火电机组进行升级改造或关停、淘汰落后产能，加快化石能源清洁化技术发展，对火电企业的碳排放予以限制，表 2-2 整理了部分相关政策。

表 2-2　控制污染物排放的相关政策

年份	政策	发布机构
2005	《关于加快火电厂烟气脱硫产业化发展的若干意见》	国家发展和改革委员会
2007	《关于加快关停小火电机组的若干意见》	国家发展和改革委员会、国家能源领导小组办公室
2007	《国家发展改革委关于降低小火电机组上网电价促进小火电机组关停工作的通知》	国家发展和改革委员会
2010	《电力工程项目建设用地指标（火电厂、核电厂、变电站和换流站）》	住房和城乡建设部、国土资源部、国家电力监管委员会
2011	《火电厂大气污染物排放标准》	环境保护部
2011	《关于做好火电机组烟气自动在线监测系统联网工作的通知》	国家电力监管委员会
2011	《"十二五"节能减排综合性工作方案》	国务院
2011	《关于"十二五"期间进一步推进煤炭行业淘汰落后产能工作的通知》	国家发展和改革委员会、国家能源局、国家安全生产监督管理总局、国家煤矿安全监察局
2012	《节能减排"十二五"规划》	国务院
2012	《关于开展燃煤电厂综合升级改造工作的通知》	国家发展和改革委员会、国家能源局、财政部
2013	《关于加快燃煤电厂脱硝设施验收及落实脱硝电价政策有关工作的通知》	环境保护部办公厅、国家发展和改革委员会办公厅
2013	《煤电节能减排升级与改造行动计划（2014—2020年）》	国家发展和改革委员会、生态环境部、国家能源局
2014	《火电厂除尘工程技术规范》	环境保护部
2014	《能源行业加强大气污染防治工作方案》	国家发展和改革委员会、国家能源局、环境保护部
2014	《企业环境信用评价办法（试行）》	环境保护部、国家发展和改革委员会、中国人民银行、中国银行业监督管理委员会

续表

年份	政策	发布机构
2015	《关于做好电力项目核准权限下放后规划建设有关工作的通知》	国家发展和改革委员会、国家能源局
2016	《政府核准的投资项目目录（2016 年本）》	国务院
2016	《关于实施工业污染源全面达标排放计划的通知》	环境保护部
2017	《火电厂污染防治技术政策》	环境保护部
2019	《生态环境部审批环境影响评价文件的建设项目目录（2019 年本）》	生态环境部

我国电源结构持续改善、"上大压小"政策已近尾声，科学评估电力行业近年来环境效率的变化趋势及该项政策的实施效果，将对进一步优化电力管理体制、有序推进电源结构调整大有裨益。

2.1.2　清洁能源发展的相关政策

在可持续发展的背景下，能源技术不断革新，清洁能源开发和化石能源的清洁化利用技术快速发展，传统的单一能源供应向以清洁能源为主的多种能源互补的能源综合服务转变。中国清洁能源资源丰富，国家多次强调和重申相关技术的开发和应用，并且制定了多种政策和措施支持清洁能源的发展，如 2006 年 1 月 1 日正式实施的《中华人民共和国可再生能源法》和 2017 年 4 月国家发展和改革委员会与国家能源局印发的《能源生产和消费革命战略（2016—2030）》等。从本质上讲，能源革命背景下的电源结构调整就是化石能源发电比例不断降低和清洁能源发电比例不断上升的过程。清洁能源主要包括水电、风电、光伏发电、核电和生物质能等。水电开发技术已经较为成熟；因福岛核电站和安全问题，核电装机容量变动剧烈；而生物质能发电目前仍处于初级阶段。本书重点研究进入 21 世纪后技术革新速度较快的风电和太阳能发电。下面简要介绍二者近年来的相关政策。

1. 风电发展相关政策

1）促进风电发展的相关政策法规与发展目标

进入 21 世纪以来，我国通过加快技术研发，借助"乘风工程"、国家科技支撑计划等支持项目推动风电发展，取得了巨大的成功。21 世纪初，由于可再生能源发电占比较低，为激励和支持可再生能源消纳，政府规定电网企业必须为获得行政许可的可再生能源发电企业提供并网服务。2003 年，《中华人民共和国可再生能源开发利用促进法》被全国人民代表大会列入国家年度立法计划，并获得全国人大常委会会议通过，其中具体规定了可再生能源发电的整体目标制度、配套专项资金制度、经济鼓励制度、财政补贴制度等基本制度。为促进风电平稳运行、改善行业发展路径，国家发展和改革委员会、财政部、国家能源局相继出台了多项措施，保障风电的推广，主要政策文件见表 2-3。

表 2-3　我国风电发展主要政策

序号	文件	发文号	时间
1	《中华人民共和国可再生能源法》	中华人民共和国主席令第三十三号	2005-02-28
2	《国家发展改革委关于印发〈可再生能源发电价格和费用分摊管理试行办法〉的通知》	发改价格〔2006〕7 号	2006-01-04
3	《国家发展改革委　财政部关于印发促进风电产业发展实施意见的通知》	发改能源〔2006〕2535 号	2006-11-13
4	《国家发展改革委关于印发可再生能源中长期发展规划的通知》	发改能源〔2007〕2174 号	2007-08-31
5	《国家发展改革委关于印发可再生能源发展"十一五"规划的通知》	发改能源〔2008〕610 号	2008-03-03
6	《国家发展改革委关于完善风力发电上网电价政策的通知》	发改价格〔2009〕1906 号	2009-07-20
7	《关于印发〈可再生能源电价附加补助资金管理暂行办法〉的通知》	财建〔2012〕102 号	2012-03-14
8	《国家能源局关于印发风电发展十二五规划的通知》	国能新能〔2012〕195 号	2012-07-07
9	《国家发展改革委关于海上风电上网电价政策的通知》	发改价格〔2014〕1216 号	2014-06-05
10	《国家发展改革委关于完善陆上风电光伏发电上网标杆电价政策的通知》	发改价格〔2015〕3044 号	2015-12-22
11	《国家发展改革委关于印发〈可再生能源发电全额保障性收购管理办法〉的通知》	发改能源〔2016〕625 号	2016-03-24
12	《国家能源局关于印发〈风电发展"十三五"规划〉的通知》	国能新能〔2016〕314 号	2016-11-16
13	《国家发展改革委关于调整光伏发电陆上风电标杆上网电价的通知》	发改价格〔2016〕2729 号	2016-12-26
14	《国家发展改革委　国家能源局关于印发〈能源生产和消费革命战略（2016-2030）〉的通知》	发改基础〔2016〕2795 号	2016-12-29

2005 年之后，国际气候变化风潮迭起，我国能源资源紧张，环境压力也在逐年加大。在此背景下，《中华人民共和国可再生能源法》于 2006 年 1 月 1 日正式实施，大大提高了社会对于可再生能源的投资热情，对于我国可再生能源产业的发展起到了巨大的奠基作用。2006 年，国家发展和改革委员会制定《可再生能源发电价格和费用分摊管理试行办法》，提出"风力发电项目的上网电价实行政府指导价"。这一时期，风电装机大幅度增长，但由于其间歇性与不稳定性，且成本比煤电高，随着上网比例的不断提高，并网困难现象开始出现。2016 年 3 月，针对风电全国范围非技术性限电现象大频率发生的问题，提出对于尚不存在弃风限电现象的地区，根据地区资源前提、社会用电量需求，保障电网企业清洁能源并网项目产生的发电量被全部收购。

随着相应技术不断成熟，国家规划中关于风电发展的重点也在不断变化。2008 年 3 月，我国《可再生能源发展"十一五"规划》出台，提出发展指标"风电总装机容量达到 1000 万千瓦"。在这一政策的支持下，风电技术得到了提升，国内风力发电设备的制造能力得到了提高，成本继续下降，风电的市场竞争力大幅增强。这一时期，陆上风电技术已经基本成熟，而海上风电刚刚起步。为推动海上风电发展，2009 年国家能源局召开"海上风电开发建设协调会"，重点研究讨论海上风电规划目标和海上风电开发前期筹备工作等具体问题。2011 年 7 月 15 日，国家海洋局和国家能源局又联合出台了《海上风电开发建设管理暂行办法实施细则》。

2012 年，国家能源局单独制定并发布了《风电发展"十二五"规划》，且特别制定了海上风电发展目标。具体发展指标为"到 2015 年，投入运行的风电装机容量达到 1 亿千瓦，年发电量达到 1900 亿千瓦时，风电发电量在全部发电量中的比重超过 3%，其中，河北、蒙东、蒙西、吉林、甘肃酒泉、新疆哈密、江苏沿海和山东沿海、黑龙江等大型风电基地所在省（区）风电装机容量总计达到 7900 万千瓦，海上风电装机容量达到 500 万千瓦""到 2020 年，风电总装机容量超过 2 亿千瓦，其中海上风电装机容量达到 3000 万千瓦，风电年发电量达到 3900 亿千瓦时，力争风电发电量在全国发电量中的比重超过 5%"。2016 年 9 月，国家能源局正式印发《风电发展"十三五"规划》，明确了"十三五"期间风电发展目标和建设布局。其中，将"十二五"规划中的发展目标修正为"到 2020 年底，风电累计并网装机容量确保达到 2.1 亿千瓦以上，其中海上风电并网装机容量达到 500 万千瓦以上；风电年发电量确保达到 4200 亿千瓦时，约占全国总发电量的 6%""到 2020 年，有效解决弃风问题，'三北'地区全面达到最低保障性收购利用小时数的要求"。对比两个五年规划中 2020 年的发展目标可以看出：装机容量与发电量指标均调高，风电基地建设的条文淡化；海上风电装机容量指标调低，增加了发电小时数与保障性收购的描述。这说明，"十二五"期间，陆上风电发展较好，各大发电基地取得了预期成效，但海上风电发展不及预期，弃风问题已经成为制约风电发展的主要因素之一。

2）风电产业补贴优惠政策

21 世纪初，风电上网电价遵循还本付息基础上的定价原则，由开发商报各地价格主管部门批准，并报政府备案。这一阶段的风电价格"一场一价"参差不齐。2003 年，风电特许权招标政策的实施并没有取消项目审批方式，国家组织的大型风电场采用招标方式确定电价，省区级项目审批范围内的项目仍然采用审批电价的方式。2006 年颁布的《中华人民共和国可再生能源法》对风电产业补贴分别从产业指导与技术支持、推广与应用、价格管理与费用分摊等方面制定了具体的规定。2009 年，国家发展和改革委员会发布了《国家发展改革委关于完善风力发电上网电价政策的通知》，通知提出"按风能资源状况和工程建设条件，决定将全国分为四类风能资源区，相应制定风电标杆上网电价"。这也奠定了日后我国根据风电资源区划分制定风电上网电价的基础。表 2-4 列出了历次政策调整后各资源区对应的风电上网电价情况。

表 2-4　四类资源区风电上网电价降幅及时间表

资源区	2009-08	2015-01	2016-01	2018-01[1]	分布范围
Ⅰ类资源区	0.51	0.49	0.47	0.44	内蒙古自治区除赤峰市、通辽市、兴安盟、呼伦贝尔市以外其他地区；新疆维吾尔自治区乌鲁木齐市、伊犁哈萨克族自治州、昌吉回族自治州、克拉玛依市、石河子市
Ⅱ类资源区	0.54	0.52	0.50	0.47	河北省张家口市、承德市；内蒙古自治区赤峰市、通辽市、兴安盟、呼伦贝尔市；甘肃省张掖市、嘉峪关市、酒泉市
Ⅲ类资源区	0.58	0.54	0.54	0.51	吉林省白城市、松原市；黑龙江省鸡西市、双鸭山市、七台河市、绥化市、伊春市、大兴安岭地区；甘肃省除张掖市、嘉峪关市、酒泉市以外其他地区；新疆维吾尔自治区除乌鲁木齐市、伊犁哈萨克族自治州、昌吉回族自治州、克拉玛依市、石河子市以外其他地区；宁夏回族自治区
Ⅳ类资源区	0.61	0.60	0.60	0.58	除Ⅰ类、Ⅱ类、Ⅲ类资源区以外的其他地区

资料来源：国家发展和改革委员会

1）表示 2018 年前如投资运行成本发生较大变化，国家可根据实际情况调整标杆电价

2007 年，国家电力监管委员会发布《电网企业全额收购可再生能源电量监管办法》，明确了电力监管机构对电力调度机构优先调度可再生能源发电的情况

实施监管，电网企业应当全额收购其电网覆盖范围内可再生能源并网发电项目的上网电量。2008 年 8 月，财政部发布《风力发电设备产业化专项资金管理暂行办法》，明确将支持"中国境内从事风力发电设备（包括整机和叶片、齿轮箱、发电机、变流器及轴承等零部件）生产制造的中资及中资控股企业""对满足支持条件企业的首 50 台风电机组，按 600 元/千瓦的标准予以补助"。2009 年 7 月，国家发展和改革委员会颁布了《关于完善风力发电上网电价政策的通知》，其中规定"风电上网电价在当地脱硫燃煤机组标杆上网电价以内的部分，由当地省级电网负担；高出部分，通过全国征收的可再生能源电价附加分摊解决"。2009 年 12 月，国家发展和改革委员会、国家电力监管委员会联合发布《国家发展改革委、国家电监会关于 2009 年 1—6 月可再生能源电价补贴和配额交易方案的通知》，包括风力发电、生物质发电、太阳能发电电价补贴，其中风力发电项目占到所有项目的近 80%，涉及 200 余家公司及项目，同时指出"对收取的可再生能源电价附加不足以支付本省可再生能源电价补贴的省级电网企业，按照短缺资金金额颁发同等额度的可再生能源电价附加配额证，以配额交易方式实现可再生能源电价附加资金调配"。2012 年，国家发展和改革委员会等部门发布了《可再生能源电价附加补助资金管理暂行办法》，其中规定"专为可再生能源发电项目接入电网系统而发生的工程投资和运行维护费用，按上网电量给予适当补助"。此外，我国还对风电开发、运营等方面实施税收优惠。其中针对风电行业的税收优惠政策是在价格及费用分摊和财政支持制度基础上进一步扶持风电产业发展的经济激励政策，如所得税"三免三减半"政策等。2013 年风电第一批招标项目建成后，风电开发行业正式引入市场竞争，上网电价在中标价的基础上确定。允许装机容量超过 10 万千瓦的项目参加特许权招标，以公开招标方式最终确定项目投资开发商。项目建成后，政府将用固定电价购买在并网发电 3 万小时内满负荷运行产出的电能，超过 3 万小时以后的平均电价将根据当地发电市场进行确定。地方政府获得审批权的项目，仍然采用批准方式确定收购价格，因此确定电价时招标、审批方式并存。2015 年 12 月 22 日，《国家发展改革委关于完善陆上风电光伏发电上网标杆电价政策的通知》公布，确定实行陆上风电、光伏发电（光伏电站）上网标杆电价随发展规模逐步降低的价格政策。

2. 光伏发电发展的相关政策

1) 促进光伏发电发展的相关政策法规与发展目标

尽管光伏发电相比风电起步更早，但受高成本等因素限制，光伏发电很长时间内仅限于小功率电源系统，难以实现大规模发展，发展较为缓慢。2005 年 2 月 28 日批准通过并于 2006 年 1 月 1 日正式实施的《中华人民共和国可再生能源法》

首次提出"可再生能源发电项目的上网电价，由国务院价格主管部门根据不同类型可再生能源发电的特点和不同地区的情况，按照有利于促进可再生能源开发利用和经济合理的原则确定，并根据可再生能源开发利用技术的发展适时调整"，为促进光伏发电发展提供了制度保障。这一时期，我国主要在难以接入国家主干电网的偏远地区推广光伏发电，如"西藏无电县投资"、"中国光明工程"、"西藏阿里光电计划"、"送电到乡工程"及"无电地区电力建设"等国家计划，一定程度上推进了光伏发电产业发展的进程。由于发展基数较低，这一时期光伏发电尚未形成规模。此后，为了明确产业发展目标和方向，树立业界的信心，国家发展和改革委员会、国家能源局、工业和信息化部等先后出台了众多规划政策，主要的法律文件及规划政策见表2-5。图2-1显示出1999～2017年中国太阳能光伏发电的新增和累计装机容量。

表2-5 主要法律文件及规划政策汇总

序号	文件	发布时间
1	《中华人民共和国可再生能源法》	2005-02-28
2	《国家发展改革委关于印发可再生能源中长期发展规划的通知》	2007-08-31
3	《国家发展改革委关于印发可再生能源发展"十一五"规划的通知》	2008-03-03
4	《中华人民共和国可再生能源法（修正案）》	2009-12-26
5	《太阳能光伏产业"十二五"发展规划》	2012-02-24
6	《国家发展改革委关于印发可再生能源发展"十二五"规划的通知》	2012-07-06
7	《国家能源局关于推进新能源微电网示范项目建设的指导意见》	2015-07-13
8	《关于建立可再生能源开发利用目标引导制度的指导意见》	2016-02-29
9	《国家发展改革委关于印发〈可再生能源发电全额保障性收购管理办法〉的通知》	2016-03-24
10	《国家能源局关于印发〈太阳能发展"十三五"规划〉的通知》	2016-12-08

2009年，我国的太阳能光伏发电开始规模化启动，财政部办公厅、科技部、国家能源局、住房和城乡建设部办公厅分别在2009年、2010年启动了分布式光伏项目——"金太阳示范工程"和"太阳能光电建筑应用示范项目"，并开展了大

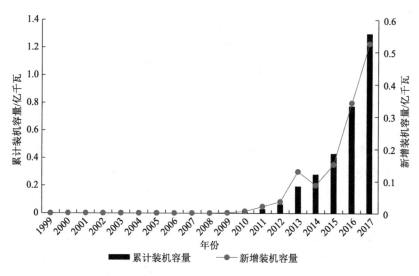

图 2-1　1999～2017 年中国太阳能光伏发电的新增装机容量和累计装机容量

型地面光伏电站特许权招标，大大推动了分布式光伏项目的发展。2009 年 12 月 26 日，通过了《中华人民共和国可再生能源法（修正案）》，主要变更内容有 2 处，一是将第十四条中的"全额收购其电网覆盖范围内可再生能源并网发电项目的上网电量"修改为"国家实行可再生能源发电全额保障性收购制度"，要求"发电企业有义务配合电网企业保障电网安全"；二是将第二十四条修改为"国家财政设立可再生能源发展基金，资金来源包括国家财政年度安排的专项资金和依法征收的可再生能源电价附加收入等"，明确了除可再生能源电价附加外，还有国家财政的专项资金，从法律上保障了光伏发电行业的发展。在此期间，国内的光伏发电项目快速走向市场化，装机容量保持每年 100% 以上增速。累计装机容量从 2009 年的 30 万千瓦快速增长到 2013 年的 1810 万千瓦，当年新增装机容量 1130 万千瓦，位列全球第一。

　　2013 年，由于光伏发电的快速发展，出现了多头补贴及装机设备不能有效利用等问题，因此国务院发布了《关于促进光伏产业健康发展的若干意见》（即"光伏国八条"），国家发展和改革委员会出台《关于发挥价格杠杆作用促进光伏产业健康发展的通知》，用于解决存在的问题，光伏发电产业增速出现了短暂的回调。即便如此，我国光伏发电的新增装机规模仍居世界首位。2015 年 1 月，国家能源局发布《关于发挥市场作用促进光伏技术进步和产业升级的意见（征求意见稿）》，正式提出光伏发展"领跑者"计划。2015 年 3 月，国家能源局印发《光伏扶贫实施方案编制大纲（试行）》，正式开展光伏扶贫工程试点。2015 年 7 月 13 日，国家能源局发布《国家能源局关于推进新能源微电网示范项目建设的指导意见》，计划在 2015 年启动的新能源微电网示范项目，原则上每个省（区、市）申报 1～2

个。2018年3月，国家能源局发布《可再生能源电力配额及考核办法（征求意见稿）》，实行"非水电可再生能源电力配额"，为光伏发电释放了大量的市场空间，同时抑制了某些地区光伏发电的盲目增长。伴随审批与补贴政策的逐步完善与规范，2016年后，光伏发电装机再次出现迅猛增长。2017年新增装机容量为0.53亿千瓦，累计装机容量更是超过了1.3亿千瓦，无论是新增装机容量还是累计装机容量均为世界首位。可以看出，当前阶段我国光伏发展的布局已经从全方位铺开转移到重点突破，对于大规模集中式光伏发电项目采用领跑者计划加以规范，同时将光伏发电作为经济落后地区扶贫和支持分布式能源发展的重要手段。

2008年3月《可再生能源发展"十一五"规划》中明确指出"逐步提高可再生能源在能源供应中的比重，为更大规模开发利用可再生能源创造条件"。2012年发布的《太阳能发电发展"十二五"规划》中提出"按照加快培育和发展战略性新兴产业以及建立现代能源体系的要求，把加快发展太阳能发电作为优化能源结构、推进能源生产方式变革的重要举措，以技术进步和发展方式创新为主线，促进太阳能发电产业规模化发展，提高太阳能发电的经济性和市场竞争力，将太阳能发电产业培育成具有国际竞争力的优势产业，为实现我国非化石能源发展目标和经济社会可持续发展开辟新途径"。

2016年12月印发的《太阳能发电发展"十三五"规划》指出，"到2020年底，太阳能发电装机达到1.1亿千瓦以上，其中，光伏发电装机达到1.05亿千瓦以上""太阳能热发电装机达到500万千瓦""光伏发电电价水平在2015年基础上下降50%以上，在用电侧实现平价上网目标；太阳能热发电成本低于0.8元/千瓦时"。可以看出，"十二五"期间，我国光伏发电产业的主要目标集中在如何降低成本，而"十三五"期间，伴随技术的不断成熟，工作重点已经转移到如何扩大规模，使之具有市场竞争力。借此，我国光伏市场进入快速发展阶段，2017年累计装机容量就已达1.3亿千瓦，提前实现"十三五"规划发展目标。

2）光伏发电补贴优惠政策

我国的光伏发电扶持政策主要包括投资补贴、专项计划及上网电价等。早期太阳能光伏发电的发展，就是投资补贴不断变化与调整的过程。之后，投资补贴逐步与专项计划结合，如2009年3月，财政部发布的《太阳能光电建筑应用财政补助资金管理暂行办法》，以及同年7月，财政部、国家能源局与科技部共同颁布的《关于实施金太阳示范工程的通知》，以及后期的光伏扶贫计划等。然而，对光伏发电影响最大的则是上网电价方面的补贴，这也是未来主要的推广方向。

我国光伏电价政策经历了一事一议的"审批电价"、"特许权招标电价"及"固定上网电价"三个阶段。自2011年，全国开始执行上网电价政策。2011年7月，国家发展和改革委员会发布《关于完善太阳能光伏发电上网电价政策的通知》，指出"2011年7月1日以前核准建设、2011年12月31日建成投产、我委尚未核定价格的太阳能光伏发电项目，上网电价统一核定为每千瓦时 1.15 元""2011 年 7 月 1 日及以后核准的太阳能光伏发电项目，以及 2011 年 7 月 1 日之前核准但截至 2011 年 12 月 31 日仍未建成投产的太阳能光伏发电项目，除西藏仍执行每千瓦时 1.15 元的上网电价外，其余省（区、市）上网电价均按每千瓦时 1 元执行"。这在全国范围内执行，不分区域，从而确定全国统一光伏发电标杆上网电价。2013 年，原有的全国统一电价更改为根据太阳能禀赋不同分为三类资源区，并分别定价。2015 年 12 月 22 日，国家发展和改革委发布《关于完善陆上风电光伏发电上网标杆电价政策的通知》，为了"合理引导新能源投资，促进陆上风电、光伏发电等新能源产业健康有序发展""决定调整新建陆上风电和光伏发电上网标杆电价政策"。2018 年 5 月 31 日，国家发展和改革委员会、财政部、国家能源局发布了《关于 2018 年光伏发电有关事项的通知》，提出"加快光伏发电补贴退坡，降低补贴强度"，并提出要"发挥市场配置资源决定性作用，进一步加大市场化配置项目力度"。表 2-6 总结了我国光伏上网电价的变化。2019 年 5 月国家发展和改革委员会价格司发布了《国家发展改革委关于完善光伏发电上网电价机制有关问题的通知》，进一步完善并下调了我国的光伏上网电价，最新的光伏电价如表 2-7 所示。

表 2-6　历年光伏上网电价汇总

时间	资源分区	上网电价/（元/千瓦时）		备注
		全额上网	自发自用	
2011～2012 年	全国	1.15	1.15	7 月 1 日前核准，12 月 31 日前并网的项目；7 月 1 日及以后核准或 12 月 31 日以后并网的项目
		1.00	1.00	
2013～2015 年	一类	0.90	0.42	发改价格〔2013〕1651 号适用于 2013 年 9 月 1 日以后备案的项目
	二类	0.95		
	三类	1.00		
2016 年	一类	0.80	0.42	发改价格〔2015〕3044 号适用于 2016 年 1 月 1 日后备案的项目
	二类	0.88		
	三类	0.98		
2017 年	一类	0.65	0.42	发改价格〔2016〕2729 号适用于 2017 年 1 月 1 日及以后备案项目
	二类	0.75		
	三类	0.85		
2018 年	一类	0.55	0.37	发改价格〔2017〕2196 号适用于 2018 年 1 月 1 日及以后备案项目
	二类	0.65		
	三类	0.75		

续表

时间	资源分区	上网电价/（元/千瓦时）		备注
		全额上网	自发自用	
2018 年 5 月 31 日之后	一类	0.50	0.32	《关于 2018 年光伏发电有关事项的通知》
	二类	0.60		
	三类	0.70		
2020 年	一类	0.35		《关于 2020 年光伏发电上网电价政策有关事项的通知》
	二类	0.40		
	三类	0.49		

表 2-7　2019 年最新执行上网电价

电站类型	资源区	上网电价/（元/千瓦时）	备注
集中式电站	一类	指导电价：0.40	上网电价参与竞争性招标不得超过所在资源区指导电价
	二类	指导电价：0.45	
	三类	指导电价：0.55	
工商业分布式	一类	指导电价：0.40	上网电价参与竞争性招标不得超过所在资源区指导电价
	二类	指导电价：0.45	
	三类	指导电价：0.55	
	余电上网	最高上限 0.1+当地脱硫煤电价	
户用光伏电站	所有	0.18 +当地脱硫煤电价	
村级扶贫电站	一类	补贴电价：0.65	享受扶贫电站电价补贴的必须是国家认可的光伏扶贫重点区域
	二类	补贴电价：0.75	
	三类	补贴电价：0.85	

3）弃风、弃光问题的出现与应对

2010 年前，由于风电、光伏发电占比不高，各地基本可以保证按照国家规定优先上网。由于二者发电具有间歇性，在用电高峰期可能面临资源供应有限的问题，因此为了提高电网公司的运营效率，减少运营期间的调峰压力，电网公司往往不愿接入更多的风电和光伏电源。很多情况下，即使风电场和光伏电站已经完成并网，电网也不可能完全消化如此多的清洁电力。随着装机容量的不断上升，2011 年风电场平均利用时间开始大大减少，弃风问题凸显。2012 年，国家能源局召开紧急会议，研究风电消纳工作的具体安排。2013 年、2014 年相继发布关于风电并网与消费相关工作的指导意见，提出了确保风电重要地位的同时，进行风电基地配套的输电通道建设。风能资源的开发首先应当在国家层面协调，充分调整风电开发商、地方经济发展用电需求、电力输送通道建设规划等，在实现规模效应的基础上尽量分散风电场投建，建设规划初期在各电网区域内完成调度可行性方案。这也是"十三五"规划期间淡化各风电基地规划建设目标的原因之一。2014年，弃光问题开始出现，表现出与风电相似的发展态势。为了实现可再生能源发电的战略发展，加快长距离特高压输电线路的建设成了重中之重，这可以帮助风电、光伏发电远距离输送至我国东南用电负荷较大的省（自治区、直辖市）。2016年 2 月，国家能源局发布了《国家能源局关于做好"三北"地区可再生能源消纳工作的通知》，着力解决弃风、弃光问题。2016 年 2 月 29 日，国家能源局发布《关于建立可再生能源开发利用目标引导制度的指导意见》，规定了 2020 年各省（自治区、直辖市）行政区域全社会用电量中非水电可再生能源电力消纳量比重指标，如表 2-8 所示。在国家的大力支持下，尽管 2017 年弃风、弃光问题有所缓解，但离真正解决清洁能源上网难题仍有很长的路要走，而实现清洁能源与电网消纳能力的协调发展、减少投资浪费，更是一个尚待解决的规划难题。

表 2-8　部分省（自治区、直辖市）非水电可再生能源电力消纳量指标

省（自治区、直辖市）	非水电可再生能源电力消纳比重指标	省（自治区、直辖市）	非水电可再生能源电力消纳比重指标
北京	10%	安徽	7%
天津	10%	福建	7%
河北	10%	江西	5%
山西	10%	山东	10%
内蒙古	13%	河南	7%
辽宁	13%	湖北	7%
吉林	13%	湖南	7%
黑龙江	13%	广东	7%
上海	5%	广西	5%
江苏	7%	海南	10%
浙江	7%		

2.1.3　稳步推进输配管理体制改革

由于经营的产品和服务为典型的公共产品，且初始投资巨大，电力输配行业具有天然垄断属性，政府对电力行业的改革一直采取审慎的态度稳步推进。长期以来，中国的电力行业一直由国家统一进行管理和运营调度。21 世纪初，电力行业实行垂直一体化电力管理体制，发、输、配、售业务均由国家电力公司经营。

为提升电力行业总体运行效率，必须打破行业垄断特性，加强竞争[7]。2002 年，国务院印发 5 号文，着手实施厂网分离政策，输配业务主要由国家电网公司和南方电网公司经营，这也是近年来影响最为深远的电力政策改革，奠定了目前电力管理体制的基本框架。为加强行业监管，国家电力监管委员会在 2003 年成立，后由于政府部门机构改革的需要，相应职能于 2013 年又纳入国家能源局，但监管机构仍保持相对独立。输配管理体制方面的改革，主要包括电价管理、电网规划和可靠性管理。其中电价不仅是电力市场化建设的核心环节，也是与人们生产生活和电网效率最密切相关的环节。

1. 电价管理体制改革

厂网分离改革将竞争机制引入发电行业和电力建设领域，成功建立了竞争性发电市场，激发了企业通过改进技术提高生产效率的积极性[6, 8, 9]。输配环节改革进展相对缓慢，中间甚至多遇波折。部分新电改前全国性的电力体制建设及其配套文件如表 2-9 所示。

表 2-9　新电改前部分全国性的电力体制建设及其配套文件

序号	文件	发文号	主要内容
1	国务院办公厅关于印发电价改革方案的通知	国办发〔2003〕62 号	将电价划分为上网电价、输电价格、配电价格和终端销售电价；发电、售电价格由市场竞争形成；输电、配电价格由政府制定；输配电价由政府价格主管部门按"合理成本、合理盈利、依法计税、公平负担"原则制定
2	国家发展改革委关于印发电价改革实施办法的通知	发改价格〔2005〕514 号	制定了《上网电价管理暂行办法》、《输配电价管理暂行办法》和《销售电价管理暂行办法》。输配电价按"合理成本、合理盈利、依法计税、公平负担"的原则制定。输配电价分为共用网络输配电服务价格、专项服务价格和辅助服务价格
3	国家发展改革委关于调整销售电价分类结构有关问题的通知	发改价格〔2013〕973 号	将销售电价由现行主要依据行业、用途分类，逐步调整为以用电负荷特性为主分类；将现行销售电价逐步归并为居民生活用电、农业生产用电和工商业及其他用电价格三个类别等

2003 年 7 月，国务院出台了《电价改革方案》，确定了电价改革的目标、原则，将电价划分为上网电价、输电价格、配电价格和终端销售电价。

2004 年 3 月，国家电力监管委员会与国家发展和改革委员会下发《电力用户向发电企业直接购电试点暂行办法》。紧接着，出台了标杆上网电价政策，统一制定并颁布各省新投产机组上网电价；2004 年 12 月，国家发展和改革委员会出台煤电价格联动机制措施，不仅调整了上网电价，还调整了销售电价。

2005 年 3 月，国内首个获原国家电力监管委员会批准的直购电试点在吉林落地，参与直购电的购售双方分别是国电吉林龙华热电股份公司和吉林炭素股份有限公司，它们属于单个发电厂同单个用电企业供需对面、全电量过网的直供模式，即点对点模式。3 月 28 日，国家发展和改革委员会同有关部门制定并颁发了《上网电价管理暂行办法》、《输配电价管理暂行办法》和《销售电价管理暂行办法》。同年 10 月，国家发布了《电力市场运营基本规则》，并逐步开启了东北地区、华东地区和南方地区市场化建设的探索，进行上网电价竞价试运行。

2006 年 11 月，广东国华粤电台山发电有限公司向首批参加试点的六家大用户展开"点对多点"的直购电试点，江门市成为我国第一个"点对多点"的直购电试点地区，同时其是国家第二个进行直购电试点的地区。

2009 年 10 月，国家发展和改革委员会、国家电力监管委员会、国家能源局三部门发布《关于规范电能交易价格管理等有关问题的通知》；同年 11 月，全国销售电价每千瓦时平均提高 0.028 元，但这次调整暂不涉及居民电价。

从 2003 年到 2009 年，输配电价的调整大多凭借政府一个个"通知"和"意见"填补，反映出的是市场机制缺失、市场配置资源的决定性作用难以发挥的突出矛盾。

从 2010 年开始，尽管对于输配电行业的改革依旧以电价改革为主，国家开始探索厘清输配电价形成原因，并于当年叫停地方"直购电"试点。这一阶段电网投资大幅增加，工作重点转移到提高电网覆盖率和供电可靠性上。

在这一阶段内，2010 年 10 月国家发展和改革委员会出台《关于居民生活用电实行阶梯电价的指导意见（征求意见稿）》，酝酿多时的居民用电"阶梯电价"开始实施。

2011 年 9 月，由两大电网公司剥离的辅业与 4 家中央电力设计施工企业重组形成中国电力建设集团有限公司、中国能源建设集团有限公司，标志中国历时多年的电力体制改革终于迈出电网主辅分离改革的重要一步，也为厘清输配电价成本迈出了坚实一步。

2012 年 3 月，全国除西藏和新疆以外的 29 个省（自治区、直辖市）召开了居民阶梯电价听证会，各地价格主管部门在认真研究听证会参加人提出建议的基础上，对实施方案做了进一步的修改和完善，并于 6 月中旬陆续出台，7 月 1 日在全国正式试行。

2014 年上半年，安徽、江苏、江西等十多个省重启"直购电"试点。2014 年 6 月，中央财经领导小组第六次会议提出"坚定不移推进改革，还原能源商品属性，构建有效竞争的市场结构和市场体系，形成主要由市场决定能源价格的机制"[1]。

---

① 习近平：积极推动我国能源生产和消费革命. http://cpc.people.com.cn/n/2014/0614/c64094-25147885.html [2020-09-28]。

2014 年 10 月，深圳发布《深圳市输配电价改革试点方案》，拉开了新电改的序幕，之后国家陆续出台了《关于内蒙古西部电网输配电价改革试点方案的批复》等文件，输配电价改革在全国全面铺开。

2015 年 3 月 20 日，国家发展和改革委员会、国家能源局下发了《关于改善电力运行调节促进清洁能源多发满发的指导意见》。2015 年 9 号文印发，预计将成为今后很长一段时间内电力体制改革的主要参考，全面深化改革进入了新的探索阶段，我们在后面将专门展开论述。

2. 电网规划

电力市场体制机制改革在电力输配领域同样取得了很大成绩，尤其是 2006 年开始进行智能电网建设后。

智能电网计划（smart grid plan/intelligent electrical network plan）是国家电网有限公司 2009 年 5 月 21 日首次公布的，其内容如下：坚强智能电网以坚强网架为基础，以通信信息平台为支撑，以智能控制为手段，包含电力系统的发电、输电、变电、配电、用电和调度各个环节，覆盖所有电压等级，实现"电力流、信息流、业务流"的高度一体化融合，是坚强可靠、经济高效、清洁环保、透明开放、友好互动的现代电网。坚强智能电网的主要作用表现为通过建设坚强智能电网，提高电网大范围优化配置资源能力，实现电力远距离、大规模输送。

2009～2010 年是规划试点阶段，重点开展坚强智能电网发展规划，制定技术和管理标准，开展关键技术研发和设备研制，开展各环节的试点。

2011～2015 年是全面建设阶段，特高压电网和城乡配电网建设加快，初步形成智能电网运行控制和互动服务体系，关键技术和装备实现重大突破与广泛应用。

2016～2020 年是引领提升阶段，全面建成统一的坚强智能电网，技术和装备达到国际先进水平。电网优化配置资源能力将大幅提升，清洁能源装机比例超过 40%，分布式电源实现"即插即用"，智能电表普及应用。

2020 年中国建成以华北、华东、华中特高压同步电网为中心，东北特高压电网、西北 750 千伏电网为送端，联结各大煤电基地、水电基地、核电基地、可再生能源基地，各级电网协调发展的坚强智能电网。华北、华东、华中特高压同步电网形成"五纵六横"主网架。

作为重要的送端电网，西北电网"十二五"期间将在已有的 750 千伏电网结构基础上，加强省区间联系，提高电网交换能力和抵御严重故障能力，保障风电等可再生能源的接入和消纳，与华北、华东、华中特高压电网紧密相连。

"十二五"期间，南方电网将重点建设糯扎渡、溪洛渡等大型电站外送直流工程。2015 年西电东送主网架在 2010 年"五直八交"的基础上形成"九直八交"

送电通道，各省（区）形成坚强的 500 千伏骨干网架，实现海南与南方主网 500 千伏双回路联网，加强与港澳特区联网，保障港澳电力可靠供应。

2020 年城市用户供电可靠率达到 99.955%以上，农网用户供电可靠率达到 99.810%以上。中国电网智能化发展将以坚强网架为基础，以通信信息平台为支撑，以智能调控为手段，包含电力系统的发电、输电、变电、配电、用电和调度六大环节，覆盖所有电压等级。到"十三五"末，智能电网基本实现安全、可靠、绿色、高效的发展愿景，电网智能化达到较高水平。

3. 可靠性管理

电网公司的供电覆盖率明显提升，各种新型发电设备，电力传输、配送技术不断涌现。例如，超高压、特高压线路的快速发展，智能电网技术的推动，电力输配行业生产效率显著提升，电网企业线损率则从 2002 年的 7.52%降低到 2017 年的 6.49%。

2.1.4　2015 年的新电改

在中国经济发展步入新常态、社会进入全面深化改革的背景下，2015 年 3 月 15 日中央办公厅印发 9 号文，新电改再次拉开帷幕。这既是对 5 号文发布后电力体制改革的深化和发展，更是提升中国国际竞争力的必然选择。

1. 新电改是对 2002 年电力体制改革的进一步发展和深化

2002 年电力体制改革后，我国电力工业取得了很大的成就：发电能力、供电能力、供电可靠性大幅度提升；企业的经营管理能力显著提高；电价形成机制逐步完善，在发电环节实行标杆电价，在输配、销售等环节分地区出台差异性电价政策；积极探索了电力市场化交易和监管，相继开展了竞价上网、大用户与发电企业直接交易、发电权交易、跨省区电能交易、电力现货市场等方面的试点和探索；主动控制碳排放，培育和发展全国碳排放权交易市场；能源体制不断健全完善，发展不平衡、不协调、不可持续等问题渐渐得到解决，能源发展水平与人民生活质量同步提高。但必须看到，我国离真正的电力市场还有很大差距。很多 5 号文提出将要进一步解决的问题并未得到妥善解决，即便在目前竞争最为充分的发电行业，也是以不同发电形式的差异化定价为前提的。

电力行业发展中仍存在多种矛盾。一是定价机制不合理，由于 5 号文中诸多界限并没有厘清，电力交易机构仍是电网的一部分，发电企业处于相对劣势，电网内部交叉补贴严重，造成了电价扭曲，即便同一个省（自治区、直辖市）也可能出现很多不同的价格，同一地区根据行业不同也可能执行不同电价，价格机制的扭曲进一步增加了厘清输配成本的难度。二是电力交易机制缺失，售电侧有效竞争机制尚未形成，市场并未在资源配置中起决定性作用，电价难以反映用电成本、市场供求状况、资源稀缺程度等。三是行业缺乏竞争机制，5 号文发布后，国家成立了东北、华北、华中、西北、华东五大区域电网公司，希望借此打破国家电网的垄断地位，但这些大区公司并未获得多少实权，甚至除华北公司外，其他区域公司都已经在 2016 年注销，输配部门垄断性不仅没有削弱，反而进一步加强。四是不仅是电力行业，所有垄断性行业在社会转型时期都会面临难题，公众对于建立健全电力行业"有法可依、政企分开、主体规范、交易公平、价格合理、监管有效"的呼声越来越大。五是虽然 5 号文试图谋定中国电力改革的发展方向，可实际执行效果却大打折扣，加上在 2002 年后全国发生的大面积的持续电荒，促使人们对这次电力改革的时机产生了质疑。因而出现了如何调整电价形成机制以适应电源结构演化的问题，以及如何调整可再生能源并网激励政策才能同时实现鼓励消纳与减少电力浪费的目标等亟待解决的问题。

2. 新电改是当前阶段中国市场化改革的必然选择

随着中国经济增速放缓，电力能源总体需求增速降低，为进行适当、适度的电力体制改革创造了条件。新电改的出发点是降低工商业成本，提高企业国际竞争力。2014 年 11 月国家发展和改革委员会先于 9 号文批复了《深圳市输配电价改革试点方案》，之后陆续发布了《关于内蒙古西部电网输配电价改革试点方案的批复》等文件。这说明，当时各地已经有强烈的推动新电改的决心。在此背景下，9 号文随后发布，明确了电力改革的总体思路与若干原则，自此我国启动了新电改。相比 2002 年的改革，改革的背景、认识、参与者、复杂程度都发生了重大变化，这也决定了此轮改革的目标、路径和方式的复杂性。9 号文既是对 5 号文的继承和发展，也是对原有电力体制改革内容的调整和超越。

从国内发展趋势看，加快电力市场体制机制改革不仅是推进能源领域技术创新的客观要求，也响应了时代变革发展的迫切需要。中国工业电价高于美国，在美国天然气发电是最主要的发电形式，而在中国煤电是最主要的发电形式，因此不能完全用边际燃料价格更高来解释中国工业高电价，市场机制不健全，居民用电、农电和清洁能源发电等广泛存在的交叉补贴等也是造成中国工业电价偏高的原因。伴随经济发展水平的提高，我国在劳动力价格和资本价格上的优势变小，未来制造业竞争力的提升将更多依靠科技进步和制造业内部生产者剩余的再调整。电力市场体制机制难以适应构建现代能源体系的需要，改革创新刻不容缓。因而新电改的主要目标就是通过理顺电网环节的经营机制，减少交叉补贴，让利于工商业，提高我国制造业的竞争力。由于居民电价、农电等价格调整牵涉的政治经济因素很多，电力市场体制机制改革就成为当前阶段的必经之路。随着客户需求和服务能力的提升，在降本增效的历史背景下，改革时机延误、交叉补贴等问题将会越来越严重，这也会影响制造业的国际竞争力。综合以上分析，国际地缘政治的新形态、新变化，迫切需要我们减存量、做增量，厘清电力市场化的范围和边界，加快推进电力市场体制机制改革，通过智慧化的技术手段和管理创新，助力企业自身变革和社会转型。

从政府体制改革趋势来看，加快电力市场体制机制改革不仅是推进政府深化体制改革的重要抓手，也是建设美丽中国的必然选择。近年来，电力市场体制机制改革已引起政府的高度重视，2015 年中共中央、国务院发布 9 号文后，国家发展和改革委员会、国家能源局印发了《关于推进售电侧改革的实施意见》等多个文件，指出售电侧改革的发展思路和方向；与此同时，国家发展和改革委员会、国家能源局专门下发了《关于推进电力市场建设的实施意见》和《关于电力交易机构组建和规范运行的实施意见》等文件，要求"有序放开发用电计划、竞争性环节电价，不断扩大参与直接交易的市场主体范围和电量规模，逐步建立市场化的跨省跨区电力交易机制"。国家发展和改革委员会、国家能源局还于 2016 年印发了《电力中长期交易基本规则（暂行）》。2016 年 12 月国家发展和改革委员会与国家能源局正式印发《能源生产和消费革命战略（2016—2030）》等，重申了"还原能源商品属性，加快形成统一开放、竞争有序的市场体系，充分发挥市场配置资源的决定性作用和更好发挥政府作用"。2019 年 7 月印发《关于深化电力现货市场建设试点工作的意见》，要求"建立中长期交易为主、现货交易为补充的电力市场，完善市场化电力电量平衡机制和价格形成机制，促进形成清洁低碳、安全高效的能源体系"。北京、天津、广东、江苏和山东等省（直辖市）也先后颁布了地方条例，多方位阐述电力市场建设的准则、步骤、交易范围、规则和边界。部分全国性的电力体制建设及其配套文件见表 2-10。

表 2-10　新电改后部分全国性的电力体制建设及其配套文件

序号	文件	发文号	主要内容
1	《中共中央 国务院关于进一步深化电力体制改革的若干意见》	中发〔2015〕9 号	有序推进电价改革，理顺电价形成机制。单独核定输配电价。分步实现公益性以外的发售电价格由市场形成。妥善处理电价交叉补贴
2	《中共中央 国务院关于推进价格机制改革的若干意见》	中发〔2015〕28 号	稳妥处理和逐步减少交叉补贴。有序放开上网电价和公益性以外的销售电价。单独核定输配电价，分步实现公益性以外的发售电价由市场形成。按照"准许成本加合理收益"原则，合理制定电网、天然气管网输配价格。科学核定电网企业准许收入和分电压等级输配电价

序号	文件	发文号	主要内容
3	《国家发展改革委 国家能源局关于印发电力体制改革配套文件的通知》 附件1：《关于推进输配电价改革的实施意见》	发改经体〔2015〕2752号	按照"准许成本加合理收益"原则，核定电网企业准许总收入和分电压等级输配电价，明确政府性基金和交叉补贴。根据电网各电压等级的资产、费用、电量、线损率等情况核定分电压等级输配电价，测算并单列居民、农业等享受的交叉补贴以及工商业用户承担的交叉补贴
4	《发展改革委 能源局关于印发〈输配电定价成本监审办法〉的通知》	发改价格〔2015〕1347号	规定了输配电定价成本监审原则、输配电定价成本构成与归集、输配电定价成本核定方法、电网企业固定资产分类定价折旧年限等
5	《国家发展改革委 国家能源局关于印发〈售电公司准入与退出管理办法〉和〈有序放开配电网业务管理办法〉的通知》 附件2：《有序放开配电网业务管理办法》	发改经体〔2016〕2120号	配电网运营者承担配电区域内结算业务，按照政府核定的配电价格收取配电费，按照国家有关规定代收政府性基金和交叉补贴，按合同向各方支付相关费用
6	《国家发展改革委关于印发〈省级电网输配电价定价办法（试行）〉的通知》	发改价格〔2016〕2711号	建立规则明晰、水平合理、监管有力、科学透明的独立输配电价体系。建立机制与合理定价相结合。弥补合理成本与约束激励相结合。促进电网健康发展与用户合理负担相结合。省级电网输配电准许收入的计算公式为：准许收入=准许成本+准许收益+价内税金。准许收益=可计提收益的有效资产×准许收益率
7	《国家发展改革委办公厅关于完善两部制电价用户基本电价执行方式的通知》	发改办价格〔2016〕1583号	放宽基本电价计费方式变更周期限制。基本电价计费方式变更周期从现行按年调整为按季变更，合同最大需量核定值变更周期从现行按半年调整为按月变更
8	《国家发展改革委 国家能源局关于规范开展增量配电业务改革试点的通知》	发改经体〔2016〕2480号	试点区域内的电力用户应当承担国家规定的政府性基金及附加和政策性交叉补贴，由配电公司代收、省级电网企业代缴。对按规定应实行差别电价和惩罚性电价的电力用户，不得以试点名义变相对其提供优惠电价和电费补贴

序号	文件	发文号	主要内容
9	《国家发展改革委关于全面深化价格机制改革的意见》	发改价格〔2017〕1941 号	结合有序放开发用电计划，扩大市场形成发电、售电价格的范围，加快推进电力市场交易，完善电力市场交易价格规则，健全煤电价格联动机制
10	《国家发展改革委 国家能源局关于开展分布式发电市场化交易试点的通知》	发改能源〔2017〕1901 号	规定了分布式发电交易的项目规模、市场交易模式、电力交易组织和分布式发电"过网费"标准等
11	《国家发展改革委办公厅 国家能源局综合司关于开展分布式发电市场化交易试点的补充通知》	发改办能源〔2017〕2150 号	规定了分布式发电市场化交易试点方案内容要求，提出了分布式发电市场化交易有三种可选的模式
12	《国家发展改革委关于印发〈区域电网输电价格定价办法（试行）〉〈跨省跨区专项工程输电价格定价办法（试行）〉和〈关于制定地方电网和增量配电网配电价格的指导意见〉的通知》	发改价格规〔2017〕2269 号	规定了区域电网输电价格定价办法、跨省跨区专项工程输电价格定价办法、地方电网和增量配电网配电价格的指导意见等
13	《2018 年政府工作报告》		降低电网环节收费和输配电价格，一般工商业电价平均降低 10%

3. 新电改的具体内容

标志新电改启动的 9 号文共提到七大重点任务：电价改革、电力交易体制改革、建立相对独立的电力交易机构、推进发用电计划改革、售电侧改革、建立分布式电源发展新机制、加强电力统筹规划和科学监管等。要实现上述目标，将要采取的行动方案包括以下内容。

4. 完善电力交易机制

新电改的核心是建设电力交易市场，推动电力交易机制改革。我国进行电力市场体制机制改革的最终目标是还原电力的商品属性、发挥市场在资源配置中的决定性作用。围绕建立健全"有法可依、政企分开、主体规范、交易公平、价格合理、监管有效"的市场机制，建设高效配置资源的电力市场，以最小的资源、环境代价和经济成本满足经济社会发展对电力的需求，电力市场已经成为我国深化电力体制改革的出发点、着力点和落脚点。

5. 放开输配以外的经营性电价

在电价方面政府的计划是在不同的行业给予不同的管理模式：一方面，作为用掉全社会 85%电力的大户，工商业的电价未来将由发受双方自行商定，不再以上网及销售电价差作为收入来源，而是按照政府核定的输配电价收取过网费。另一方面，考虑到居民、农业及公用事业的用电量虽然比重很小，但是用户人群众多，具有广泛的社会影响，所以这部分电价仍将由政府继续管控。

6. 放开公益性调节以外的发电计划

在电量管理方面，9 号文采取的是与电价管理同样的"双轨制"办法。未来的电力交易中，工商业直接交易的电量和容量将不再纳入发电计划，而是由市场双方自行决定。但政府仍将保留一定的"公益性、调节性发用电计划"，以确保居民、农业、重要公用事业和公益性服务等用电，确保维护电网调峰调频和安全运行，确保可再生能源发电依照规划保障性收购。

7. 建立相对独立的交易机构

要转变电力交易模式，将国家电网的收益从价差模式转化为只收取过网费的商业模式，就必须保障电力交易的平台相对独立。9 号文中指出：推进电力交易体制改革，完善市场化交易机制，推进跨省跨区电力市场化交易，促进电力资源在更大范围优化配置，促使电力富余地区更好地向缺电地区输送电力，充分发挥市场配置资源、调剂余缺的作用。

8. 稳步推进售电侧改革，有序向社会资本开放售电业务

鼓励社会资本投资配电业务，按照有利于促进配电网建设发展和提高配电运营效率的要求，探索社会资本投资配电业务的有效途径；多途径培养市场主体，允许符合条件的高新产业园区或者经济技术开发区，组建售电主体直接购电。

9. 开放电网公平接入，建立分布式电源发展新机制

积极发展分布式电源，在确保安全的前提下，积极发展融合先进储能技术、信息技术的微电网和智能电网技术，提高系统消纳能力和能源利用效率；完善并网运行服务，加快修订和完善接入电网的技术标准、工程规范和相关管理办法。

10. 加强电力统筹规范和科学监管，提高电力安全可靠水平

在充分考虑资源环境承载力的前提下，优化电源与电网布局，加强电力规划与能源规划、全国电力规划与地方性电力规划之间的有效衔接。

2.2　电力行业发展中面临的挑战

2.2.1　电力行业给环境保护带来巨大压力

1. 以煤为主的电源结构短期内难以根本改变

由于中国"富煤、贫油、少气"的资源禀赋特征，长期以来煤电一直占据电力行业的主导地位，虽然水电、风电、太阳能发电、核电等清洁能源的占比有一定提升，但短期内仍难以撼动煤电的主导地位。煤电生产过程中会所产生的二氧化硫、氮氧化物、粉尘等污染物和二氧化碳等温室气体，尽管经过清洁化改造后，污染物排放大幅度降低，但火电行业仍是我国化石能源消耗与碳排放占比最大的行业[10, 11]。按照国际能源署的测算，中国电力系统形成的碳排放占比从 2000 年的 43.3%增长至 2017 年的 49.6%[12]。提高电力部门的运营效率是减少能源消耗和环境污染最为有效的方式，有助于延缓气候变化目标的实现，推动人类社会的可持续发展。2017 年 12 月 19 日，全国碳市场交易体系启动，发电行业成为首批被纳入的行业，这同样凸显了国家对电力行业节能减排工作的重视。

近年来，我国北方地区乃至中部地区不断出现大面积雾霾现象，更是进一步加大了我国的减排需求与压力。国家在"十二五"和"十三五"能源规划中分别提出单位 GDP 二氧化碳排放降低 17%和 18%的减排目标，以及用电量的控制目标。要顺利实现这些目标，关键在于做好主要耗能产业，尤其是电力行业的节能减排工作。作为我国重要的工业基础部门和主要的碳排放部门，电力行业直接关系我国节能减排目标的实现，而中国电力系统改革的成功与否将是其中的决定性因素。因此，如何在保证电力供应的前提下加快清洁能源发展，并在能源、经济、环境协调健康发展的框架下，提出切实可行的电源结构优化方案是亟待研究的重要课题。

2. 新增装机结构与地区布局变化显著

由于清洁能源的快速发展、综合能源系统的广泛应用，我国电源结构的新增装机容量变化明显。表 2-11 为 2017 年我国新增装机容量和累计装机容量的电源结构。从表中可以看出，风电、太阳能发电新增装机容量占比远大于其累计装机容量占比。截至 2017 年底，全国非化石能源发电装机容量 68 865 万千瓦，占全国总装机容量的 38.8%，比 2000 年提高 13.2 个百分点；比 2016 年新增非化石能源装机容量 9044 万千瓦，占全国新增发电装机容量的 68.9%，而火电尤其是煤电情况恰好相反。这说明国家防范化解煤炭产能过剩风险措施初见成效，火电及煤电新增规模 2015~2017 年连续三年缩小。另外，新增装机的结构和地区布局进一步优化，东中部地区新增新能源发电装机容量占全国的 76%，新能源发电布局继续向东中部转移，这也反映出电源结构从集中式向分布式转变，以及未来电源结构属地化的发展趋势。

表 2-11　2017 年我国新增装机容量和累计装机容量的电源结构

电源结构指标	火电（煤电）	水电	核电	风电	太阳能发电	总计
新增装机容量 /万千瓦	4 453（3 504）	1 287	218	1 819	5 341	13 118
新增装机容量占比	33.95%（26.71%）	9.81%	1.66%	13.87%	40.72%	100%
累计装机容量 /万千瓦	110 495（—）	34 359	3 582	16 325	12 942	177 703
累计装机容量占比	62.18%（—）	19.34%	2.02%	9.19%	7.28%	100%

注：上述装机容量只包括并网装机容量；本表中数据未经修约，可能存在合计不等于 100% 的情况

2.2.2　电力行业面临的转型发展难题

1. 火电企业经营难度加大，实现电源结构平稳过渡面临重大挑战

通过推行"上大压小"等政策，我国火电行业内部生产结构不断优化，截至 2017 年底，100 万千瓦级火电机组达 103 台，60 万千瓦及以上火电机组容量占比达到 44.7%，比 2000 年提高 7.8 个百分点。伴随非化石能源发电装机及大容量高参数燃煤机组比重继续提高，电源结构持续优化。但这同时为煤电行业发展带来了一定的不确定性。一是由于在煤价高位运行、电力行业为制造业让利的时代背景下，电价将延续下降趋势，而大型煤电机组灵活性差，气电机组在没有补贴的情况下尚不具备独立生存能力，火电企业经营效益下滑的趋势短期内难以改变。二是由于国民经济增速放缓，2020 年社会用电量增速可能进一步下滑，清洁能源的快速发展进一步压缩了火电增长空间，加之区域内新增装机投产发电，将导致机组利用小时数进一步降低。三是伴随电力体制改革的加速，越来越多的电量进入市场，电厂之间竞争加剧，煤电企业投资巨大的劣势被放大，这进一步增大了煤电企业的经营难度。四是环保压力越来越大，面对日益严峻的环境问题和更加严苛的环保应急措施，地方启动重污染天气应急预案频次多、时间长，大型机组启停成本高，这进一步增加了机组运营成本。五是目前在役机组大多投产时间不长，由于设备生产、安装、调试、报废过程中均会产生成本和碳排放，在电源结构优化调整的过程中，是否将处于生命周期前期的电厂作为优化对象需要审慎讨论，电源结构转型难度进一步增加。

2. 实现清洁能源建设的合理规划，减少资源浪费面临多种因素制约

清洁能源发电出力的不确定性，使其很难作为电力供应的基荷；加之技术创新的不可预测性，进一步增加了国家清洁能源发展补贴政策调整的难度；与此同时，电力需求变化和电网消纳能力等都会影响清洁能源的发展。统筹规划风电、太阳能发电等产业的发展，能够有效节约成本，减少弃风、弃光现象和清洁发展波动对电力行业以至国民经济发展的影响，但在规划编制过程中需考虑多种因素带来的挑战。一是清洁能源补贴调整，由于目前的补贴政策存在多头管理的现象，相关政策分散在各个规范性文件中，且不同部门优惠政策的制定过程缺乏标准程序，这些都影响政策的实施效果和调整难度。二是现行清洁能源发电补贴政策，在促进其发展的同时留下了一定隐患，如我国现行上网价格制度，清洁能源不直接参与电力市场竞争，电网公司与项目投资者签订长期购售电合同，保证全部收购项目的可供电量，这虽然使风电项目摆脱了产品销售的风险，但同时增加了成本下降后直接参与市场竞争的程序性障碍。三是补贴政策调整的滞后性增加了财政补贴成本，同时造成了补贴资金的发放困难，因此我国要继续规范和完善风电定价机制。四是发电与负荷中心分离增加了规划的成本和难度，我国清洁能源集中在三北地区，而负荷中心在东南沿海，资源地市场规模小、难以就地消纳、跨区输电能力不足，这增大了弃风、弃光现象发生的可能性。五是技术创新的不确定性加大了电网规划的难度，电网消纳技术突破的时间、经济发展增速及其用电量变化等影响因素众多，这不是清洁能源行业自身所能控制的，编制清洁能源发展规划的难度加大。

3. 提高供电安全和供电可靠性是未来电力行业的重要课题

突发的大面积停电事故将给人民生活带来灾难性影响，也会造成工业生产、供水、交通、通信、金融、商业服务等相关行业和领域的运行瘫痪，给国家安全和社会稳定带来严重威胁。近年来，世界上很多国家都发生过大面积停电事故。如 2003 年，美国东北部和加拿大东部联合电网大停电；2005 年，加州南部地区大停电；最近的则是 2019 年 7 月的纽约大停电，8 月的英国大停电，以及 10 月的加州大停电等。经过多年的努力，我国已经在 2015 年实现电网全覆盖，未来很长一段时间输配部门的工作中心将转移到在提高经济效益的同时提高供电安全和供电可靠性上。我国近几十年不但没有发生过大面积停电事故，而且经过坚持不懈的发展更新，目前电网安全运行水平、供电可靠性均位居世界前列。

正如硬币有正反两面，我们看到事物优点的同时必须考虑其缺点。我国供电安全和供电可靠性的提高很大程度上是通过加大电网基础设施建设实现的，未来的发展将面临重大挑战。一是随着电力市场化改革进程的深入，电网企业比以往更关注经济效益，国家电力市场改革中提出生活用电和公益性用电暂缓市场化，

而这恰恰是与百姓生活最息息相关的部分，电网公司对经济效益的诉求将不可避免地影响其对这些部门基础设施的投资。二是可再生能源比例提高，多元化的电源结构，与传统的以火电为主、水电为辅的电力结构相比，加大了电力调度的难度，如何清洁高效地发展煤电、高质量地发展可再生能源、稳妥地开发水电、有序地建设抽蓄电站、协调发展风电和太阳能发电的供给，从而保障电力供应安全，这些均是难题。三是电力生产与消费格局一直处于不断变化中，如何从经济、制度的角度对电网进行评价，实现电网布局与电力生产规划的有效统一需要综合多学科的知识。四是供电服务质量的提升往往会带来成本的升高，而在像输配电行业这样的自然垄断行业中，由于终端消费者往往缺少自主选择权，垄断行业往往会因为自身成本和收益的考量而倾向于提供相对较差的服务质量，如何及怎样将输配电行业的服务效率纳入考核，也是需要考虑的问题。五是提高服务效率和促进输配电企业的快速发展同等重要，改革的出现不希望是以技术效率的提高换取服务效率的降低，而是希望电网能够在提高技术效率的同时完成服务效率的提升。目前尚缺乏综合电网技术效率与服务效率的研究。

4. 电网建设的方向选择难题

电力供需是瞬时平衡的。一旦供需不平衡，电网的频率和电压就会发生波动，电网就容易发生故障。因而国内电网规划一直存在建设全国一张网还是各区域电网独立建设的争论。2003 年厂网分离后，同时设立了六大区域电网，后来只有作为试点的南方电网得以保留。加大电网连接范围为优化全国电力调度提供了条件，但同时也提高了对电网技术的要求。

经过几十年的努力，我国电网建设由独立分散、多头弱小，发展为全国互联、互通、互供，建成了全球规模最大的交直流互联电网，形成了"西电东送、北电南供"的电网互联格局；我国拥有全球最高输电电压等级、最长特高压输电线路、最大新能源并网规模；主网架结构进一步优化，电网安全运行水平、供电可靠性位居世界前列。2019 年 9 月，中国工程院向国家能源局报送的《我国未来电网格局研究（2020 年）咨询意见》（中工函〔2018〕25 号）建议：我国 2020 年电网格局继续坚持以六大区域电网为主体，区域电网之间以直流异步互联。不建议建设"三华"特高压交流同步电网。西电东送是我国"西部大开发"的标志性工程，是我国重要的经济发展战略，必须继续坚持。根据特高压 1000 千伏交流工程的特点，一般不将其作为输电工程使用。现在已经建成的特高压交流工程利用率低，其发挥的作用有限[①]。

---

① 【电网资讯】我国未来电网格局研究（2020 年）咨询意见. https://www.sohu.com/a/256300477_100016667 [2020-11-17]。

上述建议是对近年来"建设全国一张网"提议的修正和讨论，也代表了目前关于国内电网建设的两种不同观点。众所周知，各种自然灾害对电网安全稳定运行的影响很大。我国地域辽阔，输电线路分布广泛，途经冰冻、山火、暴雨、台风、地震等自然灾害多发地区，给电网的安全运行带来很大挑战。随着电网规模的增大，自然灾害引发事故的风险指数增长。尽管由于电力供应保障能力的增强，一大批保障电网安全运行技术的成功应用可以抵消一部分风险，但继续加大电网互联互通的做法仍存在一定风险；另外，由于分布式能源和综合能源系统的发展，电力生产中心近年来也出现了东移的趋势，特高压电网的使用效率并未达到预期。可以预见，未来很长一段时间内仍将存在对于电网建设方案的争论。

2.2.3 电力市场改革需要不断深化和完善

以 9 号文为标志的新电改涉及多方面的内容，尤其是电力市场改革。本书重点关注管理体制改革对电力系统子部门及其整体生产效率、服务效率的影响，因而将重点探讨输配部门管理模式变革的有关内容。

1. 输配电价体系亟待改革

输配电价指电网经营企业提供接入系统、联网、电能输送和销售服务的价格总称，是销售电价中包含的输配电成本。2003 年厂网分离改革后，输配电网络和技术的复杂性及高昂的建设成本加大了行业进入障碍，很难建立竞争性市场，相应业务仍由电网公司垄断[13-16]。为了解决电力输配行业中存在的问题，中国也在持续不断地推动相应政策，能源发展"十二五"规划中提出，建立激励性机制以推动智能电网技术的发展与应用；"十三五"规划提出有序开放售电环节、引入市场竞争的具体做法和步骤。

2003 年的厂网分离政策后，我国的电价结构由上网电价和销售电价两个环节电价组成，输配电价依赖于电网企业的购售电价价差，又称为单一电量电价制。随着电价改革的深入，我国目前使用的单一电量电价制逐渐显现出弊端。首先，为满足最大用电负荷需求，电力系统除应具备相应的发电和输变电运行容量外，还必须具备一定的备用容量。在单一电量电价制下，提供备用容量的电厂或机组在备用时段内的固定运行维护费等费用得不到任何补偿，更谈不上收益。因此，市场化改革后很容易导致的问题是，投资者仅对以发电为主的电源项目给予更多的关注，对以供电为主，容量效益好，能承担电网调峰和调频、调相、备用任务的电源建设不予以重视，电网优化调度就成为空谈。其次，发电成本通常由固定成本和变动成本构成。固定成本主要与机组容量有关，变动成本主要随发电量而变化。单一制上网电价制的最大问题是没有区分这两种成本，从而难以实现电网的最优经济调度并造成社会资源的大量浪费。此外，在单一电量电价制下，为谋得更大的利润，如何优化工程设计、控制造价等问题被不断忽略，取而代之的是如何争取调整概算和较高的上网电价。这不利于先进技术在电建项目中的推广、各类电厂的公平竞争和电网的优化调度，使得电力资源的优化配置最终难以实现。2015 年发布的 9 号文提出，未来电网公司要转变盈利模式，从价差模式转化为过网费模式，或者说成本加收益的盈利模式。

2. 输配电价体系改革方向

合理核定输配电价将有利于销售电价及时反映上网电价的变化，促进电网与电源的协调发展，并促进统一开放的电力市场的形成。2016 年 11 月 7 日国家能源局发布的《电力发展"十三五"规划（2016—2020 年）》中明确提出：优化电网结构，提高系统安全水平，升级改造配电网，推进智能电网建设，组建相对独立和规范运行的电力交易机构。跨区电网的兴建，进一步加大了采用单一电价管理的难度，同时为输配电价形成机制改革提供了契机。

输配电价制定应遵循如下原则：合理成本、合理盈利、依法计税、公平负担，促进效率提高。由于电网具有自然垄断特性，输配电价交由政府部门统一制定，削弱了电网经营企业的积极性和自主性。传统的价差模式下，电网一直是稳定的利益获得者。在向过网费模式改革的过程中，输配电价的制定必须符合我国总体电价改革的目标。改变原有的电价核算方式，应以促进输配电领域内的资源配置和电网健康发展为原则。输配电价的制定需要考虑三个问题：考虑电网建设成本的合理回报，这是从事任何经济活动必须考虑的问题；确定合理的回报率，帮助企业回收成本进而投资，进行扩大化再生产；逐步改革规制模型，保证对所有用户实行平等收费标准。只有解决上述问题，才能保证我国电网建设不会因为管理体制的变革发生中断。

3. 成本加收益模式的具体测算

根据发达国家的经验，输配电价很多以两部制电价为基础运行，然后按照成本加成法和价格上限法或费率法进行核算。两部制电价制是将与容量对应的基本电价和与用电量对应的电量电价结合起来决定电价的制度。从电价成本的角度来看，它可以分为与容量成比例的固定费、与用电量成比例的可变费、与用户数成比例的用户费这三个成本要素。我国输配电价的制定一定要从我国基本国情出发，并结合电力市场的发展阶段和电网建设的情况，根据电价制定要素的变化，在不同时期采取不同的定价方式，使输配电价形成机制逐渐趋于合理和稳定。

根据 2014 年 6 月出台的《能源发展战略行动计划（2014—2020 年）》，以及从目前全国各地正广泛开展的电力市场化改革实践来看，我国正不断深化电力价格形成机制市场化探索，推行独立的输配电价，实施销售电价和上网电价联动机制；逐步建立起发电、售电价格由市场竞争形成，输配电价政府监管的价格形成机制。受中美贸易战和降低制造业成本的驱动，政府采取多种措施鼓励竞争，提倡实行竞价上网方式等措施；在管理模式方面，政府则进一步打破国家电力公司垂直垄断的情况，逐步使发电与输配电业务相分离，未来还需要推行输配系统分开管理和分开结算；与此同时，政府还采用行政手段主导降低工商业电价，这种在市场竞争情况下的行政指令性降电价，或许在一定时期内能够发挥重要作用，但过多的行政干预将使电力企业享受超额利润，或者发生行业性亏损，影响其进一步参与电力市场的积极性，最终影响电力市场稳定运行。2019 年广东已经开始尝试逐步在电力期货市场的基础上建设电力现货交易市场，本轮改革将更多地发挥价格管制作用，鼓励公平竞争，在打破现有垄断僵化格局下，努力保护市场参与各方的利益需求。

第3章 电力系统效率评价综述

3.1 效率评价的基本概念

生产率（productivity）的概念源自生产经济学中对企业绩效的评价，简单来说，可以用投入产出比来描述企业资源配置的情况。生产率与效率（efficiency）是两个相关但是不同的概念。生产率是指生产过程中，产出与投入要素之间的比值；而效率是指在既定投入的基础上，最大程度提升产出的能力（产出导向型效率）。企业规模、生产技术在短期内无法得到显著改变，但这些因素均会对生产率产生影响，由此来看，效率仅是生产率的影响因素之一[17]。最简单、理想的情况，某个企业存在单一投入、单一产出时，效率等于企业生产的产出与所需要的投入的比值。当存在多个投入要素的情况时，针对生产率的测度，则需要考虑所有生产要素，由此得到的生产率指标则称为全要素生产率（total factor productivity，TFP）。与之对应的就是部分生产率或偏生产率，其测度的是一种生产要素或者部分生产要素对于产出的贡献，这些属于全要素生产率的特殊情况，全要素生产率是对部分生产率的推广。

衡量决策单元的生产率，就是比较其与最佳生产实践之间的差距，而最佳生产实践可以理解为生产前沿，也就是在当前社会生产技术条件下，当某决策单元应用最先进的技术，排除一切随机因素，并假设不存在低效率现象，使用既定的投入要素量，生产所能达到最佳状态时的最大产出理论值。在实际生产中，这种理论上的最大产出往往无法实现，以往的研究把企业实际产出与理论产出的偏离均归因于企业运营水平的问题，即存在低效率的现象。然而根据一些实证结果可以发现，这种情况的出现并非偶然，除去企业内部存在低效率外，还有很多其他原因，但都存在一个共同点：企业在日常运营中总是或多或少经历一些突发的随机事件，这些事件的出现同样会使产出量达不到理论最优值。因此在传统的确定性生产前沿中，加入随机因素的影响，以此作为效率评估的基准，具有更强的实践指导意义。因而，在前沿面分析的基础上，诞生了随机前沿分析的基本思想。

前沿面的构造可以分为两类方法：一是通过生产函数进行设定，由此描述理论上的生产关系；二是通过实证数据进行描绘，形成数据包络线、包络面等。这两类方法分别对应参数方法与非参数方法。参数前沿分析代表性方法包括随机前沿分析方法、自由分布法（distribution free approach，DFA）和厚前沿方法（thick frontier approach，TFA）等。非参数前沿分析的代表性方法包括数据包络分析方法和无界分析法（free disposable hull，FDH）等。其中尤以随机前沿分析方法和数据包络分析方法应用最为广泛。根据研究问题的差异，前沿面可分为生产前沿面、成本前沿面、环境效益等，与之对应的是技术效率、成本效率、环境效率等概念。除此之外，配置效率也是一个常见的效率概念，配置效率是指在最低成本水平下进行生产时，根据各种投入要素的价格关系，以投入要素的最优组合得到产品数量的最优组合。经济效率、环境效率的范畴则更广泛，可从配置效率与技术效率两个方面进行理解[18]。

　　基准分析已经成为公用事业激励管制中的一种广泛使用的政策工具，最主要的基准分析方法可以分为平均导向与前沿导向两类[19]。平均导向的基准分析方法适用于在相对高效率的企业间引入标杆竞争[20]。而在中国电力行业，普遍存在非效率现象，因此选择前沿导向的方法更为适合管制视角。前沿分析方法的核心思想是通过将各个企业与行业内的最好实践进行比较，由此来估计各企业的效率。数据包络分析方法是一种非参数的、确定性的规划模型，每个时期构建一个前沿面。与之对应，随机前沿分析是一种参数的、随机性的计量经济学模型，可以将非效率项与随机因素进行分离。由于随机特性，随机前沿分析的一个缺点是通常需要对随机项的分布进行假设，其另一缺点是生产函数的形式需要设定。数据包络分析方法省去了设定函数形式的麻烦，但需要决策单元达到一定数量，且要求决策单元同质，因而相比于数据包络分析，随机前沿分析方法更适合于处理异质性问题。此外，随机前沿分析体系中，有很多灵活的拓展模型可以用来处理时变效率。

3.2　数据包络分析方法的发展及其在发电部门中的应用

3.2.1　研究方法的演进

　　自 Charnes 等[21]1978 年提出规模收益不变的数据包络分析的 CCR（Charnes-Cooper-Rhodes）模型以来，由于该方法能够测度一系列多投入、多产出的决策单元的相对生产率，而且无须事先假定生产函数的形式，因而在能源领域，特别是电力行业得到了广泛应用[22, 23]。据估计，在数据包络分析方法的应用研究中，大约有 38% 的文献是关于电力部门的[22]。燃煤发电不仅是中国也是世界上许多国家的主要发电形式，但由于其大量的能源消耗和污染气体排放，一直受到政府和公众的高度监督，自然吸引了学者的广泛关注。随着研究问题的不断深入，相关的研究内容和研究方法也在不断发展。

　　在 CCR 模型的基础上，假设规模收益可变，Banker 等[24]提出了 BCC

（Banker-Charnes-Cooper）模型。当决策单元数量不多时，这两个模型经常出现很多决策单元位于生产前沿面上的情况，针对效率值为 1 的有效决策单元排名的情况，Anderson 和 Petersen[25]提出了超效率模型。Tone[26]认为，可以借助松弛变量的信息对效率值为 1 的决策单元进行排序，进而提出考虑松弛变量的数据包络分析（slack based measure DEA，SBM-DEA）模型。随着环境问题越来越受到关注，以及可持续发展与数据包络分析模型理论研究的不断深入，关于如何纳入非期望产出的研究应运而生[27]。很多文献在发电部门的效率评价中考虑二氧化硫、氮氧化物等污染物的影响，分析同时期同类型决策单元生产效率差异的原因。有些文献将非期望产出直接作为投入指标处理[28]；有些学者先对非期望产出指标数据进行一定的数值变换，再将其纳入传统的数据包络分析模型中，如 Färe 等[27]提出将非期望产出的倒数作为产出进行处理，Seiford 和 Zhu[29]率先提出将非期望产出进行一定的线性变换，使其与期望产出具有相似的性质，即非期望产出越多越好。这些方法均在理论上有效解决了含有非期望产出情况下的决策单元效率评价问题，但由于其违背生产实际或计算复杂，在应用中受到了一定的局限。

基础数据包络分析模型无法动态反映要素投入时点、研究对象努力程度等因素的影响。这一问题在动态 Malmquist 全要素生产率理论出现后得到解决。Färe 等[30]认为，对于决策单元生产效率的研究，除了考虑其当期相对生产前沿面的位置，还需要考虑在不同时间段相对位置的排序，因而他们提出了基于规模收益不变假设的投入导向型 Malmquist 生产率指数，并进一步根据生产率变动的来源将其分解为技术变动和效率变动两个分解指标。若考虑价格因素的影响，其可以进一步分解出配置效率。在能源效率的动态变化的相关研究中，这种分解方式几乎成了通用分解方法。上述模型都认为被评价的决策单元是相互独立的，彼此之间没有影响。事实上，在很多情况下，决策单元之间存在一定的竞争关系，且产出的需求也不可能没有上限，在总体资源有限的情况下，Liang 等[31]引入了决策单元互评的思想，并提出了博弈交叉效率模型。

数据包络分析方法最大的特点是能够衡量决策单元的相对效率，但是对于不同前沿面的效率值无法比较。现实生活中，决策单元的内外部环境存在很大差异，决策单元同质性的假设很难满足。根据经营环境的差异对决策单元进行分组，为了比较不同组下的决策单元的效率及组之间的差异，共同前沿（meta-frontier）分析方法构建了包络所有决策单元及组内决策单元的前沿面，这很好地解决了对于不同前沿面的效率值无法比较的问题。Chung 等[32]率先使用方向性距离函数（directional distance function，DDF）方法来刻画具体的生产过程，并基于此得到相应的效率估计。具体地，在此距离函数中，被评估决策单元根据事先假定的方向向量按照同一比例同时调整期望产出和非期望产出。在此基础上，将距离函数的估计代入生产率指数的估计中，形成生产率指数的重要组成部分。随着政府对电力行业在环境规制方面要求的提高，一些公司不再仅通过减少燃料投入来降低非期望产出，转而使用更清洁的能源。因此，在测量发电厂的环境效率时，需要考虑企业自身为降低非期望产出而在管理方面的努力，因此 Sueyoshi 和 Goto[33] 及 Goto 等[34]提出了自然可处置性的理念，并用于研究决策单元的综合效率。

针对数据包络分析模型的统计性缺点，Efron[35]最早提出自助（bootstrap）法，Simar 和 Wilson[36]将 Efron 提出的自助法应用于数据包络分析模型中，并获得了包括效率值在内的各种参数的统计量[36]。自助法的基本思想是对原始数据样本进行数值模拟，对产生的大量模拟样本进行效率计算[37]。Hawdon[38]使用数据包络分析方法测算天然气国际贸易行业的生产效率，然后使用自助法对效率值进行修正，更真实地反映了决策单元效率之间的差异，并为政策制定者提出了意见与建议。Kneip 等[39]进一步完善了自助法，使其与数据包络分析效率测量结合，并保持一致性，扩展了该方法的适用范围及精确度。同时，国内学者利用自助法进行相关领域的研究也有不少成果，刘晓欣等[40]研究了我国 1995~2008 年工业部门的能源利用效率，通过自助模拟大量样本，然后修正数据包络分析效率值，并得出行业间能源效率差异减小的结论。陶长琪和王志平[41]使用三阶段数据包络分析解析我国省际技术效率，发现运用自助法纠偏后的技术效率有所下降。Duan 等[42]采用该方法对发电部门的效率进行研究，使用自助法对效率纠偏，使结果更接近实际。

Malmquist 指数来源于数据包络分析效率值，不可避免地延续了数据包络分析方法在统计上的缺陷。在与自助法的结合过程中，许多学者提出了基于部分前沿面概念的分析方法。以 m 阶和 α 阶分位数前沿面估计量为代表的部分前沿面方法不仅不受异常值的影响，而且这样的拓展还克服了异常值的影响，在计算压力可以忽略的条件下能够完成前沿的估计[43]。Simar 和 Wilson[44]提出采用自助法修正 Malmquist 指数及其分解指标的研究思路，将使用二维映射将数据包络分析效率值的时间序列相关关系纳入模型中，并针对不同假设提出了相应的借助自助法进行假设检验的算法[45]。为了适应实际应用的需要，Simar 等[46]还针对方向性距离函数提出了特定的自助模拟和修正方法，并给出应用实例。这些研究为数据包络分析中的效率或生产率估计量的统计分析提供了理论基础。

在研究标杆竞争政策的影响中，Hawdon[38]使用自助法技术对原始效率估计值进行了偏差修正，并为效率估计量做出了相应的区间估计。结果显示不论原始估计值的大小，绝大多数的自助法模拟估计的 97.5%分位数接近于 1，这意味着将原始的数据包络分析估计值作为唯一的政策制定依据失之偏颇。Hampf 和 Rødseth[47]根据实证分析的现实需求，修正了相应的自助法抽样程序，并将其应用于美国生物燃料发电厂的效率分析之中。尽管自助法可以弥补原始数据包络分析在估计确定性方面的缺陷，但是相关的估计一致性并未得到验证。为此，Kneip

等[39, 48]试图使用嵌套抽样过程和光滑技术来解决这一问题，通过模型重构提出两种类别的自助法程序以保证估计的一致性。为了使相关方法的应用更加便利，Simar 等[46]、Daraio 和 Simar[49]、Kneip 等[50]尝试将相关方法应用到方向性距离函数的估计分析中，并基于此对平均效率水平的统计特征和具体的抽样及分析过程进行了详尽的说明。

现实的生产前沿面是不可测的，因此传统数据包络分析方法得出的仅是决策单元实际效率值的一种估计值[36]，无法获得实际效率值的统计性估计量，因而也无法对估计值进行统计检验。针对数据包络分析及其扩展方法的确定性特点，学者从不同角度进行了进一步扩展。Olesen 和 Petersen[51]对三种扩展进行了综述：将决策单元距离前沿面的距离作为随机变量；将测量误差、抽样误差等随机误差作为模型的一部分；依据潜在生产可能集性质，基于随机前沿面的思想，将前沿面本身看作是随机的。Tsionas 和 Papadakis[52]提出了借助贝叶斯（Bayesian）分析进行非参数效率测度的统计分析方法，并给出了应用实例。Mitropoulos 等[53]结合贝叶斯分析和数据包络分析方法来获得效率值的性质。Jin 等[54]、Sala-Garrido 等[55]、Bruni 等[56]分别使用随机环境数据包络分析、公差方法、概率限制模型对非参数数据包络分析方法进行了统计分析。当然，除了上述对于决策单元效率值为 1、数量不足及动态效率估计等方法的探索外，还有很多关于如何修正效率估计值的探索，但更多的研究结合了其中几种研究思路。

除了在研究中不断明晰和深化指标选择的范围外，还有学者对获取生产可能集的方法进行了研究。Sueyoshi 和 Goto[57]对非理想产出与投入同方向变化这一假设提出了质疑，认为通过提高环保技术和管理水平，在投入与理想产出增加的情况下减少非理想产出是可以实现的。此外，进行效率评价的目的不仅在于对决策单元的生产经营进行排序，更重要的是找出不同决策主体改善生产的途径。有学者认为可以从需求侧确定电力部门碳排放的基准线，然后逆推改善燃料结构、发展新能源所具有的碳减排潜力[58]。更多的研究成果则按照所有制形式、燃料结构、资源禀赋对决策单元进行分类，然后比较不同类型决策主体间是否存在效率差异，进而分析引起这种差异的可能原因[59, 60]。

3.2.2　研究视角的变迁

早期有关电力系统生产效率的研究大多集中在发电部门，将发电量作为唯一产出。Färe 等[61]最早将数据包络分析方法应用于发电部门的研究中，通过测算美国伊利诺伊州 22 家发电企业的相对效率，并将其分解为纯技术效率、投入要素拥挤和规模效率来寻求部分企业非有效的深层次原因。电力生产既要满足社会的用电需求，又要追求更高的经济效益。Lee 等[60]把 GDP 作为发电部门经济产出的替代指标；Sueyoshi 和 Goto[62]将发电部门建设成本作为投入并将其纳入评价指标体系；Wang 等[63]把各种投入产出指标的价格全部纳入考察范围，来衡量价格因素对效率变动的贡献。

随着环境问题成为人们越来越关注的焦点，发电部门的重点逐渐从追求经济效益转向追求经济效益与节能减排并举，研究视角也从纯技术效率转向环境效率。在数据包络分析框架下逐渐形成了以资本、劳动和能源等要素为投入指标，以国内等价值型变量或发电量等实物量指标为期望产出，以碳排放量等指标为非期望产出的环境效率研究框架[64]。在既定投入下并非所有的产出都越多越好，对于二氧化硫、二氧化碳等温室气体，产出越少越好。Chung 等[32]提出了方向性距离函数方法，实现了期望和非期望产出沿着既定方向向量同时增加和减少，而无须对非期望产出指标数据进行任何形式的转换，有效解决了非期望产出与传统数据包络分析模型在产出处理上的矛盾。Färe 和 Grosskopf[65]与 Färe 等[66]指出方向性距离函数较之传统的径向效率评价方法是更为一般化的概念，并在数据包络分析框架下实现了方向性距离函数和含有非期望产出情形下生产技术的弱可处置性的有效融合[66]，为方向性距离函数的进一步应用提供了理论基础。总结而言，对于非理想产出，目前有以下几种处理方式：Yaisawarng 和 Klein[67]认为可以在投入指标中加入控制污染物排放的成本；Sueyoshi 和 Goto[62]在假设温室气体满足弱可处置性的条件下直接将其作为产出处理；解百臣等[68]则将非理想产出作为投入进行处理。

由于经济效益是企业绩效的最主要的表现形式，在生产效率和环境效率的基础上纳入经济指标成为一种趋势。Chung 等[32]提出方向性距离函数方法，并构建了相应的动态 ML 指数（Malmquist-Luenberger productivity index）。该方法的优势在于它可以同时实现期望产出的增加和非期望产出的减少，这也使得刻画调整投入产出组合、实现最大化利润成为可能[69]。自该方法提出后，使用方向性距离函数进行能源和环境效率研究的实证分析屡有出现，并被应用于碳排放影子价格的估计。总结起来，最常见的两种方向向量为观测集合本身的投入产出组合和单位元素向量[70, 71]。为了避免选择方向向量时的主观性和随意性，Färe 等[72]提出了以模型内生的方式获得方向向量的方法，并将其扩展到单投入和双产出的情形。Maniadakis 和 Thanassoulis[73]基于此提出了成本 Malmquist 生产率指数，并在文中提供了模拟算例和实证分析的详细过程。基于省际的排放情况分析，涂正革[74]指出地区二氧化硫的影子价格与其排放量和生产率水平息息相关。Choi[75]的研究发现中国碳排放的平均影子价格略低于世界碳配额的交易价格。Assaf 等[76]分析对比了日本热电厂的成本效率，并指出限制二氧化碳的排放可以实现总成本的降低。Jahangoshai 等[77]将发电量和总收入作为理想产出，从物理和价值方面评估伊朗火力发电厂的技术效率。Arabi 等[78]又将燃料价格信息纳入评估模型，并计算了不同类型发电厂的成本效率。

这些关于成本效率的分析主要研究在产出不变且投入价格一定的情况下，决策单元可以节省成本的比例，而忽略了利润角度可能存在的非效率。本书在后续的分析中考虑到企业最大化收益的目标及煤电价格联动机制的调整对象，需要同时纳入电力价格和碳价。因此，分析火电厂的利润与最大利润的差距，或者说利润效率潜力是较适合的选择。在利润效率的相关研究中，参考 Färe 等[69]的研究，基于方向性距离函数构建了利润效率的具体测度模型，并将其分解为技术效率和配置效率两个部分。考虑到方向性距离函数和利润效率在本书中的适用性和灵活性，本书第 6 章将对数以千计的火电厂的利润效率进行分析，并使用情景分析研究煤电价格联动政策的实施效果，这在一定程度上为弥补电厂利润效率研究的空缺做出了一定贡献。

3.2.3 研究对象的选择

目前关于发电部门环境效率的研究，绝大多数都是将二氧化碳作为主要、甚至唯一的非期望产出。按照研究对象的差异，对于发电部门环境效率的研究大致可以分为三类：宏观上基于国家之间的比较分析，区域层面上的分析，以及微观上基于电力企业或电厂水平的分析。Vaninsky[79]将运行成本和电力损失作为投入指标，将装机容量利用率作为产出指标，纵向比较了美国发电行业 1991~2004年的生产效率，并对其 2010 年的效率值进行了预测。Zhou 等[64]整理和收集了1997~2004 年二氧化碳排放位于全球前 18 名的国家的相关指标和数据，以此来计算这些国家的二氧化碳排放的 Malmquist 指数。Zhou 等[9]在非径向方向性距离函数的基础上，构建了若干效率评价指数，并对 126 个国家发电行业的能源效率和环境绩效进行研究，结果表明：单纯就能源利用效率而言，国家之间并无显著差距，但是在综合考虑能源和环境的情况下，较之非经济合作与发展组织（Organization for Economic Cooperation and Development，OECD）国家，OECD国家取得了更好的绩效，尤其是中国、印度等国的发电行业存在巨大的节能减排潜力。Xie 等[80]分析对比了 26 个 OECD 国家和金砖四国（Brazil Russia India China，BRIC）电力工业的环境效率，并且通过环境 Malmquist 指数分析其所做的减排努力和动态环境效率。Sueyoshi 和 Goto[81]在评估主要工业国家环境效率变化时将自然处置性和管理处置性与 Malmquist 指数相结合，发现在发电和减少二氧化碳排放方面有技术创新的时间要求下，技术创新存在滞后性。Ewertowska 等[82]探索了将生命周期评估（life cycle assessment，LCA）与数据包络分析方法相结合来测量环境表现的方法，并以 27 个欧洲国家电力部门为例对其进行实证分析。

从区域角度来看，Matsushita 和 Yamane [83]将方向性距离函数方法应用于日本电力部门二氧化碳、低放废物的边际减排成本的计算中，发现在二氧化碳排放权价格上升的情况下，可以使用低放废物的排放权进行替代。由于我国公开数据多以省为单位，关于中国电力行业能效和环境效率的一系列研究主要以省级为研究对象。Wang 等[84]以河南省为例研究了火电厂能效提升与环境的协同效应分析比较我国 30 个省级电力系统的效率时，同样将二氧化碳作为非期望产出。Zhou 等[85]使用非径向的 SBM 模型评估了 2005～2010 年中国电力行业的环境效率，研究结果显示中国各省电力行业的环境效率存在显著差异。Chen 和 Jia[86]考虑到省（自治区、直辖市）电力公司之间存在的竞争关系，采用交叉效率模型对 2005～2014 年中国 30 个省（自治区、直辖市）的电力行业在环境约束下的能源效率进行评价，得出如下结论：中国东部的电能效率明显高于中西部地区；在过去的十年中，中国的省级电能效率没有显著提高，但西部地区省（自治区、直辖市）的效率值出现一定程度的波动。这些文献所用的研究方法有一个问题，那就是他们将能源消费视为生产框架内的一种输入，所有的能源和其他非能源投入被用于产生期望和非期望产出，很少有人将能源投入从非能源投入变量中分离出来。但是，当能源是影响效率的主要因素时，衡量能源投入的效率比测量所有投入的效率更有意义，分离能源投入也就十分必要[87]。

以电厂为研究对象的成果比较丰富，数据包络分析方法应用于电力领域的第一篇文献即为关于发电厂商的研究[61]。Korhonen 和 Luptacik[88]通过评估技术和生态效率研究了电厂的总体表现。Sueyoshi 和 Goto[89]通过非径向数据包络分析方法评估了日本 2004～2008 年九大发电公司的综合效率(包括运行效率和环境效率)，同时将其与其他测量环境效率的数据包络分析方法进行了对比。Sueyoshi 和 Goto[90]在估算美国燃煤电厂的环境效率时提出的松弛调整（slack-adjust）方法包含了目标函数中的非零松弛变量，弥补了之前径向模型的缺点，增加了决策单元效率值的区分度。他们进一步使用新方法比较化石燃料发电厂的综合效率（生产效率和环境效率），结果表明独立系统运营商（independent system operator，ISO）的电厂在综合效率方面优于宾夕法尼亚、新泽西和马里兰互联系统（Pennsylvania New Jersey Maryland interconnection，PJM）[81]。他们的后续研究[91]发现，黑煤和褐煤发电厂在自然处置性下与管理处置性下的效率排名不完全相同。Arabi 等[92]测量了电力改革背景下伊朗的火力发电厂（蒸汽发电、气电和联合循环发电）的生态效率，并进行了对比分析，结果表明重组能够成功地提高发电厂的效率。与 SBM 模型类似，Sueyoshi 和 Goto[93]研究 PJM 燃煤电厂的综合效率和跨期效率的变化，发现在不同处置性下效率值的变化情况也不尽相同，所以有必要从不同角度评估电厂的效率。Sahoo 等[94]测度了印度火电厂的能源效率和节能潜力，并对印度交易机制的合理性进行了分析。

中国学者的研究多以省（自治区、直辖市）为决策对象，随着信息化和数据公开化，近年来以电厂为决策对象的研究逐渐增多。Zhao 和 Ma[7]与 Zhang 等[95]先后评价了我国 34 家超大型火电厂和 252 家化石燃料电厂的能源和环境效率。

Zhang 和 Choi[96]在考虑决策单元异质性的基础上，采用非径向 Malmquist 指数研究了中国火电厂 2005～2010 年的生产效率，发现在研究期间火电厂的生产效率呈现 "U" 形曲线。Du 和 Mao[97]估计了 2004 年和 2008 年中国火电厂的环境效率，以方向性距离函数为基础，研究了第一次和第二次经济普查中中国燃煤电厂的能源效率、减排潜力和影子价格的变化。结果发现如果两次普查中的电厂能够有效生产，可以实现 52%和 70%的碳减排；政府补贴可以提升电厂的环境效率，但同时会带来减排成本的增加。Zhao 和 Ma[7]、Zhao 等[98]、赵晓丽等[99]、Du 等[100]通过研究电力体制改革对于中国电厂能源效率和碳排放效率的影响，检验一系列节能减排政策的实施效果，为电力行业实现节能减排目标提供了策略依据。

上述发电部门环境效率研究的成果，大多集中在火电部门，分析相似外部条件下投入产出指标的选择及评价结果中各分解指标对决策主体效率变动的贡献，侧重事后评估、效率排序，而对于不同决策主体进一步改善生产途径的研究较少。已有成果对清洁能源，尤其是风电、太阳能发电行业的研究相对较少，采用的方法类似，且不是本书研究的重点，因而未作过多阐述。

3.2.4 效率影响因素分析

发电部门效率研究的目的在于探求影响其效率提高的主要因素及其影响机理，进而为改善其综合效率提供方向。影响电厂生产和环境效率的因素有很多，概括而言包括外部因素和内部因素两大类。外部因素有电力市场环境[93]、政府出台的环境规制政策[98]及政府对低污染电厂的补贴政策等[101]。Charnes 和 Cooper[102]将研究对象按照环境变量进行了分类，在此基础上进行类别内及类别间的效率分析。这种思路也被较多研究所借鉴，其中包括基于类别分析提出的前沿分析方法，对组内效率和组间效率进行综合分析，并基于此构建出技术差距比率指标[103-105]。也有研究建议加入代表决策单元特征的虚拟变量来探索潜在生产技术间的差异所在。很多文章主张用两阶段的方法，第一阶段用数据包络分析框架计算效率值，第二阶段基于解释变量回归的方法探究影响效率的主要因素[106]。Fleishman 等[107]研究了大气质量政策的颁布和实施对于美国发电厂的效率影响。Fried 等[108]提出的三阶段数据包络分析借助第二阶段的随机前沿分析方法，将投入和产出的松弛量分解到环境因素、非效率和随机因素之中。相较于行业内部，行业间决策单元的异质性更加明显。国家或地区间的效率分析也证明不考虑外部环境因素影响的研究结果失之偏颇[109-111]。

关于内部因素的研究包括燃料类型[78]、电厂规模[95]和电厂年龄[98]等。燃料类型也是电厂效率的主要影响因素，对比分析是评估比较不同燃料类型火电厂效率的常用方法。Yang 和 Pollitt[112]研究了煤炭的热值和装机规模等对电厂环境效率的影响。Sueyoshi 和 Goto[113]基于燃料异质性研究美国化石燃料电厂的生产和环境效率，证实不同燃料类型的规模报酬和规模损失存在很大差异。Zhang 等[95]在研究中国化石燃料电厂规模对电厂效率的影响时，将电厂的装机容量作为电厂规模的替代变量，结果显示电厂的综合效率和电厂规模正相关，但是五家国有企业的综合效率和能源环境绩效低于其他企业。Zhang 和 Choi[114]首先采用方向距离函数分别估计了韩国燃煤电厂和燃油电厂的组内能源效率与碳排放效率，然后结合共同前沿的方法重新计算了燃煤电厂和燃油电厂的全局能源效率与碳排放效率，通过对组内效率值和全局效率值的差异比较，得出燃煤电厂在能源利用和碳排放方面表现优于燃油电厂的结论。

更多的研究认为，影响企业效率的因素是多元的，既有外部因素又有内部因素。其区别在于外部因素是企业自身无法改变的，而内部因素引起的无效率可以通过改善管理来降低。针对影响发电部门生产效率的因素研究，以往的文献多采用截尾回归模型。例如，Zhou 等[85]在对中国电力行业环境效率进行评估时，第一阶段采用 SBM 方法，第二阶段采用截尾回归模型研究投资（省级水平工业污染治理的投资）、发电装机（省级发电装机容量）、政府管理能力（排污费的征收）及电力结构（火电厂的比例）、企业创新力（研发投资在生产总值的比例）等对效率值的影响。需要指出的是，尽管截尾回归模型能够很好地符合效率值截尾分布的特点，但却不能很好地处理变量内生性的问题，尤其是解释变量和误差项之间存在较强的相关性时更为明显[115]。在研究环境规制政策对电厂效率的影响因素时，Zhao 等[98]使用回归分析的方法，将电厂的年龄作为因变量纳入模型，研究发现较老的电厂生产效率相对更高。Du 和 Mao[97]分析了所有制形式、规模、使用年限、能源消费结构、补贴、地理位置和时间趋势项对中国燃煤电厂环境效率的影响。

本书第 5 章将采用博弈交叉模型进行发电部门的效率评估，除了考虑竞争性，博弈交叉模型沿用了交叉效率"同行评议"的概念，不同省（自治区、直辖市）发电部门或者电力企业之间具有相似的属性，同行评议更能反映待评价的省（自治区、直辖市）或电力企业在全国范围内的相对环境表现。博弈交叉得出的效率值和排名反映各省发电部门或不同电力企业在竞争性市场中的表现。同时本书还将三阶段数据包络分析方法扩展到方向性距离函数估计中，并在其中充分考虑径向和非径向松弛及非期望产出的影响。为了剔除变量间的内生性对结果的影响，有学者采用系统广义矩估计（system generalized method of moments，SGMM）方法来进行回归分析。Chen 和 Golley[116]在研究中国工业经济的生产率增长时结合了方向性距离函数和系统广义矩估计方法。Fan 等[115]的研究也在第二阶段采用系统广义矩估计方法探究内生性的主要影响因素。同时，系统广义矩估计适用于"小 T 大 N"的面板数据场景，也就是当样本个体很多而研究时间较短的情况下适合采用该方法[117]。

本节从研究方法、研究视角、研究对象和影响因素几个方面对采用数据包络分析方法开展发电部门相关研究的成果进行了综述。这些为本书第 4～6 章采用三阶段数据包络分析方法、博弈交叉效率模型、基于自助法的 Malmquist 指数方法研究发电部门生产效率、碳排放效率、环境效率和成本效率及相关政策改革效果奠定了良好基础。

3.3　随机前沿分析方法的发展及其在发电部门中的应用

3.3.1　研究方法的演进与异质性因素分解

随机前沿分析方法最早由 Aigner 等[118]和 Meeusen 等[119]研究效率评价标准时分别提出，假设决策单元实际生产运营情况与行业生产前沿面的距离服从随机分布，他们通过在回归模型的组合误差项中加入无效率项来描述引起决策单元生产效率变动的原因。与数据包络分析方法不同，随机前沿分析方法是一种参数方法，因而对于决策单元的同质性要求较低，但需提前设定函数形式。

决策单元之间的效率差异通过无效率项表示，通常假设其服从半正态或指数分布，而异质性又可分为可观测和不可观测的异质性两部分。早期的研究中，基于经典抽样理论的最大似然估计方法成为大多数学者构建前沿面的主要技术手段。Pitt 和 Lee[120]在提出随机效应（random effect，RE）模型时开始使用面板数据。Solomon 等[121]在考虑异质性的同时使用两步最大似然估计法估计非效率项。Schmidt 等[122]提出，当决策单元的投入和产出的变动幅度与变动方向差异不明显时，可以直接应用固定效应模型，将决策单元的异质性包含在无效率项中。上述模型设定非效率项不随时间变化且非效率项和噪声项独立同分布，然而一般研究很难满足这些强假设。公共事业部门可能会随着时间的推移调整其生产和投资策略，从而降低非效率的影响，因而 Kumbhakar[123]与 Battese[124]分别设定了一个二次函数和一个指数函数来放宽这一非时变假设。

尽管这些确定性函数能够从时间路径的角度在平均意义上描述一个行业的效率，但它们无法通过控制时间对不同公司间的相互影响来刻画公司的特性。在此基础上，学者对原有的随机前沿模型进行了扩展，使其能够刻画公司特有的异质性。不同决策单元的生产效率通常受外界因素即可观测异质性的影响，Battese 和 Coelli[125]提出随机效应异质性（random effects heterogeneity，REH）模型，放松了无效率项关于时间的假设，而将其设定为可观测异质性的一次线性函数。但是并非所有外生因素都是可观测的或可量化的，未观察到的剩余异质性始终存在。Greene[126]提出了一种方法，利用一个额外的随机项来区分不可观测的异质性和非效率性。

Tsionas 和 Kumbhakar[127]及 Filippini 和 Greene[128]提出了一个可追踪异质性来源的模型，该模型将非效率项分解为两个部分，即持续的和短暂的技术非效率。Kumbhakar 等[129]将非时变的公司特征项分为两部分，一部分涉及未观测到的异质性，另一部分表示非时变的非效率。这些研究将内生性投入纳入考量范围，使得公司效应和持续的非效率均与回归量相关。Lai 和 Kumbhakar[130]对发电厂数据的研究也发现，决策单元的差异主要存在于内生变量，如规模和技术，但中国电力行业所拥有的技术水平相近，因而并不存在这一问题。此外，投入变量和环境变量均为内生变量的方法论仍处于理论探索阶段[131]。因此，本书将主要探讨外生环境变量对非效率项的影响。考虑到可观测和不可观测的异质性，本书将设定多个评估电网公司生产效率的模型，并探究持续和短暂非效率的可能来源。

参数方法对数据量要求较高，而效率评价中却经常面对决策单元数量不足的问题。计算机模拟技术的发展为数据处理提供了便利。van den Broeck 等[132]提出将贝叶斯估计方法引入随机前沿分析模型，并采用蒙特卡罗模拟生成大量随机误差项来逼近真实生产可能集，这一定程度上降低了对似然函数形式的依赖。Ortega 和 Gavilan[133]认为对于放松固定效应模型的假设条件，采用贝叶斯方法后得到的效率值均方差显著小于最大似然估计方法的结果，应用前景更广。Wikström[134]提出，在设定用于模拟随机误差的核函数时，即便满足固定效应模型的条件，也可以将其作为随机效应模型的一种特殊情况处理。随机前沿分析与数据包络分析方法各有所长，结合两种方法长处的三阶段数据包络分析是目前应用较广的一种处理异质性影响的方式[108]；Kuosmanen 等[15]提出融合数据包络分析与随机前沿分析方法的随机非参数数据包络分析方法，解决了提前设定函数形式的难题，该方法同样对于指标选择不敏感，且能够考虑随机噪声和异方差性的影响。Andor 和 Hesse[135]证明，在没有噪声的情景下，随机非参数数据包络分析方法的应用性介于数据包络分析和随机前沿分析两者之间；当存在噪声时，随机非参数数据包络分析模型下的伪似然估计可以替代随机前沿分析中的极大似然估计方法。由于能够很好地捕捉异质性因素间的差异，随机非参数数据包络分析为设定相对公平的差异化评价基准奠定了基础。但由于该方法对决策单元的限制较多，目前其应用范围仍然受到一定限制[136]。此外，还有些文献借鉴数据包络分析模型的研究思路，尝试以各种外部环境因素为自变量，对随机前沿分析模型得到的效率值进行回归分析[137]。结合随机前沿分析方法与其他方法的研究已有很多尝试，但目前学术界还未就某种情况的处理方式达成共识。

3.3.2　研究视角的变迁

造成厂商生产实践与行业前沿面间存在距离的原因，不仅是技术无效率，往往还包括决策单元之间不随时间变化的异质性，因此估计出的技术非效率通常高于实际值,从而低估技术效率。Greene[126]建立了真实随机效应(true random effect,TRE)模型与真实固定效应(true fixed effect,TFE)模型,将决策单元间不随时间变化的差异定义为"不可观测异质性",并将其从厂商技术无效率项中分离出来。以上研究奠定了随机前沿分析方法异质性因素影响分析模型的基本框架。

Kopsakangas-Savolainen 和 Svento[138]结合 REH 模型和 TRE 模型的优势,假设决策单元异质性服从一定随机分布的扩展真实随机效应异质性(true random effects heterogeneity,TREH)模型。不同于异质性因素的可观测性分析,Tsionas 和 Kumbhakar[127]引入时变异质性的概念,认为厂商的生产效率由非时变的效率和时变的效率即长期效率和短期效率共同决定。效率分析中需要明晰时变与非时变异质性之间的差异才能得出客观有效的结果。Colombi 等[139]提出的偏正态随机前沿分析模型,探讨了无效率项的短期和长期随机效应处理问题,成为分离两类效应研究的里程碑。Filippini 等[140]的研究发现短期与长期成本效应对公司具有不同的影响并总结了两种效应的差异。Filippini 和 Greene[128]根据实践经验模拟建立了一个完全信息极大似然估计量,并对包括偏正态随机前沿分析在内的前述文献中讨论的极端情况进行随机模拟。Blasch 等[141]还进一步探讨了非平衡面板数据中的时变和非时变异质性的分离问题。Colombi 等[139]、Alberini 和 Filippini[142]的研究证实,非效率项正态分布的假设过强,偏正态分布的假设更能反映现实情况。

由于异质性因素对均值与方差影响存在差异,还有学者提出了多个衍生模型,但这些研究由于计算过程过于繁杂,尚未获得大范围推广。综合而言,随机前沿分析框架下的发电部门效率研究,集中于生产效率和成本效率,Filippini 和 Greene[128]总结并修正了技术效率和成本效率估计的算法。现有的研究,或者没有考虑二氧化碳等非理想产出的影响,或者直接将其作为投入处理。可以说,已有的文献研究视角逐步从生产效率、技术效率过渡到成本效率;对于异质性因素的分离从可观测与不可观测、时变与非时变角度进行分解,目前尚缺乏综合几种视角的研究。

3.3.3　影响效率测算的关键因素

作为一种典型的参数方法,随机前沿分析研究框架下,组合误差项中的随机误差项及非效率项均属于随机变量。一般来说,随机误差项服从正态分布假设,对于非效率项的分布假设,目前学术界先后提出了四种分布形式:半正态分布、指数分布、截尾正态分布、Gamma 分布,其中前两种分布为单参数分布,后两种分布为双参数分布。截尾正态分布相对于半正态分布的进步之处在于它可以设定非效率项的均值为非负,比半正态分布更为灵活。Gamma 分布是对指数分布、半正态分布的拓展,形式更为灵活。虽然昆伯卡和拉维尔[143]的研究证实分布假设对效率的样本均值产生直接影响,但一些实证研究表明,不同的分布假设对于效率排序的影响并不大。因而当研究目标仅是效率值排序，而不是精确的效率值时，选择哪种形式的分布假设影响并不大。此外，除了对两个随机变量的分布进行假设外，还需要假设两个随机变量互相独立，且均与自变量无关，否则会产生模型估计偏差。

随机前沿模型可以使用最大似然估计与贝叶斯估计这两种估计方法进行参数与效率的估计，这两种估计方法之间存在异同点。Kim 和 Schmidt[144]认为这两种估计方法的流程比较类似。例如，最大似然估计需要给随机变量做出分布假设，贝叶斯估计也需要对待估参数进行分布假设。通过实证分析，Kim 和 Schmidt[144]发现两种估计方法分别得到的结果并无很大差别。Ortega 和 Gavilan[133]发现贝叶斯估计的优势之一在于可以很方便地设置参数约束条件。根据贝叶斯估计的基本思想，以经验为基础的信息可以组成先验信息，再进一步结合样本数据修正概率，即可得到对于该事物的推断分析，即后验分析[145]。最大似然估计是基于频率学派的基本观点，对于参数估计的标准是最合理的参数估计量应该使得这组样本从总体中抽出的概率最大。贝叶斯估计方法最早由 van den Broeck 等[132]引入随机前沿分析中。相比常规的最大似然估计方法，贝叶斯估计方法的均方差显著较小，对随机前沿分析模型的估计效果更好[133, 144]。

随机前沿分析框架下影响效率的诸因素可以分解为随机效应与固定效应。这些模型的目的都在于有效地分离出异质性，使效率测度的结果更为合理。Kopsakangas-Savolainen 和 Svento[138]与 Galán 等[146]研究随机前沿分析模型中异质性的来源，将异质性因素划分为可观测的异质性与不可观测的异质性。Camacho 和 Eduardo[147]提出通过随机参数来识别和测度可观测异质性与不可观测异质性。经过 30 多年的发展，随机前沿分析模型在识别异质性方面有了很大的提升。从理论上看，忽略异质性的影响，将导致很严重的估计偏差[126]；从实证上看，经济发展、天气、地形等因素的外部异质性与某些不可观测的变量会明显影响电网企业的运营。

效率的时期变化规律受企业行为、环境因素等影响，单一函数形式很难准确描述所有决策单元长时期内效率变化的规律与趋势。Kumbhakar[123]、Battese 和 Coelli[148]早期均通过使用固定的函数形式描述效率随时间变化的趋势，将非效率项分解为与企业相关的部分和与时间相关的部分，然后借助一次函数、二次函数等确定性的固定函数形式来具体描述非效率与时间的关系。Ahn 和 Sickles[149]结合调整成本理论，针对时变效率的路径问题，采用自回归模型描述非效率持续性与效率逐步改进过程。Emvalomatis[150]从短期和长期两种视角界定了自回归模型实证分析中应注意的问题。Galán 和 Pollitt[151]将自回归模型应用到哥伦比亚电力配送行业。时变与非时变已经成为随机前沿分析框架下对非效率来源的重要分解方式。

根据定义，技术效率应该等于实际产出与生产前沿面的比值。考虑单一产出时，效率测度是比较直观且容易理解的。但在实际生产中，多产出技术更为普遍。传统随机前沿分析只能处理单一产出问题，但结合距离函数后，可以通过描述样本决策单元所在点与前沿面的距离处理多产出问题，而对于距离函数内部的形式与结构，可以使用超越对数生产函数形式来表示。

3.3.4　发电部门的应用

Kopp 和 Smith [152]最早将随机前沿分析方法应用于发电部门效率评价，估计了美国火电企业的生产前沿面，研究技术水平和资本投入对企业经营的影响。在技术效率的诸多影响因素中，企业规模作为企业兼并、生产运营决策的关键因素，对技术效率产生重要影响。相对于外部环境变量的异质性，企业规模可被认为是企业自身的异质性因素。首先，由于存在规模经济现象，企业规模影响企业经营成本。目前，火电占我国电力装机容量比例高达69%，占据发电主导地位。而火电属于资本密集型行业，规模经济的影响主要体现在生产的工艺技术和设备投入上，即生产技术规模经济[153]。其次，当企业在特定行业内占据一定地位时，企业规模还能为其带来一定的市场控制力，这种市场关系同样能够影响企业技术效率[154]。陶锋等[154]、黄梦妮[155]、张各兴和夏大慰[156]均发现发电企业规模与技术效率呈"U"形关系。这说明企业规模增长有个临界点，在到达临界点之前，企业规模与技术效率负相关；超过临界点后，两者呈现正相关。李楠和马占新[157]发现，从 2008 年开始，发电上市企业的效率明显下滑并持续低迷，导致这一现象的可能有金融危机、自然灾害、节能减排的战略实施、煤炭价格上涨等。封玉婷[158]评价了 2006～2010 年 40 家电力上市公司的效率表现，技术效率值同样呈现逐渐下降的趋势。

Hiebert[159]将技术效率研究扩展至成本效率分析，发现设备利用率、产权形式、决策单元数量等内生异质性因素影响电厂成本效率。近年来，TREH 模型和随机非参数数据包络分析方法的逐渐成熟，为研究异质性因素对发电部门效率的影响提供了更有效的方法支撑，出现了若干关于中国问题的研究成果，如 Chen 等[160]关于我国火电类上市公司生产基准线的研究；Li 等[161]分析了煤电价格联动政策对发电部门生产经营的影响；张少华和蒋伟杰[162]融合方向性距离函数与随机前沿分析尝试进行能源效率分析。随着电源结构的多样化和清洁电源的快速发展，风电和光伏发电受地理位置、气候条件等环境因素的影响变大，决策单元异质性增强。随机前沿分析方法由于可以分离异质性影响，将其应用于发电部门的研究成果近年来显著增加。但这些成果均将污染物排放作为投入指标，考虑到行业特点不同，其他行业的研究成果无法直接移植到火电行业的分析中，且直接将非理想产出作为投入处理的方法也有待商榷。同时，关于外生异质性因素对清洁电源发电效率的研究也迅速增长[128, 163, 164]。可以看出，采用随机前沿分析方法进行火电企业效率研究的文献多关注内生异质性影响的分析；其在清洁能源领域的应用目前仍处于起步阶段，更多关注外部环境异质性对效率值的影响。因而亟待构建发电部门的异质性指标体系，并探索其异质性因素对效率值的影响及其分解、分离方法。

3.4 基于数据包络分析方法的输配部门效率研究

3.4.1 研究视角的演进

尽管电力传输、配送和销售环节不直接参与生产，也不形成二氧化碳等非理想产出，但厂用电率、线损率、输配和销售部门的组织形式、管理水平都会影响终端用户的用电量。20 世纪 80 年代之前，大部分国家都对电网业务实行严格管制，Weyman-Jones[165]最早将数据包络分析方法应用于配电部门的生产效率分析，他采用基础数据包络分析模型研究了英格兰和威尔士地区 12 家配电公司私有化前后生产效率的变化。进入 21 世纪后，研究对象扩展到不同时期同一类型的决策主体，Malmquist 指数方法及其分解指标被广泛应用于配电公司生产效率分析[166]。与此同时，有学者意识到减少电网的线路损耗同样相当于节约能源，并将其应用于电网和电力系统整体的效率评价。针对多个决策单元效率值为 1 而无法排序的情况，一些学者将区分这些决策单元效率的方法应用于电网部门的研究，如王金祥和吴育华[167]使用 CCR 模型和超效率数据包络分析模型评价中国 8 个电力公司的相对效率。

Yu 等[168]发现天气对英国配电公司技术效率影响不明显，但对成本效率的影响非常显著，因而得出发电部门成本效率比生产效率研究更具现实意义的结论。赵会茹等[169]提出设定价格上限和收益上限是提高输配部门成本效率的有效方法。由于电力的公共产品属性，供电安全等为强制性指标，且不存在替代选择与任意调整的可能[170]，越来越多的研究认为电网部门效率评价不应局限于成本效率，还应关注服务质量[171]。Xie 等[172]对我国电网公司效率的研究中已经开始尝试将顾客数量等纳入投入产出指标，但目前对于如何将服务质量指标纳入成本效率评价指标体系仍无成熟的方法。

3.4.2 投入产出指标选择

电网建设与运行中面临的外部环境复杂多变，很早就有关于其效率影响因素的研究。尽管所有文献对于劳动力、变压器容量等投入产出指标的选择几乎保持一致，但对于线损量的处理意见不尽相同。Yunos 和 Hawdon[173]直接将线损量作为投入，Xie 等[8]则认为将其作为非理想产出更能反映真实的生产过程。此外，几乎所有的研究都建议将价值型信息纳入输配部门的效率分析中[174]。de Souza 等[175]和 Llorca 等[176]认为，若纳入总成本的投入指标数据不可得，可用运营成本代替。早期关于技术效率的研究将线路长度作为投入指标，但越来越多的学者认为，若投入指标中包含了成本信息，应将线路长度作为产出指标[176]。在已经进行市场化改革的国家，电价并非完全由政府直接控制，已有研究多以销售收入代替销售电量作为产出指标[175]；还有学者提出，由于居民电价与工业用电价格不同，因此住宅用电和非住宅用电应作为独立产出变量[176, 177]。尽管目前的研究中出现了很多关于投入产出指标选择的分析，但仍缺乏对于指标间的相关性及其相互影响的研究。

3.4.3　异质性因素影响分析

Førsund 和 Kittelsen[178]和 de Souza 等[175]的研究都发现，除经营管理、技术水平外，输配部门技术效率还受天气、地理环境、电源结构、客户密度等因素影响。由于输配部门的市场化进程晚于发电部门，且输配部门的市场化改革目前仍存在很大争议，即便现在，很多国家的电网尤其是输电部门仍处于严格管制之下。因此很多文献研究了改革举措对电网部门技术效率的影响，如引入竞争机制、放松管制、兼并重组、服务质量提升和可再生能源发展激励政策等产生的影响[171]。综合而言，关于异质性因素影响的研究，主要有以下几种思路：一是尝试进行预分析，先按照环境变量对决策单元进行分组，然后分别进行组内评价和全局评价，应用的方法包括共同前沿分析、聚类分析、系统广义矩模型、潜变量分析模型等；二是尝试采用随机模拟方法生成大量决策单元，然后计算样本决策单元的效率；三是将效率值作为自变量，影响因素作为因变量进行回归分析；四是在模型中增加指标权重的限制或设定投入产出变量权重变动范围，提高评价结果的客观性。

可以看出，由于异质性较强，且决策单元效率受环境因素影响较大，数据包络分析及其衍生方法在输配部门的应用并不广泛。随着计算模拟技术的发展，该方法提供了越来越多的解决方案，在输配领域的应用也逐渐增多。现有的研究成果大多关注电网部门的生产效率和成本效率，仅有的几篇关注服务质量的文献则没有考虑成本的影响。若能将服务质量与成本效率融合在同一研究框架内，结果将更具有现实意义。

3.5　基于随机前沿分析方法的输配部门效率研究

3.5.1　研究视角的演进

由于电网经营受外部环境与内部经营水平差异的影响，决策单元同质性较差，因而很早就有将随机前沿分析应用于电网部门的研究。Kumbhakar[123]是最早使用随机前沿分析进行效率变动趋势研究的学者之一。Hattori[179]最早将随机前沿分析方法应用于配电公司生产效率的研究，并进行了不同类别公司间效率的比较，通过采用基于投入的超越对数型距离函数模拟生产前沿面，比较美国、日本两国配电公司的效率。针对经营环境相似性的假设，Pérez-Reyes 和 Tovar [17]提出用一系列厂商特质的截面变量表示不可观测的异质性，采用动态随机前沿分析模型研究电网公司的成本效率随时间变化的趋势，并分析了秘鲁分离政策改革的影响。Goto 和 Sueyoshi[180]、Mullarkey 等[181]的研究均表明电力配送行业的改革措施的确有助于提升配电公司的生产率或效率；然而 Galán 和 Pollitt[151]发现，哥伦比亚电力配送部门改革后依然存在电网持续性非效率现象。

在各个行业中，为提升行业总体效率而实施企业兼并的现象时有发生。Growitsch 等[182]认为对于任何行业来说，效率与规模之间的关系均为具体的实证问题。这可以理解为由于受到行业性质、业务特点等多种因素的影响，规模的扩大对于企业效率提升的影响并不确定，需要依据实际问题具体分析。Tovar 等[183]进一步将生产效率分解为多个指标，讨论了它们各自对生产率变动的贡献，结果发现企业规模是影响配电行业生产率的关键因素。Kumbhakar 等[129]发现小企业的规模经济潜力最高。

衡量输配部门效率，不仅需要关注其经济效益，还要考虑其供电质量和供电可靠性。电力供应中断将带来较大且无法估计的损失，随着对服务品质要求的提高，服务效率的研究成果迅速增加。大多数文献将服务质量的指标加入投入指标中，并将新、老模型得到的效率结果进行对比。Giannakis 等[20]最早将服务质量维度纳入电力输配行业的效率测度模型，将技术效率的研究拓展至服务效率，它不仅包括技术效率的部分，还包括对服务质量维度的考核和评价。他们的研究表明服务质量模型的效率值与传统模型的效率值之间并不呈现很强的相关性，但是服务质量的改善对于行业的全要素生产率变动产生明显影响[20]。Growitsch 等[182]也发现，在效率测度框架中引入服务质量的维度，对效率结果产生显著影响。服务质量的提升必然伴随一定的成本支出，于是一些文献估算了电力配送行业提升服务质量的成本[184, 185]。Jamasb 等[184]发现通过制定强制性政策实现的服务质量有所提高，企业付出的成本高于达到服务质量经济有效情况下的边际成本。但 Cambini 等[186]的研究发现，在订立配电公司评价基准的过程中，是否考虑服务质量显著影响评价结果，但两者之间并不冲突。Llorca 等[187]的研究也表明，企业追求经济效益和社会收益并不矛盾，在某些条件下，生产效率和服务质量甚至可以相互促进。

3.5.2　异质性因素影响分析

随着随机前沿分析方法的逐步完善和成熟，不少学者开始研究输配部门效率评价中的异质性因素的特征。Kopsakangas-Savolainen 和 Svento[138]采用多种方式模拟随机前沿面,发现可观测和不可观测的异质性对效率值的影响存在显著差异,对于不可观测的异质性,采用随机前沿参数方法模拟效果较好,而对于可观测的异质性,可根据其特点直接假设一定的无效率分布类型。Galán 和 Pollitt[151]提出采用贝叶斯估计,增加变量表示可观测的异质性,增加随机变量(截距)表示不可观测的异质性,最后采用回归分析计算无效率项的均值,进而分析效率值变化趋势和外生变量影响。

在众多可观测的异质性因素中,天气和地理条件是研究最多的因素,Domijan等[188]发现电力中断通常和天气因素相关,Llorca 等[187]发现恶劣的气候条件影响配电和输电部门效率,但 Cambini 等[186]的研究却发现,很多高成本效率的美国配电公司坐落于气候条件不好的地区,说明企业可以通过改善投资环境和管理抵消环境因素的负面影响。Kumbhakar 等[129]将企业特质这一不可观测的异质性从无效率项中分离出来,结果显示小企业的规模效益提高的空间最大,因而建议进行合并重组。对美国输电行业、挪威配电行业的实证分析都表明,电网具有典型的规模经济特征,存在通过合并重组提高行业效率的可能性[187, 189, 190]。Saastamoinen和 Kuosmanen[136]对芬兰的研究发现,地下线缆的比例与位置对断电成本有影响,进而影响服务质量。

可以看出,随机前沿分析关于异质性因素分离分解的几乎所有模型都已应用于输配部门效率研究,甚至随机非参数数据包络分析模型正是基于电网部门的实际提出的。与数据包络分析方法研究成果集中于环境效率不同,随机前沿分析更多应用于成本效率研究,且已经开始关注服务质量的影响。大量研究证实,天气、地理、客户密度等外生因素,以及所有制形式、企业规模、地下线缆分布等内生特征是典型的异质性因素。它们对电网效率影响差别很大,但并非完全独立,目前尚缺乏各类异质性因素之间影响机理的研究,这在一定程度上影响了结果的客观性。

3.5.3 输配部门效率的影响因素

内生异质性与外生异质性均显著影响效率。外生环境因素尽管超出决策单元的掌控能力,但其更容易表示和测度,已形成相对成熟的研究思路。Kumbhakar[123]最早在生产函数中加入外生变量;Battese 和 Coelli[125]最早使用外生变量对效率进行回归。Çelen[191]不仅考虑了单一变量对效率的影响,还考虑了两个变量交叉项对效率的影响。总结以往的研究文献,关于外生异质性因素对效率影响的研究中通常会考虑以下几方面的变量。

(1)经济发展影响电力需求。在一定装机容量的前提下,经济发展动能越强,理论上电力生产效率也会越高,最终两者将会稳定在合理范围内。即使在经济快速发展、电力需求同样快速发展的时期，电网部门、电力系统或许存在暂时无法满足电力需求的情形，但经过较长时间的电网建设之后，电网输配能力通常都会留有一定余量，也就意味着电网企业效率的提升。并且，从长期来看，经济发展是电力终端消费的重要组成部分，是拉动电力生产、输配环节的重要动力之一。因而，经济发展是影响电网部门效率的主要因素之一。

（2）政策改革影响电网运行。政策变量代表了政府相关部门对于整个电力行业架构的调整与优化，改革的目的一般是提升企业的生产效率、减少浪费等。政策变量存在一定的人为特征，通常是当时社会经济发展状况下政府采取的符合时代特征的改革政策，但由于政策是基于当前状况提出的，而真实实施环境却应着眼未来，存在较多无法控制与预测的因素。因此政策对于效率提升的作用需要进一步深入具体研究，并通过一定的情景模拟加以实现。

（3）技术变量代表着先进技术的理论转化、应用等情况。在电网行业，较高技术水平的输配电技术对于效率的提升存在积极的促进作用。比如，地下电缆会降低外部自然环境对电力输送环节的影响，特高压输电线路会降低线损量，这些都有助于电网企业效率的提升。因而很多研究按照电压等级对线路加权或者将地下线缆比例作为影响电网效率的因素之一。

（4）自然变量一般特指那些对电力输配环节可能产生重大损失的极端天气变量或对于电网线路建设造成较大困难的地形变量等。常用的天气变量如温差，大风、冰雹天气数量，降雨天数，地形变量如山地占比等；尽管环境因素对效率值是否存在负向影响尚存在争议，但几乎所有文献都认为输配部门无法完全管控这些因素，国家制定管制政策和行业标准时需要考虑它们的影响。

3.6　电力系统整体效率研究及政策变革影响分析

3.6.1　对电力系统整体效率的研究

电力系统是一个包含发、输、配、售等多个环节的综合系统，它们既相互独立又密切联系。尽管"厂网分离"政策后，发电与输配部门已经独立经营，但它们都同归当地主管部门监管。因而，20 世纪 90 年代以来，学术界对电力系统的效率研究从发电部门拓展到整个电力系统，这种趋势在智能电网的概念提出后越加明显。尽管不少学者认为，评估电力行业总体比某一个部门的效率更有意义[8, 192]，但其包括范围更广，涉及因素众多，与子部门的效率研究相比，对于其进行研究的成果较少。

早期对于电力系统整体效率的研究只把终端用户的用电量作为输出指标。Weyman-Jones[165]应用数据包络分析模型研究一体化电力公司的效率差异，分析企业技术无效的原因及放松管制的影响。Førsund 和 Hawdon[178]注意到传输过程中的线路损耗会影响电力系统的生产效率，并直接将其作为电力系统的投入纳入评价指标体系。此外，线路长度和质量、消费人群分布等也会影响电力系统整体效率[193]。在很多国家，电价并非完全由政府直接控制，而是具有一定的浮动空间，因而除了销售电量外，销售收入也应考虑在内[194]。

对于影响电力系统整体效率的原因，很多学者从全要素生产率的分解指标中寻找答案，认为前沿面移动、技术进步是生产效率提高的主要原因[17]。Arocena[195]从企业经营的外部环境入手，发现一体化经营和多样化发电来源能够节约成本、提高效益，进而得出结论：规模经济和范围经济是提高生产效率的关键。还有一种做法是分析不同子部门对整体效率的贡献，如 Tsutsui 和 Goto[192]采用 WSBM-DEA（weighted slacks-based measure DEA，WSBM-DEA）确定各子部门对系统整体效率贡献的权重。上述对电力系统整体效率的研究，直接将其视为整体或给予不同部门一定的权重，无法动态反映要素投入时点的影响，对减少碳排放的社会诉求重视不够，且对各部门权重探讨具有很大的主观性。

上述研究成果均是在数据包络分析模型框架下进行的，没有考虑子部门间的竞争合作关系。Tsutsui 和 Goto[192]采用带有权重的松弛变量数据包络分析模型研究了各子部门对系统整体效率贡献的权重。网络数据包络分析（network 数据包络分析）模型的不断成熟为研究电力系统子部门间的关系提供了契机[196]，Xie 等[8]认为可持续发展背景下的低碳经济评价中，减少碳排放与追求经济效益同等重要，并借此确定发电部门与输配部门在系统整体低碳经济评价中的权重，他们对中国电力系统实证分析的结果发现，电源结构显著影响总效率。

由于网络数据包络分析模型总效率值是各子部门效率值的加权平均，其鉴别能力高于传统的黑箱模型，若根据现实情况增加约束条件，结果将更具指导意义[197]。Wu 等[198]提出，可以通过赋予子部门效率不同权重的方式反映决策者在效率评价中的偏好。Zhou 等[85]、Vazhayil 和 Balasubramanian[199]则认为决策单元资源禀赋的差异显著影响子部门间的关系，需通过一定的算法提前确定投入产出指标的权重或限定权重变化范围，然后进行电力系统优化策略分析。若政策导向注重经济效益，可以给予经济指标较高权重，若注重可持续发展和长期效益，则可以为含有非理想产出的指标赋予较高权重。

采用随机前沿分析方法研究电力系统整体效率的文献近年来才出现。Hwang[200]对日本电力公司技术效率的研究发现，提高清洁能源占比有助于提高电力系统技术效率，但由于日本电力公司生产已经出现规模收益下降的情况，他建议对电力公司进行拆分。Jaunky 和 Zhang[201]综合采用随机前沿分析和两阶段动态面板数据模型研究我国各省（自治区、直辖市）电力行业的运营效率，发现政府干预过多会对电力行业经营产生负面影响。

可以看出，目前关于电力系统整体效率研究的文献较少，且大多采用数据包络分析方法，尚缺乏关于异质性因素影响分析的研究成果，更没有讨论不同类别异质性因素对效率值的影响是否存在差异，以及同一异质性因素对子部门和系统总体效率值的影响是否存在差异。由于电力系统整体效率受子部门效率异质性的影响，但又非子部门异质性因素的简单加总，探讨异质性因素对电力系统整体效率的影响仍有很多问题有待明确。因而，亟待建立影响电力系统及其子部门效率的异质性指标体系及其分离分解方法。

3.6.2　政策变革对电力系统的影响分析

由于各国宏观经济环境、电力管理体制差异很大，政策变革效果的研究多在国家范围内进行，且主要围绕放松管制、支持清洁能源发展和控制污染物排放等内容展开。研究对象主要为地区电力系统或一体化电力公司。

1982 年以来，世界范围内掀起了电力市场化改革浪潮，关于一体化电力系统效率的研究其中一种研究思路是探讨管理体制变革带来的影响。20 世纪 90 年代末以来，放松管制成为电力系统改革的大趋势，比较改革前后决策主体生产效率的差异是应用最多的研究思路。Bagdadioglu 等[202]对土耳其电力系统的研究表明，放松管制后，私有电力公司短期内容易获得较高的技术效率，但难以获得长期竞争优势。Abbott[203]与 Nakano 和 Managi[106]通过对澳大利亚及日本电力系统的研究发现，引入更多竞争主体的改革加快了技术进步，提高了经济效益，但对不同企业的影响差异很大。Wattana 和 Sharma[204]等通过对泰国电力行业的研究发现，行业的变革对效率有很大影响，且主要是技术进步带来了效率的提升。Lee 等[60]和 Zhao 等[6]的研究表明，中国的厂网分离政策对于理清电力系统产权结构、降低燃料成本和提高技术水平等发挥了积极作用，电力投资体制的改革增加了电力供应，提高了系统整体运行效率。另一种研究思路是通过比较新政策出台前后不同国家电力系统生产效率的差异得出结论。如 Hattori 等[166]通过研究供电体制改革后英国电力公司与同期无新政策出台的日本电力公司的生产效率变化发现，英国设定多个目标和多种激励措施的做法取得了成功。还有一些学者研究了碳交易体系或清洁能源发展对电力系统的影响。Bushnell 和 Chen[205]认为若借鉴目前影响最广的欧盟排放权交易市场（European Union emissions trading system，EU-ETS）制度，在电力系统内部建立碳交易市场，将更有利于减少电力系统的碳排放，加速清洁能源发展，但同时增加的碳交易成本会通过电价传导给消费者。Cong[206]结合技术扩散模型和学习曲线构建了可再生能源优化模型，分析了不同政策情景下我国可再生能源的发展情况，发现政策支持力度和技术水平共同决定发展速度，而电网消纳能力则是制约其快速发展的关键因素。

除了政策前后的对比分析外，还有些学者分析了不同管理体制对电力系统整体效率的影响。Sueyoshi 等[207]认为，私有化和分离政策改革可以在电力行业内部形成竞争机制，吸引投资，提高生产效率。Arocena[195]的观点则相反，他认为一体化经营和多样化发电来源能够带来成本节约和效益的提高，规模经济和范围经济是提高生产效率的关键。Goto 等[208]通过对日本电力公司成本效率的研究发现，发电和售电行业并不存在规模经济，因而在发电和售电侧可以引入更多的竞争主体，但输配行业应保持现有自然垄断管理体制，或通过合并提高效率；将发电和输电功能分开会增加生产成本，如果竞争带来的收益不足以弥补经济损失，可能导致总的成本效率降低，因而相关分离政策应审慎推行。中国的"厂网分离"政策改革同样遵循这一思路，且在很大程度上获得了成功，目前中国已在发电环节成功地引入竞争机制[99, 209,210]，且已经在输配行业进行改革试点并形成了真正的竞争。Wang 等[211]的研究发现，碳市场的建立影响行业减排配额和污染物的市场价格，减少发电部门的异质性，进而影响电力系统运营及其环境效率。

3.7　本章小结

通过文献梳理与分析可以发现，近年来，关于发电部门、电网部门和电力系统效率研究的文献迅速增加，研究方法不断完善，研究内容日益丰富。下面分别从研究方法、研究视角、现实意义等角度对已有研究文献进行总结。

数据包络分析及其衍生算法是目前应用最为广泛的电力系统效率评价方法[197]，由于能源结构清洁化，近年来应用随机前沿分析方法进行异质性因素影响分析的研究成果迅速增加[128]。数据包络分析研究框架下，决策单元数量、投入产出指标选择显著影响评价结果，随着能源清洁化进程的加速，这种评价结果偏差有增大的趋势。随机前沿分析方法尽管不要求决策单元具有同质性，但需提前设定模型形式及无效率项的分布函数；且纳入解释变量的外生变量，既要满足非线性等回归模型的要求，又要满足完备性，这进一步增加了模型构建的难度。从以上分析可以看出，异质性分析成为电力系统效率研究不容回避的问题，融合数据包络分析与随机前沿分析两种方法的优势进行效率分析，将大大提高评价结果的可操作性和结果的有效性。

无论是对发电部门还是对电力系统整体的研究中，研究的视角已从生产效率逐步转化为环境效率；对输配部门的研究中，则逐步转向对成本效率的研究，并已经有成果将服务质量纳入评价指标体系。所涉及的异质性因素逐渐增多，但由于异质性因素、电力系统子部门间相互影响，发电部门或输配部门得出的研究结论无法直接应用于电力系统的整体；由于各国国情不同，不能直接将其他国家的经验应用于中国。本章尝试考虑异质性因素影响和中国电力系统实际，建立综合考虑经济发展、减排努力和稳定供应等诉求的电力系统效率评价方法体系。

早期国外效率评价的研究成果决策单元多为发电厂或配电企业，关于中国的研究则多为某一区域的发电部门或输配部门，通过效率值排序，分析决策单元效率变化趋势并评估特定政策的效果，然后通过松弛变量的计算探讨企业提高生产效率的潜力。关于电力系统整体效率研究的成果仍不够丰富，对于异质性因素影响的分析也不够深入，并且很少有中国电力系统实证分析的成果在效率评价中纳入成本和服务质量等指标。在国家宏观调控中，需将各地区的电力行业视为整体，发电部门与输配部门之间既竞争又合作，共同影响政策改革的效果。

总之，效率研究的热点从单纯的生产分析转换为融合价格信息及环境因素影响的环境成本效率研究，并充分考虑各参与主体异质性特征。电力系统作为碳排放最多、联系生活最为密切的公共部门，其发展情况直接影响社会稳定和国家节能减排目标的实现。本书以电力系统各参与主体的异质性和环境效率为出发点，构建既能反映成本变动和碳排放等非理想产出影响，又考虑异质性因素影响的多个效率评价模型；研究发电部门、电网及电力系统整体的效率变动趋势。研究成果能够为探索电力体制改革新方向提供基础理论框架和决策技术支持。

第 4 章 发电部门环境效率比较研究

发电部门生产过程中同时产生二氧化硫、氮氧化物等污染物及二氧化碳等温室气体，对发电部门的分析已经从生产效率视角变更为从环境效率视角[68]。我国不同省（自治区、直辖市）发电效率存在差异，然而这种差异并非完全由技术水平、生产规模或管理模式产生，电源结构等外生因素同样不可忽略，综合研究内生及外生因素对环境效率的影响，对行业内部及省（自治区、直辖市）整体经济发展规划有一定的借鉴意义。目前我国电力供需形势已经发生很大变化，在绝大多数情况下发电机组不会满负荷运行，为了提高经济效益获得电力调度优先权，企业之间存在竞争关系。本章分别采用三阶段数据包络分析模型和博弈交叉效率模型研究外生因素及部门内部竞争对发电部门环境效率的影响。

4.1 考虑外生因素影响的省际发电部门效率研究

4.1.1 基于距离函数的数据包络分析方法原理

早在 1957 年，著名学者 Farrell[212]就已经阐述了效率测算对于生产经营的重要意义，他提出"无论是对于经济理论学家来说，还是对于政策制定者来说，科学有效地测量决策单元的生产效率都是非常重要的"。决策单元的效率测算通常与其生产过程即把人力、物力、财力等资源投入转化成各种产出的过程密切有关。这种基本的生产过程往往被生产可能集 Ψ 所约束，定义如下：设 $x \in \mathbb{R}_+^N$ 为投入向量，$y \in \mathbb{R}_+^N$ 为产出向量，(x,y) 表示对应的生产活动，那么生产可能集 $\Psi = \{(x,y) |$ 产出 y 能用投入 x 生产出来 $\}$。一般来说，Ψ 具有如下性质[213-215]：凸性，$\forall (x,y) \in \Psi$，$(x^{\mathrm{T}}, y^{\mathrm{T}}) \in \Psi$，$\forall \lambda \in [0,1]$，都有 $\lambda(x,y) + (1-\lambda)(x^{\mathrm{T}}, y^{\mathrm{T}}) \in \Psi$；锥性，$\forall (x,y) \in \Psi$，$\forall k \geqslant 0$，都有 $k(x,y) = (kx, ky) \in \Psi$；无效性，$\forall (x,y) \in \Psi$，都有 $(x^{\mathrm{T}}, y) \in \Psi$，$\forall x^{\mathrm{T}} \geqslant x$；$(x, y^{\mathrm{T}}) \in \Psi$，$\forall y^{\mathrm{T}} \leqslant y$；最小性，生产可能集 Ψ 同时满足属于上述性质中集合的交集，一定就是它们中最小的。

在效率分析中，Ψ 的上界就是有效前沿面或生产前沿面，其含义是所有决策单元中表现最优的，能够在给定的投入水平下实现产出最大化或在给定的产出水平下使得投入最小化。对生产活动 $(x,y) \in \mathbb{R}_+^{N+M}$ 来说，它的技术效率可以表示为

$$\mu(x,y) = \inf\left\{\mu \middle| (\mu x, y) \in \Psi \right\} \qquad (4\text{-}1)$$

$$\lambda(x,y) = \inf\left\{\lambda \middle| (x, y/\lambda) \in \Psi \right\} \qquad (4\text{-}2)$$

其中，inf 表示最小化；$\mu(x,y)$ 表示基于投入角度测算的效率值，它表示当产出不变时，某一决策单元到达生产前沿面投入需要缩小的比例；$\lambda(x,y)$ 表示基于产出测算的效率值，$1/\lambda(x,y)$ 表示当投入不变时，决策单元达到生产前沿面上对应的产出有效点时产出需要扩大到的倍数；效率值 μ 和 λ 的取值范围在 0 和 1 之间，0 代表生产无效，1 代表生产有效[68]。

数据包络分析方法最早由 Charnes 等[21]于 1978 年提出[21]，它是一种非参数的效率评估方法，利用数学规划构造有效前沿面，求解研究对象的效率。该方法具有以下四个特点：客观性，通过数据和数学规划模型评估；便利性，不需要考虑量纲问题；具有明确的经济意义；为主管部门提供管理信息。当某个决策单元使用多投入向量 x_i 生产多产出向量 y_i 时，根据定义，生产效率可用式（4-3）表示：

$$\text{TE}_i = \frac{u^{\mathrm{T}} y_i}{v^{\mathrm{T}} x_i} \qquad (4\text{-}3)$$

其中，u 和 v 分别表示产出权重向量和投入权重向量。

经过 Charnes-Cooper 变换及对偶变换，基于投入的 CCR 模型为

$$\begin{aligned}
\min \quad & \theta \\
\text{s.t.} \quad & \theta x_o - X\lambda \geqslant 0 \\
& Y\lambda \geqslant y_o \\
& \lambda \geqslant 0
\end{aligned} \qquad (4\text{-}4)$$

CCR 模型基于规模收益不变的假设提出，用于测量决策单元的综合技术效率（overall technical efficiency，OTE）[21]。在此基础上，如果规模收益可变（variable returns to scale，VRS），那么需要在式（4-4）的基础上加一个限制条件 $\sum \lambda = 1$，即发展成为规模收益可变的 BCC（Banker-Charnes-Cooper）模型[216]，如式（4-5）所示。

$$\begin{aligned}
\min \quad & \theta \\
\text{s.t.} \quad & \theta x_o - X\lambda \geqslant 0 \\
& Y\lambda \geqslant y_o \\
& \sum \lambda = 1 \\
& \lambda \geqslant 0
\end{aligned} \qquad (4\text{-}5)$$

式（4-5）测算的是规模收益可变条件下决策单元的纯技术效率值（pure technical

efficiency，PTE），而式（4-4）测算的 OTE 可以分解成 PTE 和规模效率（scale efficiency，SE）[24]，它们的关系如式（4-6）所示：

$$OTE = PTE \times SE \tag{4-6}$$

以上两种模型都是径向模型，当存在非零松弛时，径向测度会高估决策单元的效率[217]。随着研究的不断深入，传统的数据包络分析模型逐渐扩展为多个不同的模型，Cook 和 Seiford[218]总结了自数据包络分析创始以来的发展脉络及框架，分别从单一层次、多层次、变量状态和数据变化等角度梳理了相应的模型，如非径向模型、范围调整性（range adjusted measure，RAM）模型、动态 Malmquist 指数、三阶段数据包络分析和网络数据包络分析模型等[219]。相关内容在第 2 章已做过简要介绍，此处不再赘述。

由于传统的数据包络分析模型求得的效率值区分度不明显，Tone[26]提出基于松弛变量的 SBM 方法，它是一种非径向的数据包络分析模型，不仅可以避免径向和角度选择差异带来的偏差及影响，还可以测算各决策单元达到有效时的松弛变量，增加效率值之间的区分度。规模收益不变的模型如式（4-7）所示：

$$
\begin{aligned}
\min \quad & \rho = \frac{1 - (1/m)\sum_{i=1}^{m} s_i^- / x_{io}}{1 + (1/n)\sum_{r=1}^{s} s_r^+ / y_{ro}} \\
\text{s.t.} \quad & x_o = X\lambda + S^- \\
& y_o = Y\lambda - S^+ \\
& \lambda \geqslant 0, \ S^- \geqslant 0, \ S^+ \geqslant 0
\end{aligned}
\tag{4-7}
$$

其中，各决策单元包含 m 个投入变量、n 个产出变量，$i \in m$，$r \in n$；x_o、y_o 分别表示第 o 个决策单元的投入、产出；s_i^- 和 s_r^+ 分别表示投入、产出对应的松弛变量；X、Y 分别表示投入变量矩阵、产出变量矩阵；S^- 和 S^+ 分别表示 X、Y 对应的松弛变量矩阵；λ 表示常数向量；ρ 表示决策单元 o 的效率值。SBM 模型也具有独特的性质：单位不变性、单调递减性，由决策单元的参考集决定，测算的效率值小于原始的 CCR 模型。

随着 SBM 模型应用的推广，越来越多的学者发现，决策单元生产过程中不仅有理想产出，还有非理想产出。例如，使用化石能源发电过程中排放的二氧化碳等气体，电力输配过程中的线路损耗等。这时的生产可能集可如式（4-8）所示：

$$T = \left\{ \left(x, y^g, y^b\right) : x \text{ 可以生产 } \left(y^g, y^b\right) \right\} \tag{4-8}$$

该生产可能集有两个假设：第一，产出具有弱可处置性，如果 $(x, y^g, y^b) \in T$，并且 $0 \le \theta \le 1$，那么 $(x, \theta y^g, \theta y^b) \in T$；第二，理想产出和非理想产出相伴而生，如果 $(x, y^g, y^b) \in T$，并且 $y^b = 0$，那么 $y^g = 0$，表示产生理想产出的同时必然有非理想产出。

针对存在非理想产出的问题，Tone[220] 改进了 SBM 模型，基于规模收益不变的模型变更为式（4-9）：

$$
\begin{aligned}
\min \quad & \rho = \frac{1 - (1/m) \sum\limits_{i=1}^{m} s_i^- / x_{io}}{1 + (1/n_1 + n_2) \left(\sum\limits_{r=1}^{n_1} \left(s_r^g / y_{ro} \right) + \sum\limits_{r=1}^{n_2} \left(s_r^b / y_{ro} \right) \right)} \\
\text{s.t.} \quad & x_o = X\lambda + S^- \\
& y_o^g = Y^g \lambda - S^g \\
& y_o^b = Y^b \lambda + S^b \\
& \lambda \ge 0, \ S^- \ge 0, \ S^g \ge 0, S^b \ge 0
\end{aligned}
\tag{4-9}
$$

其中，每个决策单元有 m 种投入，n_1 种理想产出，n_2 种非理想产出；X、Y^g 和 Y^b 分别表示投入、理想产出和非理想产出矩阵；S^-、S^g 和 S^b 分别表示投入、理想产出和非理想产出对应的松弛变量矩阵。

本章的分析中以碳排放代表发电部门的非理想产出。结合第 2 章对径向数据包络分析等几种数据包络分析模型的比较，本章以基于方向性距离函数的数据包络分析模型为基础展开研究。设有 K 个决策单元，对于任一决策单元 k，有 N 个投入（x_{1k}，x_{2k}，…，x_{Nk}），M 个理想产出（y_{1k}，y_{2k}，…，y_{Mk}），J 个非理想产出（b_{1k}，b_{2k}，…，b_{Jk}）。在规模收益不变的假设下，产出可能集可以表示为式（4-10）：

$$
p(x) = \left\{
\begin{aligned}
& (x, y, b): \sum_{i=1}^{K} x_{ni} \lambda_i \le x_n, \ \forall n; \ \sum_{i=1}^{K} y_{mi} \lambda_i \ge y_m, \ \forall m \\
& \sum_{i=1}^{K} b_{ji} \lambda_i = b_j, \ \forall j; \ \lambda_i \ge 0, \ \forall i
\end{aligned}
\right\}
\tag{4-10}
$$

其中，λ_i 表示权重变量，$i = 1, 2, \cdots, K$。为考虑生产规模带来的效率差异及使效率值更具有区分度，采用规模收益不变假设。对于生产可能集 $p(x)$，有限投入只能生产有限产出，而非理想产出与理想产出满足以下条件。

（1）$(y, b) \in P(x)$ 且 $0 \le \theta \le 1$，则有 $(\theta y, \theta b) \in P(x)$。

（2）若 $(y, b) \in P(x)$ 且 $b = 0$，则有 $y = 0$。

根据 Färe 等[66]对方向性距离函数的研究，引入方向向量 $g=(g^y,g^b)$，对于决策单元 k，方向性距离函数定义如式（4-11）所示：

$$\overrightarrow{D_{yb}}(x_k,y_k,b_k;g^y,g^b)=\max_{\lambda,\beta}\beta$$

$$\text{s.t.}\begin{cases}\sum_{i=1}^{K}x_{ni}\lambda_i\leqslant x_{nk},\ \forall n\\\sum_{i=1}^{K}y_{mi}\lambda_i\geqslant y_{mk}+\beta g_m^y,\ \forall m\\\sum_{i=1}^{K}b_{ji}\lambda_i=b_{jk}-\beta g_j^b,\ \forall j\\\lambda_i\geqslant 0,\quad\beta\geqslant 0,\ \forall i\end{cases}\quad（4-11）$$

其中，$\overrightarrow{D_{yb}}(x_k,y_k,b_k;g^y,g^b)$ 表示决策单元距生产前沿面的距离，该距离越小说明效率值越高，等于 0 即位于生产前沿面上的决策单元为有效单元。不同的方向向量对计算结果有不同的影响，参考 Boyd 等[221]、Kaneko 等[222]的选取方法，以 (y_k,b_k) 为方向向量，其含义如图 4-1 所示。

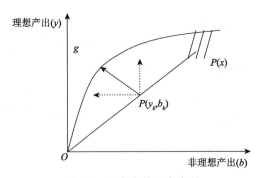

图 4-1 距离函数方向向量

相比于生产前沿面的距离值，效率这一概念更贴近人们的日常习惯，因此我们采用下面的式子把距离值转化为效率值：$\text{eff}=1/(1+D)$。通过上式，距离值为 0 说明决策单元处于生产前沿面上，距离值为 0 的决策单元的效率值为 1。

4.1.2 三阶段数据包络分析方法的基础理论与指标选取

简单来说，三阶段数据包络分析模型分为三个阶段，如图 4-2 所示[223]。

第一阶段和第三阶段的数据包络分析模型在 4.1.1 节已经进行过阐述，这里主要介绍随机前沿分析阶段与投入产出调整的过程。按 Fried 等[108]的理论，非有效决策单元的无效原因可以从投入产出的松弛变量中体现，而具体可分为外部环境因素、管理无效性和随机因素的影响。第二阶段主要对该松弛变量进行随机前沿

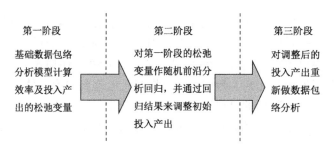

图 4-2　三阶段数据包络分析阶段流程图

分析回归来考察这些因素对效率评价的影响情况。对于式（4-11），决策单元 k 投入变量的松弛变量为 $s_{nk} = x_{nk} - \sum_{i=1}^{K} x_{ni}$。在变量假设的基础上，设有 R 个可观察的环境变量 $z_k = [z_{1k}, \cdots, z_{Rk}]$，$k = 1, \cdots, K$，则对应的随机前沿分析模型如式（4-12）所示：

$$s_{nk} = f^n(z_k; \beta^n) + v_{nk} + u_{nk}, \quad n = 1, \cdots, N, \quad k = 1, \cdots, K \qquad （4-12）$$

其中，$f^n(z_k; \beta^n)$ 表示生产前沿面；β^n 表示待估的环境变量参数，取 $f^n(z_k; \beta^n) = \beta^n z_k$ 进行计算。误差项为 $v_{nk} + u_{nk}$，其中 $v_{nk} \sim N(0, \sigma_{vn}^2)$ 代表随机误差，$u_{nk} \sim N^+(\mu^n, \sigma_{un}^2)$ 代表管理的无效性，且 v_{nk} 与 u_{nk} 独立不相关，回归需要确定的参数有 β^n、μ^n、σ_{vn}^2、σ_{un}^2。特别地，当 $\gamma^n = \sigma_{un}^2 / (\sigma_{un}^2 + \sigma_{vn}^2)$ 趋近于 1 时，说明误差项中管理因素占主导位置，反之，随机误差占主导位置。

　　为去除环境变量及随机误差对效率评价的影响，即让各决策单元处在同一客观环境下进行比较，Fried 调整过程如式（4-13）所示：

$$x_{nk}^A = x_{nk} + \left[\max_k \left\{ z_k \widehat{\beta^n} \right\} - z_k \widehat{\beta^n} \right] + \left[\max_k \left\{ \widehat{v}_{nk} \right\} - \widehat{v}_{nk} \right] \qquad （4-13）$$
$$n = 1, \cdots, N, \quad k = 1, \cdots, K$$

其中，x_{nk}^A 和 x_{nk} 分别表示调整后和调整前的投入值，第一个中括号表示把所有决策单元调整到相同的环境（最差的环境），第二个中括号表示把所有决策单元调整到同一自然状态（最不利的状态）。这样处于较差环境或运气较差的决策单元调整幅度较小，相反处于良好环境或运气较好的决策单元调整很大。需要说明的是，随机前沿分析初始的计算结果中并不包含随机误差，随机误差需要经过式（4-14）运算获得[224]：

$$\widehat{E}\left[v_{nk} | v_{nk} + u_{nk} \right] = s_{nk} - z_k \widehat{\beta^n} - \widehat{E}\left[u_{nk} | v_{nk} + u_{nk} \right], n = 1, \cdots, N, \quad k = 1, \cdots, K \qquad （4-14）$$

　　指标选择：发电部门在生产过程中，除了大量的原材料、设备和劳动力外，自身还需要消耗一定的电力，即厂用电。因而我们的投入指标除了选取通常的劳动力[①]（X_1）、装机容量（X_2）、能源消费（X_3）指标外，还加入了厂用电量（X_4）这一指标。并以发电量（Y_1）为理想产出指标，考虑到温室气体排放的危害及电力行业二氧化硫排放数据的可得性，选择碳排放量（B_1）作为非理想产出。碳排放量计算借鉴解百臣等[68]的计算方法并进行改进，所得数据与国际能源公布数据基本一致。

　　本章以中国 30 个省级行政区[②]作为决策单元，研究 2000～2009 年发电行业的综合效率。影响发电效率的除了技术水平、规模效益等内部因素外，外部环境的差异对效率结果也会有不同程度的影响。发电效率的外生影响因素选择，要能够体现地区固有的特点。参考白雪洁和宋莹[225]、王兵等[226]、陶锋等[154]的研究，从电源结构、能耗结构、产业结构、资源禀赋、产权结构、电力输入输出情况和经济水平七个方面考虑，分别选择火电比例（Z_1）、地区用电占比（Z_2）、第二产业 GDP 占比（Z_3）、煤炭一次生产量与发电用煤量之比（Z_4）、国有资本占比（Z_5）、上网电量与发电量之比（Z_6）和人均 GDP（Z_7）这七个指标。上述数据的来源情况如表 4-1 所示。

表 4-1　数据来源说明

指标	变量类型	单位	资料来源	数据处理
劳动力	投入	人	《中国劳动统计年鉴》（2001～2010 年）	
能源消费量	投入	百万吨标准煤	《中国电力年鉴》（2001～2010 年）	火力发电量×标准煤耗
装机容量	投入	百万千瓦	《中国电力年鉴》（2001～2010 年）	
厂用电量	投入	亿千瓦时	《中国电力年鉴》（2001～2010 年）	发电量/（1－厂用电率）×厂用电率
发电量	理想产出	亿千瓦时	《中国电力年鉴》（2001～2010 年）	
碳排放量	非理想产出	百万吨	《中国能源统计年鉴》（2001～2010 年）	根据煤油气等实际消耗量采用政府间气候变化专门委员会（Intergovernmental Panel on Climate Change，IPCC）的排放系数估计得到

　　① 本章中劳动力数据为从业人员数，由于缺少发电部门的从业人员数据，本章中以电力、热力、燃气及水的生产和供应业人数替代。

　　② 由于数据不全，西藏和港澳台地区未纳入研究范围。

指标	变量类型	单位	资料来源	数据处理
火电比例	环境变量		《中国电力年鉴》（2001～2010 年）	火力发电量/总发电量
地区用电占比	环境变量	百千瓦时/吨标准煤	《中国能源统计年鉴》（2001～2010 年）	地区用电量/能源消费量
第二产业 GDP 占比	环境变量		《中国统计年鉴》（2001～2010 年）	
煤炭一次生产量与发电用煤量之比	环境变量		《中国能源统计年鉴》（2001～2010 年）	煤炭一次生产量/发电用煤量，电煤占比的倒数
国有资本占比	环境变量		《中国工业经济统计年鉴》（2001～2004 年，2006～2010 年）《中国经济普查年鉴》2004 年	电力行业国有资本/实收资本
上网电量与发电量之比	环境变量		《中国电力年鉴》（2001～2010 年）《中国能源统计年鉴》（2001～2010 年）	地区电力消费量/发电量
人均 GDP	环境变量	千元	《中国统计年鉴》（2001～2010 年）	

4.1.3 效率值比较及外生因素影响分析

1. 第一阶段、第三阶段效率值比较

选取十年间各省（自治区、直辖市）第一阶段、第三阶段平均效率值并进行横向比较，研究各省（自治区、直辖市）效率值及其变动趋势，具体情况如表 4-2 所示。为使得结果更加清晰明了，增加了排名比较。研究过程中，综合采用 Matlab、Frontier4.1 等软件进行辅助计算。

表 4-2 第一阶段、第三阶段平均效率对比

省（自治区、直辖市）	第一阶段平均效率	排名	第三阶段平均效率	排名	排名变化
上海	1.000	1	0.969	9	−8
宁夏	0.989	2	0.988	4	−2
青海	0.988	3	0.976	7	−4
江苏	0.979	4	1.000	2	2
湖北	0.973	5	0.987	5	0

续表

省（自治区、直辖市）	第一阶段平均效率	排名	第三阶段平均效率	排名	排名变化
云南	0.973	6	0.970	8	−2
四川	0.964	7	0.988	3	4
贵州	0.963	8	0.959	12	−4
甘肃	0.959	9	0.954	13	−4
广东	0.955	10	1.000	1	9
山西	0.955	11	0.967	10	1
河北	0.953	12	0.983	6	6
浙江	0.944	13	0.929	15	−2
天津	0.933	14	0.916	18	−4
广西	0.922	15	0.915	19	−4
福建	0.919	16	0.918	17	−1
辽宁	0.901	17	0.933	14	3
安徽	0.900	18	0.912	20	−2
山东	0.895	19	0.966	11	8
内蒙古	0.893	20	0.926	16	4
湖南	0.872	21	0.882	22	−1
河南	0.867	22	0.905	21	1
北京	0.865	23	0.858	25	−2
新疆	0.865	24	0.853	26	−2
陕西	0.860	25	0.865	24	1
重庆	0.849	26	0.849	27	−1
黑龙江	0.829	27	0.865	23	4
海南	0.819	28	0.819	28	0
吉林	0.808	29	0.809	29	0
江西	0.805	30	0.805	30	0
均值	0.913		0.922		
标准差	0.059		0.060		

　　无论是第一阶段还是第三阶段，最低的省（自治区、直辖市）的平均效率值都不低于 0.8，说明中国各省（自治区、直辖市）的发电效率差异不大，这与王兵等[226]的研究结果一致。从第一阶段的结果来看，上海效率最高，连续 10 年均处在生产前沿面上；宁夏、青海、湖北等清洁能源发电占比较高的省（自治区）紧随其后，而以火电为主的江苏的效率值也位列第四，效率较低的则有江西、吉林、海南等省。相比于以往的研究成果，第一阶段的结果存在如下区别：第一，按东中西区域划分的平均效率并没有明显差异，处在东部且经济相对发达的北京，其平均效率也仅为 0.865，而处于西部的宁夏平均效率有 0.989；第二，煤炭资源相对丰富的陕西、内蒙古等省（自治区），未显示出资源禀赋的优势，平均效率不高于 0.900，排名靠后。可能的原因在于，我们测算的是包括清洁能源在内的总发电效率，未考虑水电、核电等发电方式的非理想产出和危害，而将碳排放因素考虑在内会显著影响评价结果。

　　经过随机前沿分析调整后，第三阶段的结果与第一阶段有显著差异，总体效率均值有所提高，但标准差并未减小。说明剔除环境变量及随机因素影响后的第三阶段结果仍保持了良好的区分度。调整后上海和一些清洁能源发电占比较高的省（自治区、直辖市）的效率有不同程度的下降，而河北、山西的效率值分别提高到了 0.983 和 0.967，跃居前十行列，效率值较低的省（自治区、直辖市）的变化不大。第二阶段随机前沿分析的回归结果不仅可以反映各地区特点对发电效率的影响情况，更能揭示两阶段效率变化的深层次原因，具体结果如表 4-3 所示。

表 4-3　第二阶段随机前沿分析回归结果

变量	X_1 松弛变量		X_3 松弛变量		X_4 松弛变量	
常数项	-8.226^{***}	（1.886）	-235.953^{*}	（133.851）	-8.070^{**}	（3.926）
Z_1	-0.515	（5.163）	174.153^{**}	（86.098）	3.717	（2.339）
Z_2	-1.639^{***}	（0.412）	-16.204^{**}	（6.260）	-0.524^{**}	（0.231）
Z_3	-6.225	（18.159）	459.466^{**}	（208.051）	22.217^{***}	（5.332）
Z_4	0.606	（0.621）	-15.777	（10.073）	-0.583^{*}	（0.309）
Z_5	-3.728	（4.111）	-14.117	（43.996）	-0.131	（2.088）
Z_6	16.926^{***}	（2.925）	122.062^{***}	（44.303）	5.727^{***}	（1.563）
Z_7	-0.170	（0.124）	-2.511^{**}	（1.153）	-0.164^{***}	（0.047）
σ^2	425.566^{***}	（2.233）	$92\,687.981^{***}$	（2.688）	$1\,865.787^{***}$	（643.261）
γ	0.619^{***}	（0.032）	0.855^{***}	（0.012）	0.982^{***}	（0.006）
μ	32.457^{***}	（8.166）	206.302^{**}	（92.846）	-85.593^{**}	（30.946）

变量	X_1 松弛变量		X_3 松弛变量		X_4 松弛变量	
η	-0.065^{***}	（0.017）	-0.098^{***}	（0.014）	-0.305^{***}	（0.029）
对数似然函数值	$-1\,218.860$		$-1\,897.366$		-991.369	
单边误差的似然比检验	101.987		270.221		208.515	

注：括号内为标准差

*、**和***分别表示在 10%、5%和 1%的水平上显著

2. 随机前沿分析回归结果

由于第一阶段结果中装机容量（X_2）的松弛变量大多为 0，将其作为因变量做回归意义不大，因此只对其他三个投入指标的松弛变量进行随机前沿分析回归。似然比检验结果表明，三个投入的松弛变量均适合进行随机前沿分析。从 γ 值来看，对于从业人数松弛变量的回归结果，技术效率及随机因素的影响均会对从业人数松弛变量的回归结果造成一定的误差；而对于能源消费量（X_3）和厂用电量（X_4），技术效率的影响在误差项中占主导地位，随机因素的影响较小。μ 和 η 均在统计上显著，表示技术效率确实存在不足，并且与时间变量有一定的相关性。当自变量的回归系数为负时，说明其增加有助于松弛变量的减少，效率值提高；当回归系数为正时，说明自变量的增加会导致松弛变量的增加，对效率评价不利。后文将环境变量分为有利、不利和非显著三类来详细说明。

有利于提高效率值的因素包括地区用电占比（Z_2）和人均 GDP（Z_7）。Z_2 对所有松弛变量的影响均显著，说明电力占能源比例高的地区更注重本地区发电行业的高效生产，较高的用电强度对发电行业有正向激励作用。Z_7 对燃料消耗（X_3）松弛变量和厂用电量（X_4）松弛变量有负向影响，说明经济发达地区往往更注重燃料的利用及环境保护，并且更容易获得先进的生产技术，典型例子如上海，该结果与白雪洁和宋莹[225]所得到的结果一致。

影响效率值提高的不利因素包括火电比例（Z_1）、第二产业 GDP 占比（Z_3）和上网电量与发电量之比（Z_6）。Z_1 仅对能源消费量（X_3）松弛变量的影响显著，说明与清洁能源发电相比，火电主导省（自治区、直辖市）生产过程中化石燃料的利用率较低，这与我国一次能源结构特点及煤炭质量有关。剔除电源结构的影响，火电主导省（自治区、直辖市）效率明显提高，典型省（自治区、直辖市）的效率变化情况如图 4-3 所示，结果与表 4-2 基本吻合。Z_3 对能源消费量（X_3）和厂用电量（X_4）松弛变量回归系数显著为正，表明多数工业城市的环保意识不强，发展模式粗放，使其更容易造成资源浪费，典型省（自治区、直辖市）如山西、山东等。Z_6 对所有投入松弛变量均在 1%显著性水平上影响明显，电力输入

省（自治区、直辖市）由于过度依赖外省电力调入以致忽视提高效率的重要性，使得这些省（自治区、直辖市）的发电行业存在人员冗余及燃料的低效利用。

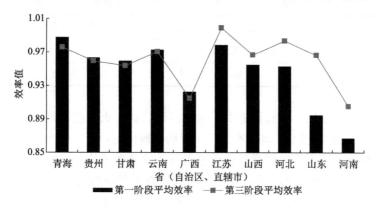

图 4-3　不同电源结构省（自治区、直辖市）的两阶段效率值对比

对松弛变量影响不显著的有煤炭一次生产量与发电用煤量之比（Z_4）和国有资本占比（Z_5）。Z_4 对省（自治区、直辖市）发电效率的影响总体来看不显著，再次印证了表 4-2 的结论。实际经济生活中，国家十分注重资源禀赋的发挥。比如，坑口电厂建设等。这与我们研究结果并不矛盾，资源禀赋的优劣多体现在发电成本等经济层面，发电效率并不会受此影响。Z_5 对所有投入松弛变量的影响均不显著，说明在市场经济条件下，国有企业的竞争优势减弱，虽然国有资本占比下降可能对电力行业上市公司的经济效益的提高有帮助，但对整体发电行业的综合效率作用并不明显。

3. 各省（自治区、直辖市）发电效率变动分析

一般认为，剔除外生因素的干扰，提高高性能机组占比有利于发电效率的提升。下面以典型省（自治区、直辖市）效率变动的趋势为例对这一假设进行验证。对于企业平均装机规模，本节采用总装机容量与规模以上电力热力生产供应业企业数的比值来近似代替。结果发现，平均装机规模变化情况在省（自治区、直辖市）之间有很大不同，东北三省及四川等地增长缓慢，山西、河南、湖北、青海等地则增长迅速。

由于数据包络分析计算的效率值是相对效率，每一年的效率值是以当年为生产可能集进行分析的，因此不同年份的效率值之间没有可比性，相对而言，排名能够更好地体现省（自治区、直辖市）效率的纵向变动情况。通过对排名的比较发现，大多数平均装机容量低且增长缓慢的省（自治区、直辖市），其效率一直维持在较低水平。但装机容量上升的省（自治区、直辖市）中，效率变化情况存在一定差异，有些省（自治区、直辖市）效率明显提高，而有些省（自治区、直辖

市）效果不明显，部分典型省（自治区、直辖市）结果如表 4-4 所示。

表 4-4 典型省（自治区、直辖市）装机容量增速与效率变化关系

平均装机容量增速	效率显著提高	效率无显著提高
平均装机容量增长快速	山西、湖北、青海	河南、陕西、贵州、内蒙古
平均装机容量增长缓慢	甘肃	吉林、辽宁、黑龙江、四川、福建

东北地区及四川、福建等地由于水电占比较高，火电经常执行调峰任务，考虑当地实际，"上大压小"政策不宜"一刀切"地快速执行，企业平均装机容量变化不大，影响了效率值的提高；近年来山西、湖北等平均装机容量增长较快的省（自治区、直辖市）的大型火电、水电设备的更新换代取得了良好效果，然而河南、陕西等地区虽然实施了同样的改革措施，但由于结构单一，效果却并不乐观。主要的原因可能是，"上大压小"政策的实施虽然对发电效率总体提升有一定帮助，但由于煤电机组热启动成本较高，不宜作为调峰电源，不顾实际经济发展情况盲目上大机组反而会使部分地区发电企业无法消化，年利用小时数降低，造成部分资源闲置，影响效率。同时，关停小机组的成本问题必然影响到行业的发电效率，关停成本目前主要由投资者承担，该环节未来有待进一步优化改进。

综合以上的分析，可以得出如下结论：首先，考虑温室气体带来的环境约束，大部分清洁能源发电省（自治区、直辖市）更易获得较高效率，但剔除电源结构等外部因素后，这些省（自治区、直辖市）仍存在一定的效率提升空间，对于火电为主的省（自治区、直辖市）采用混合能耗结构的发电效率相对稳定，因此应继续优化资源配置、提高各种燃料的利用效率；其次，电源结构、产业结构及经济水平对各省（自治区、直辖市）发电效率存在不同程度的影响，而产权结构和煤炭资源禀赋的影响不大，对于部分省（自治区、直辖市）来说，提高发电效率的途径除了改进自身的技术和管理水平外，逐步转变地区发展模式也是行之有效的方法。最后，2002 年的电力体制改革虽然旨在引入竞争来提高发电行业生产效率，但实施效果未达到预期，无论是技术效率还是成本效率均出现下滑，煤电价格联动机制也未能从根本上解决火电行业的亏损问题，未来改革政策应适当考虑对提升自身效率的激励措施。

4.2 考虑决策单元之间竞争的发电部门环境效率评价

4.2.1 博弈交叉方法的基本理论

一般的数据包络分析方法将决策单元（decision making units，DMU）分成两

组，生产有效的和生产无效的，很多决策单元会同时位于生产前沿面上，无法进一步区分，这在很多管理决策问题中难以得出更精准的结果。此外，数据包络分析的自评价特点使其在权重选择时容易夸大自身优势[227]，难以得出十分可观的结果。为弥补这些不足，Sexton 等[228]提出了交叉效率（cross efficiency）模型，之后 Doyle 和 Green[229]进一步优化了交叉效率模型，提出了激进（aggressive）型和仁慈（benevolent）型处理方式：分别是在最大化自身效率的同时最小化或最大化其他决策单元的效率值。交叉效率采取同行评议的方式，在计算某一待评价决策单元时，计算了 n（所有待评价决策单元的总数）个效率值，结合了其他 $n-1$ 个决策单元自评价的最优权重和效率值，最后求得平均数即该决策单元的交叉效率值。交叉效率能给出所有决策单元的效率排序，可以进一步区分有效和无效决策单元的表现。

　　Liang 等[31]在交叉效率的基础上提出了博弈交叉效率（game cross efficiency）模型，该方法创造性地结合了非合作博弈（noncooperative game）的思想，在交叉效率模型框架基础上纳入了博弈论的思想，考虑了参与评价的决策单元之间可能存在的直接或间接的竞争关系，并证实该方法能够得出唯一的纳什均衡解。同时，该方法解决了交叉效率本身存在的缺陷，其权重选择完全由模型最优化确定。这就使得选择过程具有偶然性，权重不同则最终得出的交叉效率值不同，在一定程度上影响了它的有效性和客观性。相反，博弈交叉通过不断地迭代计算，即使初值不同，也能收敛到最优解，避免了交叉效率解不唯一的缺点[230]。

　　假设有 n 个决策单元，每个决策单元有 m 个投入和 s 个产出。$x_{ij}(i=1,2,\cdots,m)$ 和 $y_{rj}(r=1,2,\cdots,s)$ 分别表示 $\mathrm{DMU}_j(j=1,2,\cdots,n)$ 的第 i 个投入和第 r 个产出。则按照博弈交叉模型定义的 DMU_j 的博弈交叉效率可以按照模型（4-15）来计算：

$$\max \sum_{r=1}^{s} \mu_{rj}^{d} y_{rj}$$

$$\text{s.t.} \quad \sum_{i=1}^{m} \omega_{ij}^{d} x_{il} - \sum_{r=1}^{s} \mu_{rj}^{d} y_{rl} \geqslant 0, \ l=1,2,\cdots,n$$

$$\sum_{i=1}^{m} \omega_{ij}^{d} x_{ij} = 1 \tag{4-15}$$

$$\alpha_{d} \times \sum_{i=1}^{m} \omega_{ij}^{d} x_{id} - \sum_{r=1}^{s} \mu_{rj}^{d} y_{rd} \leqslant 0$$

$$\omega_{ij}^{d} \geqslant 0, \ i=1,2,\cdots,m$$

$$\mu_{rj}^{d} \geqslant 0, \ r=1,2,\cdots,s$$

其中，ω_{ij}^{d} 和 μ_{rj}^{d} 分别表示 $x_{ij}(i=1,2,\cdots,m)$ 和 $y_{rj}(r=1,2,\cdots,s)$ 的最优权重；α_d 表示一个参数，初始值为 DMU_d 的平均交叉效率，最终 α_d 会收敛为 DMU_d 的最优（平

均）博弈交叉效率值。其中 $\alpha_d \times \sum_{i=1}^{m} \omega_{ij}^d x_{id} - \sum_{r=1}^{s} \mu_{rj}^d y_{rd}$ 保证了 DMU_j 在选择其最优权

重时，使 DMU_d 的效率值始终大于或等于其交叉效率值。因此，博弈交叉模型在选择权重时确保不削弱其他决策单元的效率估计值，是一种广义上的仁慈式解决策略。对于每一个 DMU_j 来说，式（4-15）都计算了 n 次，也就是说，对于 $d = 1, 2, \cdots, n$

依次计算了一次，每次计算中都有约束 $\sum_{i=1}^{m} \omega_{ij}^d x_{ij} = 1$，则每一个 DMU_j 的博弈交叉

效率可以表示为式（4-16）：

$$\alpha_{dj} = \frac{\sum_{r=1}^{s} \mu_{rj}^d y_{rj}}{\sum_{i=1}^{m} \omega_{ij}^d x_{ij}}, \quad d = 1, 2, \cdots, n \qquad (4\text{-}16)$$

其中，ω_{ij}^d 和 μ_{rj}^d 分别表示模型（4-15）中 x_{ij} 和 y_{rj} 的最优权重。则 DMU_j 的平均博弈交叉效率定义如式（4-17）所示：

$$E_j = \frac{1}{n} \sum_{d=1}^{n} \sum_{r=1}^{s} \mu_{rj}^{d*}(\alpha_d) y_{rj} \qquad (4\text{-}17)$$

4.2.2　投入产出指标选择

在本节的研究中，由于部分数据不可获取，选取 30 个省级行政单位为决策单元，未包含香港、澳门、台湾和西藏。因为 2002 年中国进行了厂网分离改革，在发电环节引入竞争机制，因而选取 2003 年作为研究起始年份，探讨其后 11 年的电力部门效率变动情况。以往对电力部门效率的研究，通常选取劳动力和固定资产投入作为非能源投入，总的能源消费量（以标准煤计算）作为能源投入。在已有的关于中国各省电力效率的研究中，劳动力数据通常用电力、热力生产和供应部门的劳动力代替[87, 231]，不能精确地反映电力生产部门投入的劳动力，而我们的劳动力数据采用的是电力生产全部从业人员年平均数，与其余的投入产出数据口径一致。在大多数研究中，固定资产投入通常选取装机容量替代[85, 87, 232]，我们也采取同样的方式进行处理。期望产出选取发电量，非期望产出在以往文献中包括二氧化硫、氮氧化物、粉尘等[85, 87]，而一些主要关注碳排放问题的文献多直接采用碳排放量作为非期望产出[89, 97, 231]。我们主要研究的是在碳减排压力下，不同省（自治区、直辖市）发电部门的竞争表现，因此选取各省（自治区、直辖市）发电部门总的碳排放量作为非期望产出。由于电力生产排放的二氧化碳不能直接获得，我们采用 IPCC 方法通过各省（自治区、直辖市）发电部门消耗的各类能源乘以

相应的碳排放系数获得，其中发电部门各种能源消费量数据来自《中国能源统计年鉴》，碳排放系数（碳排放量等于能源消费量乘以碳排放系数）取自 IPCC 发布的《2006 年 IPCC 国家温室气体清单指南》。装机容量和发电量来自《电力工业统计资料汇编》，能源消费量数据来自《中国能源统计年鉴》，劳动力数据为电力生产全部从业人员年平均人数，数据来自中宏产业数据库[233]。表 4-5 是投入产出指标的基本统计量。

表 4-5　投入产出指标的基本统计量

变量	单位	最大值	最小值	标准差	平均值
劳动力	人	120395.00	3020.25	24075.77	34831.89
装机容量	万千瓦	8598.00	175.96	1918.60	2661.68
能源消费量	万吨标准煤	14802.01	142.23	2942.13	3544.79
发电量	亿千瓦时	4405.00	59.42	880.84	1185.74
碳排放量	万吨	39711.12	381.79	7635.24	9242.66

4.2.3　发电部门的环境效率差异研究

对所有决策单元用博弈交叉模型进行效率测算，得出历年各省（自治区、直辖市）的效率值和排名统计信息。如表 4-6 所示，从中可以看出，博弈交叉模型对于不同省（自治区、直辖市）的环境效率具有很好的区分度。同时图 4-4 展示了各省（自治区、直辖市）环境效率值的四分位图，可以发现，环境效率值的变动范围（最大效率值减最小效率值）经历了先变小后变大再变小的过程。因为任何年份的环境效率最大值均为 1，环境效率值的分布幅度主要取决于最小效率值。可以看出，电力供应紧张时期，所有的省（自治区、直辖市）都可以开足马力生产，即便技术水平和管理水平有限，仍然可以获得较高的环境效率值，但在供过于求时期，省（自治区、直辖市）之间的环境效率值差异拉大。博弈交叉效率模型可以很好地捕捉这种电力系统外部形势变化的影响，是一种非常有效的分析电力系统效率的方法。

表 4-6　各省（自治区、直辖市）效率和排名

省（自治区、直辖市）	效率											排名		
	2003年	2004年	2005年	2006年	2007年	2008年	2009年	2010年	2011年	2012年	2013年	平均值	最大值	最小值
北京	0.777	0.735	0.782	0.780	0.858	0.851	0.835	0.847	0.867	0.814	0.919	20.5	27	13
天津	0.999	0.993	1.000	0.968	0.999	0.965	0.805	0.910	0.940	0.907	0.947	7.1	23	1
河北	0.909	0.957	0.935	0.899	0.913	0.878	0.847	0.859	0.841	0.840	0.840	13.7	22	6

续表

省（自治区、直辖市）	效率											排名		
	2003年	2004年	2005年	2006年	2007年	2008年	2009年	2010年	2011年	2012年	2013年	平均值	最大值	最小值
上海	0.971	0.977	0.946	0.914	0.943	0.937	0.961	0.972	0.991	0.961	0.924	6.0	12	2
江苏	0.940	0.954	0.872	0.894	0.957	1.000	1.000	1.000	1.000	1.000	1.000	4.6	11	1
浙江	0.870	0.770	0.785	0.805	0.864	0.870	0.902	0.966	0.954	0.965	0.997	12.6	26	2
福建	0.884	0.808	0.906	0.919	0.939	0.908	0.871	0.906	0.925	0.902	0.929	11.6	19	8
山东	0.759	0.827	0.845	0.823	0.854	0.881	0.883	0.876	0.823	0.803	0.883	18.5	24	12
广东	0.935	0.859	0.902	0.929	0.941	0.935	0.916	0.945	0.982	0.914	0.883	9.2	17	3
海南	0.670	0.639	0.741	0.724	0.801	0.866	0.794	0.858	0.892	0.854	0.958	21.4	30	6
内蒙古	0.819	0.880	0.850	0.789	0.786	0.780	0.776	0.750	0.720	0.763	0.807	23.7	28	13
广西	0.964	0.755	0.816	0.878	0.797	0.852	0.866	0.927	0.876	0.836	0.887	16.5	25	4
重庆	0.806	0.87	0.857	0.770	0.819	0.804	0.810	0.854	0.818	0.810	0.809	21.5	26	15
四川	0.872	0.875	0.904	0.870	0.855	0.825	0.875	0.944	0.974	0.885	0.982	11.9	22	3
贵州	0.870	0.922	0.880	0.877	0.951	0.944	0.968	0.862	0.824	0.899	0.874	12.5	21	3
云南	0.861	0.998	0.910	0.845	0.857	0.899	0.870	0.923	0.936	0.903	0.976	10.7	17	1
陕西	0.806	0.899	0.840	0.838	0.792	0.768	0.747	0.805	0.904	0.883	0.888	19.5	27	12
甘肃	0.859	0.952	0.987	0.987	0.999	0.971	0.890	0.903	0.863	0.806	0.817	11.3	24	2
青海	0.787	0.763	0.906	1.000	0.990	0.990	0.968	0.983	0.966	0.983	0.972	7.5	23	1
宁夏	0.999	0.996	0.979	1.000	0.998	0.986	0.905	0.844	0.919	0.921	0.950	6.2	21	1
新疆	0.722	0.766	0.829	0.824	0.847	0.868	0.822	0.825	0.819	0.785	0.813	21.9	26	17
山西	0.944	0.931	0.935	0.940	0.950	0.919	0.894	0.896	0.851	0.875	0.871	11.3	21	5
安徽	0.896	0.982	0.884	0.853	0.827	0.835	0.911	0.930	0.975	0.918	0.935	10.7	21	4
江西	0.710	0.713	0.754	0.818	0.738	0.759	0.707	0.743	0.817	0.818	0.871	25.5	29	19
河南	0.791	0.762	0.798	0.789	0.801	0.819	0.826	0.813	0.852	0.809	0.875	21.8	24	18
湖北	0.856	0.934	0.996	0.983	0.961	0.994	0.991	0.985	0.955	0.917	0.936	5.9	16	2
湖南	0.727	0.802	0.868	0.818	0.792	0.765	0.781	0.804	0.800	0.760	0.839	23.8	27	16
辽宁	0.829	0.845	0.867	0.888	0.877	0.918	0.840	0.763	0.743	0.729	0.767	19.5	28	11
吉林	0.624	0.693	0.728	0.711	0.732	0.726	0.656	0.659	0.612	0.580	0.647	29.8	30	29
黑龙江	0.673	0.719	0.793	0.759	0.754	0.757	0.655	0.681	0.702	0.622	0.718	28.3	30	25

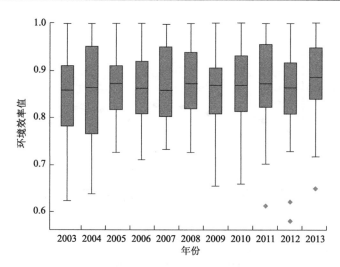

图 4-4　中国发电部门环境效率统计指标

盒形图通过图中的线给出了数据的中值，第一四分位数和第三四分位数。

四分位距是通过第三四分位数减去第一四分位数计算得到的，最小值、

最大值和平均值也在图中给出了

在所有的 330 个样本中，环境效率值超过 0.9 的占 37.3%，环境效率值超过 0.75 的更是达到 89.7%，这表明大部分省（自治区、直辖市）的发电部门的环境效率差异不大。从发电部门环境效率的平均值（图 4-5）来看，从 2003 年的 0.838 上升到 2008 年的 0.875，然后 2009 年下滑至 0.852，另一个低点出现在 2012 年，到 2013 年升至 0.883，呈现出先上升，再下滑，然后再次上升的波浪形上升趋势。厂网分离政策实施后，企业必须参与市场竞争，调动了企业的生产积极性，加之这一时期 GDP 增长率一直维持在 10%以上，用电需求持续增长，发电部门产能利用率很高，这进一步促进了行业生产效率的提高。美国次贷危机爆发后，由于经济的全球化，各国经济普遍受到影响，中国也不例外，在 2008 年底经济增速开始下滑，尽管国家出台了一揽子计划，但经济增长仍然不可避免地受到影响，用电量增速也快速下滑，直接导致行业平均生产效率达到 2005 年后的最低值，随着经济增长恢复常态，平均生产效率也逐步回升。2012 年是平均生产效率的另一个低点，对比全国用电量和 GDP 增长数据，发现环境效率的变化恰好与经济增长率保持同样的变化趋势，并存在一定的滞后性。

值得注意的是，2011～2013 年均存在低于正常水平的异常值，其中，2011 年异常值是吉林，2012 年是吉林和黑龙江，2013 年是吉林。异常值说明距离正常水平差距较大，而吉林恰好是这三年弃风、限电最为严重的地区。在电力供应出现紧张的 2005～2008 年，环境效率值分布最为紧凑，即便最低值仍然超过了 0.70。第一四分位数总体呈上升趋势，除研究初期的两年外，一直超过 0.80，第三四分

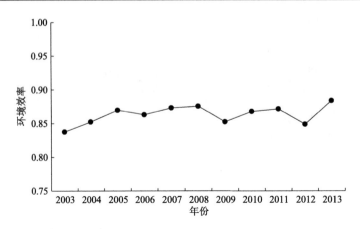

图 4-5　所有省（自治区、直辖市）的平均环境效率

位数基本保持稳定，一直在 0.92 左右波动；中位数变化非常小，一直稳定在 0.85
和 0.90 之间。中国自"十一五"规划纲要中提出节能和减排两项约束后，采取"上
大压小"等多种措施淘汰落后产能，整体技术水平的提高向外扩大了前沿面，考
虑行业技术水平的不断提高，除 2012 年外，2009～2013 年三个分位数指标一直
呈升高趋势，大部分省（自治区、直辖市）效率值集中在中位数附近，第一四分
位数和第三四分位数之间的差距减少，说明导致各省（自治区、直辖市）的效率
值出现收敛态势，这表明地区间的差异逐渐减小，相应举措有了一定成效。几个
异常值仅出现在电力供过于求的 2011 年后，说明更新的设备和资源未能发挥作
用，导致效率不仅没能提高，反而拉大了与前沿面省（自治区、直辖市）之间的
距离。

　　为了更加科学地考虑不同经济区域的地理位置、社会经济发展状况和其他环
境差异，更好地分析在不同区域背景下电力部门的环境效率差异，我们根据《中
共中央　国务院关于促进中部地区崛起的若干意见》等文件的精神，依照通常的划
分标准，将各省区市划分为东部地区、中部地区、西部地区和东北部地区四个地
区[1]进行分析。我们按照这种区域划分计算了东部地区、中部地区、西部地区和
东北部地区各省（自治区、直辖市）效率值和排名的平均值，研究不同区域间的
差距。表 4-7 展示了 2003～2013 年各区域平均效率和平均排名的统计数据。总体
来看，无论是从效率值的最小值、最大值、平均值，还是从四分位统计数上看，
都呈现东部地区、西部地区、中部地区和东北部地区逐步降低的规律，这说明东
部地区发电部门的环境表现最优，平均效率接近 0.9，最大值超过了 0.9。稍显意

---

① 其中，东部地区包括北京、天津、河北、上海、江苏、浙江、福建、山东、广东和海南；中部地区包括
山西、安徽、江西、河南、湖北和湖南；西部地区包括内蒙古、广西、重庆、四川、贵州、云南、陕西、甘肃、
青海、宁夏和新疆；东北部地区包括辽宁、吉林和黑龙江。

外的是，西部地区表现优于中部地区，而东北部地区表现最差。甚至东部地区的最低值 0.852 依然超过东北部地区的最高值 0.800。

表 4-7　2003～2013 年区域间平均环境效率和平均排名

区域	最小值		第一四分位数		中值		平均值		第三四分位数		最大值	
	E	R	E	R	E	R	E	R	E	R	E	R
东部地区	0.852	10.6	0.871	11.1	0.896	11.9	0.892	12.5	0.911	13.9	0.928	15.1
西部地区	0.851	13.3	0.869	14.4	0.879	15.0	0.875	14.8	0.881	15.4	0.889	15.8
中部地区	0.821	14.8	0.849	15.7	0.854	16.5	0.857	16.5	0.870	17.0	0.888	18.5
东北部地区	0.644	23.3	0.705	23.8	0.717	25.0	0.735	25.8	0.787	28.5	0.800	29.0

注：E 代表环境效率，R 代表排名

这种区域间发电部门综合表现的差异，首先是与地区的经济发展水平紧密相关的。东部地区是最早进行改革开放的地区，经济水平一直全国领先。中部地区和西部地区经济较为落后，但国家的中部崛起和西部大开发政策有效地促进了中部地区和西部地区的经济发展，发达程度逐步趋近。东北部地区作为老工业基地，经济发展高度依赖石油、煤炭行业，而近年来传统重工业出现了严重的产能过剩，这些支柱型产业均为耗电大户，经济下行趋势导致用电需求整体变缓，引致发电部门低效率。经济发达地区在设备更新和新技术的使用方面较有优势，生产和二氧化碳减排技术创新是节能减排比较有潜力的实现方式[234]，且第三产业占比较大，经济增速的变化对发电部门的影响较小。例如，2013 年中国已经安装的 24 台最新技术的 1000 兆瓦超超临界火电机组，其中有 22 台分布在东部的浙江、山东、江苏、广东、天津等东部省（自治区、直辖市），而装机容量超过 600 兆瓦的火电机组，东部地区有 139 个，西部地区有 49 个，中部地区有 42 个，而东北部地区只有 14 个。所以这也是浙江和江苏等东部省（自治区、直辖市）近年来效率有所提高的原因。

其次，发电部门环境效率与电源结构相关。水电、风电等清洁能源不会形成碳排放、产生非理想产出，因而清洁能源占比较高的地区，通常环境效率较高[8, 87,235]。西部地区经济发达程度接近甚至低于中部地区，但整体效率却略高于中部地区，正是得益于其较为优化的电源结构。西部地区部分省（自治区、直辖市）由于特殊的地理地貌和气候状况，水资源、风力资源丰富，火电占比较低。以青海为例，青海的电力结构七成以上为水电，火电占比仅在 20% 左右，这在以煤为主要能源的中国是十分少见的。因此，青海的发电表现一直名列各省（自治区、直辖市）前茅，且多次排名第一。西部地区水电资源丰富，在装机容量超过 1000 兆瓦的水电厂中，西部地区有 31 家，东部地区和中部地区分别有 9 家和 10

家，而东北部地区只有 2 家。而目前风电发展最好的七个省（自治区、直辖市）中内蒙古、甘肃、新疆、宁夏均为西部地区省（自治区）。类似的情况分别在东部地区同样出现。例如，江苏"十一五"期间对可再生能源发电和推动"绿色电力"产业化的支持，自 2007 年开始火电占比不断下降，因此效率值 2008 年之后发电部门的综合表现有了较大提升，稳居全国排名第一。

最后，电力供需形势也是影响发电部门环境效率的重要因素。发电量过剩的省（自治区、直辖市）尤其是在弃风率较高的年份，普遍效率偏低，反之亦然[8]。图 4-6 中给出了弃风率较高的省（自治区、直辖市）的排名变化，可以看到，几乎所有弃风率较高的省（自治区、直辖市）的排名整体上呈下降趋势，大部分弃风率较高的省（自治区、直辖市）排名下降显著。从效率值的变动也可以看出，上述省（自治区、直辖市）的环境效率平均值均低于全国平均水平，且每年只有个别省（自治区、直辖市）的环境效率平均值高于全国平均水平，近几年更是全部位于平均水平以下。大部分的下滑是从 2008 年开始的，由于经济危机的爆发，我国为拉动需求推行了一揽子计划，刺激了大部分地区的电力投资，尤其是风电投资，弃风率较高的省（自治区、直辖市）如甘肃、辽宁、新疆的效率变化也更加明显。工业用电量下降而装机规模逐年加大，出现了较为严重的供大于求的局面，电力消纳及系统调峰困难，电力资源浪费现象严重。在竞争逐渐加剧的发电部门，电力过剩的情况下，就只能恶性降价卖给高耗能的大型企业，或者外送其他省（自治区、直辖市），而需要电力输入的省（自治区、直辖市）有限，这就使得发电部门在竞争中处于劣势地位，效率排名也会有所下降。风电的供热和调峰能力弱，在风力资源丰富的冬季，风电消纳更为困难，富余风电面临严重的弃风现象。这种供需形势变化引起的环境效率变动不仅在省级水平上有所体现，在全国范围内也是同样的情况。

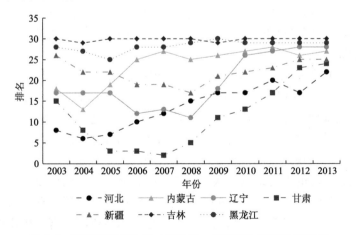

图 4-6　弃风率较高的省（自治区、直辖市）环境效率排名

4.2.4　博弈交叉效率差异的影响因素分析

为了避免不可观测的异质性，消除使用其他回归方法，如最小二乘法和固定效应模型带来的变量偏差和方法误差[236]，我们在研究中引入了系统广义矩估计模型。Arellano 和 Bond[237]在 1991 年首次提出了差分广义矩估计（difference generalized method of moments，DGMM）方法，该方法首次将过去价值水平作为工具变量和一阶差分结合。之后，系统广义矩估计方法在此基础上被 Arellano 和 Bover[238]及 Blundell 和 Bond[239]提出来。相比于差分广义矩估计，系统广义矩估计允许引入更多的工具变量，这显著地提高了估计的有效性[117]。同时，系统广义矩估计模型还能解决变量间的内生性，确保回归结果的可靠性。另外，由博弈交叉模型计算得到的环境效率值可能并非严格外生的，因此，系统广义矩估计模型更适合用在第二阶段的回归分析中。具体回归模型如式（4-18）、式（4-19）所示：

$$E_{i,t} = \alpha + \beta_0 E_{i,t-1} + \beta X_{i,t} + \mu_{i,t} \qquad (4\text{-}18)$$

$$\mu_{i,t} = \nu_i + \varepsilon_{i,t} \qquad (4\text{-}19)$$

其中，$E_{i,t}$ 表示 t 时期第 i 个决策单元的效率值；$E_{i,t-1}$ 表示效率值的一阶滞后变量，因变量的滞后变量作为解释变量可以排除历史因素的影响，使得到的结果只反映当期的影响；β 表示不同解释变量的系数；$\mu_{i,t}$ 表示误差项，个体（区域）影响包含在误差项 $\mu_{i,t}$ 中，其包括不可观测的特定区域影响 ν_i 和可观测的特定影响 $\varepsilon_{i,t}$。系统广义矩估计模型需要进行相应的检验。首先，需要通过 Arellano-Bond（AR）检验来检验残差序列是否具有自相关性，该检验的零假设是残差序列不存在自相关性。其次，系统广义矩估计模型对于一阶自相关性是不敏感的，只要满足 n 阶滞后不存在自相关性即可通过检验，这通常取决于二阶或三阶自相关性是否可通过检验。另外，工具变量的有效性验证可以直接通过 Sargan 检验[240]或者 Hansen 检验[241]进行。然而，Sargan 检验的统计量仅适合于所有的干扰项在小样本中都被假设为同方差，因此 Hansen 检验更适合进行工具变量有效性的检验[236]。最后，Wald 检验被用来检验变量的联合显著性。

前文已经对各地区发电部门整体表现和效率变化的原因做了简要的分析，但分析还是主观认识，缺乏有力的数据支撑。深入识别影响发电部门效率的主要因素及其作用机理，对于理解各省发电部门环境表现的差异、有针对性地提高发电部门的环境效率十分必要，因而我们进行进一步分析。

第一阶段的分析表明，经济发展水平、电力结构、电源结构、电力供需形势也可能会影响发电部门的总体表现。除此之外，发电部门的整体表现还可能在不同程度上受到发电企业规模大小和产业结构等因素的影响。所以我们引入一些相关变量来减少其他指标对于效率的影响，具体的解释变量介绍如下。

（1）发电结构：在发电部门中，不同的发电形式有很大的效率区别。从整体上看我国以火电为主，但各省（自治区、直辖市）的发电结构还是存在较大差异，发电结构也是电力效率研究广泛关注的一点[85, 231]。这里用火力发电量与总发电量的比值来反映各省的主要发电结构①。

（2）人均区域生产总值：Zhou 等[85]采用大中型工业企业研究与开发中的投资占区域生产总值中的比重来表示发电企业的创新能力。但是我们认为这不能精确反映发电部门的创新力，而地区的经济发展状况，可以通过研发节能减排新技术和更换先进发电设备等多方面从整体上影响发电部门的效率，因此，我们选择人均区域生产总值这一指标②。

（3）企业平均规模：很多基于电厂水平的研究采用装机容量规模作为效率的影响因素指标[97, 112]。在研究省际环境效率的影响因素中，Lin 和 Yang[231]采用工业集中度这一指标来衡量发电部门平均单个企业规模大小。平均企业规模越大，电力集中度越高。我们用发电部门总的固定资产投资与企业数量的比值来代表各省发电企业平均规模的大小③。

（4）装机容量利用系数：我们基于我国电力供需形势和电力设备建设发展情况，探究发电设备的利用程度对发电部门竞争力的影响，我们用装机容量年利用小时数和一年的总时数的比值来表示发电设备充分利用的程度。系数越大，则发电设备利用越充分。这一指标是以往研究没有考虑的④。

（5）产业结构：由于各地区第一产业、第二产业和第三产业具体的用电比例存在较大差异，而用电量多少会影响电力的消纳能力，预计会从供需关系上影响发电部门的整体表现，这也是以往研究没有考虑的指标。因为第二产业集中了较多用电量较大的企业，电力消耗较为集中，这里以第二产业增加值占比来代表产业结构⑤。

具体的定义和回归变量的符号表示见表4-8。

表 4-8　回归变量的定义

变量	变量符号	单位	定义
环境效率	E		博弈交叉模型计算结果
发电结构	GS		火力发电/总发电量
人均区域生产总值	PCRGDP	亿元	各省人均生产总值

---

① 资料来源：《电力工业统计资料汇编》。

② 资料来源：国家统计局网站。

③ 资料来源：中宏产业数据库。

④ 资料来源：《电力工业统计资料汇编》。

⑤ 资料来源：国家统计局网站。

变量	变量符号	单位	定义
企业平均规模	AFS	千元	固定资产总量/企业数
装机容量利用系数	CUR		装机容量年利用小时数/一年的总时数
产业结构	IS		第二产业增加值/三产总附加值

为了统一量纲进行分析，对以上解释变量进行归一化处理。对变量进行了共线性分析，从表 4-9 可以看出，自变量之间不存在明显的多重共线性，进而对式（4-20）进行回归：

$$E_{i,t} = \alpha + \beta_0 E_{i,t-1} + \beta_1 GS_{i,t} + \beta_2 PCRGDP_{i,t} \\ + \beta_3 AFS_{i,t} + \beta_4 CUR_{i,t} + \beta_5 IS_{i,t} + \mu_{i,t} \tag{4-20}$$

表 4-9　解释变量的相关系数矩阵

变量	GS	PCRGDP	AFS	CUR	IS
GS	1.0000				
PCRGDP	0.3119	1.0000			
AFS	0.1206	0.6056	1.0000		
CUR	0.4449	−0.1062	−0.0241	1.0000	
IS	0.1221	0.0183	0.0144	0.2603	1.0000

根据回归方程（4-20），我们估计了中国 30 个省（自治区、直辖市）2003～2013 年的发电部门环境效率。结果如表 4-10 所示，系统广义矩估计模型需要对差分方程和工具变量的有效性进行检验，表 4-10 中同样展示一系列检验的结果：Arellano-Bond 检验结果显示 AR（3）检验不拒绝原假设，误差项不存在显著的三阶自相关性，这满足系统广义矩估计模型的基本条件；Hansen 检验的结果表明接受工具变量没有过度识别的原假设，这说明工具变量是有效的，不存在过度识别的现象，且 Hansen 检验的结果具有鲁棒性，工具变量数为 9 个，小于分组数 30 个，不存在过多的工具变量数目对检验结果的削弱作用；Wald 检验的结果表明整个回归是有意义的。

不同省（自治区、直辖市）发电部门所处的外部环境不同，且不同的外部因素对其环境效率确实存在一定的影响。如表 4-10 所示，GS 的系数是负的，且在 1%的水平下显著，这表明效率值和发电结构具有显著的负相关关系。显而易见，发电行业的环境效率与其发电结构有很大关系，火电占比越高，则二氧化碳排放越多，环境效率也就随之降低。

表 4-10　动态面板估计结果与两阶段系统广义矩估计

因变量	E	
	系数	标准差
E 的滞后项	0.546***	0.133
GS	−0.307***	0.113
PCRGDP	0.161***	0.059
AFS	−0.012	0.043
CUR	0.306***	0.092
IS	0.003	0.111
常数项	0.474***	0.127
诊断性检验	统计值	P 值
AR（1）检验	−3.330	0.001
AR（2）检验	−2.210	0.027
AR（3）检验	1.630	0.103
Wald 检验	306.210	0.000
Hansen 检验	4.510	0.105
样本数/个	330	
分组数/个	30	
工具变量数/个	9	

***表示在 1%的水平上显著

　　PCRGDP 和 CUR 与 E 呈现显著的正相关关系。每当 PCRGDP 提高 1%，环境效率值就提升 0.161%，能源需求尤其是电力需求的变动趋势往往与人均区域生产总值变化趋势相一致，经济越发达意味着能源需求越大，就更加需要提高电力效率来满足日益增长的电力需求[242]。同时，经济发达的地区，对环境的要求也更高，有条件更换先进的发电设备，在节能减排方面更有优势，相对的环境效率也就更高；至于 CUR，显而易见，CUR 越高，意味着装机容量被有效利用的程度越大，闲置的机组较少，也从侧面反映出电力供给较为平衡，电网消纳能力较强，发电效率自然会提高。由表 4-10 可知，当 CUR 的值上升 1%时，效率值增加 0.306%。AFS 与 IS 在我们的计算结果中均不显著，也就是说企业平均规模和产业结构对于各省的电力部门的环境效率没有显著的正向或负向的影响。可能的原因如下：发电部门多为全国性大企业，局限于某个省（自治区、直辖市）的地方性发电企业较少，因此衡量各省（自治区、直辖市）的发电企业平均规模与实际可能存在较大的偏差，如果能找到相关数据计算分布在各省（自治区、直辖市）

的电厂或发电机组的平均规模数据可能会得到较为理想的结果。

GS、PCRGDP 和 CUR 均是在 1%的显著性水平下显著，系数大，系数的绝对值分别是 0.307、0.161 和 0.306，其中 GS 和 CUR 的系数较为相近，大于 PCRGDP 的系数，这说明发电结构和装机容量利用系数对发电部门环境效率的影响更大，而人均区域生产总值相比而言影响力小一些。这在一定程度上表明，电力供需不平衡对发电效率的影响作用堪比发电部门中火电的比重对效率的影响作用。供需关系会更大地影响发电部门的竞争关系，供大于需会使各省（自治区、直辖市）的电力部门在竞争中处于劣势地位，效率难以达到较高水平。另外，E 的滞后项系数是正的，且在 1%的水平下显著，这说明相邻两时期的环境效率值具有显著的正相关关系，发电部门的环境效率具有延续性，之前环境效率较高的省（自治区、直辖市）在后续的时间里也会保持相对较高的环境效率，这也与一般的认知相符合。

考虑了发电部门内部的竞争情况，本节采用博弈交叉测量中国发电部门从 2003~2013 年的环境效率。进一步地，系统广义矩估计方法被应用到效率的影响因素研究中。首先，由于电力需求由外部给定，博弈交叉效率模型适用于研究发电部门的环境效率。随着电力体制改革的持续推进，电力系统竞争加剧，对发电部门进行效率评估时，博弈交叉模型相比不考虑决策单元之间竞争的模型能得出更加客观的结果，具有很好的区分度。其次，实现各地区环境效率的同步提高是项长期的工作。2003~2011 年，综合效率平均值不超过 0.88，改进空间很大。且 2011~2013 年出现了低于平均水平的异常值，这说明个别省（自治区、直辖市）的总体表现较差，难以跟上发电部门环境效率改善的步伐，需要重点关注，加大监管和调控力度，改善环境表现。当然，从整体来看，随着环境效率的稳步提高，效率值差距有减小的趋势。

4.3　本章小结

发电行业相对粗放式的发展模式带来了能源、环境等一系列问题，火电行业大规模亏损对行业健康发展造成阻碍，除了制定相应的扶持政策外，发电行业自身内部的生产效率提高也是整体效益改善的关键。本章分别采用三阶段数据包络分析模型和博弈交叉模型研究包括清洁能源在内的发电行业整体效率。重点考虑了外生因素及碳排放对效率评价的影响，然后深入分析了不同省（自治区、直辖市）火电行业"上大压小"政策的实施效果；同时考虑了决策单元之间的竞争行为，外部经济环境变化及政策调整对效率的影响，最终针对如何缓解火电行业亏损现状这一问题提出了相关建议。

第5章 发电部门动态环境效率分析

用静态效率横向比较决策单元同一时期的生产经营情况，无法反映自身改进的努力，动态效率分析可以弥补这一缺陷。本章将采用基于 Malmquist 指数的动态效率模型测算各地区火电行业成本效率，运用面板数据分析煤炭价格变化的影响，研究政策改革效果，进而对各地区火电部门提出有区别的改进方案。

5.1 基于 Malmquist 指数的火电行业
动态环境成本效率研究

近年来，火电行业持续亏损。如何扭转火电企业亏损情况？是否真如各大发电集团所说，只有提高电价才能挽救中国火电低效的局面？抛开价格因素的影响，通过技术改进及规模调整来提高整体发电效率的空间有多大？这些问题关系支撑整个国家电力供应的火电系统今后的改革方向，是当前电力主管部门亟须解决的问题。本章将采用基于 Malmquist 指数研究火电行业的动态环境成本效率。

5.1.1 基于 ML 指数的动态环境成本效率

Malmquist 指数最早由 Färe 等[27]在 1989 年提出，根据其当时的假设，投入向量为（ $x_1, x_2, \cdots, x_N$ ），产出为（ $y_1, y_2, \cdots, y_M$ ），$L^t(y^t)$ 表示 t 时期对于 y^t 的投入可能集。对于决策单元 i 基于投入导向的距离函数定义为

$$D_i^t(y^t, x^t) = \sup_\theta \left\{ \theta : (x^t / \theta) \in L^t(y^t), \theta > 0 \right\} \qquad (5-1)$$

假定两个时期分别为 t 和 $t+1$，以 t 时期的生产前沿面为参照物，投入导向的 Malmquist 指数为 $\mathrm{IM}^t = \left[\dfrac{D_i^t(y^{t+1}, x^{t+1})}{D_i^t(y^t, x^t)} \right]$，$\mathrm{IM}^t$ 比较了 (y^{t+1}, x^{t+1}) 与 (y^t, x^t) 相对于 t 时期前沿面距离的变化情况。类似地，以 $t+1$ 时期的前沿面为参照物，Malmquist 指数为 $\mathrm{IM}^{t+1} = \left[\dfrac{D_i^{t+1}(y^{t+1}, x^{t+1})}{D_i^{t+1}(y^t, x^t)} \right]$。为避免单一参照的局限性，采用 IM^t 与 IM^{t+1} 的几何平均数 IM 来定义效率的动态变化。

$$\text{IM} = \left[\frac{D_i^t(y^{t+1}, x^{t+1})}{D_i^t(y^t, x^t)} \times \frac{D_i^{t+1}(y^{t+1}, x^{t+1})}{D_i^{t+1}(y^t, x^t)}\right]^{1/2} \qquad (5\text{-}2)$$

IM>1 说明 $t+1$ 时期的投入产出与前沿面的距离比 t 时期的要远,即从 t 到 $t+1$ 时期效率退步。在规模效率不变的假设条件下,IM 的定义可以形象地如图 5-1 表示。

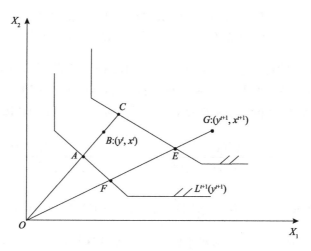

图 5-1　Malmquist 指数几何定义

若对于某决策单元,t 时期生产点为 G,$t+1$ 时期的生产点为 B,t 时期的生产前沿面为 C、E 所在的折线,$t+1$ 时期前沿面为 A、F 所在的折线。由于 $t+1$ 时期的前沿面更接近原点,$t+1$ 时期相比 t 时期发生了技术进步。如图 5-1 所示,$\text{IM}^t = (OB/OC)/(OG/OE)$,$\text{IM}^{t+1} = (OB/OA)/(OG/OF)$,$\text{IM} = (((OB/OC)/(OG/OE))((OB/OA)/(OG/OF)))^{1/2}$。

Chung 等[32]采用方向性距离函数代替 Shepherd 距离函数,提出了 ML 指数,使其可以将非理想产出纳入指标范围。设 t 时期非理想产出为 $b^t = (b_1^t, \cdots, b_j^t)$,方向向量为 $g = (y, -b)$,ML 指数形式如式(5-3)所示:

$$\text{ML} = \left(\frac{(1 + \vec{D}_0^t(x^t, y^t, b^t; y^t, -b^t))}{(1 + \vec{D}_0^t(x^{t+1}, y^{t+1}, b^{t+1}; y^{t+1}, -b^{t+1}))} \frac{(1 + \vec{D}_0^{t+1}(x^t, y^t, b^t; y^t, -b^t))}{(1 + \vec{D}_0^{t+1}(x^{t+1}, y^{t+1}, b^{t+1}; y^{t+1}, -b^{t+1}))}\right)^{1/2} \quad (5\text{-}3)$$

对于投入产出与参照前沿时期不同的情况,距离值主要通过修改式(4-2)中约束式右端项来计算。与前面的 IM 不同,ML 指数对距离值作了倒数变换,转化成相对效率值,即 ML>1 说明生产效率有所提升。

Malmquist 指数的另一个优点在于可以继续分解指标,以进一步考察技术效率相对于前沿面的变化及自身的移动情况，一般前者称为技术效率（technical efficiency，TE），后者称为技术进步（technology change，TC）。ML 指数的具体分解情况如式（5-4）所示：

$$ML = TE \times TC = \frac{1 + \vec{D}_0^t(y^t, x^t, b^t)}{1 + \vec{D}_0^{t+1}(y^{t+1}, x^{t+1}, b^{t+1})} \times$$
$$\left(\frac{1 + \vec{D}_0^{t+1}(y^{t+1}, x^{t+1}, b^{t})}{1 + \vec{D}_0^t(y^{t+1}, x^{t+1}, b^{t+1})} \frac{1 + \vec{D}_0^{t+1}(y^t, x^t, b^t)}{1 + \vec{D}_0^t(y^t, x^t, b^t)} \right)^{1/2} \quad （5\text{-}4）$$

参考 IM 指数的定义思想，Maniadakis 和 Thanassoulis[73]提出了成本 Malmquist（cost Malmquist）指数模型。cost Malmquist-Luenberger（CML）指数实际上是 ML 指数与 cost Malmquist 指数的结合，考虑了非理想产出，CML 指数定义为

$$CML_i = \left[\frac{w^t x^{t+1} / C^t(y^{t+1}, b^{t+1}, w^t)}{w^t x^t / C^t(y^t, b^t, w^t)} \times \frac{w^{t+1} x^{t+1} / C^{t+1}(y^{t+1}, b^{t+1}, w^{t+1})}{w^{t+1} x^t / C^{t+1}(y^t, b^t, w^{t+1})} \right]^{1/2} \quad （5\text{-}5）$$

其中，$w^t x^t = \sum_{n=1}^{N} w_n^t x_n^t$，$w_n^t$ 表示 t 时期第 n 个投入的价格；$C^t(y^t, b^t, w^t)$ 表示在给定 t 时期各投入价格及行业技术水平情况下，能够保证产出 (y^t, b^t) 的最低成本，$w^t x^t / C^t(y^t, b^t, w^t)$ 则反映了非有效决策单元成本可以减少的程度，值越大说明成本效率越低。CML_i 反映了 $t+1$ 时期与 t 时期相比实际成本相对前沿面距离的变动情况，低于 1 的 CML_i 值表示成本效率有所提高。对于 t 时期，$C^t(y^t, b^t, w^t)$ 的计算方法如式（5-6）所示：

$$C^t(y^t, b^t, w^t) = \min_{x, z} w_{kn}^t x_n$$
$$\text{s.t.} \quad \sum_{i=1}^{K} z_i y_{im}^t \geqslant y_{km}^t$$
$$\sum_{i=1}^{K} z_i x_{in}^t \leqslant x_n \quad （5\text{-}6）$$
$$\sum_{i=1}^{K} z_i b_{ij}^t \leqslant b_{kj}^t$$
$$z_i \geqslant 0, \quad x_n \geqslant 0$$

对于 w 与 y、b 不同时期的情况，修改式（5-6）约束的右端项即可。CML 指数同样也可以分解为若干指标，以探求效率变化更深层次的原因。一阶分解指标如式（5-7）所示：

$$CML_i = OEC \times CTC$$

$$= \frac{w^{t+1}x^{t+1} / C^{t+1}(y^{t+1},b^{t+1},w^{t+1})}{w^t x^t / C^t(y^t,b^t,w^t)} \times \left[\frac{\dfrac{w^t x^{t+1} / C^t(y^{t+1},b^{t+1},w^t)}{w^{t+1}x^{t+1} / C^{t+1}(y^{t+1},b^{t+1},w^{t+1})} \times}{\dfrac{w^t x^t / C^t(y^t,b^t,w^t)}{w^{t+1}x^t / C^{t+1}(y^t,b^t,w^{t+1})}} \right]^{1/2} \quad (5\text{-}7)$$

方括号左端的除式表示总效率变化（overall efficiency change，OEC），反映了决策单元实际成本对成本前沿面的"追赶效应"，方括号里的公式表示成本技术变化（cost technical change，CTC），反映了成本前沿面的移动情况。为获取更深层的信息，一阶分解指标可以进一步分解如式（5-8）、式（5-9）所示：

$$OEC = TEC \times AEC = \frac{D_i^{t+1}(y^{t+1},x^{t+1},b^{t+1})}{D_i^t(y^t,x^t,b^t)}$$
$$\times \frac{w^{t+1}x^{t+1} / \left(C^{t+1}(y^{t+1},b^{t+1},w^{t+1})D_i^{t+1}(y^{t+1},x^{t+1},b^{t+1}) \right)}{w^t x^t / \left(C^t(y^t,b^t,w^t)D_i^t(y^t,x^t,b^t) \right)} \quad (5\text{-}8)$$

$$CTC = TCH \times PE = \left[\frac{D_i^t(y^{t+1},x^{t+1},b^{t+1})}{D_i^{t+1}(y^{t+1},x^{t+1},b^{t+1})} \frac{D_i^t(y^t,x^t,b^t)}{D_i^{t+1}(y^t,x^t,b^t)} \right]^{1/2}$$
$$\times \left[\frac{w^t x^{t+1} / \left(C^t(y^{t+1},b^{t+1},w^t)D_i^t(y^{t+1},x^{t+1},b^{t+1}) \right)}{w^{t+1}x^{t+1} / \left(C^{t+1}(y^{t+1},b^{t+1},w^{t+1})D_i^{t+1}(y^{t+1},x^{t+1},b^{t+1}) \right)} \right. \quad (5\text{-}9)$$
$$\left. \times \frac{w^t x^t / \left(C^t(y^t,x^t,w^t)D_i^t(y^t,x^t,b^t) \right)}{w^{t+1}x^t / \left(C^{t+1}(y^t,x^t,w^{t+1})D_i^{t+1}(y^t,x^t,b^t) \right)} \right]^{1/2}$$

其中，AEC 表示配置效率变化（allocative efficiency change），反映了在最优投入组合下由价格因素导致的"追赶效应"；PE 表示价格效应（price effect），反映由价格因素导致的成本前沿面移动情况。可以发现，CML 与 ML 的关系可以写为

$$CML = OEC \times CTC = TEC \times AEC \times TCH \times PE = ML \times AEC \times PE \quad (5\text{-}10)$$

5.1.2　指标选择与数据收集

选取 2000～2009 年我国 30 个省级行政区域作为决策单元，指标选择与第 4 章相似，投入有从业人数、装机容量、能源消费量及厂用电量四个指标，考虑到省（自治区、直辖市）间的电力调配对当地经济的支持情况，产出除了发电量、碳排放量之外还增加了"火电支持 GDP"这一新指标，具体计算公式为火电支持 GDP=当地实际 GDP×（火力发电量/上网电量）。需要指出的是，本书的指标统

计口径均为火电行业而非发电行业总体。

CML 可以分解为 ML、AEC 与 PE 三个分解指标，而最后一个指标 PE 恰好可以反映成本效率变化中外部价格影响的部分，因此我们研究第二阶段的回归过程，以 PE 为因变量，自变量为四种投入价格相邻年份的比值。价格信息的详细获取情况如表 5-1 所示。

表 5-1　价格数据来源

价格指标	单位	数据来源	数据处理说明
标准煤价格	元/吨	秦皇岛煤炭网	2003～2009 年标准煤价格根据燃烧值折算系数，等于"大同优混"价格 × 7/6，2003 年以前根据相应价格系数折算，所有省（自治区、直辖市）均采用全国平均值
人均劳动报酬	元/人	《中国劳动统计年鉴》（2001～2010 年）	
火电装机造价	元/千瓦	《电力工程典型项目造价情况通报》	各省（自治区、直辖市）均采用相同的年平均概算价格，部分年份数据采用平均估算价格
上网电价	元/千瓦时	《中国物价年鉴》（2001～2009 年）	由工业电价代替，2000～2008 年数据通过加权平均计算获得，2009 年数据根据 2008 年数据估算获得，各省（自治区、直辖市）均采用全国年平均电价

5.1.3　动态环境成本效率的差异分析

1. 静态效率分析

静态效率也采用 eff=1/（1+D）的方式处理。基于规模收益不变的假设，各省（自治区、直辖市）平均静态效率值及排名情况如表 5-2 所示。

表 5-2　各省（自治区、直辖市）年均静态效率及排名情况

省（自治区、直辖市）	静态效率	排名	省（自治区、直辖市）	静态效率	排名
安徽	0.957	13	江西	0.915	20
北京	1.000	1	辽宁	0.951	15
福建	0.973	10	内蒙古	0.932	17
甘肃	0.963	12	宁夏	0.994	3
广东	0.965	11	青海	0.926	19

续表

省（自治区、直辖市）	静态效率	排名	省（自治区、直辖市）	静态效率	排名
广西	0.885	26	山东	0.928	18
贵州	0.983	5	山西	0.953	14
海南	0.977	7	陕西	0.904	21
河北	0.975	8	上海	1.000	1
河南	0.893	25	四川	0.811	30
黑龙江	0.861	28	天津	0.992	4
湖北	0.903	22	新疆	0.858	29
湖南	0.899	23	云南	0.894	24
吉林	0.944	16	浙江	0.974	9
江苏	0.980	6	重庆	0.862	27
平均			0.935		

　　由表 5-2 可以看出，在研究期间内很少有省（自治区、直辖市）能够保持技术效率有效，只有北京和上海一直处在生产前沿面上。其他静态效率较高的省（自治区、直辖市）有宁夏、天津、贵州、江苏等，效率值均大于 0.98。对于清洁能源发展较好的西部地区省（自治区、直辖市），其火电的静态效率并不高，湖北、四川、广西这三个省（自治区）的静态效率只有 0.903、0.811 和 0.885，不及全国的平均水平。宁夏的火电的静态效率为 0.994，这说明地区的经济水平并不是火电效率低的主要原因，可能的原因是湖北等省（自治区、直辖市）在丰水季大力发展水电，造成了火电产能利用率降低，导致了火电行业效率不高，如何优化资源配置将是这些省（自治区、直辖市）需要重点考虑的问题。

　　总体看来，我国经济发达或火电为主地区更容易获得较高的静态效率。然而对于山西、内蒙古等典型火电省（自治区、直辖市），它们的效率并不高，平均只有 0.953 和 0.932。与其他未考虑环境影响的研究结果对比可以发现，碳排放指标的纳入对这些高排放地区效率评价有显著影响。另外，出乎意料的是，对于黑龙江、广东及其他油气资源丰富地区，它们的效率也并未明显高于平均水平，说明由于成本较高，油气的高燃烧效率及低污染的优势并未转化为效率优势。

2. 动态效率分析

　　动态效率可以反映一个地区提高效率、降低生产成本的努力情况，并且可以抵消一部分省（自治区、直辖市）固有特点的影响。研究期间各省（自治区、直辖市）动态效率及分解指标如表 5-3 所示。需要说明的是，由于 Malmqusit 指数的计算结果会存在一些异常值，我们创新性地通过加入"理想单元"的方法解决此问题。

表 5-3　各省（自治区、直辖市）动态效率及分解指标比较

省（自治区、直辖市）	OEC	CTC	AEC	PE	ML	CML
安徽	1.011	1.006	1.006	1.005	1.005	1.018
北京	1.000	1.034	1.000	1.005	1.028	1.034
福建	1.028	1.007	1.023	1.001	1.010	1.039
甘肃	0.999	1.002	1.000	1.004	0.995	1.002
广东	1.001	1.006	1.003	1.001	1.002	1.007
广西	1.022	1.008	1.009	0.999	1.025	1.030
贵州	1.003	1.002	1.002	0.995	1.006	1.005
海南	0.976	1.065	0.986	1.053	1.009	1.030
河北	0.989	1.007	0.996	1.005	0.995	0.996
河南	0.997	1.006	0.991	0.996	1.017	1.003
黑龙江	1.014	1.005	1.014	1.001	1.003	1.018
湖北	1.022	1.005	1.024	0.996	1.010	1.027
湖南	1.018	1.018	1.007	1.037	1.004	1.026
吉林	1.006	1.006	1.004	1.011	0.996	1.010
江苏	1.003	1.004	1.003	0.983	1.021	1.007
江西	1.015	1.009	1.013	0.997	1.014	1.023
辽宁	1.022	1.011	1.014	1.021	1.002	1.019
内蒙古	0.993	1.002	0.990	0.992	1.014	0.995
宁夏回族	0.990	1.003	0.995	1.006	0.992	0.993
青海	1.074	1.006	1.028	1.014	1.031	1.081
山东	1.000	1.003	1.002	0.992	1.008	1.000
山西	1.002	1.000	0.996	0.998	1.007	1.002
陕西	1.006	1.006	0.997	0.996	1.019	1.012
上海	1.000	1.020	1.000	1.019	1.004	1.021
四川	1.038	1.009	1.027	0.998	1.019	1.050
天津	1.012	1.005	1.013	1.004	0.998	1.017

续表

省（自治区、直辖市）	OEC	CTC	AEC	PE	ML	CML
新疆	1.012	1.010	0.984	1.009	1.030	1.019
云南	1.031	1.008	1.011	1.000	1.026	1.039
浙江	0.995	1.001	0.991	0.988	1.017	0.996
重庆	1.011	1.010	1.007	1.004	1.011	1.021

从表 5-3 可以看出，大部分省（自治区、直辖市）的 CML 值大于 1，说明多数地区火电成本效率有所提高。与静态效率相比，一些发达地区的动态效率排名并不理想，江苏、浙江等地区的效率排名明显靠后。清洁能源省（自治区、直辖市）的动态效率较高，广西平均为 1.030，湖北平均为 1.027，青海位居榜首，平均值高达 1.081。大部分静态效率研究得出西部地区省（自治区、直辖市）火电效率较低，但从动态效率结果可以发现，研究期间这些西部地区的省（自治区、直辖市）在发展清洁能源的同时开始注重火电行业成本效率的改进，并且已经取得了一定成效。

通过对各分解指标的比较可以发现，所有的 CTC 均不小于 1，说明尽管过去 10 年里煤炭等投入要素的价格不断变化，但中国火电行业的成本技术前沿面总体反而有所降低。AEC 的计算结果表明，青海、四川等清洁能源省（自治区、直辖市）由于外部价格因素带来的成本效率"追赶效应"更加明显。与 AEC 相比，更能体现外部性的 PE 指标在各省（自治区、直辖市）的差异较大，说明价格因素造成的前沿面移动对不同省（自治区、直辖市）效率影响存在很大差异。综合 ML 与 CML 指标结果来看，内蒙古、浙江的技术效率是不断进步的，制约其成本效率的因素主要是投入要素的价格影响，相比之下河北则更需要从自身的技术效率方面寻求改进。

图 5-2 展示了研究期间所有省（自治区、直辖市）平均 CML 指数及其分解指标的变化情况。从总体来看，AEC 围绕 1 上下波动，随时间变化不大，而同样反映价格因素影响的 PE 波动明显。从前三个数据点的结果来看，大部分指标都大于 1，说明这段时间全国的平均成本效率处于良性增长状态。2002 年，为了在发电行业引入竞争机制，我国实行了"厂网分离，竞价上网"政策，然而之后却出现了动态效率下滑的现象，而且 CML 下降主要是由 PE 引起的，ML 变动甚小。可见，2002 年的电力体制改革虽然在短期内抑制了部分落后火电企业的发展，但由此带来的价格压力对整体火电行业动态效率造成了积极影响。2002～2004 年的 CML 总体仍维持在 1 以上，即行业整体的成本效率提高。煤炭价格逐渐市场化，从 2004 年开始快速上涨，自此 CML 与其分解指标开始围绕 1 上

下波动。在煤炭价格突增的 2004~2005 年和 2007~2008 年，相应的效率值出现波谷。在 2005~2006 年与 2008~2009 年效率值有所回升，但回升幅度不大，仅维持在 1 左右，说明煤电价格联动机制虽然在一定程度上缓解了企业的成本压力，但对行业成本效率没有明显的促进作用。

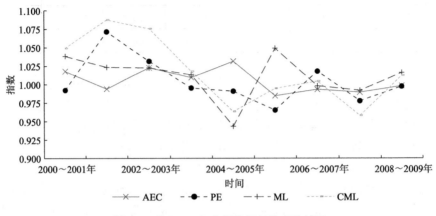

图 5-2　总 CML 与分解指标年份变化情况

上述研究缺少对具体地区的分析，中国的火力发电主要集中在山西、内蒙古等省（自治区），有必要考察外部的经济环境及内部因素如能耗结构对这些省（自治区、直辖市）火电效率的影响。选择 8 个典型火电大省作为研究对象，CML 的变化情况如图 5-3 所示。典型电力输入省如浙江、江苏的 CML 在研究期间内变动频繁，在 2003~2004 年和 2007~2008 年电力供应紧缺年份显示出较低的动态效

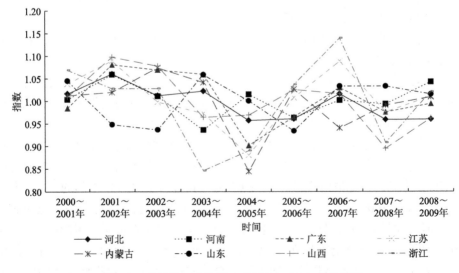

图 5-3　典型省（自治区、直辖市）CML 变动情况

率，而可以基本实现电力自给的省如河南、山东的动态效率围绕 1 波动，变化较少，可见电力输入省的火电效率受政策及外部电力供应形势的影响更大。进一步研究发现，内蒙古、江苏、浙江等省（自治区）在 2003～2004 年、2004～2005 年及 2007～2008 年均呈现出较低的动态效率，这些地区的共同特点是火电燃料基本上全部依赖煤炭，因此燃料价格上涨对这些地区的影响相对较大。相对而言，广东、山东等省的火电相当一部分以油气为主要燃料，这样的混合能耗结构使得其在煤价上涨年份火电成本效率受影响较小。

将所有省（自治区、直辖市）按照燃料结构的差异分为单一能耗结构省（自治区、直辖市）或混合能耗结构省（自治区、直辖市），两类能耗结构的省（自治区、直辖市）平均动态效率如图 5-4 所示。由于各省（自治区、直辖市）煤炭均为主要燃料，两类省（自治区、直辖市）的效率变化存在相似趋势，但还是可以发现，混合能耗结构的省（自治区、直辖市）更易获得较高的动态效率，说明油气的利用效率近年来正稳步提升。面对煤炭价格不断攀升的态势，混合能耗结构对整体成本效率的影响可以起到一定的缓冲作用，因此大部分煤价上涨年份其效率值相对较高。总的来看，在资源允许的条件下，我国火电行业应尽量采用混合的能耗结构。

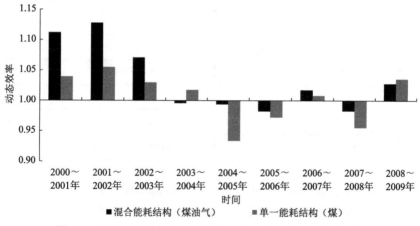

图 5-4 不同能耗结构省（自治区、直辖市）的动态效率对比

5.1.4 外生因素对环境成本效率的影响分析

通过上述分析可以发现，各地区的动态效率 CML 及其分解指标在研究期间内变化显著，其中投入价格是重要影响因素之一。下面将采用面板数据回归来具体分析各投入价格对成本效率的影响。与 AEC 相比，PE 更多反映外生价格因素的影响，而且其各省（自治区、直辖市）及各时期间的区分度也相对较高。由于 PE 为年份间的比率指标，因此自变量也应当为投入价格相应年份的比值[243]。

基于面板数据回归，Hoff[244]的研究发现，同样可以采用最小二乘法进行类似问题分析。本节采用普通最小二乘法（ordinary least squares，OLS），首先利用单位根检验考察自变量及因变量数据的平稳性，然后通过 F 检验得出，相对变截距模型及变系数模型，采用混合模型来做此问题的回归分析更加适合，因此选择 PE 作回归分析。需要说明的是，我们研究的对象为一个总体，而非总体之中的样本，因此无须进行 Hausman 检验，可直接选用固定效应模型，设定因变量为 PE，采用面板广义最小二乘估计法进行回归，回归的结果如表 5-4 所示。

表 5-4　面板数据回归结果

指标类型	指标名称	参数	标准差	t 检验值	概率
自变量	劳动力价格比	0.012	0.020	0.599	0.549
	标准煤价格比	−0.028	0.007	−3.662	0.000
	装机价格比	−0.344	0.039	−8.781	0.000
	电价格比	−0.433	0.096	−4.503	0.000
常量		1.803	0.092	19.53	
加权统计	R^2	0.996	因变量均值		2.069
	修正 R	0.995	因变量标准差		0.887
	回归标准误	0.056	残差平方和		0.848
	Durbin–Watson 检验	2.191			
普通统计（未加权）	R^2	0.161	因变量均值		1.004
	残差平方和	0.922	Durbin–Watson 检验		2.517

可以看出，面板数据回归中存在的异方差使得加权最小二乘法优于普通最小二乘法。劳动力价格比的变动对 PE 的影响不显著，而标准煤价格比、装机价格比和电价格比显著影响 PE，且均为负向影响，分别为−0.028、−0.344 和−0.433。其中电价格比的系数说明，目前不计入火电企业厂用电的成本在一定程度上会有利于成本效率的提高。出乎意料的是，相比装机价格比和电价格比，标准煤价格比对应的系数最低，说明煤炭价格的变化对 PE 的影响并没有预期的大，然而前文中研究结果表明，总体动态效率 CML 与煤炭价格确实存在一定关系，因此可以得出结论，即上涨的煤炭价格会间接影响 ML 指数，进而影响火电企业运营的积极性，这种抑制作用大于鼓励企业提高效率的刺激作用，甚至可能会造成大量资源的闲置，进而导致技术效率降低。

综合以上分析可以看出，动态效率与静态效率结果互为补充，并带来如下启示。从燃料结构来说，对于清洁能源占比较高的省（自治区、直辖市），尽管其火力发电水平相对较低，但在研究期间已经注重火电效率的提升，并取得良好效果，应当继续保持。对于火电主导的省（自治区、直辖市），采用混合能耗结构的发电效率更能抵御外部煤炭价格带来的冲击，因此适当地优化资源配置，提高石油及天然气的利用效率尤为必要。另外，未来电力改革的重心应适当地向激励行业内部效率提升转移。"厂网分离""竞价上网"政策的实施虽然旨在引入竞争来提高发电行业生产效率，但无论是技术效率还是成本效率均出现下滑，电力体制改革有待跟进。煤电价格联动机制虽然在一定程度上缓解了火电企业成本压力，但无法保证其及时跟进。相比之下，过去的电力改革更多偏重电力行业自身外部环境的调整，未来的政策调整应适当考虑对提升自身效率的激励措施。火电行业应当将更多精力投入自身技术效率的提升上，而不是一味地抱怨增长缓慢的电价。稍显意外的是，煤炭价格上涨对 PE 的影响甚微，反而对技术效率影响较大。从目前情况来看，火电行业尚未形成针对煤炭价格突然上涨的解决措施，几乎每次煤价上涨都会带来成本效率的降低。鼓励混合的火电能耗结构、淘汰落后的火电装机、新增高效率的大容量机组等都是行之有效的改进措施。

5.2　动态环境效率与能源效率差异分析

5.2.1　能源效率与环境效率的异同

随着社会经济的快速发展，中国的能源消耗和二氧化碳排放快速增长，中国已成为世界上最大的能耗和碳排放经济体[245, 246]，这给中国造成了巨大的环境压力。从工业行业的角度来看，火力发电部门不仅是化石燃料的主要消费者，还是二氧化碳排放的主体。具体地，2012 年发电部门占据中国总体能耗的 43.79%，占碳排放的比例更是高达 50.19%，尽管近年来随着清洁能源的发展，其占碳排放的比例有所降低，但直到 2018 年，发电部门占据碳排放的比例一直高于48%[246, 247]。要实现中国的节能减排目标，火电部门举足轻重。理论分析和实证研究均说明，提升该部门的能源效率和环境效率是实现其节能减排的最有效途径之一[248]。要实现其效率提升，首先需要了解当前该部门的实际运行及效率变动情况。

为了实现可持续发展，我国一直致力于电源结构的优化，特别是减少煤电比例，旨在提升电力部门的能源效率和排放效率。在此过程中，电源结构调整是一项重要举措，但清洁能源比例的提高尽管可以减少污染物和非理想产出，但由于发电时长短，占用资源多，能否实现能源效率和环境效率的同步提高尚存疑问。2005 年后，政府实施了一系列提升电力行业能源效率和环境效率的政策，如 2007 年付诸实施的"上大压小"政策。还有一些政策旨在保持能源效率不变的情况下实现减排任务。比如，于 2011 年在大城市进行试点的"煤改气"项目。这些政策或项目的实施为实现能源和排放控制目标，促进可持续发展提供了良好契机和有力支撑。就能源节约和排放缩减二者而言，能否同时实现其控制目标有待进一步探讨，能源效率和碳排放效率是否同步变化也需要具体的分析。考虑发电厂商利润最大化的目标，二者可能大相径庭。在能源利用上，若能够实现节约，其成本会下降，所以厂商在节能方面具有自发的积极性。相对地，在碳市场尚未建立健全的情况下，碳减排并不能够实现直接利润提升，因而在这方面积极性不高。不同能源类型的碳排放因子各异也可能造成二者的不同。此外，在 2002~2010 年，部分地区电力严重短缺的现象在我国时有发生，这种短缺促使发电厂商大力扩大生产。而在实现电力稳定供应的同时，对于碳减排政策实施过程及结果的监督却相对松懈。在这种情况下，研究电力短缺对于节能和减排的不同影响也是相当必要且可行的[42]。

数据包络分析方法适用于能源效率和碳排放效率的研究，但是正如很多研究中指出的那样，原始数据包络分析的结果属于确定性估计，这种分析结果依赖于生产前沿的估计，考虑到方法本身通过一系列观测点集合来构建生产可能集，这种估计也会受样本选择的影响[249, 250]。在样本数量有限的情况下，效率值的估计对样本变异表现得很敏感。为了克服数据包络分析在统计意义上的缺陷[37]，采用自助法来模拟样本生成的过程，并在此基础上获得一系列模拟的效率估计，然后基于原始估计和模拟效率集合来分析效率的变化来源之所在[251]。这一创举克服了数据包络分析在统计上的缺陷，进而提高了估计的客观性。

现存文献大多采用径向模型，聚焦于非参数的方向性距离函数统计分析的研究少之又少。在能源和环境领域，与传统的数据包络分析相比，方向性距离函数在灵活性和适用性方面具有明显的优势。因此，进行方向性距离函数估计量的统计分析是非常必要的，这对于测度评估结果对数据的敏感性、提升所提策略建议的可信度具有重要意义。考虑到方向性距离函数估计量对数据的敏感性，结合自助法与方向性距离函数补充分析和修正可以减少因依据不足而误导政策制定的可能，因为这样的分析可以判断原始效率估计是由样本选择引起的还是真实存在的。此外，方向性距离函数的相关自助分析是基于所有投入产出指标的强可处置性假设而提出的[46]，但是二氧化碳排放是无法自由配置的，也就是说，实现这种非期望产出的减少，必定带来相应的产出损失或投入扩张。

为了同时实现数据灵敏度分析和非期望产出的纳入,本节在自助法的启发下,将基于方向性距离函数的自助分析扩展到含有非期望产出的情形中,并将其应用于电力系统的效率分析中,充分考虑碳排放指标与传统产出指标在模型设定方面的差异性,这也是本书的理论贡献之一。同时,本节将在构建能源效率和碳排放效率及能源生产率指数和碳排放生产率指数的基础上,结合相应的自助法设计,分析我国 30 个省级行政区域发电部门的能源效率和碳排放效率及其变化趋势,探讨能源效率和碳排放效率变动的原因,并为相应的效率提升以至节能减排提供策略建议。考虑到科学评估环境效率的重要性和方向性距离函数本身在处理非期望产出方面的适用性,本节研究是兼具理论和实践意义的[71]。

5.2.2　基于自助法的环境效率方法

本节将在构建能源效率和碳排放效率测度模型的基础上,进行模型重构,进而借助自助法对相应的效率及生产率指数进行统计分析。

1. 能源效率和碳排放效率的测度

假设电力生产过程的投入产出指标如下:投入包括资本(K)、劳动(L)、燃料(F)和厂用电(AE),期望产出为发电量(electricity, E),非期望产出为二氧化碳排放(CO_2 emissions, C)①。那么相应的生产可能集 Ψ 可以表示为

$$\Psi = \left\{ (K,L,F,AE,E,C) \big| (K,L,F,AE) \text{产出} (E,C) \right\} \qquad (5\text{-}11)$$

与 Shephard 等[252]和 Färe 等[253]的研究类似,此处假设生产可能集 Ψ 是闭合的凸集。为了合理刻画带有非期望产出的生产过程,假设非期望产出满足弱可处置性并与期望产出具有弱可处置性的特点,也就是说,如果 $(K,L,F,AE,E,C) \in \Psi$ 且 $0 < \theta \leqslant 1$,那么 $(K,L,F,AE,\theta E,\theta C) \in \Psi$;如果 $(K,L,F,AE,E,C) \in \Psi$ 且 $C = 0$,那么 $E = 0$。基于如上假设,在数据包络分析框架下构建相应的生产可能集 Ψ。假设有 n 个地区,$i = 1,2,\cdots,n$,相应的投入产出向量为 $(K_i,L_i,F_i,AE_i,E_i,C_i)$,$\Psi$ 在规模收益可变条件下的估计量为 $\hat{\Psi}_{VRS}(X_n)$,用此估计量代替 Chambers 等[254]提出的模型中的 Ψ,便可得到相应的数据包络分析估计值:

①　厂用电作为投入是因为电力生产过程本身也消耗电量。期望产出发电量是总发电量与厂用电量的差值,碳排放仅仅考虑煤炭、石油和天然气这三种主要化石能源的排放量。

$$\hat{\delta}_{\mathrm{VRS}}\left(K,L,F,\mathrm{AE},E,C\,\middle|\,\vec{g},X_n\right)=\max \delta$$

$$\mathrm{s.t.} \sum_{i=1}^{n} \lambda_i K_i \leqslant K - \delta g_K$$

$$\sum_{i=1}^{n} \lambda_i L_i \leqslant L - \delta g_L$$

$$\sum_{i=1}^{n} \lambda_i F_i \leqslant F - \delta g_F$$

$$\sum_{i=1}^{n} \lambda_i \mathrm{AE}_i \leqslant \mathrm{AE} - \delta g_{\mathrm{AE}} \qquad (5\text{-}12)$$

$$\sum_{i=1}^{n} \lambda_i E_i \geqslant E + \delta g_E$$

$$\sum_{i=1}^{n} \lambda_i C_i = C - \delta g_C$$

$$\sum_{i=1}^{n} \lambda_i = 1$$

$$\lambda_i \geqslant 0, i=1,2,\cdots,n$$

其中，X_n 表示样本观测量集合；λ_i 表示各个观测点在构建生产前沿面中的权重。沿着方向向量 $\vec{g}=(-g_K,-g_L,-g_F,-g_{\mathrm{AE}},g_E,-g_C)$ 延伸便可得到观测点 (K,L,F,AE,E,C) 在相应的效率前沿面的投影。

沿袭 Zhou 等[9]的思路，将能源绩效指数（energy performance index，EPI）定义为当前能源效率与潜在能源效率的比值。类似地，定义碳排放绩效指数（CO_2 emission performance index，CPI）为潜在排放效率与当前排放效率的比值，取相应值的倒数使得指数值小于等于 1。令 δ^* 表示式（5-12）的最优解，那么对应的能源绩效指数和碳排放绩效指数可以表示为

$$\mathrm{EPI} = \frac{E}{F} \middle/ \frac{E + \delta^* g_E}{F - \delta^* g_F} \qquad (5\text{-}13)$$

$$\mathrm{CPI} = \frac{C - \delta^* g_C}{E + \delta^* g_E} \middle/ \frac{C}{E} \qquad (5\text{-}14)$$

需要说明的是，如果以上公式中的方向向量等于 $(0,0,0,0,E,0)$，那么相应的能源绩效指数 EPI 与 Shepherd 的产出导向距离函数相同。因此，为了衡量能源及碳排放绩效的动态变化情况，借鉴 Malmquist 生产率指数的构建思路，我们定义

Malmquist 能源生产率指数（Malmquist energy productivity index，MEPI）和 Malmquist 碳排放生产率指数（Malmquist CO$_2$ productivity index，MCPI）如下。本节将以 Malmquist 能源生产率指数为例，介绍其构建形式，所具属性及其指数分解过程及意义。对于碳排放生产率指数，相应的性质可以通过形式变化直观呈现。

$$\text{MEPI}_t^{t+1} = \left[\frac{\text{EPI}^{t+1}(K^{t+1}, L^{t+1}, F^{t+1}, \text{AE}^{t+1}, E^{t+1}, C^{t+1})}{\text{EPI}^{t+1}(K^t, L^t, F^t, \text{AE}^t, E^t, C^t)} \times \frac{\text{EPI}^t(K^{t+1}, L^{t+1}, F^{t+1}, \text{AE}^{t+1}, E^{t+1}, C^{t+1})}{\text{EPI}^t(K^t, L^t, F^t, \text{AE}^t, E^t, C^t)} \right]^{1/2} \quad (5\text{-}15)$$

其中，t 表示研究的当前时期，连续两期的能源绩效指数 $\text{EPI}^{t+1}(K^{t+1}, L^{t+1}, F^{t+1}, \text{AE}^{t+1}, E^{t+1}, C^{t+1})$ 和 $\text{EPI}^t(K^t, L^t, F^t, \text{AE}^t, E^t, C^t)$ 可以通过式（5-3）获得。具体而言，为了得到 $\text{EPI}^{t+1}(K^t, L^t, F^t, \text{AE}^t, E^t, C^t)$ 和 $\text{EPI}^t(K^{t+1}, L^{t+1}, F^{t+1}, \text{AE}^{t+1}, E^{t+1}, C^{t+1})$，首先需要利用式（5-14）计算 $t+1$ 期的观测单元构成的生产可能集下 t 时期的距离函数值，以及在 t 时期的观测单元构成的生产可能集下 $t+1$ 的距离函数值，然后将其代入式（5-15）中进行求解。如果 MEPI 的值超过 1，意味着能源生产率在对应时期有所提升。反之，若 MEPI 小于 1，代表在 t 到 $t+1$ 时期，能源生产率不提反降。为了探析能源生产率的变化根源，我们将对生产率指数进行分解。具体地，将能源生产率的变动分解为效率的变动（energy efficiency change，变量标识为 MEEFFCH）和技术的变动（energy technological change，变量标识为 METECH）。如果 MEEFFCH>1 意味着效率部分的提升，反之则表示效率降低。类似地，如果 METECH>1，代表在 t 到 $t+1$ 时期，能源生产技术是进步的。

2. 模型重构

为便于自助法抽样模拟，借鉴 Simar 等[46]的研究，本节通过坐标系转换对模型进行重构，以期实现效率前沿在标量范畴进行建构，为后续模拟分析提供便利。除此之外，鉴于碳排放在电力行业减排任务方面的重要性，需要将非期望产出纳入模型之中，这也是本书的重要贡献之一。在纳入非期望产出的基础上，进行自助法模拟生产单元的算法设计，此模型可以进一步应用于其他包含非期望产出的效率分析之中。

令 $w_0 \in \mathbb{R}_+^6$ 表示拟研究的决策单元，w 表示决策单元的投入产出向量 $(K, L, F, \text{AE}, E, C) \in \Psi$。此处需要得到的是在以 $\vec{g}$ 为方向向量的情况下，w 与生产可能集 Ψ 的有效前沿面的距离函数值。通过如下从 $\mathbb{R}^6$ 到 $\mathbb{R}^{5+1}$ 的空间线性变换，将决策单元集合从 $w \in \Psi$ 映射到 (z,u)。

$$r_{w_0} : w \mapsto (z,u) = T(w - w_0) \tag{5-16}$$

此处，线性变换 $T^{\mathrm{T}} = \left(V \ \dfrac{\vec{g}}{\|\vec{g}\|} \right)$，$V$ 是 6×5 维矩阵，其对应的每一列 $\{v_j | j = 1,2,\cdots,5\}$ 是方向向量 $\vec{g}$ 的正交基，$z = V^{\mathrm{T}}(w - w_0) \in \mathbb{R}^5$，$u = \vec{g}^{\mathrm{T}}(w - w_0) / \|\vec{g}\| \in \mathbb{R}$。$\|\vec{g}\|$ 为方向向量 $\vec{g}$ 的模。变换 r_{w_0} 的逆变换可以表示为 $w = w_0 + T'(z,u)$，这也是即将构建的能源绩效指数 EPI 和碳排放绩效指数 CPI 计算的基础。

　　通 过 以 上 变 换， 生 产 可 能 集 Ψ 可 表 示 为 $\Gamma(w_0) = \{(z,u) | (z,u) = r_{w_0}(w), w \in \Psi\}$，而 Ψ 对应的生产前沿面可以用标量函数 $\phi(z | w_0) = \sup\{u | (z,u) \in \Gamma(w_0)\}$ 表示。令矩阵 W 表示样本观测量，其第 i 列为 $w_i = (K_i, L_i, F_i, \mathrm{AE}_i, E_i, C_i)$，$i = 1,2,\cdots,n$。此时，对于观测点 $(z,u) \in Z_n$，对应的前沿函数可由如下线性规划得到。

$$
\begin{aligned}
\hat{\phi}_{VRS}(z | Z_n, w_0) &= \max u \\
\text{s.t. } V^{\mathrm{T}} W \Lambda + V^{\mathrm{T}}(s_K, s_L, s_F, s_{\mathrm{AE}}, -s_E, 0) &= z + V^{\mathrm{T}} w_0, \\
\vec{g}^{\mathrm{T}} W \Lambda / \|\vec{g}\| + \vec{g}^{\mathrm{T}}(s_K, s_L, s_F, s_{\mathrm{AE}}, -s_E, 0) / \|\vec{g}\| &= u + \vec{g}^{\mathrm{T}} w_0 / \|\vec{g}\| \\
I^{\mathrm{T}} \Lambda &= 1 \\
\Lambda \in \mathbb{R}_+^n, \quad s_K, s_L, s_F, s_{\mathrm{AE}}, s_E &> 0
\end{aligned}
\tag{5-17}
$$

其中，向量 $(s_K, s_L, s_F, s_{\mathrm{AE}}, -s_E, 0)$ 对应于式（5-12）中的松弛向量，在此向量中，元素 0 是基于非期望产出的弱可处置性假设而设置的。I^{T} 为 $n \times 1$ 维向量，其所有元素都为 1。那么，观测点对应的方向性距离函数的估计量可以表示为

$$\hat{\delta}_{\mathrm{CRS}}\left(K, L, F, \mathrm{AE}, E, C \middle| \vec{g}, X_n\right) = \left(\hat{\phi}_{\mathrm{CRS}}(z | Z_n, w_0) - u\right) / \|\vec{g}\| \tag{5-18}$$

　　图 5-5 刻画了分别包含一种期望产出 E 和非期望产出 C 的模型转换过程。对于某个观测投入向量 (K, L, F, AE)，真实的生产前沿和其对应的数据包络分析估计前沿分别用图中的光滑曲线和分段折线表示。具体地，对于某个观测点 z_i，真实前沿面和估计前沿面上的对应投影点 $\phi(z_i | w_0)$ 和 $\hat{\phi}(z_i | Z_n, w_0)$ 可以由经过观测点 z_i 的与重构坐标轴 U 的平行线和前沿面的交点得到。

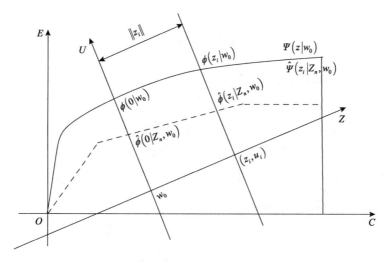

图 5-5　模型重构示例图

将观测点投影的方向设置为省际电力行业的平均值构成的向量，以分析总体意义上的投入产出可调整量。在这种意义上，w_0 的第 j 个元素设置为整个参考集合第 j 行的平均值，$j = 1, 2, \cdots, 6$。当获得方向性距离函数的估计值之后，对应的能源及碳排放绩效可以通过式（5-12）~式（5-14）直接计算得到。

3. 自助法逼近

自助法主要包含两个重要的光滑参数 h_1、h_2，分别用来判断模拟点与前沿面的距离，控制估计前沿的光滑程度。关于两个参数的估计，我们参考 Kneip 等[39]的研究，将黄金选择法纳入自助法的选择中并对 h_2 进行优化。在获得以上两个参数之后，将方向性距离函数的自助法扩展到含有非期望产出情形中。时期 t 的方向性距离函数的自助法具体算法如下[46]。

（1）使用式（5-16）将观测点 X_n 映射到坐标系 (z, u) 空间中，形成新的观测集合 Z_n，并就集合中的每一元素 $(z_i, u_i) \in Z_n$，使用式（5-17）和式（5-18）计算其对应的距离函数估计值 $\hat{\delta}_i$，同时计算基准点 w_0 对应的距离函数值 $\hat{\delta}_0$。

（2）计算 $4 \times \text{median}(\hat{\delta}_1, \hat{\delta}_2, \ldots, \hat{\delta}_n) \times n^{-2/21}$ 的值，并将其赋值于 h_1。

（3）计算光滑前沿对应的点：

$$\left(z_i, \hat{\phi}_{z_i}^{\mathrm{T}}\right) = \left(z_i, \hat{\phi}_{\mathrm{VRS}}\left(0 | Z_n, w_0\right) + h_2^2\left(\hat{\phi}_{\mathrm{VRS}}\left(\frac{z_i}{h_2} | Z_n, w_0\right) - \hat{\phi}_{\mathrm{VRS}}\left(0 | Z_n, w_0\right)\right)\right), \quad i = 1, 2, \cdots, n$$

（4）生成对应的自助样本 $Z_n^* = \left\{\left(z_i^*, u_i^*\right)\right\}_{i=1}^n$，其中 $z_i^* = z_i^{na*}$，

$$u_i^* = \begin{cases} \hat{\phi}_{z_i^{na*}}^{\mathrm{T}} - \hat{\delta}_{z_i^{na*}}, \hat{\delta}_{z_i^{na*}} > h_1 \\ \hat{\phi}_{z_i^{na*}}^{\mathrm{T}} - \hat{\xi}_{z_i^{na*}}, \quad \text{反之} \end{cases}, \hat{\xi}_{z_i^{na*}} \text{自} [0, h_1] \text{平均分布中随机获取。} Z_n^{na*} = \left\{ \left(z_i^{na*}, u_i^{na*} \right) \right\}_{i=1}^n$$

是不经过修正的原始自助样本。

（5）对于生成的自助样本集合中的每一点 $\left(z_i^*, u_i^* \right) \in Z_n^*$，用模拟样本代替原始样本，计算其对应的距离函数值 $\hat{\delta}_i^*$，并同时得到基准点 w_0 的距离函数估计值 $\hat{\delta}_0^*$。

（6）计算对应于虚拟样本集合的光滑前沿投影点；构建规模为 $B^{①}$ 的自助样本 $\left\{ Z_{n,b}^{**} \right\}_{b=1}^B / Z_n^*$，使用式（5-17）和式（5-18）计算基准点 w_0 在虚拟参考集 $Z_{n,b}^{**}$（ $b = 1, 2, \cdots, B$ ）下的距离函数估计值 $\hat{\delta}_{0,b}^{**}$。

（7）使用距离函数估计值 $\hat{\delta}_0^*$ 和对应的模拟参考集合下的距离函数集合 $\left\{ \hat{\delta}_{0,b}^{**} \right\}_{b=1}^B$ 构建距离函数估计量 $\hat{\delta}_0$ 的 $(1-\alpha) \times 100\%$ 置信区间。

（8）循环执行步骤（4）～（7）B 次，以获取自助模拟样本 $\left\{ Z_{n,b}^* \right\}_{b=1}^B$，据此，对所有决策单元 $i = 1, 2, \cdots, n$，估计 $\left\{ \delta_{i,b}^* \right\}_{b=1}^B$，并累加步骤（7）中构建的置信区间包含距离函数估计值 $\hat{\delta}_0$ 的次数，并将其赋值于 k。

（9）使用原始距离函数估计值 $\hat{\delta}_i$ 和对应的模拟集合 $\left\{ \delta_{i,b}^* \right\}_{b=1}^{2000}$，构建距离函数估计量 δ_i 的 $(1-\alpha) \times 100\%$ 置信区间，其中置信水平 $\hat{\alpha}(h_2)$ 由覆盖原始距离函数的比例决定，具体由 $1 - k/B$ 计算得到。

按照上述调整的自助算法，对研究期间的每一阶段，得到相应的自助模拟样本 $\left\{ Z_{n,b}^*(t) \right\}_{b=1}^B$，$t = 1, 2, \cdots, T$。然后参考模拟集合，运用已经构建的模型指数，分别计算静态和动态的能源绩效指数及碳排放绩效指数 EPI、CPI、MEPI 和 MCPI 的模拟值，以及 Malmquist 动态能源生产率指数和 Malmquist 碳排放生产率指数的分解指标。自此，根据原始的距离函数、能源绩效指数、碳排放绩效指数和相应的自助模拟样本参考下的估计集合，进行相关的置信区间估计和其他的统计推断，以弥补数据包络分析本身确定性的缺陷。

5.2.3 指标设置及数据获取

按照 5.2.2 节介绍的模型，本节将对我国 30 个（由于数据可获得性，西藏和港澳台地区不包含在本节研究中）省级行政区域 2005～2012 年火电部门的能源绩

---

① 参考 Simar 和 Wilson[44]的研究，设置模拟样本规模为 2000 个。自助法由 Matlab 编程实现。若涵盖光滑参数选择过程，累计估计次数约位 576 万次。

效和碳排放绩效进行实证分析。投入指标为劳动力、能源消费量、装机容量和厂用电，期望产出和非期望产出分别为发电量和碳排放量。此外，火电部门的产热量也按照《中国能源统计年鉴》提供的转换系数纳入期望产出发电量中。本节充分考虑了煤炭、石油和天然气的排放系数差异，将其纳入非期望产出的计算中。考虑到数据包络分析方法在维度方面的缺陷，我们通过排放系数整合将碳排放进行累加，作为单一的非期望产出指标，将供热量和发电量整合为统一的期望产出。投入产出指标的描述性统计如表 5-5 所示。

表 5-5　投入产出指标的描述性统计

指标	单位	均值	标准差	资料来源
劳动力	人	80 439.23	41 099.78	《中国劳动统计年鉴》
装机容量	万千瓦	2 075.44	1 581.20	《中国电力年鉴》
能源消费量	万吨	3 251 096	25 441.69	《中国能源统计年鉴》
厂用电	万千瓦时	710 237	5 418.79	《中国电力年鉴》《中国电力统计资料汇编》
发电量	万千瓦时	12 466 942	106 197.37	《中国电力年鉴》《中国电力工业统计资料汇编》
碳排放量	吨	95 000 960	74 173.44	参考 IPCC 的排放系数估计得到

5.2.4　静态能源效率及碳排放效率

本节分析的中国省级行政区域 2005～2012 年的能源绩效指数和碳排放绩效指数是由式（5-13）和式（5-14）得到。由于使用的是截面数据，将其称为静态效率，以区分下面的考虑时间因素的 Malmquist 能源生产率指数和 Malmquist 碳排放生产率指数（MEPI 和 MCPI）。静态效率指数的计算结果见图 5-6。为了探求能源效率和碳排放效率变化的整体趋势，图中每一年的计算结果均按升序排列。总体上，能源效率和碳排放效率呈现持续提高的趋势，而且从图中越来越集中的效率分布可以发现地区间的能源效率和碳排放效率差异在逐渐缩小，这也充分说明地区间的相互学习和技术借鉴成效明显。作为中国电力体制改革的一部分，政府提出了"上大压小"等一系列的具体措施，鼓励大型机组、技术升级和电源的清洁化。这些措施旨在提升发电部门的效率，进而实现本部门的节能减排目标。目前我国火电的单机容量以 600 兆瓦为主，地区间的静态能源效率和碳排放效率的差距在研究期间不断缩小，也就是说，这一系列政策的效果是明显的。此外，从能源效率和碳排放效率的分布比较来看，明显地，中国火电部门的碳排放效率高于其能源效率。这可能是因为碳排放的规制和减排政策相较于节能的制约更加严格，如能源结构的优化和能源质量的提升。研究期间，在煤炭、石油和天然气的消耗总量中，天然气的比例从 0.6%提升到了 2.2%[①]。在本节中，三种能源的消耗量在投入中被整合为一个指标，但是相对地，在计算非期望产出碳排放量的过程中，不同种类能源的排放系数是充分考虑的。因此，燃气发电的优势在碳排放绩效指数中体现得更加明显，在图中体现为更加集中的碳排放绩效分布态势。为了验证碳排放和能源效率差异的区别的显著性，我们借助核密度估计进行了分析，结果见图 5-7。从能源绩效指数和碳排放绩效指数的核密度估计来看，二者之间也存在显著差异。进一步地，此处对二者进行了 Kruskal-Wallis 秩和检验，相应的 p 值为 0.000，也就是说，在 0.1%置信水平下，二者不具差异的原假设被拒绝了，这也进一步证实了对二者进行分别分析的必要性。

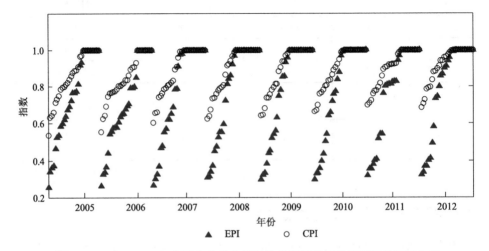

图 5-6　2005～2012 年中国火力发电部门的能源绩效指数和碳排放绩效指数

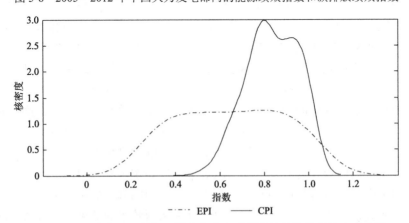

图 5-7　中国火电部门的能源绩效指数和碳排放绩效指数的核密度估计

---

① 资料来源：经《中国能源统计年鉴》《中国电力年鉴》的统计数据计算得到。

在得出结论或者就此提出政策建议之前，必须先分析数据变动的影响及原始数据包络分析和自助样本分析结果的差异。根据 5.2.2 节介绍的方法，本节对原始的能源绩效指数和碳排放绩效指数进行了偏差修正。原始的估计值和自助法模拟后的估计平均值均显示在图 5-8 中。显而易见，不曾出现修正值超过原始估计值的情况。这也从实证分析中证实了原始数据包络分析可能高估省级行政区域发电部门能源效率和碳排放效率的结论。具体而言，按照原始估计值，共有 6 个地区的火电部门在能源节约和碳减排方面都是有效的。但是对应的自助法模拟结果却显示，其中只有青海火电部门的效率达到了 1，而其他 5 个省（自治区、直辖市），即北京、上海、吉林、宁夏和天津的火电部门对应的节能减排效率不再是 1。经过自助法修正之后，省域火电部门在能源效率和碳排放效率上的排名发生了很大变化。相对而言，有 12 个区域的能源效率的排名出现明显提升，5 个区域的碳排放效率排名呈现跳跃式提升。其中，海南省的排名提升最多，从第 8 位跳跃到了第 2 位。青海和海南的发电部门具有相对较高的清洁能源比例，再加上清洁能源在电力调度上的优先权，这些地区的低碳技术发挥的效果更加明显，进而实现了相对更高的能源效率和碳排放效率。这也与中国电力追求清洁替代和低碳发展的理想模式不谋而合，因此在电力清洁化发展背景下，青海和海南的发展模式可以作为标杆以供其他地区学习。

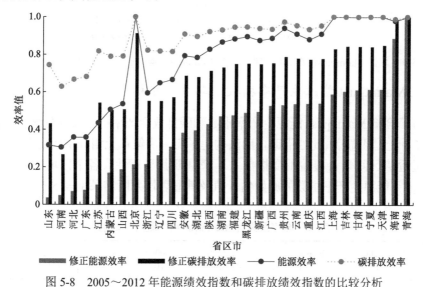

图 5-8　2005～2012 年能源绩效指数和碳排放绩效指数的比较分析

5.2.5　动态能源生产率指数及碳排放生产率指数

在了解了能源效率和碳排放效率某一时期的表现之后，需要分析火电部门相应效率的动态变化情况。为此，本节计算了 30 个省级行政区域 2005 年到 2012

年火电部门的 Malmquist 能源生产率指数和 Malmquist 碳排放生产率指数。此处将 2005 年作为基年来计算累计指数，相应的动态指数计算结果见图 5-9。由图 5-9 可见，整体上中国的火电部门在研究期间实现了 57.9% 的能源效率提升，相对地，碳排放绩效的提升较小，仅 2.6%。这种显著的差异进一步说明分别分析二者的必要性。但是，Malmquist 能源生产率指数和 Malmquist 碳排放生产率指数仍存在一定的共性。比如，其分解指标显示，二者在研究期间的提升都主要归功于技术的变动，这可以从二者的技术进步分解指标的趋势图明显看出。

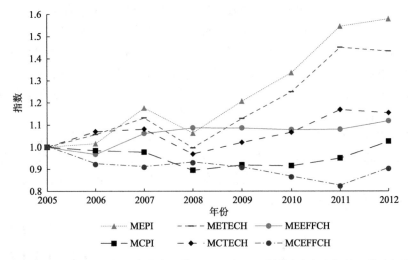

图 5-9　累计 Malmquist 能源生产率指数和 Malmquist 碳排放生产率指数及其分解指标

1. Malmquist 能源生产率指数及其分解指标

为了检验 Malmquist 能源生产率指数和碳排放生产率指数及其分解指标的变动在统计上是否显著，此处借助自助法构建了每一决策单元相应指数的置信区间，并通过置信区间是否覆盖不变指数 1，来判断其显著性。各个区域的火电部门 Malmquist 能源生产率指数的原始估计值及其显著性判断结果见表 5-6。

表 5-6　年度及累计 Malmquist 能源生产率指数

省(自治区、直辖市)	2005～2006 年	2006～2007 年	2007～2008 年	2008～2009 年	2009～2010 年	2010～2011 年	2011～2012 年	2005～2012 年
北京	0.950	0.951	0.405**	1.080	1.127	1.387	0.901	0.920
天津	0.868	1.003	1.054	1.043	1.205	1.143	0.896	1.024
河北	0.981	1.110	0.900	1.007	1.063	1.148**	0.960	1.021

续表

省（自治区、直辖市）	2005～2006年	2006～2007年	2007～2008年	2008～2009年	2009～2010年	2010～2011年	2011～2012年	2005～2012年
山西	0.959	1.076	0.910	1.009	0.990	1.038	0.952	0.989
内蒙古	0.807	0.829	0.977	0.979	0.990	0.946	0.976	0.926
辽宁	1.102	1.127	0.948	1.079	1.062	1.157	1.047	1.073
吉林	1.465	1.182	0.519	0.899	0.968	1.087	1.017	0.979
黑龙江	1.183	1.177	0.907	1.144	1.119	1.047	1.058	1.087
上海	0.808	0.602**	1.551	0.700	1.200	1.390**	0.941	0.974
江苏	0.953	1.136	0.947	1.001	0.941	1.021	1.015	1.000
浙江	0.880	1.016	0.882	0.995	1.030	1.002	1.069	0.980
安徽	1.040	1.005	1.123	0.911	1.004	1.054	0.917	1.005
福建	1.139	1.503	0.725	0.876	0.960	1.252	1.010	1.040
江西	1.724	1.175	0.264**	1.601	1.185	1.229	1.100	1.046
山东	0.966	1.029	1.018	0.975	1.068	1.089**	1.003	1.020
河南	1.031	1.148	1.132	1.078	1.074	1.090	0.947	1.070
湖北	0.996	1.843	0.718	1.440	1.180	1.013	1.043	1.131
湖南	0.970	1.009	1.354	1.274	1.096	1.081	0.998	1.104
广东	0.941	1.075	1.111	1.054	0.985	0.994	1.040	1.027
广西	1.519	1.395	1.498**	1.627	1.272	1.290	1.021	1.361
海南	0.843	1.587	0.627**	1.149	1.523	1.571	0.881	1.106
重庆	0.862	0.868	1.243	1.359	1.403	1.657	0.809	1.132
四川	1.175	0.973	1.015	1.144	1.264	1.384	1.220	1.160
贵州	0.920	1.285	0.659	1.268	0.909	0.827	1.244	0.989
云南	0.679	1.411	0.277**	1.723	1.181	1.315	1.046	0.958
陕西	1.293	1.049	0.532**	1.217	1.147	1.187	1.096	1.039
甘肃	1.409	1.602	0.242	1.151	1.125	1.212	1.005	0.979
青海	1.026**	1.037**	1.052**	1.198	1.879	1.217	1.121	1.193
宁夏	0.598	1.595	1.714**	1.068	1.084	1.064**	1.023	1.109
新疆	0.387**	0.941**	0.821**	0.989	0.174**	0.825	1.286	0.660
均值	1.016	1.158	0.904	1.135	1.107	1.157	1.021	1.037

**表示 Malmquist 能源生产率指数（MEPI）在 5%置信水平下显著不同于 1

从表 5-6 中最后一列的累计 Malmquist 能源生产率指数（MEPI）可以看出，除江苏之外的所有省级行政区域经历了能源效率的变动。然而，自助法模拟的结果却显示这种变化在 2005～2012 年的每连续两年，即 2005～2006 年到 2011～2012 年的绝大部分变化在统计上是不显著的，这样的结论同样适用于其技术变动和效率变动的分解指标，更极端的情况出现在其效率变动的分解指标中。在 5% 的置信水平下，没有任何一个省（自治区、直辖市）的火电部门的假设检验可以拒绝能源效率变动指数不同于 1 的原假设，这就意味着 Malmquist 能源生产率指数的效率变动分解指标在研究区间并未发生显著性的变动。因此，在得出结论或者提出政策建议措施时，必须充分结合原始结果和自助法的模拟结果进行，否则结论将失之偏颇。

在原始的指数估计值中，有 210 个体现出了能源效率的变动，但是自助法的模拟和统计分析显示，其中仅有 9 个正向变化和 10 个负向变化在统计上是显著的。而这种能源生产率的变动主要归因于技术变化分解指标的变动，因为没有任何效率变动在自助法检验中呈现显著的特性。从时间维度看，2007～2008 年，30% 的变化是显著的，而接下来的 2008～2009 年，却未发现任何显著的变化。也就是说，2008 年在某种意义上可以视为中国火力发电部门能源效率的分水岭。

就地区维度而言，从表 5-6 可以看出，在研究期间只有 40% 的省域火电部门曾发生过能源生产率的变动。其中，新疆的 Malmquist 能源生产率指数呈现出明显的下滑趋势。究其原因，从表 5-7 中可以看出，这主要是技术变化这一分解指标的下降导致的。该地区的人口稀疏，电力输配成本较高，大型机组的建设和运行受阻，这是造成其火电部门技术分解指标下降的主要原因之一。

表 5-7　Malmquist 能源生产率的技术变化分解指标（METECH）变动情况

省（自治区、直辖市）	2005～2006 年	2006～2007 年	2007～2008 年	2008～2009 年	2009～2010 年	2010～2011 年	2011～2012 年	2005～2012 年
北京	0.950	0.951	0.405**	1.080	1.127	1.387	0.901	0.920
天津	0.868	1.003	1.054	1.043	1.205	1.143	0.896	1.024
河北	1.005	1.096	0.973	1.035	1.053	1.012	0.994	1.023
山西	1.011	1.048	0.987	1.019	1.028	1.006	1.000	1.014
内蒙古	1.025	1.053	0.983	1.022	1.035	1.009	0.995	1.017
辽宁	1.005	1.045	0.988	1.015	1.018	1.003	0.999	1.010
吉林	1.465	1.182	0.519	0.899	0.968	1.087	1.017	0.979
黑龙江	1.006*	1.029	0.979	1.034	1.045	1.047	1.058	1.028
上海	0.808	0.602**	1.551*	0.700**	1.200	1.390**	0.941	0.974

续表

省(自治区、直辖市)	2005~2006 年	2006~2007 年	2007~2008 年	2008~2009 年	2009~2010 年	2010~2011 年	2011~2012 年	2005~2012 年
江苏	1.006	1.073	0.981	1.025	1.041	1.010	0.994	1.018
浙江	1.005	1.040	0.988	1.017	1.026	1.006	0.997	1.011
安徽	1.002	1.024	1.022	1.005	1.010	1.004	1.000	1.010
福建	1.089	1.282	0.725	1.020	0.982	1.267**	0.963	1.031
江西	1.522	0.803	0.263**	1.601	1.185	1.229	1.100	0.973
山东	1.000	1.119	0.966	1.039	1.062	1.020	0.991	1.027
河南	1.002	1.138	0.966	1.036	1.053	1.012	0.994	1.027
湖北	1.071	1.355	0.696	1.371	1.148	1.081	0.955	1.073
湖南	1.072	1.073	0.917	1.290	1.083	1.083	1.027	1.073
广东	1.007	1.105	0.974	1.029	1.047	1.011	0.994	1.023
广西	1.404	0.826	1.468**	1.627	1.272	1.290	1.021	1.245
海南	0.843	1.587	0.627**	1.149	1.523	1.891*	0.731	1.106
重庆	0.916	0.819	0.861	1.359	1.403	1.657**	0.809*	1.074
四川	1.147	1.152	1.010	1.135	1.104	1.107	1.073	1.103
贵州	1.062	1.022	0.659*	1.268	0.909	1.015	1.025	0.978
云南	1.166	0.787	0.293**	1.589	1.193	1.377	1.032	0.955
陕西	1.822	0.744**	0.733	1.174	1.133	1.111	1.038	1.062
甘肃	1.409	1.602	0.242	1.151	1.125	1.212	1.013	0.980
青海	1.026**	1.037**	1.052**	1.198	1.879	1.217	1.121	1.193
宁夏	0.598	1.595	1.714**	1.068	1.084	1.064**	1.023	1.109
新疆	0.387**	0.941**	0.821**	0.989	0.241**	1.095	0.946	0.689
均值	1.057	1.071	0.881	1.133	1.106	1.161	0.988	1.025

*、**分别表示 Malmquist 能源生产率指数的技术变化分解指标 METECH 在 10%、5%置信水平下显著不同于 1

此外，值得一提的是，除 2007~2008 年外，新疆火电部门的原始 Malmquist 能源生产率在研究期间持续升高。但是，自助法模拟的分析结果显示除 2011~2012 年外，其余年份的能源生产率指数是小于 1 的（部分显著）。造成此次能源生产率降低的主要原因是能源效率的降低，如表 5-8 所示。原始估计结果与自助法模拟分析结果截然不同，从另一侧面证实了进行数据包络分析相关统计分析的重要性所在。支撑这一结论的例证有很多。比如，仅从原始估计结果来看，青海火电部门在 2009~2010 年实现了 87.9%的能源生产率提升。这一比例是相当可观的，但是统计分析的结果并不能证实这种变化的显著性。这种生产率提升的估计结果仅是选择的观测集合导致的，而并非生产率真实发生了质的飞跃，因此，在基于原始估计结果得出结论甚至提出建议时，必须要慎之又慎。

表 5-8 Malmquist 能源生产率的效率变动分解指标（MEEFFCH）变动情况

省（自治区、直辖市）	2005~2006 年	2006~2007 年	2007~2008 年	2008~2009 年	2009~2010 年	2010~2011 年	2011~2012 年	2005~2012 年
北京	1.000	1.000	1.000	1.000	1.000	1.000	1.000	1.000
天津	1.000	1.000	1.000	1.000	1.000	1.000	1.000	1.000
河北	0.976	1.013	0.925	0.973	1.010	1.135	0.966	0.998
山西	0.949	1.026	0.922	0.991	0.962	1.032	0.952	0.976
内蒙古	0.787	0.787	0.994	0.958	0.956	0.938	0.981	0.910
辽宁	1.096	1.079	0.959	1.063	1.043	1.154	1.047	1.062
吉林	1.000	1.000	1.000	1.000	1.000	1.000	1.000	1.000
黑龙江	1.177	1.144	0.927	1.106	1.071	1.000	1.000	1.057
上海	1.000	1.000	1.000	1.000	1.000	1.000	1.000	1.000
江苏	0.948	1.059	0.965	0.977	0.904	1.011	1.021	0.982
浙江	0.876	0.977	0.893	0.978	1.004	0.996	1.072	0.969
安徽	1.038	0.982	1.099	0.906	0.994	1.049	0.918	0.996
福建	1.046	1.172	1.000	0.859	0.978	0.988	1.049	1.009
江西	1.132	1.464	1.004	1.000	1.000	1.000	1.000	1.076
山东	0.965	0.919	1.054	0.938	1.006	1.068	1.012	0.993
河南	1.029	1.009	1.171	1.040	1.020	1.077	0.953	1.041
湖北	0.930	1.361	1.032	1.051	1.027	0.937	1.091	1.054
湖南	0.905	0.941	1.477	0.988	1.012	0.999	0.972	1.029
广东	0.934	0.973	1.141	1.024	0.940	0.984	1.045	1.004
广西	1.082	1.690	1.021	1.000	1.000	1.000	1.000	1.093
海南	1.000	1.000	1.000	1.000	1.000	0.831	1.204	1.000
重庆	0.940	1.060	1.444	1.000	1.000	1.000	1.000	1.053
四川	1.024	0.844	1.005	1.008	1.145	1.250	1.137	1.052
贵州	0.866	1.257	1.000	1.000	1.000	0.815	1.214	1.011

续表

省(自治区、直辖市)	2005~2006年	2006~2007年	2007~2008年	2008~2009年	2009~2010年	2010~2011年	2011~2012年	2005~2012年
云南	0.583	1.793	0.944	1.085	0.990	0.955	1.014	1.004
陕西	0.710	1.409	0.725	1.037	1.012	1.068	1.056	0.979
甘肃	1.000	1.000	1.000	1.000	1.000	1.000	0.993	0.999
青海	1.000	1.000	1.000	1.000	1.000	1.000	1.000	1.000
宁夏	1.000	1.000	1.000	1.000	1.000	1.000	1.000	1.000
新疆	1.000	1.000	1.000	1.000	0.722	0.753	1.358	0.958
均值	0.966	1.099	1.023	0.999	0.993	1.001	1.035	1.010

2. Malmquist 碳排放生产率指数及其分解指标

证实了能源生产率和碳排放生产率分别分析的必要性之后，本节将就中国火电部门的碳排放生产率变动趋势进行分析。将碳排放生产率指数进行分解，以发掘碳排放效率变动的根源。并使用自助法对碳排放生产率指数及其分解指标进行模拟分析，以判断原始的碳排放生产率指数及其分解指标，即 MCTECH 和 MCEFFCH 是否发生了显著变动及这种变动的原因，分析结果见表 5-9~表 5-11。总体来看，中国火电部门的碳排放生产率在研究期间非但没有提升，反而降低了 0.8%，这种降低主要归咎于效率的退步，因为在此期间，技术变动分解指标呈现出 1.5%的提升。

表 5-9　年度及累计 Malmquist 碳排放生产率指数

省(自治区、直辖市)	2005~2006年	2006~2007年	2007~2008年	2008~2009年	2009~2010年	2010~2011年	2011~2012年	2005~2012年
北京	1.065	0.975	0.703	1.055	1.050	1.352	0.923	1.001
天津	1.021	0.992	1.075	1.024	0.871	1.083	1.053	1.015
河北	1.068	0.984	1.025	0.985	1.002	1.049	1.048	1.022
山西	0.947	0.945	1.021	1.019	0.956	1.010	0.976	0.981
内蒙古	0.700**	0.790**	0.913	0.973	0.954	0.902**	0.999	0.884
辽宁	1.073	1.030	1.007	1.040	1.032	1.069	1.020	1.039
吉林	1.117	1.091	0.784	0.959	0.927	1.016	1.024	0.982
黑龙江	1.093	1.070	0.945	1.081	1.019	1.050	1.051	1.043
上海	1.035	0.883	1.095	0.940	0.981	1.131	1.084	1.018

续表

省(自治区、直辖市)	2005~2006年	2006~2007年	2007~2008年	2008~2009年	2009~2010年	2010~2011年	2011~2012年	2005~2012年
江苏	0.942	0.985	1.026	1.026	0.983	1.005	1.032	0.999
浙江	0.801**	0.911**	1.007	1.011	1.007	0.990	1.095	0.971
安徽	0.912	0.906	0.909	0.834	1.008	0.964	0.951	0.925
福建	1.016	0.985	0.925	0.826	1.041	0.885	1.110	0.965
江西	1.180	0.940	0.788	1.121	0.950	0.936	1.197	1.006
山东	0.957	0.938	1.047	1.034	1.028	1.083	1.033	1.016
河南	1.039	0.996	1.034	1.047	1.004	0.989	1.115	1.031
湖北	0.944	1.305	0.987	1.078	0.935	0.885	1.158	1.033
湖南	0.981	0.942	1.226	1.008	0.992	0.913	1.260	1.038
广东	1.037	1.012	1.088	1.064	0.939	0.941	1.122	1.027
广西	1.233	0.969	0.704	1.004	0.908	1.032	1.049	0.974
海南	1.071	0.897	0.502*	1.040	1.000	1.704	0.865	0.958
重庆	0.689	0.823	1.172	1.155	1.143	1.327	0.830	0.995
四川	0.969	1.127	1.181	0.937	1.019	1.352	1.175	1.101
贵州	0.782	1.101	0.908	0.958	1.065	0.929	1.127	0.975
云南	0.632	1.070	0.820	0.985	1.149	1.213	1.203	0.987
陕西	0.919	1.011	0.665**	1.070	0.931	1.074	0.982	0.940
甘肃	1.155	1.212	0.695	1.179	0.859	1.091	1.033	1.015
青海	0.948	0.858	0.613**	1.113	1.570	0.532	2.115	0.997
宁夏	0.757	1.120	0.716	1.062	0.850	0.818	1.084	0.902
新疆	1.435	0.907	0.897	1.160	0.719**	0.810**	0.704**	0.919
均值	0.984	0.993	0.916	1.026	0.996	1.038	1.081	0.992

*和**分别表示 Malmquist 碳排放生产率指数在 10%和 5%置信水平下显著不同于 1

表 5-10 Malmquist 碳排放生产率指数的技术变动分解指标变动情况

省(自治区、直辖市)	2005~2006年	2006~2007年	2007~2008年	2008~2009年	2009~2010年	2010~2011年	2011~2012年	2005~2012年
北京	0.970	0.978	0.723	1.053	1.082	1.222	0.932	0.983
天津	0.932	1.005	1.024	1.019	1.081	1.058	0.952	1.009
河北	1.039	1.002	1.012	1.010	1.016	1.008	0.990	1.011

续表

省(自治区、直辖市)	2005～2006 年	2006～2007 年	2007～2008 年	2008～2009 年	2009～2010 年	2010～2011 年	2011～2012 年	2005～2012 年
山西	1.018	1.001	1.006	1.005	1.008	1.005	0.995	1.006
内蒙古	1.021	1.002	1.007	1.006	1.009	1.006	0.991	1.006
辽宁	1.024	1.003	1.005	1.005	1.007	1.003	0.998	1.006
吉林	1.165	1.089	0.789	0.951	0.984	1.043	1.009	0.998
黑龙江	1.012	1.009	0.992	1.016	1.021	1.021	1.027	1.014
上海	0.926**	0.850*	1.148	0.873*	1.077	1.132	0.978	0.991
江苏	1.020	0.990	1.010	1.002	1.004	1.006	0.990**	1.003
浙江	1.013	0.999	1.006	1.004	1.006	1.005	0.994	1.004
安徽	1.005	1.003	1.015	1.002	1.003	1.002	0.998	1.004
福建	1.043	1.096	0.887	1.008	0.991	1.109	0.983	1.014
江西	1.179	0.896	0.736	1.170	1.066	1.083	1.038	1.012
山东	1.032	0.987	1.014	1.004	1.006	1.009	0.988**	1.006
河南	1.061	1.004	1.014	1.011	1.016	1.009	0.990	1.015
湖北	1.050	1.125	0.864	1.134	1.058	1.035	0.980	1.031
湖南	1.046	1.024	0.966	1.108	1.035	1.034	1.011	1.031
广东	1.041	1.000	1.012	1.009	1.014	1.008	0.990	1.010
广西	1.193	0.905	0.643	1.192	1.100	1.102	1.008	1.002
海南	1.145	0.997	0.517**	1.052	1.134	1.996	0.854	1.027
重庆	0.965	0.880	0.935	1.135	1.147	1.234	0.946	1.027
四川	1.087	1.065	1.017	1.076	1.058	1.051	1.030	1.054
贵州	1.030	1.005	0.851	1.094	0.969	1.007	1.009	0.993
云南	1.093	0.884	0.721	1.185	1.069	1.133	1.013	1.002
陕西	1.256	0.900	0.891	1.073	1.056	1.047	1.014	1.028
甘肃	1.133	1.322	0.735	1.058	1.050	1.078	1.006	1.041
青海	1.156	1.066	0.657**	1.056	1.488	1.178	0.928	1.048
宁夏	0.947	1.255	0.702	1.024	1.032	1.203	1.009	1.010
新疆	1.504	0.955	0.978	1.302	0.754**	1.047	0.971	1.049
均值	1.070	1.010	0.896	1.055	1.045	1.096	0.987	1.015

*、**分别表示 Malmquist 碳排放生产率指数的技术变化分解指标 MCTECH 在 10%、5%置信水平下显著不同于 1

表 5-11 Malmquist 碳排放生产率指数效率变动分解指标变动情况

省(自治区、直辖市)	2005～2006年	2006～2007年	2007～2008年	2008～2009年	2009～2010年	2010～2011年	2011～2012年	2005～2012年
北京	1.098	0.997	0.973	1.002	0.971	1.107	0.991	1.018
天津	1.096	0.986	1.049	1.005	0.806	1.023	1.106	1.006
河北	1.027	0.982	1.013	0.975	0.986	1.040	1.059	1.011
山西	0.930**	0.943	1.015	1.014	0.948	1.005	0.981	0.976
内蒙古	0.685**	0.789**	0.907**	0.967*	0.945**	0.897**	1.008**	0.879
辽宁	1.048	1.028	1.002	1.034	1.025	1.067	1.022	1.032
吉林	0.959	1.002	0.994	1.009	0.942	0.974	1.016	0.985
黑龙江	1.080	1.061	0.952	1.064	0.999	1.028	1.024	1.029
上海	1.118	1.039	0.954	1.077	0.911	0.999	1.109	1.027
江苏	0.923**	0.995**	1.016	1.023	0.979	0.999**	1.042**	0.996
浙江	0.791**	0.913**	1.001	1.007	1.000	0.986	1.102**	0.967
安徽	0.907	0.903	0.895	0.832	1.005	0.962	0.952	0.921
福建	0.974	0.899	1.043	0.819	1.051	0.798	1.130	0.952
江西	1.001	1.049	1.071	0.959	0.891	0.865	1.152	0.994
山东	0.927	0.950	1.033	1.030	1.022	1.074	1.046	1.010
河南	0.979	0.992	1.020	1.036	0.988	0.981	1.127	1.017
湖北	0.900	1.161	1.143	0.951	0.884	0.855	1.182	1.002
湖南	0.938	0.920	1.269	0.910	0.959	0.882	1.246	1.007
广东	0.996	1.013	1.075	1.055	0.926	0.933	1.133	1.016
广西	1.033	1.070	1.095	0.842	0.826	0.936	1.041	0.972
海南	0.936	0.900	0.971	0.989	0.882	0.854	1.012	0.933
重庆	0.714	0.935	1.254	1.018	0.997	1.075	0.877	0.969
四川	0.892	1.058	1.162	0.871	0.964	1.286	1.140	1.044
贵州	0.759	1.095	1.066	0.876	1.100	0.922	1.117	0.982
云南	0.578	1.210	1.138	0.831	1.074	1.070	1.187	0.986
陕西	0.732	1.124	0.747**	0.997	0.881	1.026	0.968	0.915
甘肃	1.020	0.917	0.945	1.115	0.817	1.012	1.027	0.975
青海	0.820	0.804	0.932	1.053	1.055	0.451	2.279	0.951

省(自治区、直辖市)	2005～2006年	2006～2007年	2007～2008年	2008～2009年	2009～2010年	2010～2011年	2011～2012年	2005～2012年
宁夏	0.800	0.892	1.020	1.037	0.824	0.680	1.074	0.893
新疆	0.954	0.950	0.917	0.891	0.953	0.773	0.725	0.876
均值	0.921	0.986	1.022	0.976	0.954	0.952	1.096	0.978

*和**分别表示 Malmquist 碳排放生产率指数的效率变化分解指标 MCEFFCH 在 10%和 5%置信水平下显著不同于 1

　　仅从原始碳排放生产率指数的估计结果来看，在研究期间，所有的省域火电部门都经历或高或低的生产效率变动。但是，自助法模拟分析结果显示，事实并非如此。具体地，在所有的 210 个变动类目中，仅有 11 个呈现出统计上的显著性，并且均表现为生产率的降低，究其原因，主要是因为研究期间碳减排的激励不够。正如前文所述，能源节约可以带来直接的成本降低，而相对而言实现排放缩减在当时并不能带来直接的利益增加。

　　研究期间，显著的碳排放生产率变动大多发生在 2007～2008 年，对应的地区分别是海南、陕西和青海的火电部门。具体地，尽管青海在经过自助法修正之后位列静态能源效率和碳排放效率的榜首，但其动态碳排放生产率的降低却是显著的，这也从侧面证实结合静态效率和动态生产率变动进行综合分析的必要性，否则那些处于效率前沿甚至接近效率前沿的决策单元会丧失进一步实现节能减排的动力。另外，海南和陕西两省的火电部门在动态能源生产率指数方面也显著降低。也就是说，这两个地区在 2007～2008 年，不论是在能源节约还是在排放缩减方面，都经历了明显的降低。这两个地区，从电力输配角度来看，仿佛是两座孤岛，毕竟海南和陕西与其他地区的电力传输甚少，为了保证电力短缺时期的地区生产生活，本地区的发电部门只能高负荷运行，再加上能源质量和不断增长的电力需求，导致了这两个地区在能源和碳排放两方面生产率的同时降低，使得这些地区电力部门的节能减排形势更加严峻。

　　其他的碳排放生产率降低发生在内蒙古、浙江和新疆的火电部门。对于内蒙古和新疆来说，效率降低而非技术变动，是其生产率降低的主要原因，这可以从表 5-10、表 5-11 的分解指标中明显读出，而且这也与新疆和内蒙古在火力发电中的技术领先地位不谋而合。特别地，内蒙古的火电部门在研究期间实现了 5%的技术提升。然而，效率分解指标却在 2005～2006 年、2006～2007 年和 2010～2011 年分别降低了 31.5%、21.1%和 10.3%，对应时期的碳排放生产率降低也在 5%的置信性水平下是显著的。因为同样的原因，浙江的火电部门的碳排放生产率也在 2005～2007 年降低了 19.9%和 8.9%。因此，为了实现碳排放生产率的提升，在技术进步之外，这些地区火电部门需要在效率提升方面做出更大努力。

综合以上分析可以看出，忽略样本选择的影响会高估我国火电部门的能源效率和碳排放效率，自助法模拟样本的偏差修正对省域火电部门在能源效率和碳排放效率上的排序也存在显著影响。动态 Malmquist 能源生产率指数和 Malmquist 碳排放生产率指数原始估计结果中的大部分变动在统计上是不显著的。若直接根据原始估计结果进行政策指引失之偏颇，相应的自助法模拟的结果提供了可资借鉴的重要补充信息。因此，在制定相应的节能减排目标时，要综合考虑初始评估结果和自助统计分析的结果。静态效率分析结果显示，我国火力发电部门的能源效率和碳排放效率呈现出不同的分布态势：在碳减排效率方面的差异逐渐缩小，相对地，在能源利用方面的效率差异却很悬殊，这种差异在其核密度估计中依然存在。相应的动态 Malmquist 能源生产率指数和碳排放生产率指数及其分解指标的分析进一步证实了这一结论。同时结合静态效率分析和动态效率变化情况是必要的，对能源效率和碳排放效率进行区别分析也是必要的。此外，一味地将能源效率和碳排放效率进行统一分析可能会丧失很多重要信息，尤其是在电力短缺的情形下。对能源效率和碳排放效率的共性和区别进行分别分析对将来的节能减排目标实现也具有重要意义。此外，煤炭、石油和天然气等不同电源类型的排放系数和相对较低的动态碳排放生产率分析结果进一步证实了气电在节能减排中的重要作用，也启示我们进一步优化电源结构、实现清洁替代的必要性。

就能源生产率和碳排放生产率的变动根源来看，技术变动是研究期间中国火力发电部门实现节能减排的主要推动力量，而且其对于能源效率提升的推动力更加明显，毕竟发电企业在保证电力供应的同时要追求利益的最大化。考虑到企业的此类诉求，对于清洁电源或者新技术的引进，放松排放要求或者在未来的电力竞价及相关补贴政策中予以侧重是切实可行的。动态碳排放生产率的显著降低也启示我们在引进新技术的同时，加强对于碳减排方面管理的迫切性，而 2010 年后逐步恢复的电力供应和电力需求的相对平衡为这一目标的实现提供了良好契机。发电机组已经具备了在不影响电力供应的前提下，实现能源节约和较低排放的能力，但是，相对地，能源节约带来的成本降低和碳减排带来的利益存在一定的差异。因此在制定节能减排政策措施时，要充分考虑发电厂的利益诉求，制定行之有效的或有区别的方案，诸如制定排放权上限等措施也应进一步付诸实施。例如，对于那些超额完成碳减排任务的电厂或者集团予以奖励或者优先并网权。这将进一步激励发电集团优化其内部管理、追求碳减排带来的间接利益和长期红利。

5.3　本　章　小　结

在电源清洁化发展的背景下，考虑到数据包络分析在维度方面的限制，碳排放等非期望产出与发电量等期望产出的不同特性，本章将不同类型的能源投入作为单一指标，把对应的碳排放作为单一的非期望产出，并将自助法扩展到了含有非期望产出的情形。分别采用 ML 指数，结合自助法模拟样本集合两种方式，计算了我国省级行政区域发电部门的能源效率，并在构建能源效率和碳排放效率及能源生产率指数和碳排放生产率指数的基础上，进行能源效率与环境效率的对比分析；进一步通过指数分解方法探讨生产率变动的原因及其敏感因素，所得结果能够为探求区域发电部门效率变化的来源和进行电源结构调整提供策略分析工具。

第6章 政策改革对企业环境效率影响机理研究

企业是市场竞争的主体，伴随电力结构转型，政府在不断推动竞争性电力市场的建设。这使得电力企业，尤其是火电企业未来的发展面临巨大挑战。电力行业自 2007 年就被国家发展和改革委员会列为潜在产能过剩行业，在 2017 年的政府工作报告中更进一步明确 2017 年要"淘汰、停建、缓建煤电产能 5000 万千瓦以上，以防范化解煤电产能过剩风险，提高煤电行业效率"。发电部门的去产能化进一步加大了电力企业的竞争，在持续不断的政策改革背景下，如何提高在行业内的相对效率成为火电企业发展的当务之急。

6.1 基于随机前沿分析方法的发电企业规模效率研究

6.1.1 上市电力公司效率测算指标选择

虽然效率测度的指标选择根据研究问题的不同存在差异，不过技术效率研究中选取实物量作为产出指标却是主流趋势。针对火力发电业务中人力、资本与燃料三种主要投入，我们依次选择员工人数、总资产与电力生产成本作为投入变量，选择营业收入与发电量作为产出变量。考虑到上市公司数据披露的规范性和完备性，选取 2007～2015 年为研究期间。针对规模的代理变量，有以下三种思路：一是使用虚拟变量，对大小规模的企业进行分类，但这不能反映各企业之间大小规模相差的程度，并且不同的代理变量，会出现不同的分类结果；二是使用综合加权的规模指数，但各维度的权重难以确定，并且维度选取本身可能带有主观性；三是选择某个单一变量来描述规模，常用的替代变量有总资产和员工人数等。由于这些上市公司除了发电业务外，还存在其他的业务，而我们研究的目的是探究火力发电业务的规模与技术效率的关系，故采用电力产品收入作为火力发电规模的替代变量。

为了消除价格因素的影响，以 1997 年的价格作为基准，总资产与电力生产成本使用工业生产者购进价格指数进行处理，营业收入与电力产品收入使用 GDP 指数进行处理。在 A 股电力及供热上市公司中，剔除以风电、核电、水电和售电业务为主的电力企业，选择 17 个以火力发电为主的电力上市企业。考虑数据可得性，以 2007～2015 年作为研究期间，样本数据均来源于 Wind 数据库。各变量的描述性统计信息如表 6-1 所示。

表 6-1　样本数据的描述性统计表

变量	单位	平均值	标准差	最大值	最小值
员工人数（x_1）	人	9 021	9 783	42 039	38
总资产（x_2）	万元	6 734 437.0	8 197 348.0	30 336 834.8	241 899.2
电力生产成本（x_3）	万元	1 636 565	2 232 637	11 983 495	104 002
发电量（y_1）	亿千瓦时	614.000	738.000	3 205.290	26.127
营业收入（y_2）	万元	2 273 070.0	2 881 583.0	13 396 665.9	132 446.4
电力产品收入（z_1）	万元	2 063 353.0	2 792 801.0	13 247 864.3	118 892.8

　　为了使得第 4 章的理论模型更加清晰，使用超越对数生产函数的形式来描述生产技术，采用的模型如式（6-1）～式（6-3）所示。选择贝叶斯分析作为估计方法，采用 WinBUGS 软件进行测算，使用马尔可夫链-蒙特卡罗算法进行了200 000 次迭代，为了达到收敛状态，舍弃了最初 20 000 次迭代的数据；为了消除序列自相关，每隔 18 次迭代取出一个样本，总样本数量为 10 000 个。

$$-\ln x_{i_{it}} = \alpha_i + \sum \beta_m \ln y_{m_{it}} + \sum \delta_r \ln(\frac{x_{r_{it}}}{x_{1_{it}}}) + \frac{1}{2}\sum\sum \beta_{mn} \ln y_{m_{it}} \ln y_{n_{it}}$$

$$+\frac{1}{2}\sum\sum \delta_{rr} \ln(\frac{x_{r_{it}}}{x_{1_{it}})}\ln(\frac{x_{s_{it}}}{x_{i_{it}}}) + \sum\sum \eta_{mr} \ln y_{m_{it}} \ln(\frac{x_{r_{it}}}{x_{1_{it}}}) + k_1 t + k_2 t^2 \quad (6\text{-}1)$$

$$+\sum \lambda_m t \ln y_{m_{it}} + \sum \mu_r t \ln(\frac{x_{r_{it}}}{x_{1_{it}}}) - u_{it} + v_{it}$$

$$u_{it} = \omega + \vartheta z_1 + \rho_i u_{i,t-1} + \xi_{it},\ \xi_{it} \sim N(0, \sigma_\xi^2),\ t = 2,\cdots,T \quad （6\text{-}2）$$

$$u_{i1} = \frac{\omega + \vartheta z_1}{1-\rho_i} + \xi_{i1},\ \xi_{i1} \sim N\left(0, \frac{\sigma_\xi^2}{1-\rho_i^2}\right),\ t = 1 \quad （6\text{-}3）$$

6.1.2　企业间效率比较与规模收益分析

1. 效率排名分析

　　各火电上市企业（以股票名称代替公司全称）的技术效率如表 6-2 所示，效率值多分布在 0.4～0.6，17 个火电上市企业的效率平均值为 0.5251。即使是效率值最高的华能国际，也存在将近 30%的技术非效率，说明我国火电上市公司还存在很大的效率提升空间。

表 6-2　17个火电上市企业的技术效率排名

企业	排名	平均值	标准差	蒙特卡罗误差
华能国际	1	0.710 6	0.175 3	0.012 75
长源电力	2	0.664 4	0.193 0	0.015 63
深圳能源	3	0.652 4	0.208 1	0.017 56
上海电力	4	0.632 4	0.234 8	0.021 09
华电国际	5	0.592 7	0.249 3	0.022 01
大唐发电	6	0.589 7	0.274 7	0.025 39
通宝能源	7	0.585 5	0.250 9	0.022 26
粤电力 A	8	0.581 8	0.273 0	0.024 92
华银电力	9	0.566 0	0.256 7	0.023 31
皖能电力	10	0.559 6	0.269 0	0.024 66
广州发展	11	0.509 9	0.275 2	0.025 22
国电电力	12	0.486 7	0.322 3	0.030 73
漳泽电力	13	0.474 2	0.310 1	0.029 44
国投电力	14	0.407 9	0.349 8	0.033 88
吉电股份	15	0.391 4	0.309 1	0.029 31
建投能源	16	0.368 5	0.309 4	0.029 64
内蒙华电	17	0.152 8	0.276 1	0.026 76

图 6-1 中为 17 家企业的一阶自回归系数 ρ_i，它们均在 0.5 以上，最大值接近 0.9。这说明我国火电上市企业中存在较为显著的非效率持续现象，大多数企业并

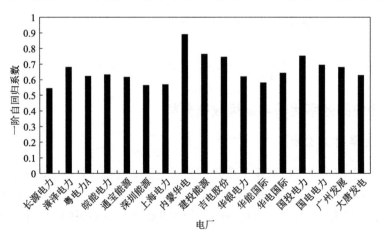

图 6-1　火电上市企业的一阶自回归系数

不能马上完成效率的大幅提升，需要一定时间来逐渐调整。这与人们的主观认识相近，也说明中国火电上市企业资源配置与调整的灵活性有待提升。

2. 企业规模对技术效率的影响

1）静态关系

不考虑时间序列的影响，将测算得到的技术效率值与电力产品收入做散点图，如图 6-2 所示，样本点主要集中在对角线的左上角区域：规模较小企业既有高效率值，又有低效率值的情况，但随着规模的增大，效率会逐步提升，规模较大企业一般效率值较高。回归分析中的规模变量的系数值为 –0.006 28，表明了企业规模越大，非效率越低。这与张琪[153]得到的结果相似。

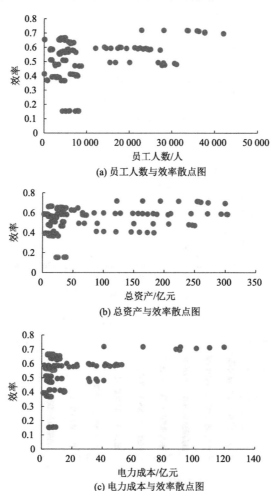

(a) 员工人数与效率散点图

(b) 总资产与效率散点图

(c) 电力成本与效率散点图

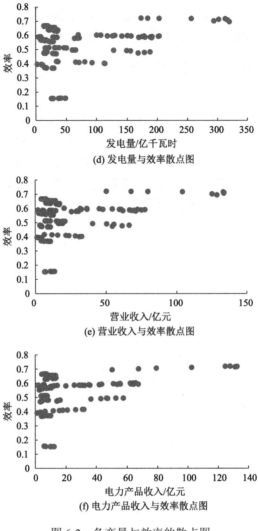

图 6-2　各变量与效率的散点图

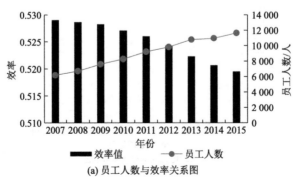

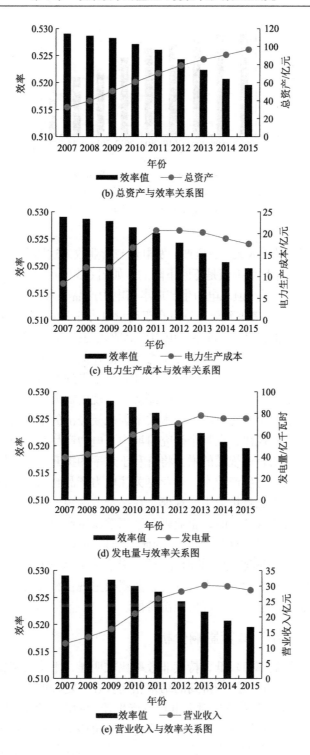

(b) 总资产与效率关系图

(c) 电力生产成本与效率关系图

(d) 发电量与效率关系图

(e) 营业收入与效率关系图

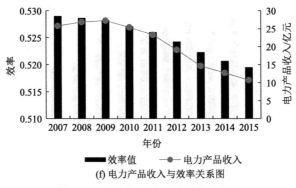

(f) 电力产品收入与效率关系图

图 6-3　每年各变量与效率的关系图

2）动态关系

在研究期间，员工人数、总资产、发电量与营业收入这四个变量的年平均值均保持增长趋势，而年均效率值是不断下降的，如图 6-3 所示，这说明企业规模与技术效率保持负相关关系。但从电力生产成本与电力产品收入的角度来看，企业规模则有不同的变动方向。考虑到研究重点在于衡量电力业务的规模与效率变动的潜在关系，因此我们关注电力生产成本、电力产品收入与技术效率的变动关系。

如图 6-3 所示，电力生产成本与年均效率值在前期呈负相关，在后期呈正相关的变动规律。这与张各兴和夏大慰[156]、陶锋[154]得到的结果一致。这可能是由于在一定生产水平内，企业不存在规模经济性，规模扩大并不会明显提升企业的技术效率；当规模超出一定范围，技术效率因规模经济的出现而受益。

不同于以上两种规律，在整个研究时期内，电力产品收入与效率值始终保持正相关关系。这说明企业规模的增大将有利于效率的提升，这与散点图分析的结论基本一致。相比电力生产成本，企业更关注电力产品收入的变化。当电力产品收入增加时，企业更愿意扩大生产规模。在一定范围内，扩大规模将促进效率提升；反之，当电力收入减少时，企业则会适当缩减生产规模。在一定范围内，缩小规模将导致效率下降，这与张琪[153]的研究结果一致。结合陶锋[154]、张各兴和夏大慰[156]针对企业规模临界点的研究结果，从营业收入的角度来看，我们所研究的企业均位于临界点之后，技术效率与企业规模呈现正相关关系，这说明了我国火力发电行业总体上已经进入规模经济阶段。

6.1.3 "上大压小"政策影响分析

大多数企业的效率值较低，持续非效率比较明显，平均效率持续下降。这与李楠和马占新[157]、封玉婷[158]得到的结果相同。在一定程度上，这与外界环境变动密切相关。2008 年金融危机对火电行业产生较大冲击，企业利润下降。此外，为了保证电价稳定，我国在较长时期内实行煤炭价格双轨制。在研究期间，煤价的波动增加了火电企业的生产负担，电价却不能上涨，阻碍了发电企业的效率提升。这说明我国火电上市公司仍需要改善运营能力，提升技术效率，还需增强应对外界不确定性风险的能力。

根据静态分析结果，小规模企业的效率较低，但大规模企业的效率值的分布范围更大。这说明随着企业规模的增大，效率可能提升也可能不变。根据动态分析结果，电力生产成本与效率值则呈现先负相关、后正相关的变化趋势，电力产品收入与效率始终呈现正相关关系。综合静态与动态的分析结果，基本可以说明火电企业规模增大能够促进效率提升，优化企业资源配置。随着 2007 年"上大压小"政策的实施，政府鼓励优先发展大容量机组，企业的发电机组规模不断增大。从总体趋势上来看，先进生产技术的扩散与应用将促进火电行业效率的提升。此外，规模较大的火电企业对煤炭的需求量大且稳定，议价能力更高[1]。由于我国长期实施"市场煤、计划电"的定价机制，议价能力高的火电企业能够降低单位千瓦时的燃料成本，因而效率较高。

从长期来说，政府需要继续推行"上大压小"的政策，逐渐淘汰落后产能，加速先进技术的扩散与应用，优化电源技术结构，扩大企业规模。这不仅有利于企业提升技术效率，还能减少污染。此外，电价与煤价是分别影响火电企业利润与成本的两个重要的影响因素，因此对企业技术效率也会产生显著影响。理顺煤电价格、研究煤电价格联动政策均为我国电力体制改革的重要议题。我国仍需要继续深化电力体制改革，促进火电企业内部运营水平的提高，借助技术水平、管理水平的同步提高来实现规模经济，促进企业及整个行业技术效率总体提升。

6.2　煤电价格联动政策对电力企业动态环境效率影响的机理

6.2.1　煤电价格联动政策的引入与应用

煤炭和电力行业的市场化改革进程不一，造成电力和煤炭价格之间的矛盾。为了理顺二者价格之间的关系，政府提出了实施煤电价格联动机制。如果在联动周期内，煤炭价格发生变化的比例超过阈值得 5%，那么相应的电力价格要做出调整，具体的调整过程如式（6-4）所示：

$$\Delta p_e = \Delta p_c \times (1-\alpha) \times \beta \times \frac{7000}{\lambda} \times \frac{(1+17\%)}{(1+13\%)} \qquad （6-4）$$

其中，Δp_e、Δp_c、α、β、λ 分别表示电价的调整量、煤价的变化量、电厂的消化比例、单位发电量的标准煤耗量及电厂消耗煤炭的热值。电厂的消化比例 2004 年为 30%，后于 2012 年调整为 10%。2016 年，在进一步促进煤电价格联动机制的框架中，将此消化比例调整为随区间联动的方式。具体地，如果煤价的变动介于起点 30 元和阈值 150 元之间,煤炭价格变动越大,相应的内部消化比例就越小,而调整的周期也从过去的半年变为一整年。煤电价格联动机制主要包括两个方面:上网电价和煤炭价格的联动及销售电价和上网电价的联动。考虑到发电部门是整个电力行业实现节能减排最关键的环节,我们主要分析上网电价和煤炭价格联动的实施效果。而要研究煤电价格联动机制对利润效率的影响,首先需要明晰电厂效率的状态和变化趋势[255]。

煤电价格联动只是协调煤炭价格和电力价格关系的过渡性政策措施,这也在电力改革的指导文件中被明确指出。具体地,分别在 2002 年的 5 号文和 2015 年的 9 号文中,明确指出改革的目的在于建立高效的竞争性市场,而相应的能源价格最终回归市场决定。得益于电力市场的逐步建设,国家已于 2019 年底明确煤电价格联动政策逐步退出历史舞台,但对该项政策的研究仍能够为后续政策制定奠定基础。在本节中,我们将设置不联动、历史联动、分别以 30% 和 10% 的煤价变动消化比例进行完全联动四种情景,对电厂相应的利润效率进行对比分析,进一步分析煤电价格联动的政策效果,并通过对比分析消化比例变化前后的效率测度结果,来分析该比例调整的合理性及调整时机。

目前关于效率分析的研究大都集中在国家间、地区间或行业间,而且在分析政策效果时鲜少控制其他同时期政策效果的影响。我们将在拓展内生性方向向量的基础上,分析中国火电厂的环境效率和利润效率。考虑到煤电价格联动的调整对象及企业的利润最大化目标,除环境效率之外,我们同时研究电厂的利润效率。政策实施最终都要落实到企业,因此电厂效率分析较行业或地区的研究更具有针对性。在利润分析模型中纳入碳价,与国家建立碳交易市场的方向一致,具体的纳入方式可以是对碳排放超额进行惩罚或者对减排任务超额完成提供激励。为了厘清同时期其他政策的效果,借助两阶段自助法来克服初始估计值的确定性及效率序列相关性的问题。

我们将在介绍具体的模型设置基础上,对中国 1300 多家火电厂的利润效率进行实证分析,并在此基础上分析煤电价格联动政策的实施效果,为进一步理顺煤价和电价的关系,以至市场化改革提供政策依据。

中国电力体制改革中的诸多政策如"上大压小"、煤电价格联动等,都会对发电部门的效率产生影响[7]。传统的数据包络分析结果是确定的,对样本变化很敏感。而第二阶段直接将此效率结果作为因变量,也有无法确认数据生成过程和效率估计时间序列上的相关性的问题。针对这两方面的缺陷,学者提出了诸多解决方法。总结起来,主要包括随机环境数据包络分析方法、容忍度分析方法[54, 55]和自助法[36, 46]。针对时间相关关系,也有研究提出使用动态广义矩估计方法来处理该问题[117, 256]。同时针对这两种问题,Simar 和 Wilson[257]提出了两阶段自助法程序来克服估计偏差和相关性的问题。Ma 和 Zhao[258]使用该方法对中国电厂的能源效率进行了分析,结果发现技术改进政策对能源效率存在促进作用,这样的正向作用即使隔离了 2002 年的电力改革依然有效。Gharneh 等[259]、Singh 和 Bajpai[260]、Leme 等[261]在类似框架下分别对伊朗热电厂、印度燃煤电厂及巴西配电公司的效率和生产率的影响因素进行了分析。本节将探讨煤电价格联动及其他改革政策对中国火电厂利润效率的影响。

方向性距离函数方法有效解决了含有非期望产出情况下的能源效率评价问题，Malmquist 指数方法在传统数据包络分析方法静态效率的评价中，加入了效率变动情况的测算，使得评价结果能够更加全面地反映生产实际，然而，这些方法都未考虑统计检验的问题，而是单纯地给出能源效率或生产率变动的估计值，这些都为自助法在数据包络分析中的应用提供了契机。尽管自助法能有效弥补数据包络分析方法在统计上的不足，但是之前的研究成果大多集中在国家或者一国地区之间的能源效率比较中，很少有深入行业内部的研究，而且针对方向性距离函数的统计分析，并未考虑诸如碳排放之类的非期望产出的特殊性。因此，本节在充分考虑环境约束和决策单元异质性的前提下，将方向性距离函数和自助法结合起来，分别从地区和微观层面，对我国电力行业能源效率进行评价研究。

ML 指数目前已经被广泛应用于不同的行业之间或者微观企业之间的效率分析中[95, 262-264]。具体化到碳排放效率的分析中，Zhou 等[9]根据实际绩效和目标绩效的比值来分析决策单元的碳排放效率及其变化情况。类似地，也有学者将此方法应用到包括碳排放在内的诸多类型的非期望产出的分析中。比如，Xie 等[8]、Zhang 和 Choi[114]、Choi 等[265]的研究。以上这些研究都为效率及生产率指数的构建和分析提供了坚实的理论与实证基础。现有能源效率和碳排放效率的研究中，大多直接使用统一的方式来测度相应的效率[76, 89, 95]。就二者之间的差异，相关的研究稍显欠缺。考虑到碳减排和能源节约在短期收益上的不同效应，在分析二者共同点之外，进行一定的区别分析是很有必要的。

6.2.2　基于方向性距离函数的两阶段自助型 Malmquist 指数方法

1. 基于内生向量的方向性距离函数方法

数据包络分析方法主要包括两个部分，即参考集合和效率测度。利润效率测度是基于传统数据包络分析模型构建的，同样包含这两个部分。本节将从这两个部分对模型的构建及指标处理进行探讨。

对于参考技术，我们将环境数据包络分析方法拓展到本书中。具体的生产过程如下：投入指标包括资本（K）、燃料（F）和厂用电（AE）①；期望产出为电厂的发电量（E）；非期望产出是能源引致的碳排放（CO_2 emissions，C）。相应的

_____

① 受数据获取的限制，劳动力投入不包含在本模型中。

生产可能集 T 可以表示为

$$T = \left\{ (K,F,\text{AE},E,C) \middle| (K,F,\text{AE}) \text{产出}(E,C) \right\} \qquad (6\text{-}5)$$

生产可能集 T 满足锥性和凸性。投入和期望产出满足自由处置性，而非期望产出假设是弱可处置的，并假设期望产出和非期望产出满足零结合性。以上条件用符号表示如下：如果 $(K,F,\text{AE},E,C) \in T$ 且 $0 < \theta \leqslant 1$，那么 $(K,F,\text{AE},\theta E,\theta C) \in T$；如果 $(K,F,\text{AE},E,C) \in T$ 且 $C = 0$，那么 $E = 0$。假设有 n 个电厂，$i = 1,2,\cdots,n$，对应的投入产出向量为 $(K_i,F_i,\text{AE}_i,E_i,C_i)$，那么数据包络分析框架下规模收益可变情形下的生产可能集 T[45] 可以由式（6-6）表示[1]：

$$T = \left\{ (K,F,\text{AE},E,C) \middle| \sum_{i=1}^{n} \lambda_i K_i \leqslant K, \sum_{i=1}^{n} \lambda_i F_i \leqslant F, \sum_{i=1}^{n} \lambda_i \text{AE}_i \leqslant \text{AE}, \right.$$
$$\left. \sum_{i=1}^{n} \lambda_i E_i \geqslant E, \sum_{i=1}^{n} \lambda_i C_i = C, \sum_{i=1}^{n} \lambda_i = 1, \ \lambda_i \geqslant 0, \ i = 1,2,\cdots,n \right\} T \qquad (6\text{-}6)$$

λ_i 表示构成生产前沿面的决策单元的权重。在此生产可能集下，再构建效率测度方式，便可以全面刻画效率测度的模型。方向性距离函数方法比传统的距离函数方法更加适用于当前研究，具体表示为

$$\vec{D}(K,L,F,\text{AE},E,C) = \max \beta$$
$$\text{s.t.} \sum_{i=1}^{n} \lambda_i K_i \leqslant K - \beta g_1$$
$$\sum_{i=1}^{n} \lambda_i F_i \leqslant F - \beta g_2$$
$$\sum_{i=1}^{n} \lambda_i \text{AE}_i \leqslant \text{AE} - \beta g_3$$
$$\sum_{i=1}^{n} \lambda_i E_i \geqslant E + \beta g_4 \qquad (6\text{-}7)$$
$$\sum_{i=1}^{n} \lambda_i C_i = C - \beta g_5$$
$$\sum_{i=1}^{n} \lambda_i = 1$$
$$\lambda_i \geqslant 0, \ i = 1,2,\cdots,n$$

---

[1] 通过 Simar 和 Wilson[45] 提出的方法对规模收益的假设进行假设检验。使用其中的均值比例作为假设检验的统计量。零假设为生产技术在全局都满足规模收益不变的假设。在具体的检验中，自助法抽样的次数为 2000 次。检验的结果在 5% 的显著性水平下拒绝了原假设，因此本节选择可变规模收益的设置。

其中，$\vec{g} = \left(-g_1, -g_2, -g_3, g_4, -g_5\right)$ 表示投入产出向量 (K, F, AE, E, C) 向前沿面投影的方向向量。为了避免向量选择的随意性和主观性，Färe 等[266]提出了针对方向性距离函数的向量内生策略。我们将此方法拓展到多投入、多产出的情形中。向量产生过程主要是基于标准化假设 $\sum_{i=1}^{5} g_i = 1$。其中，g_i 表示方向向量的第 i 个元素。显然，纳入此约束条件后，模型（6-7）成了非线性规划问题。参考 Färe 的研究，令 $\beta g_i = \beta_i$，那么此模型可以转化成线性规划模型：

$$\max \sum_{i=1}^{5} \beta_i$$

$$\text{s.t.} \sum_{i=1}^{n} \lambda_i K_i \leqslant K - \beta_1$$

$$\sum_{i=1}^{n} \lambda_i F_i \leqslant F - \beta_2$$

$$\sum_{i=1}^{n} \lambda_i \text{AE}_i \leqslant \text{AE} - \beta_3$$

$$\sum_{i=1}^{n} \lambda_i E_i \geqslant E + \beta_4 \qquad (6\text{-}8)$$

$$\sum_{i=1}^{n} \lambda_i C_i = C - \beta_5$$

$$\sum_{i=1}^{n} \lambda_i = 1$$

$$\lambda_i \geqslant 0, \quad i = 1, 2, \cdots, n$$

从模型（6-8）中解出最优值 β_i^*，$i = 1, 2, \cdots, 5$。如果得到的最优向量的所有元素均为 0，那么可以设定方向向量为任意正向的向量，因为这样的生产单元位于前沿面上，向量的选择不会影响效率的测度结果。否则，结合条件 $\sum_{i=1}^{5} g_i^* = 1$ 和 $\beta^* g_i^* = \beta_i^*$，可以得到相应的最优方向向量 $\vec{g}^* = \left(-g_1^*, -g_2^*, -g_3^*, g_4^*, -g_5^*\right)$，其中 $g_i^* = \beta_i^* \Big/ \sum_{j=1}^{5} \beta_j^*$，$i = 1, 2, \cdots, 5$ 是得到的方向向量，同时可以获得相应的最大距离函数值 β^*。基于此内生向量，下面将构建相应的利润效率测度模型，并对其进行指数分解，以找寻效率变动的根源。

2. 内生方向向量下的利润效率分析

方向性距离函数能够等价地刻画生产可能集 T。具体的表示形式为 $\vec{D}(K,F,\mathrm{AE},E,C) \geqslant 0 \Leftrightarrow (K,F,\mathrm{AE},E,C) \in T$ [69]。相应的利润函数可以表示为

$$\pi(p,w) = \max_{K,F,\mathrm{AE},E,C} \left\{ p_E E - p_C C - w_K K - w_F F - w_{\mathrm{AE}} \mathrm{AE} : \vec{D}(K,F,\mathrm{AE},E,C) \geqslant 0 \right\} \quad (6\text{-}9)$$

其中，向量 $p = (p_E, p_C)$ 和 $w = (w_K, w_F, w_{\mathrm{AE}})$ 分别表示产出和投入的价格向量。模型（6-9）的拉格朗日乘子 L 为 $p_E g_4^* - p_C g_5^* - p_K g_1^* - p_F g_2^* - p_{\mathrm{AE}} g_3^*$，利润函数满足式（6-10）：

$$\pi(p,w) \geqslant p_E E - p_C C - w_K K - w_F F - w_{\mathrm{AE}} \mathrm{AE} + L\vec{D}(K,F,\mathrm{AE},E,C) \quad (6\text{-}10)$$

这意味着最大化利润不低于观测到的利润值与消除技术非效率的所得之和。具体地，利润效率可以表示为式（6-11）：

$$\frac{\pi(p,w) - (p_E E - p_C C - w_K K - w_F F - w_{\mathrm{AE}} \mathrm{AE})}{L} = \vec{D}(K,F,\mathrm{AE},E,C) + \mathrm{AI} \quad (6\text{-}11)$$

等式左边为利润效率 PI，表示使用拉格朗日乘子标准化之后的最大利润 π^* 与实际利润 π^0 的差额。$\vec{D}(K,F,\mathrm{AE},E,C)$ 表示技术非效率。TI 表示观测到的投入产出组合与生产前沿面的距离，右侧加入的非负项 AI 为配置非效率项，二者之和为通过消除配置和技术非效率可以获得的收益，如式（6-12）所示：

$$\mathrm{PI} = \pi\mathrm{I} = \mathrm{TI} + \mathrm{AI} \quad (6\text{-}12)$$

图 6-4 刻画了单期望产出 E 和单非期望产出 C 情形下的利润非效率及其指标分解。对于观测点 $a = (C,E)$，其真实的利润用通过点 $a = (C,E)$ 的斜率为 p_C/p_E 的直线表示。相应的最大利润为通过将此直线平移到与前沿面相切的位置所得的利润值。也就是说，a 对应的点 $c = (C^*, E^*)$ 的最大利润为 $\pi^* = p_E E^* - p_C C^*$。最大利润和实际利润的差距为 $\pi^* - \pi_0$。为了使得不同的决策单元的潜在利润在具体量上具有可比性，参考之前的研究，将其用上文得到的内生向量 $(-g_C^*, g_E^*)$ 的虚拟利润值进行标准化处理。也就是说，观测点 a 对应的利润效率为 $(\pi^* - \pi_0)/\pi_L$。a 的参考点是技术有效的，具体表示为 $b = (C^{T^*}, E^{T^*})$。此投影点通过将观测点 a 按照内生的方向向量进行投影得到。其中，技术非效率为标准化后的差额 $(\pi^T - \pi_0)/\pi_L$，配置非效率 AI 为 $(\pi^* - \pi^T)/\pi_L$。若将技术非效率和配置非效率消除，则可以获得

所有的潜在收益提升。

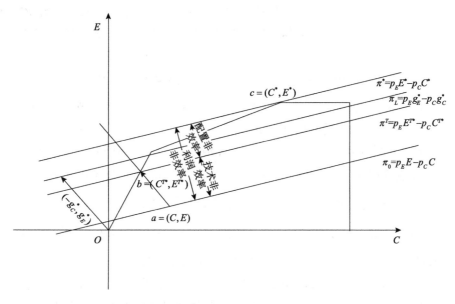

图6-4 利润效率及其分解的图示

3. 两阶段自助法的应用

在获得发电厂的利润效率估计之后，可以通过不同联动情景下的利润效率对比分析，来衡量煤电价格联动政策的有效性。同时，在此模型中，要实现原始估计值的统计分析，并控制其他环境变量的影响，本节借助两阶段自助法对利润效率的外部影响因素进行分析。对效率估计量进行回归分析的方法众多。直到 Simar 和 Wilson[257]提出使用两阶段自助法进行数据产生过程的模拟，效率序列的相关性和内生性问题才同时得到解决。遵照这样的思路，将利润非效率作为因变量，环境变量 z_i 作为自变量，进行回归分析。具体的回归模型如式（6-13）所示，其中 β 为环境变量的回归系数，ξ_i 为随机项，并假设随机项独立同分布，如式（6-13）所示：

$$\pi I_i = f(z_i \beta) + \xi_i \geqslant 0 \qquad (6\text{-}13)$$

需要说明的是，两阶段自助法的具体程序是针对技术效率提出的，并未涉及价格因素，而本节的研究关注的是利润效率，因此需要对两阶段自助法程序进行扩充，并说明其合理性。从图6-4利润效率及其分解指标的图例可以看出，一旦得到前沿面的估计，非效率的决策单元的参考点可以通过将利润直线平移到与前沿面相切的位置得到。这与得到技术非效率参考点的方式实质上是一致的，也说明将两阶段自助法程序移植到本实证研究中是具有坚实的理论基础的。本节将对利润非效率的具体自助法抽样及统计分析过程进行论述，相应的分解指标、技术非效率和利润非效率的分析过程可以通过符号的替代直接获得。

（1）使用式（6-10）～式（6-12），对样本观测集合 $S_n = \left\{ (x_i, y_i, b_i) \right\}_{i=1}^n$ 中的每个生产单元 (x_i, y_i, b_i)，分别计算最初的利润非效率（πI_i）、距离函数（TI）的估计值 $\hat{\pi}_i$、$\hat{d}_i$，以及内生的方向向量 $\vec{g}_i^*$ [①]。

（2）分别得到利润非效率 $\hat{\pi}_i$ 对外部环境变量 z_i 的截断回归的模型参数 β 和 σ_ε 的估计值 $\hat{\beta}$ 和 $\hat{\sigma}_\varepsilon$，在此回归分析中，利润非效率满足非负条件 $\hat{\pi}_i > 0$。

（3）产生容量为 B_1 的自助法模拟样本集合 $\left\{ S_{n,b}^* \right\}_{b=1}^{B_1}$，其中 $S_n^* = \left\{ (x_i^*, y_i^*, b_i^*) \right\}_{i=1}^n$，$x_i^* = x_i - d_i^* g_x^* + \hat{d}_i g_x^*$，$y_i^* = y_i + d_i^* g_y^* - \hat{d}_i g_y^*$，$b_i^* = b_i - d_i^* g_b^* + \hat{d}_i g_b^*$，$d_i^* = z_i \hat{\beta} + \varepsilon_i$。$\varepsilon_i$ 是通过在 $-z_i \hat{\beta}$ 处左边断尾的正态分布 $N(0, \hat{\sigma}_\varepsilon^2)$ 中抽样获得。

（4）使用式（6-9）～式（6-12）对每一个生产单元 $i = 1, \cdots, n$，计算模拟生产可能集参考下的利润非效率 π_i^* 的估计值。具体通过将模拟生产可能集 S_n^* 替代原始的观测集合 S_n 得到 $\left\{ \pi_{i,b}^* \right\}_{b=1}^{B_1}$。

（5）使用原始的利润非效率估计值 $\hat{\pi}_i$ 和模拟非效率集合 $\left\{ \pi_{i,b}^* \right\}_{b=1}^{B_1}$ 来对利润非效率估计量 $\hat{\hat{\pi}}_i$ 进行偏差修正。

（6）对修正后的估计量，使用阶段回归模型（6-13）进行参数 $\left(\hat{\hat{\beta}}, \hat{\hat{\sigma}} \right)$ 估计。

（7）生成一系列的自助模拟系数估计值 $\left\{ \left(\hat{\hat{\beta}}^*, \hat{\sigma}_\varepsilon^* \right)_b \right\}_{b=1}^{B_2}$。其中每一个元素都是通过对偏差修正后的效率 δ_i^{**} 估计在环境变量 z_i 上进行回归分析 $\delta_i^{**} = z_i \hat{\hat{\beta}} + \varepsilon_i$ 得到的。和步骤（3）中一致，随机项 ε_i 是通过在 $-z_i \hat{\hat{\beta}}$ 处左边断尾的正态分布 $N(0, \hat{\hat{\sigma}}^2)$ 中抽样获得的。

（8）使用原始的回归系数和利润非效率估计值 $\hat{\hat{\beta}}$、$\hat{\hat{\sigma}}$ 和自助模拟估计值集合 $\left\{ \left(\hat{\hat{\beta}}^*, \hat{\sigma}_\varepsilon^* \right)_b \right\}_{b=1}^{B_2}$ 来构建回归系数 β 和非效率估计值 σ_ε 的 $(1-\alpha) \times 100\%$ 置信区间。

---

① 为了简化表示，此处及后文 (x_i, y_i, b_i) 中的投入 x_i、期望产出 y_i 和非期望产出 u_i 对应于 (K_i, F_i, AE_i)、E_i 和 C_i。

6.2.3　指标选择及资料来源

本节使用基于方向性距离函数的方法,对中国火力发电企业 2002～2011 年的利润效率进行实证分析。投入指标选择资本(K)、燃料(F)和厂用电(AE),期望产出为发电量(E),非期望产出为碳排放量(C)。煤炭价格使用发电厂所在省(自治区、直辖市)的煤炭价格指数进行代替。碳价通过与电厂所在位置最近的碳交易试点的历史交易价格估计得到。而对于碳排放量的计算,我们参考 IPCC 的排放系数估计得到。投入产出指标的描述性统计如表 6-3 所示。

表 6-3　投入产出指标的描述性统计

变量	单位	均值			资料来源
		2002 年	2007 年	2011 年	
资本 [1]	万千瓦	16 456.7	25 524.0	36 950.4	《中国电力年鉴》《电力工业统计资料汇编》《中国能源统计年鉴》
燃料	吨标准煤	481 632	662 882	966 253	
厂用电	万千瓦时	6 761.9	8 966.3	12 421.5	
发电量	万千瓦时	88 102.2	132 885.1	196 015.7	
碳排放量	吨	1 441 230	1 983 601	2 891 404	使用 IPCC 的排放系数估计得到

1)在此类研究中,原始的研究对象为配电部门,资本投入以装机容量替代,为变压器的容量。借鉴到本书中,装机容量代表电厂发电机组的装机容量之和

6.2.4　主要发电集团的收益效率分析

电厂每一年的利润效率计算结果见图 6-5。其中,每一年的效率值均按当前的升序排列。总体来看,研究期间火电企业的效率在前沿面附近出现频率升高。这意味着技术引进及扩散或者管理经验的分享颇见成效,"上大压小"等政策效果

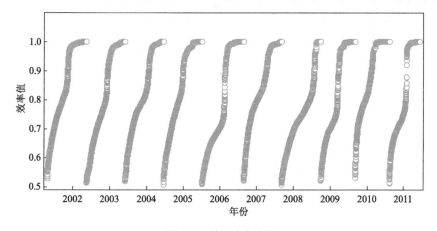

图 6-5　利润效率估计

得到充分体现，电厂之间的效率差距不断缩小。在得出结论之前，需要先分析模型的计算结果是由样本抽样引起的，还是实际发生的情况，为此，使用两阶段的自助法程序对估计值进行偏差修正。相应的利润效率及其分解指标的核密度估计如图 6-6 所示。显然，火力发电的技术进步，显著影响火电厂运行，使得技术效率成为利润效率的主要影响因素。

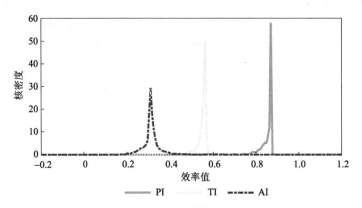

图 6-6　利润效率及其分解指标的核密度估计

　　正如前面的论述，基于方向性距离函数的实证分析大多都是在模型计算之前事先假定某一方向向量。最常用的两类方向向量莫过于观测集合向量和单位元素向量。考虑到不同向量结果的可比性，本节分别使用观测集合向量和内生向量对火电厂的效率进行测度，并对不同方向向量下的结果进行对比分析。图 6-7 中显示的是在不同方向向量下的效率值累积密度估计。大部分电厂的效率在观测集合向量下介于 0.4～0.6。从具体分布情况来看，在 0.6～0.7 和 0.9～1 两个区间之间的单元有很多，而处于中间区域的电厂却很少。这意味着电厂之间的效率呈现两

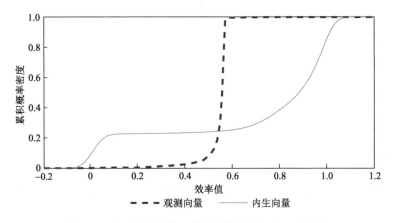

图 6-7　不同方向向量下的效率值累积概率密度估计

极分化的分布态势。而在内生向量下的分析结果显示，电厂间的效率分布较为分散。这也从实证分析的角度证明了内生向量在区分度方面的优势。为了验证此类差别存在的显著性，我们使用 Kruskal-Wallis 秩和检验对两种分布进行统计分析，结果显示二者之间存在显著差异，这也说明方向性距离函数研究中，事先假定方向向量会影响研究结果的客观性和可信度。

自 2002 年的电力体制改革以来，我国电力行业的发电主体呈现多元化发展，以"五大集团"[中国华能集团有限公司（以下简称华能）、中国大唐集团有限公司（以下简称大唐）、中国华电集团有限公司（以下简称华电）、中国国电集团公司（以下简称国电）和国家电力投资集团有限公司（以下简称国家电投）]和"四小豪门"[神华集团有限责任公司（以下简称神华）、华润电力控股有限公司（以下简称华润电力）、国投电力控股股份有限公司（以下简称国投电力）和中国广核集团有限公司（以下简称中广核）]为代表的大型发电集团占据发电领域的主导地位，各地方电力同时蓬勃发展。2015 年这九大集团总体占全国发电量和发电装机容量的比重分别为 52.9%和 53.3%，相应的火电发电量和装机容量比重分别为57.9%和 59%[①]。本节对这九大集团旗下的电厂的效率进行了分析，结果如图 6-8所示，其中各时期效率的均值用菱形标注。

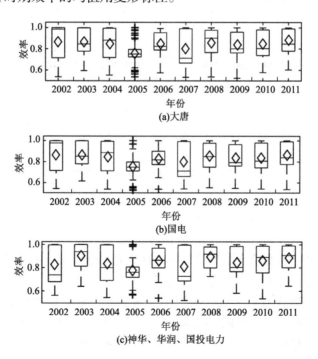

(a)大唐

(b)国电

(c)神华、华润、国投电力

---

① 资料来源：根据《中国电力年鉴 2016》中的数据计算得到。中国广核集团有限公司以核电为主，因此未包含在本分析中。

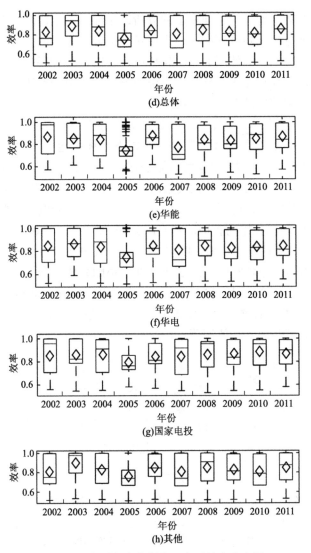

图 6-8　大型发电集团旗下电厂效率分布图

　　各集团的电厂利润效率越来越集中。在绝大部分年份，电厂效率分布中鲜少出现异常值，这说明集团内部发电厂之间的差距在逐步缩小。神华、华润电力和国投电力的平均效率赶超了五大集团中除国家电投外的其他四个集团的平均效率。五大集团的效率从高到低依次为国家电投、大唐、国电、华能、华电，这与其装机规模排序有较大差异。受益于水电装机规模的优势，国家电投在研究期间的效率居于五大集团的首位，为 0.853。华能的火电规模和较低的非化石能源发电占比限制了其效率的提升，这证明优化电源结构在提升集团效率中的重要作用。

2015 年我国火电的平均单机容量达到了 128.9 兆瓦，"上大压小"等产能升级政策促使效率提升。对发电集团旗下电厂效率的对比分析发现，电源结构多样化有助于提升集团整体利润效率。

6.2.5　煤电价格联动政策对利润效率的影响分析

为了研究煤电价格联动是否实现了隐含的效率激励目标，我们分别设置了不联动、历史联动、分别以 30%和 10%的煤价变动消化比例进行完全联动几种情景，对其相应的效率结果进行对比分析。情景设置及相应的平均价格调整如表 6-4 所示。空白元素（表中空格）是因为政策的实际执行是从 2005 年开始的。价格调整量通过以下公式获得：$p_y = (m-1)p_{y1}/12 + (13-m)p_{y2}/12$，其中，$m$ 表示联动应该触发但并未执行的月份。历史联动情景是实际的情况，不联动和完全联动分别是不执行联动和按照消化比例完全执行联动的情况，引入完全联动 10%的情景是因为 2012 年调整的消化比例设置，旨在分析这种调整的合理性，并对研究结果进行自助统计分析，结果如图 6-9 所示，其中，完全联动 30 和完全联动 10 情景表示电厂分别以 30%和 10%的煤价变动消化比例进行煤电价格联动。在不同的联动情形下，利润效率的分布态势呈现出一些共性。这也意味着不同的联动程度会影响具体的效率水平，但对效率分布的影响并未得到证明。此外，在煤电价格联动的情况下，非效率指标降低，这与是否进行过偏差修正并无必然联系。这说明了价格联动机制对利润效率的影响是现实存在的，也为市场化未完全实现前执行价格联动提供了合理依据和现实激励。

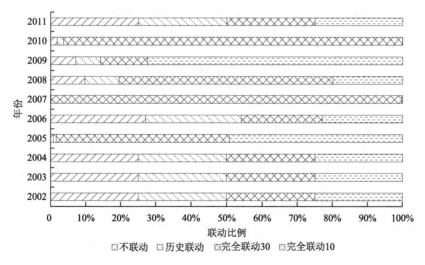

图 6-9　不同联动模式下效率比较

表 6-4 不同情景下的电价调整

情景设置	电价调整量/（0.01 元/千瓦时）						
	2005 年	2006 年	2007 年	2008 年	2009 年	2010 年	2011 年
不联动	1.240	0.695					
历史联动							
完全联动 30			0.320	1.655	−0.480	1.392	−0.187
完全联动 10			0.411	2.561	−0.617	1.789	0.117

很多研究采用两阶段回归方法对传统数据包络分析估计值的影响因素进行研究。其中截尾回归模型和简单最小二乘法是最常用的两种方式。但是正如 Simar 和 Wilson[257]指出的那样，这样的处理方式同时存在效率序列相关和内生性的问题，这都使得研究结果的有效性受到质疑。为此，本节提出了同时解决这两类问题的两阶段自助法分析程序，使用扩展后的两阶段自助法程序对利润非效率的影响因素进行分析。结合历史文献和现实情况，考虑的主要影响因素包括机组运行小时、机组规模及所发电量是否自用等，回归及统计结果在表 6-5 中呈现。其中，和电厂特征相关的因素包括装机容量、利用小时和表征电厂所发电量是否自用的虚拟变量。集团变量设置与上文保持一致，将不属于九大集团的电厂作为比较的基础。历史上触发且实行的两次煤电价格联动通过虚拟变量来表征。结果显示，利用小时越高，相应的电厂利润非效率指数越低。主要用于公共消费的电厂效率比自用电厂的效率更高。和不属于九大发电集团的电厂相比，大型发电集团的电厂平均效率更高。第一次煤电价格联动机制（联动 1）对于提升电厂利润效率发挥了一定的作用，而第二次煤电价格联动机制（联动 2）的实施效果在 10%的置信水平下是不显著的。

表 6-5 自助法的分析结果

变量	系数	变量	系数
装机容量	0.000 00	gruop4	−0.016 36*
利用小时	−0.000 05**	group5	−0.032 51**
是否自用	0.013 04**	group6	−0.031 45**
group1	−0.019 52*	联动 1	−0.046 30**
group2	−0.026 48*	联动 2	0.000 88
group3	−0.015 37	常数项	0.522 10**
sigma	0.237 44**	沃德检验	2 829.330 00**
对数似然函数	314.906 36		

注：group1，华能；group2，大唐；group3，华电；group4，国电；group5，国家电投；group6，神华、华润电力和国投电力

*和**分别表示在 10%和 5%的水平下显著

煤电价格联动机制隐含着一种激励机制，以 30% 的消纳比例为例，如果电厂能够通过提升效率且节约 30% 及以上的成本，那么将在此政策执行中获利，反之，则会遭受损失。为了在执行煤电价格联动中提高收益，势必会努力促进效率提升，这也正是政策制定的起因和出发点。对比分析煤电价格不联动、历史联动及分别以 30% 和 10% 的煤价变动消化比例进行完全联动四种情景后发现，不同的联动程度会影响具体的效率水平，但对效率分布的影响并不明显，技术效率是决定利润效率的主要因素。两阶段影响因素分析的结果表明，结合"上大压小"、关闭小火电等具体节能减排策略的执行效果，可以更大程度上实现效率提升，进而在实现利润最大化的同时，完成减排任务。

本节在研究方法上，将传统数据包络分析的确定性缺陷和两阶段回归的序列相关性进行同时处理，并将事先确定方向向量的方式调整为内生方向向量，提升了分析结果的客观性和区分度。关于传统数据包络分析结果的统计分析是必不可少的，这可以从二者的核密度估计的显著差别中得到说明。内生方向向量在区分度和客观性方面都优于事先确定的方向向量。考虑到效率分析结果对数据选择的敏感性，我们设置不同的煤电价格联动情景，使用两阶段的自助法对中国 1300 多家火电厂的利润效率及其构成要素进行分析，发现火电技术进步、方向向量选择显著影响电厂效率。观测集合向量的测度结果显示电厂之间的效率呈现出两极分化，而在内生向量下的分析结果显示，电厂间的效率分布较为分散。这也证明了内生向量在结果区分度方面的优势，自助法模拟样本的秩和检验进一步说明，方向性距离函数研究中，事先假定方向向量会影响研究结果的客观性和可信度。

6.3　考虑内部竞争的发电企业动态环境效率影响因素分析

6.3.1　博弈交叉 Malmquist 模型

传统的 Malmquist 指数计算中，所采用的数据包络分析框架均为传统数据包络分析模型或是 SBM 模型，并没有考虑到待评价决策单元之间的竞争情况对于效率评价结果的影响。由于前面已经提到的传统数据包络分析模型在效率评价中存在的不足，影响传统数据包络分析框架下的 Malmquist 指数结果的准确性和客观性。为了解决这些问题，更加客观准确地评价电力企业的动态环境效率，本书在博弈交叉的数据包络分析模型基础上提出了博弈交叉 Malmquist 指数（game-cross Malmquist index，GMI）方法。这种方法一是能够保留博弈交叉的优势和特点，二是能够结合 Malmquist 指数的计算框架进行动态效率评估，在当前越发激烈的电力市场竞争中，对电力企业进行动态环境效率评估时具有一定的优势。

GMI 模型是用博弈交叉模型替换数据包络分析框架中的传统模型，在动态效率计算过程中也能考虑决策单元间直接或间接的竞争关系。$E_k^t\left(x_k^t, y_k^t\right)$ 和 $E_k^{t+1}\left(x_k^{t+1}, y_k^{t+1}\right)$ 分别为 DMU_k 在 t 时期和 $t+1$ 时期的博弈交叉效率值，而 t 时期的 DMU_k 在 $t+1$ 时期决策单元构造的前沿面下的效率值可以由式（6-14）计算得出，类似地，也可以由式（6-14）得出 $t+1$ 时期的 DMU_k 在 t 时期决策单元构造的前沿面下的效率值 $E_k^{t+1}\left(x_k^t, y_k^t\right)$：

$$
\begin{aligned}
\max \quad & \sum_{r=1}^{s} \mu_{rj}^d y_{rj} \\
\text{s.t.} \quad & \sum_{i=1}^{m} \omega_{ij}^d x_{il}^{t+1} - \sum_{r=1}^{s} \mu_{rj}^d y_{rl}^{t+1} \geqslant 0, \, l=1,2,\cdots,n, \\
& \sum_{i=1}^{m} \omega_{ij}^d x_{ij} = 1 \\
& \alpha_d^{t+1} \times \sum_{i=1}^{m} \omega_{ij}^d x_{id} - \sum_{r=1}^{s} \mu_{rj}^d y_{rd} \leqslant 0, \\
& \omega_{ij}^d \geqslant 0, \, i=1,2,\cdots,m, \\
& \mu_{rj}^d \geqslant 0, \, r=1,2,\cdots,s.
\end{aligned}
\tag{6-14}
$$

这里的 α_d^{t+1} 依旧是参数，初值为在 $t+1$ 时期决策单元构造的前沿面下 DMU_d^{t+1} 的平均交叉效率值。

则基于博弈交叉的 Malmquist 指数 GMI_k 可以写作式（6-15）的形式：

$$
\mathrm{GMI}_k = \left[\frac{E_k^t\left(x_k^{t+1}, y_k^{t+1}\right)}{E_k^t\left(x_k^t, y_k^t\right)} \frac{E_k^{t+1}\left(x_k^{t+1}, y_k^{t+1}\right)}{E_k^{t+1}\left(x_k^t, y_k^t\right)} \right]^{\frac{1}{2}}
\tag{6-15}
$$

这里的效率值 E 由上述带有非期望产出的博弈交叉模型计算得出，GMI_k 大于 1 时代表电力企业的动态环境效率提高了，GMI_k 小于 1 则相反。根据传统 Malmquist 指数的定义，GMI_k 可以分解成以下两部分的乘积，如式（6-16）～式（6-18）所示：

$$
\mathrm{EC}_k = \frac{E_k^{t+1}\left(x_k^{t+1}, y_k^{t+1}\right)}{E_k^t\left(x_k^t, y_k^t\right)}
\tag{6-16}
$$

$$
\mathrm{FS}_k = \left[\frac{E_k^t\left(x_k^{t+1}, y_k^{t+1}\right)}{E_k^{t+1}\left(x_k^{t+1}, y_k^{t+1}\right)} \frac{E_k^t\left(x_k^t, y_k^t\right)}{E_k^{t+1}\left(x_k^t, y_k^t\right)} \right]^{\frac{1}{2}}
\tag{6-17}
$$

$$GMI_k = EC_k \times FS_k \tag{6-18}$$

其中，EC_k 表示效率的变化，其表示企业的追赶效应，即电力企业相对于行业前沿面的变动，EC_k 大于 1 表示电力企业效率有进步趋势，EC_k 小于 1 则表示电力企业效率有落后趋势；FS_k 表示行业前沿面的移动，FS_k 可以表示行业技术水平的变化，在这里代表了发电部门生产技术和二氧化碳减排技术的整体变化，FS_k 大于 1 的时候代表技术进步，而 FS_k 小于 1 时代表技术退步，FS_k 等于 1 时技术整体水平保持不变。

6.3.2 研究指标选取及实证数据

为了研究电力企业的动态环境表现，我们收集了 2007～2015 年 16 个电力企业的电力生产数据，受数据获取的限制，16 个电力企业均来自《中国电力统计年鉴》公布数据所涵盖的企业（表 6-6）。其中包含了中国发电行业的主要发电企业。值得注意的是，由于我们重在探讨发电企业排放的环境效率，即考虑了二氧化碳的排放，因此，排除了不含火力发电、纯水电或核电公司。选取的投入产出指标包括能源投入指标——能源消费量，非能源投入指标——劳动力和资本，期望产出指标——发电量。其中为了获取准确的劳动力数据，16 个电力企业均为上市公司，劳动力数据从公司年报中收集，但不可避免的是，上市公司的员工数与其发电业务的全部从业人员数目会有一定差距。以往的研究中普遍用装机容量代表企业的固定资产投入，我们也遵循了这个传统。因为我们的研究重点在于碳减排要求约束下的电力企业环境表现，所以选取的非期望产出为碳排放量，样本企业均以火电为主营业务。资料来源主要包括《中国电力工业统计资料汇编》、Wind 数据库等。投入产出数据的统计指标见表 6-7。

表 6-6 电力企业名称及简称

序号	企业名称	企业名称缩写
1	华能	HN
2	大唐	DT
3	华电	HD
4	国电	GD
5	国家电投	ZDT
6	广东省粤电集团有限公司	YD
7	国投电力	GT
8	河北建设投资集团有限责任公司	HJ
9	深圳市能源集团有限公司	SN

序号	企业名称	企业名称缩写
10	北京能源投资（集团）有限公司	BN
11	安徽省能源集团有限公司	AN
12	广州国资发展控股有限公司	GF
13	江西省投资集团有限公司	JT
14	湖北能源集团股份有限公司	HB
15	山西国际电力集团有限公司	SG
16	甘肃省电力投资集团公司	GS

表 6-7　投入产出指标统计

统计量	平均值	最小值	第一四分位数	中位数	第三四分位数	最大值
能源消费量/万吨	6 368.57	80.00	483.75	1 643.50	13 372.75	26 539.00
劳动力/人	11 072.10	38.00	1 599.50	4 066.50	17 825.00	49 894.00
资本/亿元	366.04	11.80	36.85	81.25	709.43	1 606.30
发电量/亿千瓦时	1 552.37	58.00	143.25	382.50	3 033.75	6 397.00
碳排放量/万吨	12 608.20	158.38	957.71	3 253.73	26 474.75	52 540.69

6.3.3　电力企业的动态环境效率影响因素探索

1. 环境效率结果

采用 GMI 模型计算我国主要发电企业动态环境效率，得出的结果如表 6-8 所示。从表 6-8 中可以看出，16 家发电企业各年的动态效率值的分布在 0.77～1.26，总体而言模型的区分度较好。当动态效率值大于 1 时，说明效率提高。研究期间，平均 GMI 在 1 附近波动并且有轻微下降趋势，这表明发电部门环境效率在整个研究期间内并没有明显改善。GMI 和 EC 表现出同样的趋势，2011～2012 年的动态效率值最大，之后开始下降。值得注意的是，FS 一直稳定在数值 1 附近，变动很小，这说明效率的改变是推动环境效率变化的主要因素，而技术进步对环境效率的变化贡献不大。换言之，发电和二氧化碳减排的技术水平在 2007～2015 年并无明显提高。

从个体维度来看，有些企业的动态效率波动较大。例如，北京能源投资（集团）有限公司、湖北能源集团股份有限公司、甘肃省电力投资集团公司和安徽省能源集团有限公司等。研究期间动态效率值的最小值和最大值均出现在北京能源投资（集团）有限公司，效率差距达 0.48；另外，有一些电力企业研究时期效率值波动不大。例如，大唐、国投电力和华能等效率最大值和最小值的差距小于 0.2。可以看到，效率值变动较大的多为地方性发电企业，而规模较大的全国性发电企业整体的环境效率表现较为稳定。这可能是由于大企业发电量稳定，受电力需求波动的影响较小，因此动态效率波动不大。规模稍小的地方性发电企业受地方经济发展等外部因素影响，且新增机组等因素波动较大，因此动态效率变化明显。

表 6-8　发电企业动态效率

企业名称缩写	2007～2008 年	2008～2009 年	2009～2010 年	2010～2011 年	2011～2012 年	2012～2013 年	2013～2014 年	2014～2015 年
HN	1.0012	0.9970	1.0712	1.0022	1.0285	1.0518	0.952	0.8945
DT	0.9837	0.9773	1.0366	1.0213	1.0577	1.0081	0.9895	0.9144
HD	1.0200	1.0229	0.9404	1.0502	1.0826	1.0008	0.9942	0.9046
GD	1.0271	1.0558	0.9662	1.0068	1.0254	1.0878	0.9510	0.8938
ZDT	1.0589	0.9976	0.9390	1.0716	1.0620	1.0053	0.9909	0.8970
YD	1.0473	0.9865	0.9946	1.0456	0.9856	1.0139	0.9644	0.8926
GT	1.0151	0.9656	1.0285	1.0229	0.9315	1.0735	1.0000	1.0000
HJ	0.9931	0.9951	0.9879	1.0222	1.0002	0.9620	0.9834	0.9554
SN	1.002	1.0005	1.0000	0.9886	1.0098	0.9541	0.9691	0.8423
BN	0.7783	1.2557	0.8944	1.0992	1.0748	1.0391	0.9687	1.0004
AN	0.9893	0.9060	0.9753	0.9683	1.1746	1.0344	0.9736	0.9440
GF	1.0635	0.9996	0.9414	0.9948	1.0160	0.9683	0.9849	0.9140
JT	1.1498	1.0160	1.0407	0.9558	1.0287	1.0717	1.0329	0.9959
HB	1.1844	0.8560	0.9804	1.0983	1.0979	0.8353	1.0772	0.9716
SG	1.0284	1.0028	1.0071	0.8515	1.0266	0.9492	0.7939	0.9469
GS	0.8170	1.0109	1.0918	0.9931	1.1149	0.8837	0.9234	0.8620

从图 6-10 可以看出，GMI 和 EC 在 2011～2012 年呈明显下降趋势，且均值均小于 1，这说明电力企业的环境表现一直处于下降趋势，这与一般的研究发电部门或企业动态环境效率所得的结论不同[42,101,267]。从企业的动态效率来看，GMI 总体偏低，与行业效率评估的结论一致。GMI 指数超过 1 的只有四个阶段，且都在 2011～2012 年之前，也就是说电力企业整体环境效率并没有明显提高，尤其是 2012 年以后，甚至出现整体呈现略微下降趋势。另外，GMI 的变化主要由 EC 的变化驱动。GMI 与 EC 的变化趋势基本保持一致，而 FS 围绕 1 轻微浮动，总体呈不变的趋势，FS 为 1 的决策单元数量很多。这种趋势说明电力市场的竞争日趋

激烈，尤其是在碳减排约束下，碳减排竞争也日趋激烈。

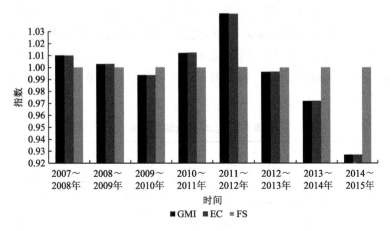

图 6-10　　2007～2015 年平均 GMI、EC 和 FS

上述的研究皆表明电力企业的环境效率有明显上升趋势，而我们与其他研究在结论上的差异正是来自评价方法的不同，GMI 模型的评估中考虑了竞争性因素。伴随近年来电力市场改革，装机容量的增长，尤其是清洁能源的迅速发展，出现了较为严重的弃风现象（图 6-11），全国总体上电力供大于求，市场竞争加剧。在这种情况下，GMI 模型由于结合了数据包络分析博弈交叉模型和传统 Malmquist 指数的优点，既能够有效地捕捉电力企业间的竞争，又能反映效率的动态变化，提高了评价结果的客观性。当前，新兴业态的出现加剧了企业提高经营效益的难度，随着节能减排压力的提升，电力企业环境效率出现波动。这种越发激烈的市场竞争主要来源于两个方面。一是"十二五"期间（2010～2015 年）印发了《"十二五"节能减排综合性工作方案》，确定了各地区的减排目标。电力行业是碳减排的重点，使得发电企业面临激烈的配额竞争，以致某些时间导致环境表现下降。二是我国的电力工业在经历了早期的供不应求后，上马了大批发电项目，自 2012 年起全国总体上出现了明显的电力过剩，随着电力市场建设的推进，价格随供求关系变化，当供过于求时只能低价售出。特别是近年来大力发展清洁能源，弃风、弃光现象显著增加，清洁能源发电受资源禀赋的影响较大，并且难以参与调峰，进一步加大了发电能力强或用电低谷时的企业之间的竞争。对于清洁能源占比较大的企业，这种竞争劣势尤为明显，无论是在国家层面还是在企业层面，电力在动态环境效率上存在较大的差距。水电占比较高的企业的动态环境效率相对较高且呈现上升趋势，而风电光伏占比较高的企业则恰好相反。

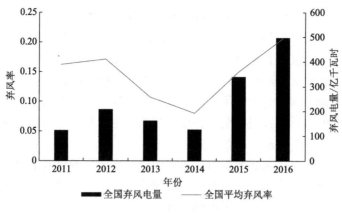

图 6-11　全国弃风情况

2. 影响因素分析

图 6-12 为各电力企业不同年份 GMI 的四分位图，可以看到，尽管从整体上看发电部门的动态效率变化不大，但不同电力企业的动态环境表现存在较大差距，个别企业还出现了高于或者低于正常水平的异常值，因此有必要探究影响企业动态效率差距的原因。

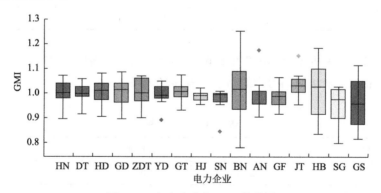

图 6-12　各电力企业 GMI 箱线图

已经有不少学者研究了机组年龄，规模大小、能源结构、燃料热值等对效率值的影响[97, 112]，我们将主要关注点集中在竞争性因素方面。考虑到动态效率的原因，影响因素指标选取时也多是选择了比率性指标，具体的变量介绍如下。

（1）经济增长率：电力企业所在地区的经济增长率可以从两方面影响电厂竞争力：一是经济增长快，引致装机容量上升，新机组比例上升，技术创新和新设备的使用比率更大；二是电力消费与经济的发展息息相关，经济增长与电力消费正相关，电力企业产能利用率高。

（2）碳排放权交易试点：2013 年 7 月开始，全国范围内相继设立了八个碳排放权交易试点，试点城市分别为上海、北京、深圳、广东、天津、湖北、重庆、福建，由于福建碳排放权交易启动于 2016 年 12 月，不在我们的研究区间内，故不予考虑。试点地区的企业可以交易配额，这将加剧发电企业的碳排放竞争。用 1 表示电力企业所在地区成立了碳排放交易试点，0 则代表没有。

（3）所有制形式：企业的所有制形式也是能够影响电力企业竞争力的因素，中央直属企业的电厂往往遍布全国各地，与地方企业相比，调控力更强。以 1 代表中央直属企业，0 代表地方电力企业。

（4）装机增长率：装机容量可以从侧面反映出电力的供需情况，如果盲目新增装机容量会导致发电量过剩，装机增长速度超过了地区电力消费水平的增长速度，就会在一定程度上导致电力消纳困难。

各个解释变量的四分位统计量如表 6-9 所示。

表 6-9　解释变量统计量

变量	最大值	最小值	第一四分位	中值	第三四分位
所有制形式	1	0	0	0	1
碳交易试点	1	0	0	0	0
经济增长率	114.8%	103.1%	108.2%	109%	110.3%
装机增长率	2.2%	0.6%	1.0%	1.1%	1.2%

在回归时还考虑了时间因素的影响，将 GMI 的一阶滞后变量也纳入解释变量中，使用最小二乘法回归得到的结果如表 6-10 所示。

表 6-10　回归结果

变量	系数	标准差	p 值
GMI（−1）	−0.172 9	0.090 7	0.059 3
经济增长率	0.010 5	0.000 9	0.000 0
碳排放权交易试点	−0.015 9	0.014 6	0.277 4
所有制形式	0.033 8	0.013 6	0.014 6
装机增长率	0.011 0	0.033 7	0.744 0

结果显示，在 1%的显著性水平下，经济增长率与动态环境效率正相关，这与静态效率的估计结果相同，经济发展水平较高更容易实现环境效率的提高。所有制形式在5%的显著性水平下与 GMI 正相关，这说明中央直属电力企业比其他企业的动态环境效率表现更好。可能的原因有以下两点：一是中央直属企业规模

较大，容易实现规模效应，相应的动态效率较高；二是中央企业具备一定的技术优势，在最新的发电和节能减排技术应用及设备更新方面占据优势。

碳排放权交易试点对于 GMI 存在负向影响，但不显著。这说明碳排放权交易政策确实加剧了电力企业的碳排放竞争，在企业没有采取相应措施的情况下，总体的环境效率表现变差。由于研究期间碳排放权交易机制仅在七个试点城市进行，很多样本企业的电厂分布于全国各地，因此并没有形成普遍的约束作用；另外，各试点城市的碳排放交易制度和惩罚措施不一致，它们对各企业的影响效果就不一致。

动态效率值与电力企业装机增长率没有显著的相关关系。GMI 与 GMI（−1）在 10% 的显著性水平下负相关，这说明之前发电企业的环境效率增长提高了基准，加大了下一年动态环境效率提高的难度。这可能是由于企业并没有形成长期的效率提高或者节能减排的机制，在达到短期的节能或减排目标之后，失去长期的节能减排动力，导致在效率短暂上升之后出现效率下降的趋势。

本节结合博弈交叉模型和传统 Malmquist 指数方法的优点，计算中国发电企业的动态环境效率，直观地反映不同企业的动态环境表现。结果发现，实现各地区环境效率的同步提高是项长期的工作，多种因素影响了发电部门的环境效率。近年来环境效率并没有明显提高，尤其是关于电力企业的动态效率估计反而有轻微的下降。进一步与第 4 章的研究结果进行对比发现，静态环境效率的研究中，火力发电占比越高，装机容量利用系数越小，环境效率就越低，反之亦然，改善发电结构的同时提高装机利用率会有效提高发电部门的环境效率。从动态环境效率的影响因素分析可知，所有制形式也会影响电力企业的竞争力，全国性企业的竞争力会高于地方所有制企业。在两次效率评估的第二阶段，都采用了经济指标，而这一指标在两种回归中都与效率值呈正相关，这说明环境效率与所处的环境和经济发达程度有关，经济越发达的地区越关注经济发展的质量，对环境质量要求就越高，同时有资金投入研发和设备更新，相对会有更高的环境效率。

6.4　本章小结

国家的改革政策最终要落实到企业执行，发电部门的环境效率改进要通过各发电企业实施。本章分别采用随机前沿分析、两阶段自助法和 GMI 模型从企业角度研究了"上大压小"、"煤电价格联动"和企业内部竞争加剧对发电部门的动态环境效率、规模效率及利润效率变化的影响。通过实证分析发现：煤炭价格的上涨对动态效率的直接影响很小，而对技术效率存在较大的间接影响，火电行业应当将更多精力投入自身技术效率的提升上。比如，改善能耗结构、提升装机质量，而不是一味地抱怨煤电价格矛盾。新增大容量机组总体上提高了发电效率，但由于不同省（自治区、直辖市）发电行业对"上大压小"等政策承受能力的差异，盲目地淘汰小容量机组可能会造成相关部门的亏损以致影响效率，因地制宜、循序渐进的政策制定方法十分必要。

第7章 清洁能源发展影响因素及路径探究

随着时代的发展，清洁能源的含义也在不断发展变化。传统意义上，清洁能源指对环境友好的能源，意为环保、排放少、污染程度小的能源。按照这一思路，可再生能源、核能、天然气和沼气均属于清洁能源。随着可再生能源的不断发展，越来越多的人将清洁能源定义为绿色能源，即不排放污染物、能够直接用于生产生活的能源，它包括核能和可再生能源。本书采用狭义的清洁能源定义，认为清洁能源主要包括风电、太阳能、水电、核电、潮汐能和生物质能等。目前，水电的发展已经较为成熟，核电发展受国家政策影响较大，因而本章重点从地区和国家角度探讨目前正迅速发展的风电和太阳能，探究影响其发展路径的主要因素。

7.1 典型省（自治区、直辖市）风电发展影响因素分析

7.1.1 我国风电发展实践分析

我国陆地风能资源大部分分布在西北、华北和东北的"三北"地区，海上风能资源则大部分分布在东南沿海诸省。2014 年，国家气象局发布全国风能资源评估结果，指出在距离地面 70 米的风能资源中，风能功率密度达到 150 瓦/米^2 及以上的技术可开发量超过 70 亿千瓦；达到 200 瓦/米^2 及以上的技术可开发量为 50 亿千瓦。在沿海省（自治区、直辖市），仅以距离海面 10 米高区域为限，风能储备资源量约为 7.5 亿千瓦。

1. 八大风力发电基地

自 2005 年《中华人民共和国可再生能源法》发布以来，中央和地方政府多次出台风电发展配套支持政策，为中国风电行业发展奠定了坚实的政策基础。2008 年，根据风能资源的地理分布，提出建立甘肃、新疆、河北、蒙东、蒙西、吉林和江苏七个千万千瓦级基地。2011 年 1 月，国务院批复了《山东半岛蓝色经济区发展规划》，山东成为中国第八个千万千瓦级风电基地的地区[268]。

根据资源潜力和国家的规划，这些风力发电基地的总装机容量将超过全国总装机容量的 80%。八大风电基地，按照位置分别隶属中国西北地区、东北地区、

华东地区和华北地区，它们的建设，有利于风能资源的集中大规模开发利用，在风电发展中居于主导地位。在相关政策扶持下，八大风电基地近年来实现了快速发展，图 7-1 为 2006～2015 年各风电基地的累计装机容量。

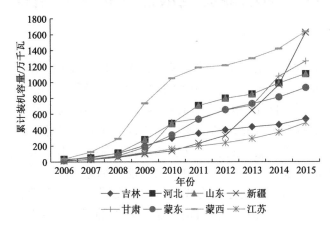

图 7-1　2006～2015 年八大风电基地累计装机容量示意图

位于西北地区的甘肃和新疆同属于西北电网，风能资源丰富。其中，技术探测发现甘肃风力潜能为 8200 万千瓦，位列我国第三位[269]。2008 年甘肃发布了《甘肃酒泉千万千瓦级风电基地规划报告》，将该地区风电装机总目标定为 3000 万千瓦，这是我国第一个开建的风电基地。甘肃风电基地的建设是当时西部大开发战略中的重要工程项目。2015 年，甘肃风电累计装机容量达到 1262.8 万千瓦，较 2006 年增长了近 98 倍，风电当年发电量超过 125 亿千瓦时，是 2006 年的 120 倍，占甘肃省发电总量的 10% 以上。

新疆地区的风能可开发面积约为 15.6 万平方公里，总开发容量可达 8000 万千瓦。新疆的风电开发始于 20 世纪 80 年代早期，经过多年的发展，经历了从引入技术组、经验学习到自主研发装备和运营管理方法等多个阶段。目前已经形成了从风力发电设备制造到风力发电的完整产业链，并在风电设备出口和国际对外投资方面取得了很大成绩。2015 年，新疆的风电新增装机容量占八大风电基地新增装机总容量的 40.5%，累计装机容量达到 1625 万千瓦（图 7-1），占全国风电新增装机容量的 21.6%，发电量达 148 亿千瓦时，是 2006 年的 38 倍。

内蒙古境内广布草原和沙漠，其面积占全国的八分之一，拥有中国近 40% 的风力资源[270]。从 2006 年起，无论是风电装机容量还是风电发电量，内蒙古地区均居中国首位，截至 2015 年底，内蒙古地区风电累计装机容量达 1621 万千瓦。根据隶属电网区域的不同，内蒙古分别规划了蒙东和蒙西两个千万千瓦级风电基地。其中，蒙西区域由内蒙古电力公司经营，这是中国起步最早的风电基地，也是计划建造的中国最大的千万千瓦级风电基地。2015 年，蒙西电网风电发电量为

250 亿千瓦时，占地区总发电量的 12%。蒙东地区属于东北电网，计划建造的风电基地规模小于蒙西地区，截至 2015 年，蒙东风电累计装机容量达到 945 万千瓦。在国家能源结构调整的推动和国家电网的支持下，2015 年蒙东电网风电上网超过 140 亿千瓦时，占当地总发电量的 17%。

河北风电基地位于华北地区，其风能资源分布在紧邻内蒙古风电基地的河北北部。自从 2009 年被确定为千万千瓦级风电基地后，河北风电建设进入快速发展阶段。截至 2015 年底，风电总装机容量为 1103 万千瓦，发电量达 168 亿千瓦时，是 2006 年的 47 倍。

吉林风电基地所在的东北地区是中国的老工业基地，但是近年来经济发展较为缓慢。东北风能可开发潜力仅次于内蒙古，但在地区分布上很不平衡，风能资源主要分布在吉林省主网架的末端，因而其技术上可实现的装机容量较小。1999 年吉林省首个风电场——通榆同发风电场 3.06 万千瓦并网发电。2002 年，吉林便率先通过了省级风电发展规划，将风电作为可再生能源替代的战略重点。截至 2015 年，吉林风电基地累计装机容量达到 540 万千瓦，全年风力发电量为 60 亿千瓦时，占发电总量的 3.3%，是 2006 的 20 倍。

江苏是我国经济发展最为迅速的地区之一，相比其他省（自治区、直辖市）电力负荷更为强劲。但与其他省（自治区、直辖市）相比，江苏海上风电资源更为丰富，而陆上风电开发成本高于经济欠发达地区。因而，江苏的风电发展较晚，首个项目于 2007 年开始投入运营，当年发电量为 2.1 亿千瓦时，但在海上风电技术取得突破后获得了快速发展，2014～2015 年建设完成了江苏如东潮间带示范风电场和江苏如东海上风电场等大型海上风电基地。截至 2015 年底，江苏风电装机容量达到 489 万千瓦，2015 年发电量达到 64 亿千瓦时，增长近 30 倍。考虑到海上风电技术和陆地风电技术的差异性，后续将单独分析。

山东同样属于经济较为发达、用电负荷高的地区，其风电发展也经历了先抑后扬的过程。2011 年初，山东被确定为我国第八个风电基地，其后五年，风电年度新增装机容量均保持在 100 万千瓦以上，其中 2015 年新增装机为 130 万千瓦。截至 2015 年底，山东风电累计装机容量为 956 万千瓦，发电量达 121 亿千瓦时，是 2006 年的 75 倍。由于山东的产业结构中第二产业占比较高，用电量和供电量之间存在一定的缺口。据统计，仅 2015 年的用电缺口就在 600 万～700 万千瓦左右，可以预见风电将成为山东省内电源供应不可或缺的一部分。

2. 中国海上风力发电

我国海上风电资源分布在沿海大陆架的东南沿海和渤海湾地区。2007 年 11 月，中国第一个海上风力发电试验示范项目——中国海洋石油集团有限公司渤海湾钻井平台测试单元完成，装机容量 0.15 万千瓦，标志着我国海上风力发电取得突破性进展。由于基数低、相对投资成本高，早期海上风电新增装机容量波动较大，从 2013 年开始增长较快，具体情况如图 7-2 所示。目前，97% 的海上风力发电机组大部分集中在江苏、福建及广东。从 2015 年新增装机容量看，全国超过 80% 的装机来自江苏，达到近 30 万千瓦，其余两省合计占 17%。

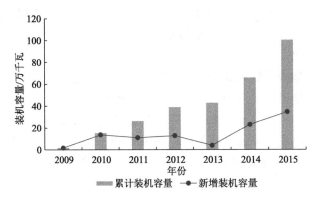

图 7-2　2009～2015 年我国海上风电累计和新增装机容量

　　全国海上风电投资市场仍处于起步阶段，多数开发企业处于观望状态。2015年，装机容量排名前三位的企业为华锐风电科技（集团）股份有限公司、上海电气集团股份有限公司和远景能源有限公司。根据行业专家测算，目前中国海上风电的成本约为 0.8 元/千瓦时。项目实际投建和运营过程中，很多不确定性也会影响海上风电的固定和可变成本，以至于国家规定的海上风电标杆电价并不具有很强的吸引力，能盈利的海上风电项目很少。

　　整体而言，由于上网电价、成本效益的限制，以及部门用海管辖权的职责不清，海上风电技术扩散缓慢。有些项目甚至在第一次特许权招标后推迟三年才得以开工。国家发展和改革委员会在 2014 年 6 月确定海上风电上网电价后，在一定程度上推动了海上风电技术的扩散，但相对其高昂的开发成本来说，其电价水平并不能给投资方以足够的吸引力。考虑到海上风电诸多不确定性带来的投资风险，多数开发商投资谨慎，开发意愿不强。2014 年，国家发展和改革委员会能源研究所与国际能源署合作发布的《中国风电发展路线图 2050（2014 版）》提出，到 2030年，风电的累计装机超过 4 亿千瓦。要实现这一发展目标，需要全面考察固定上网电价政策、税费补贴和电网建设等因素的影响[271]。

　　截至 2015 年底，中国的海上风电项目总装机容量达到 100 万千瓦，尚不及风电装机容量总量的百分之一。其中，潮间带项目装机容量为 62 万千瓦，近海项目装机容量为 40 万千瓦。现有项目仍然以潮间带海上风电技术为主，仅江苏如东海电项目和上海市东海大桥项目已颇具规模，其他海上风力发电项目大多是实验风电场或风力涡轮机制造商的原型，尚未形成完整的产业链。

7.1.2　广义巴斯模型的原理及适用性分析

1. 巴斯模型

技术扩散模型的发展始于 20 世纪 60 年代，Fourt 和 Woodlock[272]、Rogers[273] 及 Bass[274]对于进入市场的新技术或者产品的扩散模式提出了研究方法，认为技术的扩散符合"S"形曲线，该模型的目的是在给定顾客购买决策的情况下，预测一个新产品随时间变化的增长情况。此后又陆续出现了多个模型，Logistic 模型表明快速的指数形式的发展出现在扩散初期，随着扩散过程的深入，扩散速度开始减缓。与之不同，Gompertz 模型在扩散中期较为迅速，而在早期和末期阶段较缓，更加契合扩散初始成本高的特点。

Bass[274]在 1969 年首次使用数学模型描述产品技术扩散的"S"形曲线，即巴斯模型。假设厂商受到两种信息的影响：一类是外部信息，如大众媒体和广告；另一类是行业内部信息，如社会互动和口碑。根据接收信息的方式，厂商可以分为两类：一类是受外部信息影响而采纳新技术的创新者，另一类是受内部信息影响的模仿者。巴斯模型适用于技术扩散初期，通过外部的渠道和公众媒体传播，之后通过人与人之间的沟通进行口碑传播，其核心思想如下：创新者可以独立于社会系统的其他成员进行决策；而追随者受社会系统的影响决定其采用新产品所需的时间，并且这种影响随着采用新技术厂商的增加而扩大，它们之间的关系表示为下述一阶微分方程式[274]：

$$z'(t) = m\left(p + q\frac{z(t)}{m}\right)\left(1 - \frac{z(t)}{m}\right), t \geqslant 0 \qquad (7\text{-}1)$$

其中，$z(t)$ 表示 t 时期累计装机容量；m 表示资源潜力，即技术扩散过程中潜在的最大装机容量，其在新的技术突破出现前是一个常数；p 表示受外部信息影响的创新者系数；q 表示模仿者系数；$z'(t)$ 表示扩散率，其是 $z(t)$ 的微分。巴斯模型第一次用数学模型表达了新技术扩散过程的本质，并成功地将其运用于新产品的扩散和销售预测。

2. 广义巴斯模型

基础巴斯模型的应用有许多基本假设，多个学者放松了基础模型的假设，对模型进行了扩展[275]。例如，对于进入新市场的商品销售进行预测，模型中尚未考虑营销策略的影响，该模型不能解释价格和其他基本经济变量对扩散过程的影响。1994 年，Bass 等[276]将冲击函数引入基础巴斯模型，首次构建了广义巴斯模型，并用以反映市场混合策略。

Guseo 和 Valle[277]、Guseo 等[278]、Guseo[279]等最先将扩散模型引入能源领域，用来分析石油、天然气行业的技术扩散。为了描述技术扩散过程中的外部干预，有学者对广义巴斯模型进行了改进，进一步提出可以用指数型和矩形冲击函数拟合政策干预对可再生能源的技术扩散的影响。Valle 和 Furlan[280]将广义巴斯模型应用于光伏发电、风电和核电的技术扩散研究，均取得了良好的效果。广义巴斯模型能够定量地分析政策变革对风电扩散等的刺激，因此其在预估技术扩散的影响方面获得了广泛应用。

考虑到市场混合策略的影响，广义巴斯模型如下：

$$z'(t) = m\left(p + q\frac{z(t)}{m}\right)\left(1 - \frac{z(t)}{m}\right)x(t), t \geqslant 0 \tag{7-2}$$

其中，$z(t)$ 表示 t 时期累计装机容量；m 表示资源潜力；p 和 q 分别表示创新者系数和模仿者系数；$z'(t)$ 表示 $z(t)$ 的微分，即技术扩散的速率；$x(t)$ 表示干预函数，代表市场混合策略，表示政策或经济等的干预对扩散模型的冲击，它围绕 1 上下波动，是可积函数。当 $x(t)=1$ 时，式（7-2）就简化为标准的巴斯模型，如式（7-1）所示；当 $x(t) > 1$ 时，扩散速度随时间加快，表示冲击加速技术扩散；反之，当 $x(t) < 1$ 时，扩散速度随时间而衰退，冲击将阻碍技术扩散。式（7-2）是一个修正的 Riccati 方程，在假设 $z(0) = 0$、$z(t) = 0$、$t<0$ 的情况下，式（7-2）的解为

$$z(t) = m\frac{1 - e^{-(p+q)\int_0^x x(t)\mathrm{d}t}}{1 + \frac{q}{p}e^{-(p+q)\int_0^x x(t)\mathrm{d}t}}, 0 \leqslant t \leqslant \infty \tag{7-3}$$

其中，资源潜力 m 表示一个常数，与冲击函数无关，只对技术扩散的速度产生影响，而对最终扩散完成时整个市场上的厂商数量没有影响。

冲击函数 $x(t)$ 随扩散时间变化，其表达式与扩散潜力、扩散系统创新系数、模仿系数无关，仅是外部冲击的影响。$x(t)$ 的影响因素包括法律、政策、部门规章及扩散区域宏观经济状况等。

指数冲击是一种随时间减弱的冲击，其可以表示为

$$x(t) = 1 + c_1 e^{b_1(t-a_1)} I_{[t \geqslant a_1]} \tag{7-4}$$

其中，$I_{[t \geqslant a_1]}$ 表示指示函数，当 $t \geqslant a_1$ 时，该函数的值等于 1；当 $t < a_1$ 时该函数的值等于 0，a_1 表示外生变量干预开始时间；b_1 表示此干预减弱到 0 的程度，如果

$b_1 > 0$ 意味着冲击的作用虽然随时间而减缓,但是未被完全吸收,此项冲击对扩散过程仍有干扰;反之,如果 $b_1 < 0$ 意味着冲击的作用随时间已经被完全吸收,不再影响扩散过程。本节中, c_1 表示开始冲击的强度,若 $c_1 > 0$,说明此时的冲击会加速扩散的速度;反之,将会阻碍扩散的速度。

矩形冲击是另一种类型的冲击,其作用效果发生在一段时间内,并且在这一段时间内,其作用效果是恒定的,对扩散过程的促进或阻碍作用不变。矩形冲击可以表示为

$$x(t) = 1 + c_2 I_{[a_2 \leqslant t \leqslant b_2]} \qquad (7\text{-}5)$$

其中, $I_{[a_2 \leqslant t \leqslant b_2]}$ 同样表示一个指示函数,当 $a_2 \leqslant t \leqslant b_2$ 时,该函数的值为 1,否则该函数的值为 0; a_2 表示冲击开始时间; b_2 表示冲击结束时间,冲击发生在 $[a_2, b_2]$ 时间区间内,并且扰动冲击对扩散无影响,之后扰动突然消失; c_2 表示外生扰动冲击的大小,假设其正负值均存在,其含义与指数冲击相同。

当然,由于扰动代表外生政策变量,实际生产生活中冲击的扰动模式可以是多种多样的,因而 $x(t)$ 也可能拥有既包含指数冲击又包含矩形冲击的混合性质,表示多个政策同时干预刺激扩散过程。根据外部环境的差异,冲击函数可能是包含多个指数冲击和矩形冲击的组合,数学模型表示如下:

$$x(t) = 1 + c_1 e^{b_1(t-a_1)} I_{[t > a_1]} + c_2 I_{[a_2 \leqslant t \leqslant b_2]} \qquad (7\text{-}6)$$

扩散模型可以用来分析整个“S”形曲线不同阶段的影响因素差异,从而在扩散的不同阶段采用不同方式进行政策或战略干预以达到预期的效果。采用广义巴斯模型进行创新扩散预测时,需要估计五个参数,分别为创新系数(p)、模仿系数(q)、资源潜力(m)、冲击强度(c_1)和冲击时间(a_1 , b_1)。巴斯模型在进行模型参数估计时最初采用了 Srinivasan 和 Mason[281]提出的非线性最小二乘法,并用巴斯模型解的值来验证参数估计的可靠性。一般来说非线性参数估计都会选择非线性最小二乘法来进行计算,通过确定初值进行迭代,得到相关参数结果。典型的迭代算法包括牛顿法、高斯迭代法、麦夸特法、变尺度法等。随着计算机技术的发展,越来越多的优化算法被应用于实证研究。例如,Venkatesan 和 Kumar[282]提出的遗传算法,其他的优化算法还包括模拟退火算法和蚁群算法等。我们的实证结果表明,在限制各基地风电资源潜力的前提下,采用非线性最小二乘法的参数估计结果有更好的表现。因此,我们利用 Matlab 软件,采用非线性最小二乘法的麦夸特迭代算法估计模型的各参数。

3. 研究数据及来源

可再生能源发电技术扩散的研究中，大部分学者采用了装机容量的数据来进行拟合和预测[280, 283-285]。在我们的研究中，累计装机容量资料来源于中国风能协会，其基础资料来源于风电设备制造商，为了避免数据偏差，同时采用各省（自治区、直辖市）发展和改革委员会公布的统计数据进行校准。此外，我们还参考了国家电网有限公司和中国电力企业联合会公布的相关数据。截至 1996 年，八大风电基地中仅有新疆、蒙东、蒙西、山东和河北建有风电场，累计装机容量仅 3 万千瓦，除新疆达坂城一期、二期累计装机容量超过 1.5 万千瓦，其余风电基地累计装机容量均不超过 1 万千瓦，其中山东、河北风电场总装机容量尚不足 0.1 万千瓦。更为关键的是，这大多为早期示范项目的装机容量，由于 1997 年前的数据是不连续的，我们选择 1997 年作为研究的初始年份。吉林和江苏风电基地首台机组分别于 1999 年和 2006 年安装完成，因而作为研究的起始年份比 2006 年晚。

简言之，甘肃、新疆、河北、山东、蒙东和蒙西装机容量选取 1997～2015 年的数据，吉林为 1999～2015 年，江苏为 2006～2015 年，海上风电为 2007～2015 年的全国累计数据。需要特别指出的是，江苏是唯一一个兼具陆上风电与海上风电的基地，考虑二者技术的差异，我们在关于江苏的研究中剔除了海上风电基地的累计装机容量数据，采用广义巴斯模型预测其 2030 年前的陆上风电发展路径。

考虑各地区风能资源特性，本节参考国家气象局第四次全国风能资源普查结果，并对比中国气象局风能太阳能资源中心提供的中国陆地 70 米高度风能可开发量相关测定数据，确定各风电基地技术可开发潜力的上限。八大风电基地和全国海上风电 2020 年、2030 年装机容量目标主要参考《"十三五"国家战略性新兴产业发展规划》《可再生能源发展"十三五"规划》和《中国风电发展路线图 2050（2014 版）》[286]。在冲击函数的选择上，首先考虑各个风电基地发展进程，分别采用指数冲击或矩形冲击函数进行拟合，进而根据拟合结果逐步调整冲击形式，当发现一次冲击无法很好地拟合实际数据时，结合各地区风电刺激政策重新考虑采用第二次冲击或多重冲击混合的形式。

7.1.3 影响风电技术扩散的关键因素

本节将重点分析八大风电基地和全国海上风电基地技术扩散情况。虽然各风电基地都有自己的发展历史和特点，但我们主要根据地理位置和经济发展情况将陆上基地划分为四类，分别是新疆和甘肃、蒙西和河北、蒙东和吉林、江苏和山东，并研究它们的共同点与影响因素。由于中国海上风电起步晚，尚未达到各省单独研究的阶段，故我们将从全国角度进行整体分析，参数估计结果如表 7-1 所示。

表 7-1 广义巴斯模型参数估计结果

参数	新疆	甘肃	蒙西	河北	蒙东	吉林	江苏	山东	海上风电
m/万千瓦	3 000.81	2 801.21	3 500.06	2 200.01	1 801.30	1 226.54	1 166.04	1 864.37	1 595.52
p	0.000 0	0.000 0	0.000 0	0.000 0	0.000 0	0.000 0	0.011 0	0.000 2	0.002 2
q	0.950 0	1.389 5	1.050 3	0.772 0	0.736 0	0.726 0	0.360 9	0.231 0	0.546 1
a_1/年	4.000 0	14.000 1	13.468 4	14.616 7	15.157 1	11.555 7	5.468 3	11.819 8	3.629 3
b_1/年	-0.084 1	-0.071 1	-0.030 3	-0.052 1	-0.107 8	0.012 5	-0.563 0	-0.629 8	-0.615 5
c_1	-1.061 3	-0.950 2	-0.961 8	-0.857 6	-0.901 5	-0.740 9	1.053 4	6.986 4	-1.220 0
a_2/年	18.202 6				0.110 0		0.124 1		
b_2/年	-0.191 3				2.993 2		2.906 4		
c_2	0.351 1				1.541 7		-0.166 3		
R^2	0.999 0	0.995 5	0.999 2	0.999 4	0.999 7	0.998 8	0.999 9	0.999 0	0.998 9
卡方	171.500 0	509.667 2	279.451 3	80.421 8	99.193 7	75.504 6	1.779 1	265.416 5	26.012 6
F 统计量	17 000	3 730	21 800	27 200	54 500	12 100	96 200	16 800	5 630

1. 新疆与甘肃

研究期内，新疆受到两次指数形式冲击，如图 7-3 所示。第一次发生在 $(1997+a_1) \approx 2001$ 年，是负向指数冲击，冲击对扩散的影响被完全吸收（ $b_1 < 0$ ）。早在 20 世纪 80 年代初，新疆达坂城就建设了全国第一个风电场。尽管具有独特的地理和资源优势，新疆电网整体规模仍然较小，且电厂和用电负荷都较为分散，长期以来只能大力发展火电，使得电网关键节点调峰不畅，风电发展空间小，风电装机容量占系统总装机容量的最大比例为 4%。截至 2001 年末，新疆主电网总装机容量为 280.4 万千瓦，风电累计装机容量为 8.8 万千瓦，占总装机容量的比例约为 3%。同时风电出力不稳定，对电网产生较大冲击，威胁其稳定运行，导致风电上网电量远低于预期，因而造成此次负向冲击[287]。

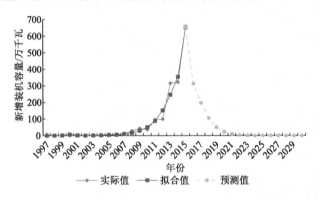

图 7-3　1997～2030 年新疆风电基地冲击拟合与预测结果

第二次正向指数冲击发生在 $(1997+a_2) \approx 2015$ 年，冲击未消散（ $b_2 < 0$ ），仍然在持续产生影响。2014 年，新疆与西北电网 750 千伏二次通道（新疆段）实现全部贯通。受益于自治区内部迅速增长的电网容量和电力外送通道的建设，电网消纳能力不断提高，风电发展形势向好，给新疆风电产业带来很大的发展空间。据统计，2014 年新疆风电弃风量仅占其风电总发电量的 2%左右，在八大基地中弃风率最低，提高了厂商的投资热情，新疆风电装机容量在 2015 年大幅增加，增幅高达 68%。两次冲击结果表明，电网建设和电网消纳能力对新疆风电扩散产生正向冲击（图 7-3）。2016 年 4 月，新疆维吾尔自治区能源局获准设立，同年准东—华东（皖南）±1100 千伏特高压直流输电工程启动，使得风电基地建设步入快车道。总结而言，此次冲击的原因是多条新疆外送输电线路的建设和电网消纳能力的提高。

甘肃风电的发展在 2011 年前后受到一次负向（ $c_1 = -0.9502$ ）指数冲击，如图 7-4 所示，到 2015 年冲击已经被完全吸收（ $b_1 < 0$ ）。形成这一现象的一个原

因在于，为鼓励风电产业国产化，2008 年 8 月中国财政部出台税费补贴激励政策，之后国内风电制造企业纷纷与国外掌握核心技术的企业联合注册合资公司。由于部分企业为了获得财政部增值税补贴，盲目扩张生产线导致质量控制不严，低质量产品的过度使用引发了一系列潜在的安全问题。2011 年 2 月 24 日，甘肃酒泉风电基地发生了风机大规模脱网事故，近 600 台风力发电机组脱网，损失电力达到 84 万千瓦，两个月后再次发生脱网事故，严重威胁了电网的安全稳定运行，加大了民众对风电并网的担忧，以至于甘肃能源局因此放缓了风电新项目的审批。从图 7-4 可以看出，2011 年开始甘肃风电基地年度新增装机容量骤降，直到 2013 年新一代风机投入使用，脱网事故的影响才逐步消退（$b_1 = -0.0711$）。

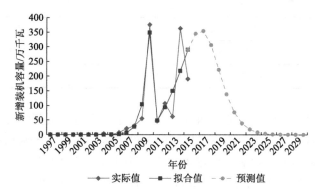

图 7-4　1997～2030 年甘肃风电基地冲击拟合与预测结果

　　形成这一现象的另一原因在于电网消纳的限制。根据中国风能协会的统计，甘肃 2011～2013 年风电弃风率均超 20%，是我国弃风限电最严重的地区之一。根据表 7-2，2014 年竣工的哈密南—郑州±800 千伏特高压直流输电工程途经甘肃。除此之外甘肃几乎没有建设适合风电外送的通道，窝电现象尤为严重。本地消纳不足、外送受限显著抑制了风电装机容量的增长。

表 7-2　2011～2016 年部分电网建设工程

基地	工程	竣工验收或开工建设时间
新疆	新疆与西北主网联网 750 千伏第二通道工程	2013/06 竣工
	哈密南—郑州 ± 800 千伏特高压直流输电工程（经甘肃）	2014/01 竣工
	新疆凤凰—乌苏—伊犁 750 千伏输变电工程	2012/12 竣工
	准东—皖南 ± 1100 千伏特高压直流工程	2016/01 开工
	新疆伊犁—库车 750 千伏特高压输变电工程	2016/11 竣工
甘肃	酒泉—湖南 ± 800 千伏特高压直流输电工程	2015/06 开工

续表

基地	工程	竣工验收或开工建设时间
蒙西	蒙西—天津南 1000 千伏特高压交流输变电工程	2015/03 开工
	上海庙—山东临沂 ±800 千伏特高压直流输电线路工程	2015/12 开工
蒙东	锡林郭勒盟—山东 1000 千伏特高压交流输变电工程	2016/07 竣工
	锡林郭勒盟—江苏泰州特高压直流输电工程	2015/12 开工
	呼伦贝尔—辽宁 ±500 千伏直流输电工程	2010/09 竣工
吉林	扎鲁特—青州 ±800 千伏特高压直流工程（经吉林）	2016/08 开工
	长岭 500 千伏输变电工程	2016/05 开工
	向阳 500 千伏输变电工程	2016/04 开工
河北	国家风光储输示范工程	2011/12 竣工
	国家风光储输示范工程（二期）	2014/12 竣工

对西北电网两个风电基地的研究表明，由于远离电力负荷中心，稳定的电力需求和外送电通道建设是制约风电发展的关键因素，而弃风比例和脱网事故对风电发展产生显著的负面影响。根据表 7-1，新疆和甘肃两个省（自治区）的风电发展潜力分别约为 3000 万千瓦和 2800 万千瓦，新疆预计在 2015 年达到新增风电装机容量的峰值，甘肃预计将于 2017 年达到新增装机容量峰值，两基地都可以实现《可再生能源发展"十三五"规划》和《风电发展"十三五"规划》中设定的 2020 年的对应目标。

2. 蒙西与河北

蒙西风电基地在发展过程中受到一次负向指数冲击，发生在 $(1997 + a_1) \approx 2010$ 年左右。从 2010 年开始，蒙西风电基地经历了几年的高速发展，新增发电量中风电占比高达十分之一，电网调峰能力达到上限[288]。与其他基地不同的是，蒙西电网独立于国家电网，属于省级调节电网，因而输电线路尤其是向外输送高压直流输电需要独立协调与其他省（自治区、直辖市）的关系，电力输送通道建设相对滞后，而本地电力消费增长缓慢，使得蒙西地区风电陷入困境，年度可利用小时数连续多年下降，新增风电项目的投产很大程度上依赖政府补贴力度的调整。

从 2011 年 5 月起，国家下放小规模风电项目审批权，只有超过 5 万千瓦的风电项目需上报国家发展和改革委员会审批，低于 5 万千瓦的项目仅需要地方政府审批即可[289]。此后，许多新项目选择将总装机容量控制在 5 万千瓦以下以规避中央审批程序,但由于和地方电网规划不匹配,导致地方政府批准的项目难以并网,弃风现象愈演愈烈,蒙西风电发展陷入瓶颈。具体表现为 b_1 值为负,绝对值较小,技术扩散速度下降。根据模型估计结果我们认为此逆向冲击是电网建设不足及政府政策不协调叠加的结果。

由表 7-1 可知,河北的风电技术扩散在 $(1997+a_1) \approx 2012$ 年受到指数冲击的负向影响($c_1<0$),冲击影响 $b_1= -0.0521$,目前影响已经消散。2011~2013 年,多个风电基地受政策支持幅度降低影响,风电发展增速下降,河北省 2012 年弃风率上升至 20% 以上,与此同时,2011 年的河北省经济增速为 11.3%,到 2013 年下降至 8.2%,经济增速放缓,电力需求萎靡,电网消纳能力减弱,对新增装机容量占比较高的风电影响很大。此外,部分省(自治区、直辖市)为追求规模经济,风电项目装机规模增长迅速,而跨区域输电网建设未能同步跟进。此外,由于地方政府对小型风电场审批宽松,而电网的审批由国家统一管控,两者规划步调不一致导致并网协调困难[290]。再有,风电场项目一般在审批完成之后两年内即可实现投产运营,而电网建设从规划立项到投入使用经常长达五年,时间滞后加大了风电并网难题,这在河北风电的发展中表现尤为明显。

从 2006 年开始,河北风电基地累计装机容量快速增长,到 2011 年已增长 20 倍,但发电量的增长远远低于装机容量增长。已建风电场无法正常运行必然导致风电开发商利润的减少。风电开发商投资热情降低,影响了风电投资的稳定增长[291]。2011 年,河北省国家风光储输示范工程竣工,但与全省的发电量相比,该工程规模过小。截至 2014 年 12 月,该项目二期工程竣工时,其累计发电量仅为 8.4 亿千瓦时,尚不及 2013 年河北全省用电量的 1‰,未能从根本上改变河北风电基地的弃风难题。此外,2012 年煤炭价格大幅下跌,火电成本下降,风电和传统火电成本的差距加大。再有,由于可再生能源在总发电量中的比例提升,支付给清洁能源的补贴总量提高,地方电网成本压力增大,执行风电优先上网政策的动力减弱,加剧了对河北风电技术扩散的逆向冲击作用。因此部门之间的协调不畅,以及清洁能源补贴调整机制未能及时跟进是造成此次负向冲击的主要原因。

京津冀地区高度依赖制造业,受产业结构调整的影响,近年来经济增速有所下滑,电力需求增速下降。蒙西和河北风电基地主要供应京津冀地区,涉及跨省电力调度,并网难度加大。实证分析结果显示,蒙西风电基地市场潜力为 3500 万千瓦,新增装机容量峰值出现在 2009 年。由于近年来积极推进特高压电网建设,2015~2019 年蒙西风电基地新增装机容量维持稳定并有所上升(图 7-5),预计 2020 年累计装机容量将达到 2600 万千瓦。蒙西基地的装机容量将超过《风电发展"十三五"规划》中 2020 年 1700 万千瓦的装机目标。河北风电基地市场潜力为 2200 万千瓦,预计 2020 年装机容量为 1815 万千瓦,新增装机容量峰值出现在 2018 年,随后增速逐渐减缓(图 7-6)。

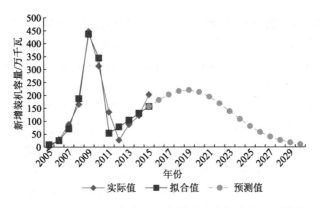

图 7-5　2005～2030 年蒙西风电基地冲击拟合与预测结果

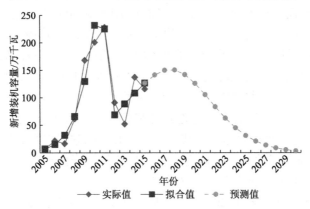

图 7-6　2005～2030 年河北风电基地冲击拟合与预测结果

3. 蒙东与吉林

　　蒙东与吉林风电基地位于东北电网经营区域。如表 7-1 所示，研究期间蒙东风电基地共受到两次冲击，第一次冲击为正向的矩形冲击（ $c_2 = 1.5417$ ），开始于 1997 年，结束于 $(1997 + b_2) \approx 2000$ 年（图 7-7）。20 世纪 90 年代中期，位于蒙东地区的辉腾锡勒风电场因为风能资源丰富获得重点开发，并且成功获得国外优惠贷款，从丹麦、德国和美国进口机组。一期工程于 1996 年 11 月正式投产[292]，1998 年总装机容量为 4.16 万千瓦，居内蒙古四大风电场之首。在优惠贷款这一外生变量的冲击作用下，蒙东风电在 1997～2000 年获得快速发展[293]。

　　第二次冲击为负向的指数冲击，发生在 2011～2012 年，随着蒙东电网风电接入规模的逐渐扩大，风电间歇性对电网冲击的影响越来越大[294]。为了改善蒙东地区的风电供应，实施国家可再生能源优先上网政策，东北电力监督局与内蒙古自治区经济和信息化委员会在内蒙古东部联合成立了风电、火电交易市场，并规定当出现调峰或网络约束无法接纳更多的风电时，要求风电企业与传统电力企业进行交易，即风电企业向火电企业购买上网电量指标。该政策本质上只是名义上完成国家可再生能源上网收购的指标，并未真正解决限电现象。此外，风电与火电交易的现象也说明，可再生能源保障入网的措施实施效果不尽如人意[295]。蒙东地区的风电除了本地消纳，主要输送东北地区。虽然已经建成呼伦贝尔至辽宁直流输电示范工程，但东北地区近些年地区国民经济生产总值增速长期低于全国平均水平，影响了电力需求增长，加之东北地区冬季供暖主要依靠火电，无法实现风电的大规模消纳。因此，蒙东装机容量过度投资已经使得风电行业效率大幅降低。为缓解这一现象，近年来，蒙东地区大力建设通往华东地区的长距离特高压电力输送工程（表 7-2）。根据模型估计结果，第二次冲击的负向影响是两个因素叠加的作用，即电网输送建设滞后和风电场建设支持政策的普惠化。

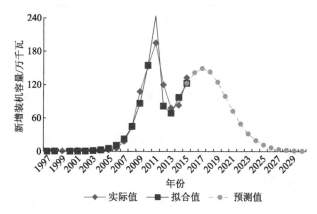

图 7-7　1997～2030 年蒙东风电基地冲击拟合与预测结果

　　吉林风电发展在 $(1997 + a_1) \approx 2009$ 年受到一次负向影响的指数冲击（图 7-8），当时中国大部分地区都面临严重的弃风、限电现象，尤其是三北地区。甘肃、蒙西、蒙东、吉林四个风电基地 2011 年、2012 年和 2013 年平均弃风率分别达 21.02%、32.20% 和 21.29%[296]。从吉林的实证结果看，c_i 的绝对值为 0.74，远小于其他风电基地。在吉林风电基地消纳问题如此严重的情况下，负向冲击程度小于其他地区的重要原因在于风电固定上网电价政策在吉林地区的正向作用。按照国家的地区分类，吉林大部分属于第三类风能资源区，风电上网电价政策改变了 2003 年风电特许权计划招标电价过低、盲目竞争的问题[297]。2010 年后，吉林省风电上网电价为 0.58 元/千瓦时和 0.62 元/千瓦时，远高于特许权招标计划中标价格 0.509 元/千瓦时。风电标杆电价的确定，为投资者提供了明确的投资预期，使风电场运营环节和整体招标更接近市场化，削弱了一部分由电网建设不足对基地发展造成的负向冲击。因此，吉林风电基地的发展受电网建设带来的负向影响和固定上网电价制度带来的正向冲击的共同作用。2016～2018 年国家发展和改革委员会先后两度调低风电上网电价，随着上网电价的下调，未来吉林风电技术的扩散将会受到较大影响。

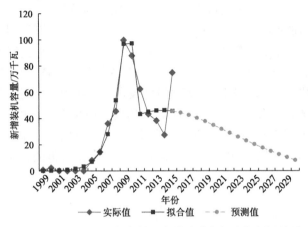

图 7-8　1999～2030 年吉林风电基地冲击拟合与预测结果

电网建设和经济补贴是影响蒙东和吉林风电技术扩散的主要因素，两基地的风电主要在蒙东和东北地区消纳，经济增速减缓使得弃风现象突出，制约风电发展，因此蒙东和吉林风电基地都在 2011 年左右发生负向指数冲击。根据模型计算结果，吉林风电基地新增装机容量达到峰值的时间为 2009 年，市场潜力为 122 万千瓦，蒙东风电基地新增装机容量达到峰值的时间为 2011 年，市场潜力为 1801 万千瓦。根据《风电发展"十二五"规划》，两个基地都很难完成规划装机目标。

4. 江苏与山东

江苏风电的发展共受到两次冲击，第一次发生在风电技术扩散初期。2006 年到 $(2006+b_2)\approx 2009$ 年，出现一次负向的矩形冲击（ $c_2<0$ ），如图 7-9 所示。中国从 2003 年开始实行风电特许权招标计划，改变了由地方政府审批上报、中央政府备案的定价方式。风电特许权项目以长期协议的形式固定了规定的上网电价。在政府无法承诺给予建成后的风电场固定上网电价，以及电网公司可能不积极支持风电上网的条件下，此政策探索了风电定价的新机制，保证了风电项目的预期收益，降低了经营风险，保证了项目可以实现一定的经济效益。但在实际运行过程中也发现了一些问题，由于确定的中标电价过低，在当时的技术条件下保证风电企业获取一定经济效益的目标无法实现。对江苏风电基地来说，如东一期、如东二期、东台、大风等项目中标上网电价分别为 0.4365 元/千瓦时、0.5190 元/千瓦时、0.4877 元/千瓦时和 0.4877 元/千瓦时，远低于当时的风电成本。过低的上网电价导致项目投资回收期延长，影响企业投资积极性，进而阻碍了江苏风电的发展。

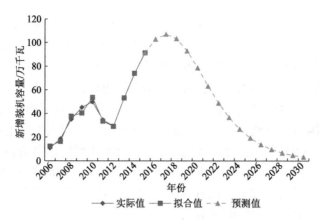

图 7-9　2006～2030 年江苏风电基地（海上风电除外）冲击拟合与预测结果

2009 年，国家发展和改革委员会印发《关于完善风力发电上网电价政策的通知》，风电项目第一次获得固定上网电价，矩形负向指数冲击不再产生作用，因而可以判断固定上网电价制度对江苏风电基地影响较为深远。江苏风电基地第二次指数冲击是正向干预，发生在 2012 年前后（图 7-9）。其他风电基地经历了快速发展之后在 2011 年左右出现了电网消纳问题，与此不同的是，江苏经济较为发达，风电发展主要供应省内需求，基本可以实现就地足额消纳[298]。尽管当时发生了全国范围内的电力供应过剩，但江苏作为主要电力负荷中心之一，减少了外购电，优先消纳本地电力，使当地风电发展未受影响。长期以来，国家和江苏出台了多项有利于风电发展和增值税减免的政策，如表 7-3 所示。2011 年，《江苏省国民经济和社会发展第十二个五年规划纲要》颁布，明确表示将"有序推进陆上风电""加快发展海上风电"，这使得企业将江苏作为业务拓展的重要省份，使其风电行业发展步入快车道。

表 7-3　2008～2012 年江苏风电发展政策与事件

时间	政策或事件
2008/01	《公共基础设施项目企业所得税优惠目录（2008 年版）》
2010/05	江苏省能源局成立
2011/03	《江苏省国民经济和社会发展第十二个五年规划纲要》
2011/02	国家开发银行江苏省分行 300 亿元授信江苏省能源产业
2012/01	《可再生能源发展基金征收使用管理暂行办法》

如表 7-1 所示，研究期间山东风电基地受到一次明显的正向指数冲击（$c_1 > 0$），发生在 2008 年到（$1997 + a_1$）≈2009 年，如图 7-10 所示。由于山东境内火电居于

绝对主导地位，少量风电集中在胶东半岛。地方政府为了实现可再生能源发展目标，从2007年开始就在国家补贴的基础上额外给予地方财政补贴，鼓励民营企业和发电集团投资风电。不同于其他省（自治区、直辖市）主要由五大集团国家大型电力企业主导，鲁能集团有限公司占据山东风电建设的半壁江山。在国家颁布《中华人民共和国可再生能源法》后，鲁能集团有限公司便开始布局新能源建设。因此，山东是国内少数地方企业先行进入，进而带动国家大型发电集团投资的省份。由于项目建设需要一定的周期，2008年、2009年风电建设所得税优惠政策实行时，恰好是并网高峰期。在这些外部政策的激励下，2008年和2009年山东风电装机容量分别增长60.55%和116.83%，这也是2010年国家在七大风电基地基础上将山东增补为第八大风电基地的原因。

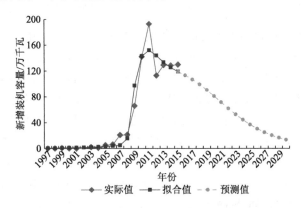

图7-10　1997～2030年山东风电基地指数冲击拟合与预测结果

　　由于江苏和山东都是电力负荷中心，电源结构中火电占据绝对主导地位，政府对可再生能源支持力度大，电网消纳压力小。影响其风电技术扩散的因素主要是价格。实证分析结果表明，山东和江苏风电装机容量都已于2011年左右达到峰值，政策条件下市场潜力分别为1864万千瓦和1166万千瓦。预计2020年山东和江苏风电装机容量分别为1440万千瓦和927万千瓦，两个风电基地都可以完成2020年的规划目标。

　　5. 海上风电

　　我国海上风电，尤其是远海风电的发展还处于初级阶段，建设和运行成本居高不下。如图7-11所示，冲击结果显示中国海上风电在2013年左右受到一次负向指数冲击，冲击对技术扩散的影响已经被完全吸收（$b_1 < 0$）。2010年5月第一批特许经营的项目招标正式启动，首批4个项目均位于江苏省，总规模达100万千瓦，其中近海项目60万千瓦，其余为潮间带项目，累计40万千瓦，具体情况见表7-4。

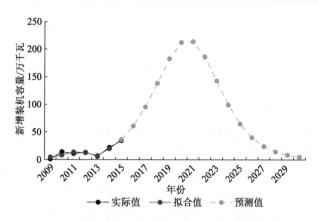

图 7-11　2009～2030 年全国海上风电指数冲击拟合与预测结果

表 7-4　第一批海上风电特许权项目

选址	规模	类别	开发商	设备供应商
滨海	30 万千瓦	近海风电场	中国大唐集团新能源股份有限公司	华锐风电科技（集团）股份有限公司
射阳	30 万千瓦	近海风电场	国家电投	华锐风电科技（集团）股份有限公司
大丰	20 万千瓦	潮间带风电场	国电龙源电气有限公司	新疆金风科技股份有限公司
东台	20 万千瓦	潮间带风电场	鲁能集团有限公司	上海电气集团股份有限公司

　　2012 年底，由于海域功能区划定位模糊，部门职责不明确，已经获批的四个海上风电特许权项目的成本和技术问题未能有效解决，导致项目规划发生重大变化，最终迟迟无法开工。例如，江苏东台潮间带风电场项目由于海域使用冲突导致实际施工较原规划向远海处推进了 15 公里，使得潮间带项目几乎成为近海项目，各项成本远超前期规划。政府部门的协调配合及成本技术的难题，成为海上风电发展的最大阻碍因素。

　　2011 年 7 月 15 日，国家海洋局和国家能源局进一步明确了海上风电实施过程中的重点工作。多个部门的风电发展、可再生能源发展、海洋经济发展等"十二五"规划中都提出了大力发展海上风电。此外，《风电设备制造行业准入标准（征求意见稿）》提出"优先发展海上风电机组产业化"。可以看出，我国政府对海上风电的发展给予了高度重视，相继发布实施了多项经济支持政策，但是从实际情况看，海上风电装机容量远未达到规划目标。根据规划内容，我国海上风电 2010 年、2015 年和 2020 年应完成 15 万千瓦、500 万千瓦和 3000 万千瓦，然而截至 2012 年累计装机容量仅为 39 万千瓦，仅完成 2015 年规划目标的 7.8%。海上风电推进的困难远远大于陆上风电起步的时候，加上首次特许权计划项目实施过程中出现的问题，大大降低了风电开发商的投资热情，阻碍了海上风电的发展。

　　归根结底，影响海上风电发展的依旧是成本问题。研究表明，海上风电成本的最重要的组成部分是风机基础结构的成本，占海上风电场投资总额的 20%，而仅占陆上风电场的 5%～10%。可以说，控制海上风电成本最重要的工作之一便是控制基础结构部分的成本，这将影响其能否快速发展。

　　我国海上风能资源集中于东南沿海地区，这些地区普遍电力负荷较大，且海上风电发展需要额外架设电网线路，这加大了电网建设投资成本，而海上风电技术尚未达到规模效益递增阶段；需要指出的是，海上风电在建设和运营维护阶段比建设期内更加复杂，特别是对装备的耐腐蚀性和稳定性要求更高；此外，我国海上风电产业起步相对较晚，部分关键零部件技术仍然不够成熟，基础研究领域人才匮乏，拥有成熟的海上风电开发经验的设备制造商有限，这些都加大了海上风电发展的困难。根据模型拟合结果，预计到 2030 年，海上风电累计装机容量为 1589 万千瓦，远低于 2030 年中国近海和远海规划累计装机容量 6500 万千瓦的目标。

7.1.4　影响风电发展的因素的讨论

　　本节对各大风电基地风能资源进行了分析，并根据广义巴斯模型的计算结果对甘肃、新疆、蒙东、蒙西、河北、吉林、山东、江苏陆上风电基地和全国海上风电 2015 年以前发展情况的技术扩散模型进行了拟合，结合各基地实际装机容量、弃风率等选择了适合的冲击函数，以此判断各基地政策冲击的时间、冲击强度和持续影响性。分析国家和地方重点政策的实施效果情况，最终得到考虑异质性因素下各基地风电技术扩散的影响因素[299]。

　　首先，对于陆上风电发展，技术水平不再是掣肘，电网建设成为未来风电进一步发展的关键。电力技术曾是制约风电发展的主要因素，但当前已经取得突破，一个表现是近年来风机事故发生率已经显著下降，但是仍然应当加强把控，避免风机事故的发生。另一个表现是技术扩散速度有所下滑，除江苏、山东、河北外，其他风电基地均远离电力负荷中心，电网建设成为解决弃风问题最主要的途径。近年来，中国政府通过不断加强特高压长距离输电线路建设，推进能源资源大范围优化配置，解决"三北"地区弃风、限电状况，这一系列举措已经并将继续发挥成效。

　　其次，风电发展的激励政策从根本上决定了陆上风电的扩散速度，但对海上风电并非如此。近年来，中国的经济增长减速换挡，弃风率有所提高。分析表明，多项优惠措施加速了风电技术的扩散。例如，蒙东地区的财政补贴，以及吉林、山东和江苏的税收补贴政策，然而由于各地激励政策不同，并非所有政策都获得了成功。弃风率的变化与补贴政策变化密切相关，过高与过低的补贴政策都不利于风电行业的发展。目前我国风电行业已经初具规模，需要适当降低优惠政策力度，最终实现其与传统能源发电平等地参与市场竞争。对于海上风电的发展，虽然激励政策已经取得了一定效果,但要实现预定规划目标,只能依赖于技术创新。需要说明的是,并非所有的政策都会取得成功,各项风电发展的激励政策在执行中存在很大差异,有些地区需要加快电网建设,而有些地区则需适度放缓风电开发的步伐。

再次,并非所有的风电基地都能实现其发展目标,经济发展、电网消纳能力是影响规划目标实现的关键因素。到 2030 年底,所有风电基地都无法开发其所有的资源潜力,在当前激励政策下,新疆、甘肃、山东和江苏可以顺利完成规划目标。得益于当地丰富的风电资源和早年的大规模开发,位于西北地区的新疆和甘肃风电基地可以实现装机目标,但西北地区经济增速不高,各地风电项目在 2012 年前后均有所放缓,为避免弃风现象愈演愈烈,中央和地方政府已经将工作重心转移到电网建设;得益于地方经济快速发展带来的用电量需求增长,山东和江苏消纳压力小;蒙东和蒙西地区风电资源潜力巨大,规划装机容量也远高于其他基地,根据模型拟合,发现两基地距离实现规划目标尚有差距;而对于吉林和河北基地来说,当前政策激励下完成目标还有很大的差距。

最后,制约风电发展的因素在地区间存在很大差异,政策制定过程中必须充分考虑各地实际。位于西北地区的新疆和甘肃,地理位置偏僻并且地区经济不发达,制约其发展的主要因素是电网的限制,中国政府应当进一步加强西北特高压电网建设,将风电输送至"三华"电力负荷中心。蒙西和河北同属华北地区,在京津冀协同发展的时代背景下,影响风电技术扩散的因素主要是电网建设和中央与地方的协调。蒙东和吉林同属东北电网,影响风电技术扩散的主要因素是电网建设和经济补贴。对于山东和江苏来说,经济补贴是最主要的影响因素,两基地位于中国发达的东部沿海地区,当地电力负荷较高,风电主要在本地消纳,影响其技术扩散最直接的影响因素是经济补贴。对于海上风电来说,政府部门的协调和技术成为最重要的影响因素。

7.2　基于随机动态规划的中国光伏发电行业发展路径研究

本节将研究光伏发电行业的发展路径,以 2050 年为例探讨影响我国光伏发电行业发展的关键因素及其应对举措。

7.2.1　光伏发电发展路径研究的基础理论

1. 学习曲线模型

1）单因素学习曲线

以往对学习曲线的研究主要基于单因素学习曲线模型的干中学（learning by

doing，LBD）理论，基础的单因素学习曲线可以表示为[300]

$$C(t) = C_0 \times n(t)^\alpha \times e^{u_t} \tag{7-7}$$

其中，$C(t)$ 表示光伏发电当年的单位投资成本；C_0 表示基准年对应的投资成本；$n(t)$ 表示光伏发电年累计装机容量；α 表示学习指数，即光伏发电单位投资成本的累计装机容量弹性系数；u_t 表示随机因子。

干中学的学习率（learning rate，LR）可以定义为

$$LR = 1 - 2^{-a} \tag{7-8}$$

其中，LR 表示每次装机容量翻倍时成本下降的速度。LR=0.1 表示累计装机容量增加一倍，单位投资成本降低 10%，即 1- 0.9。

2）双因素学习曲线模型

研发活动已被证明可以为经济增长和技术进步提供动力。光伏发电是一个新兴产业，实现技术突破的概率很高。考虑到技术的快速发展，本节构建了一个双因素学习曲线以全面衡量从经验中学习和从研发中学习。在此情况下，光伏发电的成本降低部分主要来自经验积累，由累计装机容量表示，部分来自所进行的研发活动，可以用光伏的专利申请数量表示。结合干中学和研发中学（learning by searching，LBS）的双因素学习曲线可表示如下：

$$C(t) = C_0 \times n(t)^\alpha \times KS(t)^\beta \times e^{u_t} \tag{7-9}$$

其中，$KS(t)$ 表示光伏的专利申请数量；β 表示研发中学效应弹性系数。研发中学的学习率可以定义为式（7-10）：

$$LR = 1 - 2^{-\beta} \tag{7-10}$$

为了便于计算，式（7-9）可以转化为式（7-11）：

$$\ln C(t) = \ln C_0 + \alpha \ln n(t) + \beta \ln KS(t) + u_t \tag{7-11}$$

利用最小二乘法，可以对相关参数进行估计，并根据式（7-8）和式（7-10）计算出干中学和研发中学的学习率。

2. 技术扩散模型

Frank Bass 是第一个使用数学模型描述技术扩散的人，他提出的基本的巴斯扩散模型如下[274]：

$$dN(t)/dt = F(t)[m - N(t)] \tag{7-12}$$

其中，m 表示光伏发电的理论最大装机容量；$N(t)$ 表示可能的最大累计装机容量；$F(t)$ 表示决定扩散格局的函数。

本节采用混合巴斯模型[301]如下：

$$N'(t) = \left(p + \frac{q}{m} N(t) \right) \left(m - N(t) \right) \tag{7-13}$$

其中，p 表示外部影响的效果，即创新系数；q 表示内部影响，即模仿系数。

3. 动态规划模型

与风能等其他可再生能源类似，光伏发电的间歇性使得利用常用的确定性预测方法研究其发展路径比较困难[302]。动态规划方法可以将多阶段决策问题转化为一系列相互关联的单阶段问题。光伏发电的成本一般由投资成本、运行成本和减排收益三部分组成。因此，我们将总成本的函数表示为

$$TC(S(t), x(t)) = C(t) \times x(t) + (V - M \times L) \times n(t) \times T \tag{7-14}$$

其中，$x(t)$ 表示中国光伏发电的年装机容量；$n(t)$ 表示年累计装机容量；$S(t)$ 表示国家变量，相当于目标与 $n(t)$ 之间的累计装机容量差距；$C(t)$ 和 V 分别表示单位投资成本和单位光伏发电的运行成本；T 表示年平均运行时间；M 表示碳交易价格；L 表示碳排放系数。

根据上述目标，我们以 2050 年的 1300 吉瓦的装机容量为界。$S(t)$ 和 $n(t)$ 之间的关系可表示为

$$S(t) + n(t) = 1300 \tag{7-15}$$

目前，光伏发电的平均使用寿命为 20 年[303]。本节设定光伏发电系统的生命周期服从 18～22 年的均匀分布。我们将已停产的装机容量表示为

$$r(t) = \frac{1}{5} \sum_{i=18}^{22} x(t-i) \tag{7-16}$$

动态规划模型的状态转移方程表示如下：

$$S(t+1) = S(t) - x(t) + r(t) \tag{7-17}$$

因此，中国光伏发电的动态规划模型如下：

$$\begin{cases} f_t(S(t)) = \min_{x(t) \in g(S(t))} \left(TC(S(t), x(t)) + \frac{1}{1+r} f_{t+1}(S(t+1)) \right), & t = 2050, \cdots, 2018 \\ f_{2051}(S(2051)) = 0 \end{cases} \tag{7-18}$$

4. 约束

行业发展规划的编制需要综合考虑经济发展、激励政策、电网的消纳能力[304]及环境因素如碳排放[305]等的影响。我国经济正在经历产业升级和战略转型。在过去的几十年里，GDP 年增长率从 10%以上逐渐下降到 6.8%。以发达国家的经验来看，GDP 增长率会逐步降低到一定水平后才会保持稳定。学术界也普遍认为，中国经济在未来几十年增速将会进一步走低，直至达到一定的阈值后才能保持稳定。为了反映经济增速的变化，模型中将 GDP 增长率设定为每年降低 0.1%，即从 2018 年的 6.8%降低到 2050 年的 3.6%。

太阳能是一种清洁的可再生能源，作为一种新兴产业，光伏发电前期投资高、回收期长，激励政策和补贴已成为促进其发展的主要手段。2010 年后，太阳能产业飞速发展，行业投资从占 GDP 的 0.1%迅速提高，到 2017 年，产业投资总额及占比均达历史新高，分别为 5710 亿元和 0.69%，之后随着国家补贴政策的调整，投资总额略有下滑，但仍保持基本稳定。为使光伏产业与传统发电形式具有同等竞争力，从长期来看，光伏产业的发展不可能一直依靠高补贴和激励政策。我国政府已经采取了一系列措施逐步减少光伏发电对财政补贴政策的依赖，避免光伏发电投资过热，因此，本书将光伏发电的投资比例上限设定为 GDP 的 0.5%。

为了优化电源结构，我国一直致力于提高光伏发电在电源结构中的占比。据《中国电力年鉴》统计，近年来光伏发电的比例在不断增长。2015 年，中国光伏发电达到 392 亿千瓦时，占总发电量的 0.7%，2016 年和 2018 年发电量分别为 662 亿千瓦时和 1182 亿千瓦时，相应占比提高至 1.1%和 1.8%。因此，在本节中，设定光伏发电的年发电量不应小于总发电量的一定比例，且该比例应逐年增加。为了反映这一增长，初始比例设定为 2%，并以每年 0.2%的速度增长。

近年来电网的消纳能力已成为制约光伏发电最重要的因素之一，可以预见，随着并网技术的进步，电网接入可再生能源的比例将不断扩大，因此我们在约束条件中纳入光伏发电的并网因素。

碳排放交易作为应对气候变化的有效手段，获得了广泛应用。2011 年以来，中国开始进行碳交易试点，2017 年全国性碳排放市场正式启动，碳排放权交易价格随市场供求关系而变化。目前，我国碳排放权交易价格集中在 10～50 元/吨。随着减排压力的不断增大，预计交易价格会进一步上涨。考虑研究周期为 2018～2050 年，排放权名义价格设定为 80 元/吨。表 7-5 为基准情形下模型测算的主要参数。

表 7-5　模型参数设定

编号	参数	数值	单位	描述
1	C_0	5.7	元/瓦	2017 年光伏发电的单位投资成本
4	T	1 300	小时	年平均运行时间

续表

编号	参数	数值	单位	描述
5	M	80	元/吨	碳交易价格
6	L	3.6	吨/万千瓦时	碳排放系数
7	r	6%		贴现率
8	GDP	$8.27×10^{13}$		2017 年 GDP
9	$P(2020)$	15 000	万千瓦	2020 年规划累计装机容量
10	$P(2030)$	35 000	万千瓦	2030 年规划累计装机容量
11	$P(2050)$	130 000	万千瓦	2050 年规划累计装机容量
12	u	0.5%		投资所占 GDP 比例
13	g	20%		光伏发电的年增长率

本节主要采用以下约束反映相关因素的影响，相关约束如式（7-19）所示。①装机容量小于资源潜力，用约束（7-19a）表示，累计装机容量不能超过第 t 年可能的最大装机潜力；②光伏发电总投资不超过 GDP 的一定比例，用约束（7-19b）表示，新增产能的总成本不能超过当年 GDP 的 0.5%；③光伏并网发电总量占总发电量的比例逐步提高，这一限制由约束（7-19c）表示；④新增装机容量不能超过电网消纳能力，用约束（7-19d）表示，设定电网每年新增消纳能力不超过 20%，从而避免产能爆发式增长；⑤光伏发电装机容量必须符合国家规划，用约束（7-19e）和（7-19f）表示光伏发电的装机容量必须达到 2020 年和 2030 年目标。此外，约束（7-19g）表示学习曲线的成本预测；约束（7-19h）涉及状态转换函数，它表示每年新增装机容量和累计装机容量之间的动态关系；约束（7-19i）是非负约束。

$$n(t) \leqslant N(t) \tag{7-19a}$$

$$C(t) \times x(t) + V \times n(t) \times T \leqslant \text{GDP}_0 \times (1+d)^t \times u \tag{7-19b}$$

$$n(t) \times T \geqslant \text{FDL} \times (1+d)^t \times z \tag{7-19c}$$

$$\left(n(t) + \frac{x(t)}{2}\right) \times T \leqslant \left(n(t-1) + \frac{x(t-1)}{2}\right) \times T \times (1+g) \tag{7-19d}$$

$$n(2020) \geqslant P(2020) \tag{7-19e}$$

$$n(2030) \geqslant P(2030) \tag{7-19f}$$

$$C(t) = C_0 \times n(t)^{\alpha} \times \text{KS}(t)^{\beta} \times \text{e}^{u_t} \tag{7-19g}$$

$$n(t) = n(t-1) + x(t) - q(t) \tag{7-19h}$$

$$x(t) \geqslant 0 \tag{7-19i}$$

$$t = 2018, \cdots, 2050 \tag{7-19j}$$

7.2.2　实现中国光伏发电 2050 年目标的优化路径

1. 光伏发电的成本

本节借助历史数据探究光伏发电成本的变化，太阳能发电单位投资成本的早期数据主要来自已有研究成果[306]，其余数据从网络收集。图 7-12 为单因素学习曲线和双因素学习曲线的拟合结果。从双因素学习曲线的结果看，2030 年前呈快速下降趋势，2030 年后下降速度明显放缓，当累计装机容量和专利申请数量达到一定水平后，成本下降潜力萎缩。预计到 2050 年单位投资成本将下降到 0.15 元/瓦，比基准年（2017 年）下降 97%。与此形成鲜明对照的是，使用单因素学习曲线进行预测时，2050 年的单位投资成本为 3.75 元/瓦。

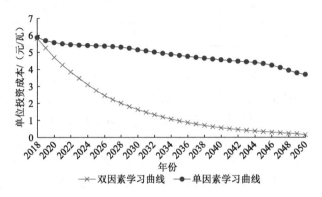

图 7-12　光伏发电的单位投资成本变化

在使用单因素学习曲线时，本节估计的学习率为 20.04%，与之前文献提到的学习率在 10%～29.6% 一致[307]。表 7-6 给出了双因素学习曲线模型的参数估计结果。该模型中干中学的学习率仅为 4.8%，明显低于单因素模型，代表技术进步的研发中学的学习率高达 22.0%，这说明技术进步在降低成本方面发挥了更重要的作用。

表 7-6　双因素学习曲线结果

参数	估计值	技术进步率	学习率
α	0.060	95.2%	4.8%
β	0.385	78.0%	22.0%

2. 光伏发电的技术扩散

技术扩散模型的拟合结果与历史数据吻合较好，具体结果如图 7-13 所示。

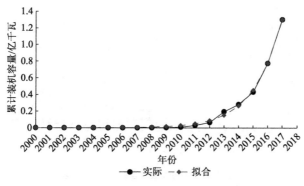

图 7-13　累计装机容量拟合结果

Zhao 等[308]的研究认为，2020 年中国太阳能发电将仅达到 2600 万千瓦。Shi 等[309]的研究中，中国 2050 年光伏发电的潜在累计装机容量为 2.88 亿千瓦。从表 7-7 可以看出，光伏发电的创新系数（p）远小于模仿系数（q），这一结果与早期文献一致，但中国 2050 年光伏发电市场潜力达 13.57 亿千瓦，远高于早期研究的结果；类似地，预测的累计装机容量也远高于早期的文献。究其原因，上述文献进行拟合时，使用的历史装机数据仍处于较低水平，而本节进行研究时，中国太阳能光伏装机容量已大幅增长，使用的数据时间序列长度及数据展现的规模不同导致预测结果差异。

表 7-7　技术扩散模型的参数估计结果

参数	估计值	相关系数
m/亿千瓦	13.57	
p	$1.41×10^{-6}$	0.998
q	0.56	

3. 最优发展路径结果

图 7-14 为基准情景下我国光伏发电的优化发展路径。可以看出，2050 年太阳能光伏发电发展目标将于 2048 年实现。分阶段看，我国光伏发电在 2040 年之前将保持一个较为缓慢的增长，2041～2045 年装机容量迅速增长，随后由于即将完成发展目标，发展速度有所下滑，直至 2048 年达到 13 亿千瓦的目标，其中 2041～2048 年平均每年新增装机容量高达 1.08 亿千瓦。此外，由于在 2010 年前我国新增光伏装机容量处于一个较低的水平，考虑光伏系统平均生命周期为 20 年，2030 年前退役的光伏电站少，但在 2030～2040 年，退役装机容量表现出先增加后下降的趋势，退役装机容量在 2036 年达到峰值，这可能是因为 2011 年在全国范围内实施的上网电价政策，统一全国光伏电价，导致 2011～2017 年光伏发电行业快速发展，20 年后对应的退役机组较多。

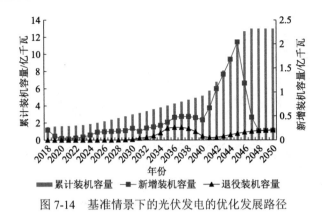

图 7-14　基准情景下的光伏发电的优化发展路径

7.2.3　优化路径的灵敏度分析

在光伏发电的规划中,由于未来不确定性因素的存在,结果难免会出现偏差。在关注太阳能发电的发展路径的同时,本节将采用灵敏度分析探求影响发展路径的关键因素,进而使用情景分析预测不同条件下发展路径的变化。随着技术的不断突破,光伏发电的成本急剧下降,因此应密切关注技术水平变化对光伏发展的影响。此外,经济发展、激励政策、电网消纳、排放调控方案等也会影响光伏发电行业的发展。下面分别对以上影响因素进行分析。

1. GDP 增长的灵敏度分析

假设中国的 GDP 增长将在 2018～2050 年稳步下降,基准情景下,GDP 增长率每年下降 0.1%,这意味着 2050 年的 GDP 增长率将降至 3.6%。低速和高速情景下每年减速 0.15% 和 0.05%,这意味着低速和高速情景下 2050 年 GDP 增长率将分别降至 1.85% 和 5.15%。图 7-15 显示了不同经济发展速度下的光伏发电的优化路径。可以看出,不同情景下发展路径基本一致,路径差异并不明显。这表明,GDP 增长不是影响光伏发电的关键因素。

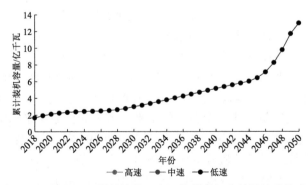

图 7-15　不同 GDP 增长情景下太阳能发电行业的累计装机容量
图中三条线基本重合

2. 投资比例的灵敏度分析

光伏发电投资所占 GDP 的比例可以反映政府激励政策的强度。基准情景下，我们假设光伏发电投资占 GDP 的比例不超过 0.5%，弱激励的情景下，光伏发电投资占 GDP 的比例为 0.4%，在强激励的情况下，这一比例将提高到 0.6%。图 7-16 为不同投资比例上限情况下光伏发电行业的发展路径。当这一比例下降到 0.4% 时，装机目标将在 2050 年实现，比基准情景晚两年，降低激励政策强度将导致发展目标延迟实现，这与众多已有研究结论相似[308]。当投资比例达到 0.6% 时，发展路径与基准情景相同，这意味着当投资比例达到一定水平后，投资比例不再是关键影响因素，当光伏发电超过电网的消纳能力时，投资比例上限将不再是影响最终发展路径的关键因素。因此，在目前的激励水平下，增加投资比例对光伏发电的发展作用有限。需要指出的是，由于长期以来对光伏发电行业进行补贴，目前面临巨大的补贴缺口。为解决这一困境，国家于 2018 年发布了新的光伏电站上网电价基准。七年来，Ⅰ类、Ⅱ类和Ⅲ类资源区的补贴分别下降了 52%、43% 和 35%，光伏发电行业将更多地通过参与市场竞争获得发展机会。与此同时，中国政府也在加快建设绿色电力证书和可再生能源配额制度，采用多种措施激励光伏行业的发展。

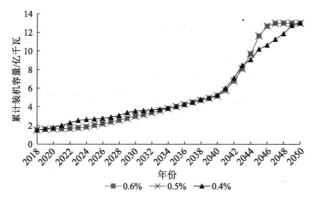

图 7-16　不同投资比例下光伏发电的累计装机容量

3. 学习率的灵敏度分析

受益于干中学和研发中学，光伏发电装机容量的增加和技术进步都能够降低成本。本节通过灵敏度分析，分别考察二者对光伏发电发展路径的影响。为了使波动保持在同一水平，假设研发中学的学习率波动为 1%，干中学的学习率变化范围为 0.2%。

从图 7-17 可以看出，当研发中学的学习率为 23% 时，2050 年光伏发电装机目标将在 2045 年实现，比基准情景提前了三年；当"研发中学"的学习率为 21% 时，装机目标将在2050年完成。干中学的学习率变化对发展路径的影响大致相同，只是不同情景下完成预定发展目标的时间差距较小。可以看出，学习率越高，达到某一目标所需时间越短，说明技术进步是影响光伏发电发展的关键因素之一。

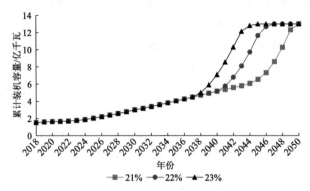

图7-17　基于双因素学习曲线的不同学习率下光伏发电的累计装机容量

在研发中学的学习率为21%、22%、23%的情况下，累计装机容量达到13亿千瓦，单位投资成本分别为0.26元/瓦、0.21元/瓦、0.14元/瓦。与2017年的5.7元/瓦相比，单位投资成本将分别下降95.44%、96.32%和97.54%。因此，必须加强光伏技术的研发工作，以顺利实现光伏发电的各项目标。

4. 电网消纳能力的灵敏度分析

前文分析表明，电网的消纳能力是影响光伏发电发展的重要因素之一。一方面，并网能力不足会导致大范围的弃光现象。另一方面，电网建设过度会形成投资浪费。在基本情景下，电网的消纳能力每年增长20%，假定其波动幅度为1%，不同消纳能力下的发展路径如图7-18所示。

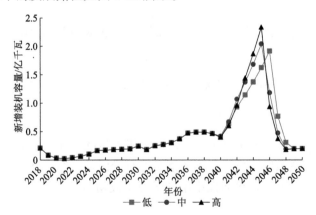

图7-18　不同消纳能力下的新增装机容量

2040年以前，不同消纳能力下光伏发电行业发展路径基本相同，消纳能力的影响并不显著。2040 年以后，光伏发电行业加速发展，消纳能力成为制约行业发展的关键因素。如果政府能够加强电网建设，提高其消纳能力，从整个研究周期看，后发展比先发展的成本更低，可以降低光伏发电的总成本。因此，电网的消纳能力提升应该与光伏发电的大规模发展同步进行。

5. 碳交易价格的灵敏度分析

光伏发电的减排收益可参考碳交易价格进行估算，基准情景下将碳交易价格设定为 80 元/吨（中碳价）。考虑可持续发展理念的深入，假定其碳交易价格波动范围为 20 元/吨，即高碳价和低碳价分别为 100 元/吨和 60 元/吨。

从图 7-19 中可以看出，碳交易价格在研究阶段后期对发展路径影响显著。当碳交易价格降至 60 元/吨时（低碳价），目标将在 2050 年顺利实现。当碳交易价格升至 100 元/吨时（高碳价），发展目标将比基准情景提前 1 年实现。目前，中国的碳市场刚刚建立，碳交易价格仍然剧烈波动，中间涉及的不确定性因素较多。总体而言，碳交易价格在光伏发电路径选择中起着至关重要的作用。

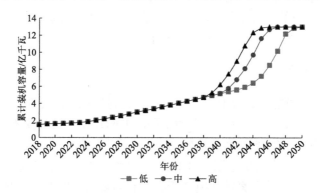

图 7-19　不同碳交易价格下的累计装机容量

7.2.4　优化路径选择的情景分析

使用前文参数值作为基准情景，分析参数设置变化情况下的光伏发电发展路径。每个潜在的影响因素都给出了高、中、低的三类设定值，参数值的变化参考灵敏度分析部分的结果。为了同时考虑多种因素对光伏发电发展路径的影响，下面分析两种极端情景，即乐观情景（所有有利的假设）和悲观情景（所有不利的假设）。

1. 乐观情景

乐观情景指各项指标都向着有利于太阳能发电的方向发展。假设中国 GDP 增速将以每年 0.05% 的速度下降，投资比例为 0.6%，研发中学的学习率为 23%，干中学的学习率为 5%，电网消纳能力年均增长 21%，碳交易价格为 100 元/吨。
图 7-20 为乐观情景和基准情景下太阳能发电的优化路径。

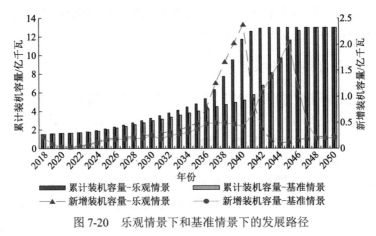

图 7-20　乐观情景下和基准情景下的发展路径

在乐观情景下，2050 年的光伏发展目标将于 2043 年实现，比基准情景提前 5
年，目标实现之前的所有年份新增装机容量均高于基准情景，并且加大开发规模
的时间出现在 2036 年，比基准情景早 5 年。

2. 悲观情景

低 GDP 增长可能导致政府对延缓气候变化付出更多的努力，对可再生能源补
贴和研发投资减少，学习率下降。因为中国的电网建设并没有具体的运营时间表，
悲观情景下，电网消纳能力增速也不一定能够达到预期。假设中国的 GDP 增长率
每年下降 0.15%，投资比例上限为 0.4%，学习率为 21%，消纳能力为 19%，碳交
易价格为 60 元/吨。该方案旨在模拟所有不利因素同时出现的情况下光伏发电的
发展情况。图 7-21 显示了悲观情景和基准情景下的光伏发展路径。

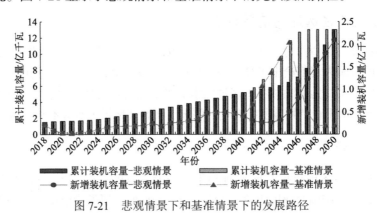

图 7-21　悲观情景下和基准情景下的发展路径

悲观情景与基准情景在 2040 年前的发展路径完全相同,这与灵敏度分析部分的结果一致。从 2040 年开始,悲观情景下的新增装机容量低于基准情景,直到达到目标。悲观情景下,光伏发电的激励政策,电网建设和研发投入都可能会减弱,光伏发电的建设成本提高,这些因素都将增加目标实现的难度。尽管在此情景下,目标可以在 2050 年完全实现,但如果出现更为不利的局面,中国可能无法按时实现 2050 年的发展目标。

7.2.5　光伏发电路径选择的讨论与思考

本节以 2050 年中国光伏发电累计装机容量达到 13 亿千瓦所需要的成本为目标函数,建立最小化动态规划模型,以约束条件代表影响因素的作用,建立经济-能源-环境综合动态规划模型,分析存在外界影响因素下的中国太阳能光伏发电发展的最优路径。在传统单因素学习曲线的基础上,结合光伏发电的技术进步,建立了双因素学习曲线模型,用以衡量经验和技术进步的学习效果。通过灵敏度分析和情景分析,多角度研究相关因素的影响,得出以下结论[310]。

(1)双因素学习曲线中干中学的学习率仅为 4.8%,而代表技术进步的研发中学的学习率高达 22.0%。这说明技术进步在降低成本方面发挥着更重要的作用,学习效果强于经验积累。伴随新技术的出现,光伏发电的成本将下降至 0.15 元/瓦,而单纯依靠经验积累,研究期末成本将只能降低至 3.75 元/瓦。

(2)基准情景下,本节设定的目标可以在 2048 年顺利实现。2040 年前,光伏发电发展相对和缓,2041~2048 年,年均新增装机容量提高到 1.08 亿千瓦。GDP 增长率和投资比例对光伏发电发展的影响有限,虽然降低投资比例会导致实现目标时间的延迟,但是增加投资比例并不会使目标更容易实现。学习率、电网消纳能力、碳交易价格是影响后半部分研究周期发展路径的关键因素。为了以最低的成本实现这一目标,应不断加强电网建设以适应大规模并网的需要;碳交易价格影响总成本,规范的碳交易机制是实现光伏发电发展目标的有效支撑。学习率是影响光伏发电发展最关键的因素,因此加强研发是光伏发电技术进步的关键。

(3)与基准情景相比,实现目标所需的时间会根据条件的有利与否而分别缩短或延长。实现目标所需的时间会有所变化。乐观情景下,2043 年累计装机容量将达到 13 亿千瓦,也就是提前了 7 年实现目标,如果相关因素更为有利,这个目标就会实现得更早。在悲观情景下,光伏发电的激励政策、电网建设、研发力度减弱,预定目标只能在 2050 年顺利实现,但如果情况变得更糟,中国可能无法在 2050 年实现目标。

实际上,影响光伏发电发展的因素不仅局限于上述因素,且经济增长、技术创新等因素本身具有很大的不确定性,它们的影响在后续研究中还需不断完善。本节的综合动态规划模型以成本最小化为目标,但当研究设定的目标改变时,路径也会相应地发生改变。此外，相关参数估计的准确性显著影响优化路径的研究结果，这些内容还需在未来的研究中进一步完善。

7.3　本 章 小 结

本章通过对八大风电基地和我国 2050 年光伏发电发展路径的研究，分析影响清洁能源发展的关键因素。无论是风电还是太阳能发电，随着技术进步和开发规模的扩大，成本均已显著下降。目前，除了间歇性、供电可靠性以外，风电已经与水电、火电等传统电源形式的成本非常接近，而太阳能发电成本降低还有很长的路要走。对多个风电基地和太阳能发电的研究都发现，电网的消纳能力、远距离输送的成本、补贴政策是影响清洁能源发展的关键因素，但同样的激励和补贴政策，在各地的实施效果不同，需要根据当地社会经济状况适当调整。从长远来看，清洁能源发展的最终目标是与传统发电形式平等地参与市场竞争，这必须通过不断的技术创新和技术进步才能实现。

第8章 输配电部门生产效率分析

输配电业务是连接电厂和用户的纽带，也是电力系统的核心组成部分，在我国均由电网公司经营。随着超高压、特高压输电技术、大功率变压器的出现，电力传输效率不断提高，线损率逐渐下降。除了技术指标，外部环境变化也会影响输配电部门的生产效率，本章分别采用非参数和参数方法研究输配电部门技术效率及其影响因素。

8.1 基于共同前沿分析的输配电部门生产效率研究

8.1.1 基于自助法的非参数数据包络分析共同前沿分析方法

数据包络分析效率评价结果受有限的样本观测值构造的生产前沿面的影响，因而效率值对样本变化非常敏感，尤其是投入产出指标中的极端值显著影响效率评估结果。为了获取客观评价结果，将决策单元分组是一种常用的做法，但通常情况下，具有相似外部环境的决策单元数量有限，因此由样本集得到的数据包络分析的效率评估结果往往不同于真实生产可能集下的效率评价值，这导致结果是有偏的。自助法是有效解决这一难题的方法之一。

1. 共同前沿分析方法

当决策单元面临的外部环境差异很大时，需要从不同的投入、产出组合中选择前沿面的对应点。这种外在的环境差异包括物理、社会和经济方面的差异，涉及物质资源、人力资本、金融资本、文化差异及其他资源禀赋等诸多因素[311]。由于这些外部环境的异质性，仍使用传统数据包络分析模型（假设所有的决策单元具有同质性）构造一个共同生产前沿面，将使得外部环境条件恶劣的决策单元在效率评价中处于不利地位，评价结果缺乏客观性和科学性。

为了解决这种外部环境导致的异质性问题，O'Donnell 等[311]提出了共同前沿分析方法，用于评估和比较具有不同环境变量的决策单元的效率值。首先，将所有的决策单元放在一起，计算共同前沿下所有研究对象的数据包络分析效率值；其次，根据外在环境下的差异，把决策单元分成若干组；再次，分别计算决策单元在组内前沿下的效率值；最后，构造共同前沿技术比率（meta-technology ratio，MTR），该比率能够有效分析不同组内前沿和共同前沿之间的差距。不同组的 MTR

存在差异，该比率越大表示该组的前沿面离共同前沿面越近，说明了该组所处的环境有利于决策单元获得较高的效率值。

图 8-1 为共同前沿和组内前沿的比较。假设一单投入单产出的生产可能集的共同前沿面为 MM'；根据环境异质性，将所有决策单元分成三组，对应的组内前沿分别为 11′、22′和 33′。若某一个特定的决策单元 A 属于第一组，那么它基于投入的共同前沿和组内前沿下的效率值分别如下：

$$\mathrm{TE}_{MM'}(A) = \frac{OD}{OB} \tag{8-1}$$

$$\mathrm{TE}_{11'}(A) = \frac{OC}{OB} \tag{8-2}$$

为了分析组内前沿 11′和共同前沿 MM'之间的差距，决策单元 A 的 MTR 定义如下：

$$\mathrm{MTR}_{11'}(A) = \frac{\mathrm{TE}_{MM'}(A)}{\mathrm{TE}_{11'}(A)} = \frac{OD/OB}{OC/OB} = \frac{OD}{OC} \tag{8-3}$$

从图 8-1 中可以看出，11′明显比 22′离共同前沿 MM'更近，也就是前一组的整体 MTR 值要大于后一组，表示前一组的环境变量优于后一组。

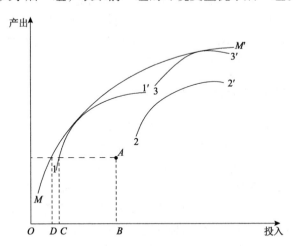

图 8-1　共同前沿和组内前沿的比较[311]

共同前沿方法被广泛应用于研究环境影响或者异质性问题。Zhang 和 Choi[96]结合共同前沿分析方法与非径向的 Malmquist 指数，构造共同前沿的非径向动态碳排放效率指数，研究了中国 259 个大型火电厂的碳排放效率，结果发现分组后的效率值有所提高，同时指出中西部地区火电厂效率偏低的原因主要是经济不发达、技术落后和缺乏创新。Wang 等[312]指出中国的省（自治区、直辖市）之间的异质性是导致能源效率评价结果差异的主要原因，在结合数据包络分析和共同前沿分析方法研究各省（自治区、直辖市）能源效率"技术差距"的过程中发现，我国东部地区能源利用效率最高、西部地区最低，效率低的省（自治区、直辖市）仍然具有较大的提升潜力，但需要制定有针对性的地区性政策。Lu 等[313]利用共同前沿分析方法研究我国的环境效率，发现我国东中西部地区的效率差异有扩大的趋势。科学技术水平、资源要素禀赋水平和环境治理能力对效率评价有正向的影响，而产业结构、对外资本依存度和能源消费结构对效率值的影响是负向的。由此可见，外界环境变量对于效率评估具有显著的影响，采用共同前沿分析方法研究输配电行业效率，不仅要确定合理的决策单元分组方案，而且需要分析环境变量的影响。

2. 模型构造

结合数据包络分析、自助法、共同前沿分析三种方法研究我国电网公司生产效率变化情况，构造三种基本的模型，见表 8-1。首先，采用非理想产出的数据包络分析方法，由此构造的模型称为模型 1；其次，利用自助法和数据包络分析方法解决样本中电网公司数量偏少带来的效率偏差，修正效率值，提高评估的可靠性，由此构造的模型称为模型 2；最后，为了消除外在环境变量的影响，在模型 2 的基础上，采用共同前沿分析方法分别求解共同前沿下和组内前沿下的效率值，得出 MTR，进而比较环境变量的影响方向与程度，由此构造的模型称为模型 3。通过研究不同分组下的 MTR，选择不同的环境变量，对比模型采用的计算方法与环境变量选择，分析外界环境变量对于电力输配行业效率的影响，能够为进一步探索其对我国未来电力市场改革的方向提供政策启示，进而根据环境变量的不同制定差异化的考核政策，指出不同电网公司改善输配效率的方向。

表 8-1　模型对比与说明

模型	情况说明
模型 1	考虑非理想产出的数据包络分析方法
模型 2	结合自助法与数据包络分析方法，修正效率测量值
模型 3	在模型 2 的基础上，考虑外在环境变量影响，结合共同前沿分析方法

8.1.2　指标选择及资料来源

1. 研究对象

选取我国各省电网子公司作为研究对象，由于数据可得性，未涵盖西藏、香港、澳门、台湾。2009 年起，内蒙古地区由国网内蒙古东部电力有限公司（以下简称国网蒙东）和内蒙古电力（集团）有限责任公司（以下简称内蒙古电力）2个电网公司经营。国网蒙东负责内蒙古东部赤峰、通辽、呼伦贝尔和兴安盟的电网规划与运营；内蒙古电力负责中西部锡林郭勒盟、乌兰察布市、包头市、呼和浩特市、巴彦淖尔市、鄂尔多斯市、乌海市和阿拉善盟 8 个盟市的电力输配，所以把这两个公司分别考虑。2011 年成立并于次年运营的国网冀北电力有限公司负责河北省北部唐山、张家口、秦皇岛、承德、廊坊 5 个市的电力输配；而国家电网有限公司下属的河北省电力公司负责河北省南部的石家庄、保定、沧州、衡水、邢台、邯郸 6 个市的电力输配，由于时间、数据获取等问题及分析处理的便利性，把两者作为一个整体——河北省电力公司来考虑。厂网分离的电力改革政策从2003 年开始进行，2004 年开始反映到统计数据中，因此本节研究 31 个省级区域电网公司（内蒙古地区有蒙东和蒙西两个区域）2004～2013 年的生产效率。

2. 投入产出指标

电网公司通过一定的人力、物力、财力等资源投入，将电力输送给用户并获得经济收益。因此，电网企业效率研究中投入、产出变量的选择非常重要，直接影响效率评价结果[314]。早期的研究认为员工、线路长度、供电量及客户数量是电力输配行业生产效率研究的关键指标[165]。随着研究的深入，Resende[315]提出变压器是改变交流电压的装置，因而变压器容量是一个重要的投入变量，对应的容量越大，表示投入越多，Çelen[316]和 Mullarkey 等[181]也表达了相似的观点。Zhou 等[22]总结了能源行业效率评价中常用的模型、指标选择等，证实这几个指标是电网生产效率研究中使用频率最高的变量。近年来的研究开始考虑配电过程及电价差异，把供电量分为居民用电和非居民用电。在中国，一般居民用电电价低于非居民用电，而在国外恰好相反，因此这种划分对于电网公司效率评估具有重要意义[16, 315]。考虑电网企业的经济属性，很多研究主张将运营成本或总成本作为投入变量纳入电力输配公司的运营效率研究[16, 176, 317]。然而，中国现行管理体制下，输配售业务均由电网公司经营，电价由国家发展和改革委员会控制，部门之间的责、权、利难以厘清，各部门的运营成本无法准确计算。本章旨在研究电网公司的生产效率，因此没有选取运营成本或总成本作为投入变量。需要指出的是，线损电量最终不能为终端客户所用，是输配电部门的一种非理想产出。Scheel[318]指出处理非理想产出的方法有三种：将非理想产出加上负号，取其倒数作为理想产出处理，把非理想产出作为投入变量。Pérez-Reyes 和 Tovar[17]、Tovar[183]提出线损是由用电需求驱动的，其伴随输配过程产生，由于代表公司的技术水平宜作为投入指标纳入效率评价，本章的分析也采用了该观点，将线损量作为投入指标。

研究过程中，选取的投入变量为 35 千伏以上线路长度、35 千伏以上变压器容量、员工数量和线损量；产出变量为居民用户数和非居民用户数、居民用电量和非居民用电量。为避免居民用户数和居民用电量间的线性关系对评价结果的影响，剔除居民用户数。另外，由于我国电网公司的特殊性——输配业务未有效分割，电网输出不仅考虑终端消耗，还同时考虑供电侧和需求侧的影响，加之各省（自治区、直辖市）之间存在大范围的电力调度，本省上网电量未必全部由本省消耗，需对电网公司直接的供电量与用电量进行调整。若输电网和配电网是同等重要的，由于无法获知跨区域输电线路在各省的详细分布信息，假设其在两省平均分布，对输电业务的贡献各为一半；配电业务通常完全由本地的电网公司经营，本章设置上网供电量和用户用电量的权重比为 $(1/2 \times 1/2) : (1/2 \times 1/2 + 1/2) = 1 : 3$，即分别为 0.25 和 0.75，这里的供电量表示电网公司总体的供电量。

3. 资料来源

根据研究对象、研究区间，投入产出指标的选择，采用多种方式进行数据搜集与整理。35 千伏以上线路长度、35 千伏以上变压器容量及线损量资料来源于 2004~2013 年《电力工业统计资料汇编》；员工数量和非居民用户数分别来源于《国家电网公司年鉴》和《南方电网公司年鉴》；居民用电量和非居民用电量按照前文的方式处理，其中所用到的上网供电量和用户用电量资料来源于《国家电网公司年鉴》和《南方电网公司年鉴》。另外，关于蒙东、蒙西电网 2009 年之前的数据，按照人口和区域面积比例进行调整；河北省 2011 年后的数据由国网冀北电力有限公司和河北省电力公司相加所得。根据收集到的数据，电网公司投入产出变量的描述性统计见表 8-2。

表 8-2　投入产出描述性统计表

变量	描述性统计指标					
	描述	单位	平均值	最小值	最大值	标准差
X_1	35 千伏以上线路长度	千米	39 657.75	5 422.00	88 182.00	20 553.27
X_2	35 千伏以上变压器容量	吉伏安	98.52	5.70	447.92	84.73
X_3	员工数量	人	33 870.03	7 125.00	118 641.00	20 031.52
X_4	线损量	太瓦时	6.99	0.69	29.90	5.46
Y_1	非居民用户数	个	1 066 933	72 500	4 976 700	1 030 629
Y_2	居民用电量	太瓦时	14.10	0.82	71.30	11.93
Y_3	非居民用电量	太瓦时	98.97	5.53	409.61	79.45

8.1.3 电网技术效率及其分解指标

本节首先分别采用数据包络分析模型中的基础 CCR 模型和非径向 SBM 模型研究电网公司效率，然后对决策单元进行分组，结合自助法和共同前沿分析方法探讨决策单元之间效率存在差异的原因。对于两种数据包络分析模型，利用 Matlab 软件分别进行编程求解，各电网公司在 2004～2013 年的综合效率分别如表 8-3 和表 8-4 所示。由于决策单元数量较少，使用 SBM 模型获得效率评估结果差异性很大，一部分电网公司如北京、上海、宁夏、广东等地区效率多次高达 1.0000，另一部分电网公司如安徽、湖北、四川、海南等地区多次出现效率值低于 0.5000 的情况。现实生活中，很难认为某个省级公司投入指标出现了 50%以上的冗余，或者产出能够扩大两倍以上，这样的结果很难直接用于指导生产实践。相对而言，使用 CCR 模型得到的综合效率值差异较小，结果更容易接受。此外，同时结合 CCR 模型和 BCC 模型不仅能够求出综合效率值，而且可以继续求解分析纯技术效率与规模效率，有利于发现输配效率变化的内在原因。因此，我们选择基于 CCR 模型和 BCC 模型的结果进行效率分析。

表 8-3　CCR 模型下各地区电网公司的综合效率值

地区	2004 年	2005 年	2006 年	2007 年	2008 年	2009 年	2010 年	2011 年	2012 年	2013 年
北京	1.0000	1.0000	1.0000	1.0000	1.0000	1.0000	1.0000	1.0000	1.0000	1.0000
天津	0.9368	0.9211	0.9545	0.9128	0.8744	0.9323	0.8839	0.8140	0.8671	0.8617
河北	0.8728	0.8722	0.9114	0.8935	0.8295	0.9489	0.9193	0.9201	0.9095	0.9071
山西	0.8182	0.9373	0.8798	0.8914	0.7876	0.7548	0.7565	0.7979	0.7701	0.8002
山东	1.0000	1.0000	1.0000	1.0000	1.0000	1.0000	0.9840	0.9296	0.9831	0.9538
辽宁	0.9133	0.9331	0.9343	0.9367	0.8820	0.8327	0.8447	0.8076	0.8178	0.8101
吉林	1.0000	0.9099	0.9349	0.9600	0.9276	1.0000	0.9805	1.0000	1.0000	1.0000
黑龙江	0.8692	1.0000	1.0000	0.9987	1.0000	1.0000	0.9873	1.0000	1.0000	0.9976
上海	1.0000	1.0000	1.0000	0.9985	1.0000	1.0000	1.0000	0.9842	1.0000	1.0000
江苏	0.7862	0.8846	1.0000	0.9979	1.0000	1.0000	1.0000	1.0000	0.9891	1.0000
浙江	1.0000	1.0000	0.9854	1.0000	1.0000	0.9931	1.0000	1.0000	0.9838	1.0000
安徽	0.8127	0.9171	0.9913	1.0000	0.9877	0.9844	0.9701	0.8543	1.0000	0.9366
福建	1.0000	1.0000	1.0000	0.9746	1.0000	1.0000	0.9802	1.0000	1.0000	1.0000
湖北	0.7999	0.9023	0.8822	0.7614	0.7649	0.9171	0.9241	0.8587	0.8344	0.8947
湖南	0.8568	0.8350	0.9883	1.0000	0.9847	0.9996	0.9028	0.9177	0.9562	0.9893

续表

地区	2004 年	2005 年	2006 年	2007 年	2008 年	2009 年	2010 年	2011 年	2012 年	2013 年
河南	1.0000	1.0000	0.9907	1.0000	1.0000	0.9908	1.0000	1.0000	0.9959	1.0000
江西	0.9371	0.9870	0.9551	0.9565	1.0000	1.0000	0.9915	1.0000	1.0000	1.0000
四川	1.0000	1.0000	1.0000	0.9272	1.0000	1.0000	0.8340	0.8258	0.7055	0.6250
重庆	0.9875	0.9362	1.0000	0.7803	0.8660	0.8302	0.7527	0.8223	0.8252	0.7706
陕西	0.8202	0.9046	0.8191	0.8313	0.9536	0.8320	0.8960	0.9034	0.9092	0.9377
甘肃	0.8163	1.0000	0.8890	0.8686	0.9063	0.8921	0.8238	0.8638	0.8111	0.8693
青海	1.0000	0.9757	1.0000	1.0000	1.0000	1.0000	1.0000	1.0000	1.0000	1.0000
宁夏	1.0000	0.9912	1.0000	1.0000	0.9937	1.0000	1.0000	1.0000	1.0000	1.0000
新疆	0.8929	1.0000	1.0000	1.0000	1.0000	1.0000	0.9348	0.8808	1.0000	1.0000
广东	1.0000	1.0000	0.9991	1.0000	1.0000	1.0000	0.9928	1.0000	1.0000	0.9946
广西	0.8632	0.9051	0.9299	0.9858	0.9407	0.9675	0.8671	0.8782	0.8437	0.8531
云南	0.5680	0.8043	0.7873	0.8524	0.8387	0.8997	0.8153	0.7772	0.7689	0.7513
贵州	1.0000	0.8890	0.7716	1.0000	0.9808	1.0000	0.9107	0.9389	0.9407	0.8978
海南	0.7217	0.7250	0.7584	0.8400	0.8659	0.9953	1.0000	1.0000	1.0000	1.0000
蒙西	1.0000	0.9647	1.0000	1.0000	0.9916	1.0000	1.0000	1.0000	0.9958	1.0000
蒙东	1.0000	0.9609	1.0000	0.9971	1.0000	1.0000	0.9935	1.0000	0.9720	0.9536

表 8-4　SBM 模型下各地区电网公司的综合效率值

地区	2004 年	2005 年	2006 年	2007 年	2008 年	2009 年	2010 年	2011 年	2012 年	2013 年
北京	1.0000	1.0000	1.0000	1.0000	1.0000	1.0000	1.0000	1.0000	1.0000	1.0000
天津	0.5518	0.5579	0.5652	0.5009	0.5250	0.5583	0.5570	0.5424	0.6240	0.5935
河北	0.4817	0.4941	0.5169	0.5160	0.5631	0.6121	0.6447	0.6299	0.6007	0.5663
山西	0.5070	0.5411	0.5316	0.5413	0.4632	0.4141	0.4384	0.4552	0.4994	0.5165
山东	1.0000	1.0000	1.0000	0.9981	1.0000	1.0000	1.0000	0.9973	1.0000	1.0000
辽宁	0.5494	0.5551	0.5517	0.5379	0.5644	0.4934	0.4887	0.4772	0.4869	0.4709
吉林	0.5760	0.4963	0.5174	0.4800	0.5089	0.5198	0.4742	0.4922	0.4381	0.4042
黑龙江	0.5221	0.6696	0.6396	0.5667	1.0000	0.5479	0.5121	0.4980	0.4600	0.4958
上海	1.0000	0.9974	1.0000	1.0000	1.0000	1.0000	1.0000	1.0000	1.0000	1.0000
江苏	0.5451	0.6225	0.7038	0.7861	0.9967	0.8068	1.0000	0.8185	1.0000	1.0000

续表

地区	2004 年	2005 年	2006 年	2007 年	2008 年	2009 年	2010 年	2011 年	2012 年	2013 年
浙江	1.0000	0.9937	1.0000	1.0000	1.0000	1.0000	1.0000	0.9946	1.0000	1.0000
安徽	0.3733	0.4766	0.4724	0.4057	0.5167	0.5452	0.5553	0.5109	0.5320	0.5908
福建	1.0000	0.9875	1.0000	1.0000	1.0000	1.0000	0.9912	1.0000	1.0000	1.0000
湖北	0.3790	0.4736	0.5209	0.3760	0.4735	0.4905	0.5532	0.5036	0.4780	0.5109
湖南	0.4517	0.5434	0.7124	1.0000	0.6252	0.7896	0.6347	0.6214	0.6980	0.7280
河南	1.0000	1.0000	1.0000	1.0000	1.0000	1.0000	1.0000	1.0000	1.0000	1.0000
江西	0.4445	0.5962	0.5713	0.5522	0.5106	0.5376	0.5015	0.4778	0.4308	0.4855
四川	1.0000	1.0000	1.0000	0.4785	1.0000	1.0000	0.6105	0.5419	0.4001	0.3758
重庆	0.6357	0.5435	1.0000	0.3980	0.5389	0.4899	0.4012	0.4499	0.3675	0.4334
陕西	0.3806	0.4312	0.3471	0.3409	0.5749	0.4023	0.4667	0.4479	0.4621	0.6347
甘肃	0.4404	0.4434	0.4434	0.4176	0.4634	0.4195	0.3801	0.3789	0.3741	0.4080
青海	1.0000	0.4667	0.5250	0.4268	0.4003	0.3494	0.5066	0.4102	1.0000	0.5443
宁夏	1.0000	0.9907	1.0000	1.0000	0.9982	0.9945	1.0000	1.0000	1.0000	1.0000
新疆	0.3486	1.0000	1.0000	1.0000	1.0000	0.4834	0.3915	0.4082	1.0000	1.0000
广东	1.0000	1.0000	0.9986	1.0000	1.0000	1.0000	0.9923	1.0000	1.0000	0.9934
广西	0.4127	0.4567	0.5605	0.6323	0.5788	0.4911	0.4324	0.4525	0.4448	0.4937
云南	0.2690	0.4393	0.3476	0.3549	0.4086	0.4625	0.4496	0.3823	0.3555	0.3818
贵州	1.0000	0.4571	0.3512	1.0000	0.6967	1.0000	0.5343	0.5374	0.5448	0.5377
海南	0.3037	0.2890	0.3113	0.3176	0.3776	0.4316	1.0000	1.0000	1.0000	1.0000
蒙西	1.0000	0.6388	1.0000	1.0000	0.9907	1.0000	1.0000	1.0000	0.9942	1.0000
蒙东	1.0000	0.4333	1.0000	0.9943	1.0000	0.9982	0.5024	1.0000	0.6757	0.5307

1. 基于自助法的结果展示

针对 CCR 模型下,多个决策单元效率值为 1 难以进行决策单元效率排序的问题,采用自助法进行修正,不断模拟数据生成过程,最后使修正的效率值更趋向于真实值,上述过程借助 Matlab 实现,结果如表 8-5 所示。对比表 8-3 后发现,修正后的效率值低于原 CCR 模型的值。修正前北京、黑龙江、浙江、宁夏、广东、蒙西等电网公司在研究期间多次效率值为 1,经过自助法修正后,除北京、浙江外,很少有公司保持 1 的效率值。决策单元效率改进过程中可以参照的标杆数量适中，便于电网公司之间的效率对比及效率变动趋势分析。

表 8-5　经自助法修正后的各地区电网公司效率值

地区	2004 年	2005 年	2006 年	2007 年	2008 年	2009 年	2010 年	2011 年	2012 年	2013 年
北京	0.9952	1.0000	0.9989	1.0000	1.0000	1.0000	1.0000	1.0000	1.0000	0.9977
天津	0.9328	0.8773	0.9487	0.8642	0.7855	0.8941	0.8090	0.6731	0.7820	0.7723
河北	0.8186	0.7811	0.8630	0.8300	0.6957	0.9311	0.8860	0.8879	0.8724	0.8713
山西	0.6981	0.9160	0.7946	0.8184	0.6112	0.5412	0.5618	0.6468	0.5909	0.6505
山东	0.9409	0.9891	0.9842	0.9866	0.9831	0.9904	0.9539	0.9038	0.9428	0.9462
辽宁	0.8976	0.9054	0.9041	0.9097	0.8028	0.6945	0.7330	0.6614	0.6841	0.6717
吉林	0.9845	0.8612	0.9106	0.9575	0.8937	0.9668	0.9540	0.9718	1.0000	0.9995
黑龙江	0.8021	0.9982	0.9984	1.0000	1.0000	1.0000	0.9980	0.9767	0.9866	0.9771
上海	0.9930	0.9988	0.9953	0.9981	0.9982	0.9710	0.9967	0.9829	0.9708	0.9752
江苏	0.6304	0.8016	0.9675	0.9918	0.9960	0.9960	0.9941	0.9933	0.9998	0.9971
浙江	0.9935	1.0000	1.0000	1.0000	1.0000	1.0000	1.0000	1.0000	0.9936	0.9798
安徽	0.6840	0.8666	0.9664	0.9738	0.9630	0.9691	0.9597	0.7523	0.9585	0.9237
福建	0.9888	0.9999	1.0000	1.0000	1.0000	0.9958	0.9987	1.0000	0.9960	0.9888
湖北	0.6711	0.8403	0.8030	0.5582	0.5634	0.8693	0.9034	0.7705	0.7235	0.8445
湖南	0.7878	0.7021	0.9598	0.9803	0.9580	0.9685	0.8487	0.8806	0.9520	0.9540
河南	0.9991	0.9994	0.9987	0.9972	0.9907	0.9909	0.9888	0.9939	0.9978	0.9872
江西	0.9349	0.9655	0.9430	0.9467	0.9610	0.9990	1.0000	1.0000	0.9658	0.9657
四川	0.9918	0.9972	0.9951	0.9012	0.9894	0.9823	0.7114	0.6987	0.4668	0.3001
重庆	0.9448	0.9069	0.9781	0.5972	0.7700	0.6877	0.5473	0.6916	0.7098	0.5887
陕西	0.7190	0.8540	0.6741	0.7068	0.9515	0.7011	0.8489	0.8685	0.8770	0.9245
甘肃	0.6986	0.9776	0.8182	0.7766	0.8552	0.8186	0.7050	0.7756	0.6696	0.7969
青海	0.9657	0.9667	0.9898	1.0000	1.0000	0.9963	0.9815	0.9984	0.9890	0.9700
宁夏	0.9845	0.9902	0.9888	0.9938	0.9938	0.9981	0.9989	1.0000	0.9959	0.9965
新疆	0.8688	0.9777	0.9788	0.9760	0.9832	0.9742	0.9097	0.8133	0.9880	0.9960
广东	0.9927	1.0000	1.0000	0.9998	0.9998	0.9998	0.9924	0.9763	0.9878	0.9896
广西	0.7971	0.8558	0.8968	0.9532	0.9276	0.9646	0.7925	0.8164	0.7429	0.7583
云南	0.2012	0.6506	0.6190	0.7526	0.7185	0.8355	0.6757	0.6093	0.5883	0.5591

续表

地区	2004 年	2005 年	2006 年	2007 年	2008 年	2009 年	2010 年	2011 年	2012 年	2013 年
贵州	0.9307	0.8207	0.5843	0.9677	0.9585	0.9717	0.8705	0.9266	0.9334	0.8561
海南	0.5070	0.4910	0.5586	0.7275	0.7752	0.9630	0.9682	1.0000	0.9855	0.9696
蒙西	0.9361	0.9602	0.9886	0.9985	0.9980	1.0000	0.9963	0.9840	0.9676	0.9727
蒙东	0.9310	0.9536	0.9622	0.9691	0.9646	0.9709	0.9634	0.9504	0.9486	0.9513

2. 综合效率趋势分析

根据上面的数据包络分析模型进行计算，2004～2013 年全国电力输配行业效率变化情况如图 8-2 所示。为便于描述，将 CCR 模型称为模型 1，采用自助法修正后的模型称为模型 2。可以看出，模型 2 下，利用自助法模拟生产可能集逼近真实生产前沿面，由于生产可能集扩大，效率均值比模型 1 低，但两模型下效率值变化趋势一致。由前文电力政策背景可知，2004 年我国电力供需形势紧张，从结果看，这一年的效率值最低。2004 年底国家发布煤电价格联动政策，电力供需形势逐渐缓和，2005 年效率值明显改善，之后显现缓慢上升趋势。到 2009 年，电力输配行业效率均值达到极大值，之后效率值又出现下降趋势。这很大程度上是全球金融危机的滞后效应造成的。由于外需疲软，对以制造业为主的中国影响巨大，经济增速下滑，用电需求随之降低[319]。然而，在此期间前期的电网建设规划逐步发挥作用，电网竣工项目仍保持前期态势，电力行业总体上由供过于求转化为供求总体平衡，同时伴有局部供过于求或供不应求的状态，电网生产效率一直在低谷徘徊。这种情况一直持续到 2012 年，电网"主辅分离"改革取得实质进展，综合效率值出现微弱反弹。但与此同时，前些年审批的大量电网建设项目竣工，电力供需出现逆转，效率值回升态势难以持续，之后电网效率值又出现了小幅下滑。

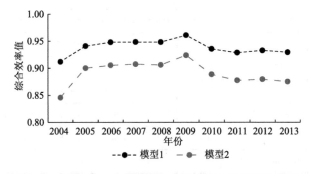

图 8-2　2004～2013 年全国电力输配行业效率变化情况

　　总体上我国电网生产效率在改革初期快速提升，但随着经济增长再度放缓，新技术、新问题不断涌现，管理体制与经济发展不相适应的情况开始出现，影响效率值提升。调整电源结构，优化电源布局，增强系统调节能力，推进电力体制改革和机制创新，进一步深化电力体制改革已成为当务之急。

　　表 8-6 展示了 2004～2013 年 31 个电网公司在模型 1 和模型 2 的综合效率（overall technical efficiency，OTE）、纯技术效率（pure technical efficiency，PTE）及规模效率（scale efficiency，SE）变动情况。首先，采用自助法修正后，效率值总体下降，结果区分度提高。模型 1 下的综合效率值较高。例如，北京、上海、浙江、福建、河南、宁夏和广东电网公司所有年份生产效率值均为 1。模型 2 下，所有电网公司的综合效率值都有所下降，没有一个省级电网公司在所有年份效率值为 1，综合效率均值由 0.9384 下降为 0.8910；标准差由 0.0626 上升为 0.1052，决策单元效率值更为离散，说明它们的差异加大。通过表 8-6，可以更直观地看出模型 1 和模型 2 下不同地区电网公司间效率的差异和同一电网公司在两模型下的变化情况。

表 8-6　各地区电网公司平均综合效率值及分解效率值

地区	模型 1			模型 2		
	OTE（排名）	PTE	SE	OTE（排名）	PTE	SE
北京	1.0000（1）	1.0000	1.0000	0.9992（1）	0.9996	0.9996
天津	0.8959（22）	0.9666	0.9269	0.8339（22）	0.9386	0.8885
河北	0.8984（21）	0.9355	0.9603	0.8437（21）	0.8914	0.9465
山西	0.8194（30）	0.8609	0.9518	0.6830（30）	0.7562	0.9032
山东	0.9851（12）	1.0000	0.9851	0.9621（12）	0.9941	0.9678
辽宁	0.8712（27）	0.8815	0.9883	0.7864（27）	0.7975	0.9861
吉林	0.9713（14）	0.9825	0.9886	0.9500（14）	0.9704	0.9790
黑龙江	0.9869（11）	0.9886	0.9983	0.9737（10）	0.9800	0.9936
上海	1.0000（1）	1.0000	1.0000	0.9880（7）	0.9937	0.9943
江苏	0.9671（16）	0.9747	0.9922	0.9368（16）	0.9549	0.9810
浙江	1.0000（1）	1.0000	1.0000	0.9967（3）	0.9982	0.9985
安徽	0.9454（17）	0.9546	0.9904	0.9017（17）	0.9133	0.9873
福建	1.0000（1）	1.0000	1.0000	0.9968（2）	0.9992	0.9976
湖北	0.8540（29）	0.8600	0.9930	0.7547（28）	0.7545	1.0003[1)]
湖南	0.9430（18）	0.9462	0.9966	0.8992（18）	0.9030	0.9958

地区	模型 1			模型 2		
	OTE（排名）	PTE	SE	OTE（排名）	PTE	SE
河南	1.0000（1）	1.0000	1.0000	0.9944（4）	0.9981	0.9963
江西	0.9836（13）	0.9969	0.9867	0.9682（11）	0.9847	0.9832
四川	0.8918（23）	0.9078	0.9824	0.8034（24）	0.8327	0.9648
重庆	0.8571（28）	0.8857	0.9677	0.7422（29）	0.7921	0.9370
陕西	0.8807（25）	0.8884	0.9913	0.8125（23）	0.8152	0.9967
甘肃	0.8740（26）	0.8849	0.9877	0.7892（26）	0.8032	0.9826
青海	0.9976（8）	1.0000	0.9976	0.9857（8）	0.9987	0.9870
宁夏	1.0000（1）	1.0000	1.0000	0.9941（5）	0.9991	0.9950
新疆	0.9709（15）	0.9765	0.9943	0.9466（15）	0.9603	0.9857
广东	1.0000（1）	1.0000	1.0000	0.9938（6）	1.0000	0.9938
广西	0.9034（20）	0.9098	0.9930	0.8505（20）	0.8538	0.9961
云南	0.7863（31）	0.8023	0.9801	0.6210（31）	0.6402	0.9700
贵州	0.9330（19）	0.9360	0.9968	0.8820（19）	0.8850	0.9966
海南	0.8906（24）	1.0000	0.8906	0.7946（25）	1.0000	0.7946
蒙西	0.9965（9）	0.9972	0.9993	0.9802（9）	0.9905	0.9896
蒙东	0.9887（10）	0.9957	0.9930	0.9565（13）	0.9799	0.9761
均值	0.9384	0.9527	0.9849	0.8910	0.9154	0.9721

1）由于使用自助法模拟进行修正，出现 CCR 模型下修正的 OTE 值大于 BCC 模型下修正后的 PTE 值，而 SE 值是由 OTE 除以 PTE 得到的值，所以可能会出现大于 1 的情况

表 8-6 中括号内的数字代表各省域电网公司在两个模型下的效率排名情况，效率值越大，排名越靠前。通过对比后发现，效率值排序结果总体变化不大，名次变化较大的省（自治区、直辖市）有河南、宁夏、广东、上海，分别由并列第 1 变更为第 4、第 5、第 6、第 7，而北京、福建和浙江电网公司的生产效率仍然维持前三位，且综合效率值接近 1。再次说明传统模型存在效率高估的情况，经过自助法修正后的结果区分度更高。综合效率值排名靠前的省（自治区、直辖市）普遍经济发达，且为电力调入地区，拥有先进的生产技术和管理经验，单位产值能耗低，人口密度大，第三产业发达。排序下降的电网公司还有蒙东、四川、重庆、海南，这些地区均为跨区域输出电网的起点。电力的跨区域传输，配送业务由接收地区负责，输电业务双方共同经营，权责不清或许是造成生产效率低下的原因之一。图 8-3 更直观地给出了各地区电网公司平均综合效率值的差异。

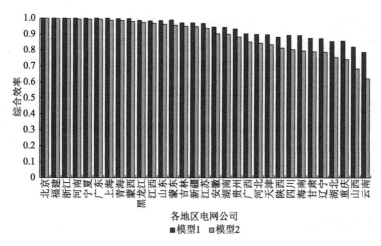

图 8-3　2004～2013 年各地区电网公司平均综合效率值

　　为了更清晰地展示效率值变化趋势，图 8-4 选取了模型 2 下首尾两年及研究期间中国经济增速唯一"凹点"——2009 年的效率值。从 2004 年曲线的波动程度可以看出，2004 年电网公司间效率值差距很大。例如，云南、海南和湖北的效率值分别为 0.2012、0.5070 和 0.6711；而北京、广东、河南、浙江、上海等接近 1；2009 年的曲线整体向外移动，且波动程度明显降低，说明效率值总体提升且电网公司效率值差异缩小；相对于 2009 年，2013 年效率值整体降低且波动幅度

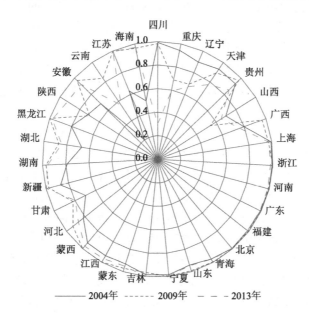

图 8-4　各地区电网公司 2004 年、2009 年、2013 年综合效率变化情况

扩大，这与图 8-2 展示的全国综合效率值变化趋势符合。海南、云南、黑龙江、江苏、安徽、陕西的综合效率值在研究期间显著改善，资源配置合理和产出增加是主要原因，其中前三个地区客户数量剧增，云南和黑龙江的非居民用户数更是增加了三倍以上，后三个地区员工数缩减近 25%。四川、重庆、辽宁、山西等电力输出或跨区域电力传输的通道地区情况相反，综合效率值不但没有提高，甚至出现了一定程度的下滑。可以看出，厂网分离政策的实施在很大程度上理顺了产权关系，调动了电网公司积极性，效率值提升；随着改革的深入，现有管理体制不适合电网发展的情况再次出现，输配业务之间的矛盾加剧，进一步推进电网部门的电力体制改革成为提升电力系统效率的必由之路。

3. 效率分解与讨论

研究期间，各地区电网公司的纯技术效率和规模效率展现出不同的特征。从表 8-6 可以看出，无论是在模型 1 下还是在模型 2 下，北京、上海、浙江、福建、广东等地区的纯技术效率都较高，并且是推动电网综合效率提高的主要因素，这几个地区均为目前中国经济较发达的地区。稍显意外的是，四川、云南、湖北、甘肃等地区的纯技术效率较低，且模型 2 显著低于模型 1，但两模型下规模效率很高。它们都是重要的电力生产和外送基地，地形复杂，山区占比大，近年来大规模建设了超高压、特高压线路，电网密度大，超高压与大容量变电设备占比较大。山西也出现了类似的情况，但规模效率较低。稍显意外的是，辽宁、重庆并非电力输出基地，甚至还有少量的电力输入，纯技术效率变化趋势也与上述地区相同，且规模效率较低，究其原因，它们是跨区域电力输送的主要通道。海南电力公司是中国电网建设的孤岛，与其他省（自治区、直辖市）的电力传输少，但由于电网密度小，纯技术效率较高，在两模型下都是规模效率最低的，这也是导致其综合效率低下的原因之一。

在综合效率变化趋势的基础上，图 8-5 进一步展示了研究期间模型 1 和模型 2 下分解指标纯技术效率和规模效率的变化趋势，二者几乎完全一致。前面的分析说明，模型 2 效率评价结果在各方面均优于模型 1，因此下文基于模型 2 分析这两个分解指标的变动趋势。PTE 最小值出现在 2004 年，正是厂网分离政策深入贯彻实施的初始年份，通过充分的技术挖潜，极大地激发了电网企业的生产积极性，改革成效在 2005 年开始显现，纯技术效率上升。在电力供应紧张时期，为保障电力供应，众多设备高负荷运转致使性能下降，纯技术效率在 2006 年、2007年出现轻微的下滑趋势。由于智能电网建设，超高压、特高压线路、超大容量设备开始发挥效用，之后纯技术效率又开始小幅回升。2009 年前后，中国经济增速下滑至 10%以下，电网建设、变电设备技术升级改造步伐变缓，导致 2010 年后纯技术效率大幅下降。

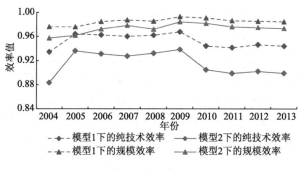

图 8-5 效率分解指标的变化趋势

总体上，规模效率 2009 年前呈上升趋势，说明这期间我国应对电力紧缺现象，加大电力系统建设的措施取得成效，电力紧缺得到缓解的同时，规模效率提升。2010 年后，我国电力供应从供需平衡转向总体供过于求，部分地区甚至长期出现供过于求的现象，电网负荷下降，跨区域电力传输中配电网与输电网建设不匹配的问题开始出现，规模效率出现下滑。总结而言，研究期间电网的综合效率提升主要依靠规模效率驱动，尽管国家通过智能电网建设加快了超高压、特高压输电线路建设，但其效用发挥存在一定的滞后效应。厂网分离政策改革初期大大推动了纯技术效率以至综合效率的回升，但在研究后期由于跨区域电力传输比例的加大，通过计划调配进行电网建设的模式已经难以适应形势发展，对纯技术效率和综合效率的影响转为负。

上述分析表明，经济发展有助于提高纯技术效率，电网建设不仅影响纯技术效率，而且影响规模效率。纯技术效率既取决于所采用的设备和技术，又受管理水平等多种因素的影响。电力输出地区若不能同步改善管理水平，将不能充分利用新设备的优势，影响纯技术效率的提升。跨区域电力输送有助于提高电力输入地区的综合效率，但电力输出省（自治区、直辖市）在纯技术效率上处于明显劣势，输送通道所在省（自治区、直辖市）由于无法从电网建设中直接获益影响规模效率。

8.1.4 电力输配行业技术效率的组间分析结果对比研究

1. 分组依据

通过对相关研究的搜集整理，发现外部环境对输配行业效率具有显著影响。Xie 等[8]的研究表明，发电形式会影响整个电力系统的综合效率，影响的方向和程度与电力公司的地理位置有关。张各兴和夏大慰[320]的研究指出，输配电价占销售电价的比重与电网技术效率呈正相关，而上网电价、销售电价及电网建设投资增速均呈负相关。Çelen[316]发现客户密度和股权结构等环境变量对于土耳其配电公司效率具有正向影响。Dai 和 Kuosmanen[317]也发现芬兰配电公司效率与客户密度正相关。Amado 等[321]研究指出先进技术，如安装在配电线路上的自动重合闸技术可以改善葡萄牙配电公司的效率。同样，Allman 和 Daoutidis[322]提出微网和生物质能协同发展，不仅可以节约成本，提高效率，而且能够促进可再生能源的发展。Llorca 等[176]则发现，年度最低温和电力需求增速对输电公司效率具有正向影响。Mullarkey 等[181]研究发现配电公司的工业产值对于公司效率同样有正向促进作用。Yan 等[323]研究同样发现，经济发展和输配分离政策对我国电网公司效率提升具有重要影响。

由此可见，处于不同地理位置、天气环境、经济水平下的电网公司，得到的效率评估结果未必具有相同的比较基础和比较条件。不同的电网公司需要的并不是统一化的评判标准，而是差异化的考核政策。因此，我们的研究考虑环境变量影响下的电力输配行业效率，分析不同环境变量对于输配效率的影响，这有利于不同省域电网公司制定适合的地方法规，根据自身所处的环境特点最大限度地提升输配效率。

结合我国气候条件和各地区电网公司的地域特点，采用地理位置代表天气和地形条件的影响，选择人均地区生产总值来代表经济发展水平，加之人口密度及清洁电力上网占比，研究外界环境变量对电网公司生产效率的影响。地理位置主要以淮河为界划分，同时尽量将决策单元平均分为两组；人均地区生产总值按2004 年不变价计算，其资料来源于《中国统计年鉴》；客户密度利用人口密度代替，人口密度用各地区人口数除以地区面积，分别来源于《中国人口和就业统计年鉴》和国家统计局；清洁电力上网占比数据由《电力工业统计资料汇编》中的相关数据计算得到。上述四个环境变量的描述性统计见表 8-7。

表 8-7 外界环境变量描述性统计表

变量	描述性统计					
	描述	单位	平均值	最小值	最大值	标准差
Z_1	地理位置		0.52	0	1	0.50
Z_2	经济发展程度（人均地区生产总值）	元（2004 年不变价）	22 816	4 317	65 977	13 314
Z_3	人口密度	人/千米^2	416.79	7.46	3809.15	612.34
Z_4	清洁电力上网占比		19.93%	0	79.73%	21.38

2. 分组情况

本节研究对象为 31 个省域电网公司，考虑到决策单元数量问题，利用共同前沿分析方法进行分组。分别根据地理位置、经济发展程度、人口密度和清洁电力上网占比的中位数界定分组阈值，将研究对象分成两组，使得每一组至少达到 15 个决策单元，满足决策单元数下限一般是所选投入和产出总和的两倍以上或者投入指标数与产出指标数之积，分组后的情况如表 8-8 所示。

表 8-8　基于共同前沿法各地区电网公司的分组情况

模型 3-1：地理位置		模型 3-2：经济发展程度		模型 3-3：人口密度		模型 3-4：清洁电力上网占比	
北方	南方	发达	欠发达	高	低	高	低
北京	上海	北京	河北	北京	山西	吉林	北京
天津	江苏	天津	山西	天津	吉林	浙江	天津
河北	浙江	山东	黑龙江	河北	黑龙江	福建	河北
山西	安徽	辽宁	安徽	山东	四川	湖北	山西
山东	福建	吉林	湖南	辽宁	陕西	湖南	山东
辽宁	湖北	上海	河南	上海	甘肃	江西	辽宁
吉林	湖南	江苏	江西	江苏	青海	四川	黑龙江
黑龙江	江西	浙江	四川	浙江	宁夏	重庆	上海
河南	四川	福建	甘肃	安徽	新疆	甘肃	江苏
陕西	重庆	湖北	青海	福建	广西	青海	安徽
甘肃	广东	重庆	宁夏	湖北	云南	新疆	河南
青海	广西	陕西	新疆	湖南	贵州	广东	陕西
宁夏	云南	广东	广西	河南	海南	广西	宁夏
新疆	贵州	蒙西	云南	江西	蒙西	云南	蒙西
蒙西	海南	蒙东	贵州	重庆	蒙东	贵州	蒙东
蒙东			海南	广东		海南	

在模型 2 的基础上，引入共同前沿分析方法，考虑地理位置、人均地区生产总值、人口密度及清洁电力上网占比四个环境变量，求出不同环境变量分组的组内前沿下的综合效率值，分别对应模型 3-1、模型 3-2、模型 3-3 和模型 3-4；模型 2 对应的是自助法修正后的共同前沿下的综合效率值，结果见表 8-9。通过与模型 2 结果的对比发现，分组后的组内综合效率值均高于分组前共同前沿下的效率值。例如，天津地区的电网公司在共同前沿下效率值是 0.8339，分组后的效率值分别为 0.9044、0.9141、0.9193 和 0.8413。可以看出，不考虑环境变量影响的共同前沿分析方法由于忽略了地域差异、经济发展等因素的影响，效率评价结果有失公平。

表 8-9　不同环境变量分组下各地区电网公司平均综合效率值

地区	综合效率				
	模型 2	模型 3-1	模型 3-2	模型 3-3	模型 3-4
北京	0.9992	**1.0000**	**1.0000**	**1.0000**	1.0000
天津	0.8339	**0.9044**	**0.9141**	**0.9193**	0.8413
河北	0.8437	**0.9175**	0.9641	**0.8614**	0.8964
山西	0.6830	**0.6731**	0.7042	0.8535	0.6851
山东	0.9621	**0.9820**	**0.9859**	**0.9829**	0.9813
辽宁	0.7864	**0.9239**	**0.8424**	**0.8060**	0.9017
吉林	0.9500	**0.9913**	**0.9965**	0.9921	**0.9808**
黑龙江	0.9737	**0.9921**	0.9932	0.9921	0.9994
上海	0.9880	0.9991	**0.9942**	**0.9942**	0.9949
江苏	0.9368	0.9665	**0.9524**	**0.9505**	0.9765
浙江	0.9967	0.9976	**0.9996**	**0.9993**	**0.9987**
安徽	0.9017	0.9628	0.9601	**0.9187**	0.9736
福建	0.9968	0.9984	**0.9998**	**0.9997**	**0.9966**
湖北	0.7547	0.8441	**0.8253**	0.7738	**0.8082**
湖南	0.8992	0.9237	0.9509	**0.9526**	**0.9177**
河南	0.9944	**0.9999**	1.0000	**0.9983**	0.9993
江西	0.9682	0.9911	0.9916	**0.9895**	**0.9829**
四川	0.8034	0.8422	0.8788	0.9308	**0.8226**
重庆	0.7422	0.7482	**0.7552**	**0.7506**	**0.7509**
陕西	0.8125	**0.8770**	**0.8679**	0.9270	0.8684
甘肃	0.7892	**0.7815**	0.8130	0.8251	**0.8567**
青海	0.9857	**0.9918**	0.9860	0.9927	**0.9959**
宁夏	0.9941	**0.9994**	0.9986	0.9996	0.9994
新疆	0.9466	**0.9606**	0.9667	0.9545	**0.9848**
广东	0.9938	0.9970	**0.9979**	**0.9975**	**0.9991**
广西	0.8505	0.8802	0.8977	0.9077	**0.8613**
云南	0.6210	0.7446	0.6503	0.6527	**0.6464**
贵州	0.8820	0.9399	0.9284	0.9878	**0.9160**

续表

地区	综合效率				
	模型 2	模型 3-1	模型 3-2	模型 3-3	模型 3-4
海南	0.7946	0.8531	0.8136	0.8281	**0.8114**
蒙西	0.9802	**0.9879**	**0.9999**	0.9875	0.9912
蒙东	0.9565	**0.9666**	**0.9778**	0.9631	0.9756

　　根据表 8-9，对应于上述的分组情况，模型 3-1 下加粗字体对应北方地区的组内效率值，非加粗字体则对应南方地区。北方地区中，北京效率值为 1.0000，位于前沿面上，河南、宁夏、山东等地区的效率值也接近于 1；而山西、甘肃、陕西地区的电网公司的效率值相对较低，需要学习组内效率值较高的电网公司，尤其是北京的管理模式，保持电力需求总量不变的情况下，尽量减少资源投入；南方地区中，上海、浙江、广东、福建等地区的效率值接近于 1，而云南、四川、重庆等地区的效率值相对较低，需要向组内的接近前沿面上的电网公司学习，控制过多的资源投入，最大限度地发挥资源投入的优势。同样地，模型 3-2 下加粗字体对应经济发达地区的组内效率值，重庆、湖北、陕西等地区要以北京、上海、浙江、广东为追赶目标，借鉴高效的管理经验；非加粗字体对应欠发达地区，河南位于有效前沿面上，宁夏、黑龙江等地区效率值接近于 1，它们对电力输配的管理具有较高的效率，因此云南、山西、甘肃、海南、广西等效率值较低的电网公司应选取以上对象为追赶目标。模型 3-3 下加粗字体对应人口密度高的分组，重庆、湖北、辽宁、河北需要学习北京、上海、河南、浙江的运营管理经验；非加粗字体对应人口低密度组，云南、甘肃、海南应学习黑龙江、吉林、宁夏的管理模式。模型 3-4 下加粗字体对应清洁电力上网占比高组，云南、重庆、湖北、海南、四川应该向广东、福建、浙江、青海学习，提高组内效率值，非加粗字体对应清洁电力上网占比低组，山西、天津、河北、陕西等组内效率低的电网公司要以北京、上海、河南为学习目标。

8.1.5　环境变量影响机理研究

　　8.1.3 节的分析表明，纯技术效率和规模效率的变化趋势与综合效率相似，只是分解指标受电力输入输出情况影响更大，本节重点分析外部环境对综合效率的影响。由于改换环境变量后对应生产前沿面不同，那么不同分组下得到的效率值不能直接比较。模型 3-1、模型 3-2、模型 3-3、模型 3-4 分别对应按地理位置、经济发展程度、人口密度、清洁电力上网占比分成两组后的组内综合效率值，将它们除以模型 2 下的综合效率值，综合效率值的平均值即为电网公司在研究期间不同分组每年的 MTR 值。

1. 地理位置

从图 8-6 可以看出，北方组的 MTR 值在整体上高于南方组。南方地区普遍多山区、高原，地形条件不利于电网建设。与主观感受不同的是，2008 年、2009 年南方效率值优于北方，这两年受到国内经济增速下滑的影响，以制造业等重工业为主的北方地区，电网公司的产出指标用电量和用户数，增速降幅较大，南方以轻工业、服务业为主，用电量增速受到的影响明显低于北方。进一步采用曼-惠特尼秩和检验（Mann-Whitney U test），结果却表明地理位置对电网公司生产效率的影响并不显著。地理位置影响天气状况，如不同的地理位置温度、降水量不同，出现冰雹等极端天气的概率不同，在此猜测天气状况影响电网公司生产效率，由于天气指标较多，很难有统一标准，且各指标影响的正负方向不同，这或许是南北方电网公司效率存在些许差距的原因之一。可以看出，随着时间的推移，南北方的差距也在减小，说明我国电网技术在不断提升，地理位置和天气因素对电网公司效率的影响逐渐降低。

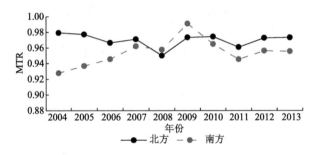

图 8-6　2004～2013 年地理位置分组下南方组和北方组的 MTR 比较

2. 经济发展程度

从图 8-7 可以看出，研究初期经济发达组的 MTR 值与经济欠发达组差异不明显，但后期前者大于后者，且二者之间的差值呈扩大趋势。Mullarkey 等[181]发现工业产值与电网公司效率正相关，曼-惠特尼秩和检验也证明电网公司所在地区的经济发展显著影响其生产效率。经济发达地区多为电力输入地区，效率值基本保持稳定，经济欠发达地区多为电力输出地区，效率值波动明显。厂网分离政策实施初期，二者的差距并不明显，这也说明该政策对于促进全国范围内的电力调配起到了积极作用。由于 2004～2008 年电力持续短缺，各地区存在独立发展电力系统避免电力短缺风险的冲动，也正是在之后的 2009 年，电力供需平衡，经济欠发达组最后一次总体优于经济发达组。伴随经济增速下滑，电力需求出现局部过剩，甚至全国性过剩，产业结构更加合理的沿海地区效率值仍维持低速增长态势，而经济欠发达地区电力行业需求多来自重工业和制造业，需求下滑导致电网公司效率值降低。显然，不考虑经济发展情况这一外部环境的差异，经济欠发达地区电网公司的生产效率容易被低估。例如，贵州在模型 2 下的综合效率值只有0.8820，贵州在模型 3-2 下经济欠发达组的综合效率达 0.9284，可以看出当地经济发达程度显著影响该地区电网公司的效率值。

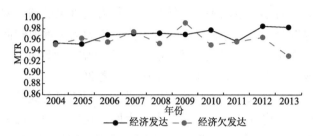

图 8-7　2004～2013 年经济发展程度分组下经济发达组和经济欠发达组的 MTR 比较

3. 人口密度

从图 8-8 可以看出，人口密度高的地区效率值曲线明显在上方，即高密度组的 MTR 值大于低密度组，人口密度越高越有利于电网公司的生产效率提升，曼-惠特尼秩和检验结果也表明人口密度显著影响电网公司的生产效率。这与Çelen[316]，Galán 和 Pollitt[151]的结论一致。因为电网建设是逐步进行的，研究期间，中国持续推进城镇化，人口低密度地区多为人口流出区，而人口高密度区为人口流入区，二者的人口密度差距显示出不断扩大的趋势，二者对应 MTR 值的差距也表现为扩大趋势。如果不考虑人口密度这一外部环境的差异，就低估了人口密度低的地区的电网公司生产效率。例如，山西在模型 2 下即在共同前沿分析下研究期间内的综合效率值只有 0.6830，而在模型 3-3 下人口低密度组的综合效率值达到0.8535，由此可以看出人口密度这一环境变量对于电网公司效率值的重要影响。

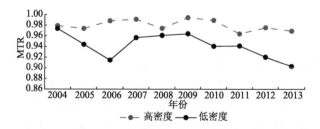

图 8-8　2004～2013 年人口密度分组下高密度组与低密度组的 MTR 比较

4. 清洁电力上网占比

从图 8-9 可以看出，清洁电力上网占比对电网效率值影响不大，但近年来出现清洁电力上网占比高组的效率值提高的趋势。2004 年是电力供需最为紧张的年份，以水电为主的清洁电力产能充分利用，清洁电力上网占比高组的 MTR 值高于清洁电力上网占比低组。2005～2011 年情况相反，仅有的两次例外为 2008 年、2009 年。研究期间中国政府出台了多项改进火电行业生产技术和大力发展清洁能源的政策，但在电力紧缺时期，由于火电的稳定性和发电时长均高于清洁能源，为保证电力供应，对小火电的关停并转政策执行力度难免受到影响，清洁电力上网占比高组的电网公司在效率评价中表现不力。电力需求增速较低的 2008 年、2009 年，火电的限制性政策执行力度较强，清洁能源激励政策显现效果。风力发电技术的逐渐成熟，丰富了清洁能源的结构，加之 2012 年、2013 年丰水期延长，水电和风电发电时长均大幅增加，稳定性和设备利用率显著提升，而同期由于排放标准提升，火电发电时长降低，清洁电力上网占比较高的地区电网效率提高。曼-惠特尼秩和检验结果表明清洁电力上网占比影响电网公司生产效率，这与 Xie 等[8]得出的结论相同。间歇性和不稳定性是影响其效率提升的关键因素，除了制定补贴政策外，优先上网政策是鼓励清洁能源发展的有效举措。同时，要结合当前"互联网+"的大趋势，大力推动能源互联网，充分发挥信息技术的作用，进一步升级改造输配电网，促进清洁电力的发展，解决日益严重的环境问题。

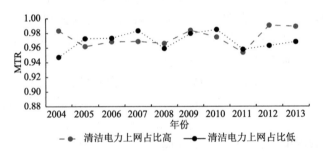

图 8-9　2004～2013 年清洁电力上网占比分组下清洁电力上网占比高组和清洁电力上网占比低组的 MTR 比较

5. Tobit 回归验证

为了进一步验证环境变量对于电网公司生产效率的影响，可以将 8.1.4 节有关各省域电网公司在模型 2 下求得修正后的综合效率值作为因变量，环境变量作为自变量进行回归。由于位于前沿面上的某些决策单元被认定为是有效的，效率值得分是 1，不宜使用最小二乘法等一般的回归模型，否则，在效率值都为 1 的情况下无法判断外在环境变量的影响。为了更好地研究环境变量对电网公司效率的具体作用，本节将选择一种对因变量限制的断尾回归模型，即 Tobit 模型[324]。定义效率值为 δ_{it}，其范围为 0～1；外在环境变量设为 z_{it}；对应的潜变量设为 δ_{it}^*，独立于环境变量。那么，Tobit 模型对应的公式如式（8-4）所示：

$$\delta_{it}^{*} = \beta_1 z_{1it} + \beta_2 z_{2it} + \beta_3 z_{3it} + \beta_4 z_{4it} + \varepsilon_{it} \qquad (8\text{-}4)$$

其中，z_{1it}、z_{2it}、z_{3it} 和 z_{4it} 分别表示地理位置、经济发展程度、人口密度和清洁电力上网占比；i 表示相应的电网公司；t 表示年份；β_1、β_2、β_3 和 β_4 表示待估参数；ε_{it} 服从正态分布。

利用上述潜变量 δ_{it}^{*}，效率值 δ_{it} 可以定义为式（8-5），因变量 δ_{it} 取值为[0,1）半区间。

$$\delta_{it} = \begin{cases} \delta_{it}^{*}, & 0 < \delta_{it}^{*} < 1 \\ 0, & \text{其他} \end{cases} \qquad (8\text{-}5)$$

使用 Stata 软件进行回归分析，结果如表 8-10 所示。经济发展程度和清洁电力上网占比对电网公司生产效率分别是正向和负向的影响，与前述分析结果一致；而且，经济发展程度的系数达到 0.1906，说明电网公司所在地区的经济发达程度明显促进生产效率提高。地理位置显著性水平检验不通过，结合前文天气因素影响的讨论，多种因素综合作用后对效率值的影响不显著。

表 8-10　环境变量的回归结果

环境变量	参数	系数	显著性水平检验值
常数	β_0	0.8774***	0.000
地理位置	β_1	−0.0035	0.861
经济发展程度	β_2	0.1906***	0.000
人口密度	β_3	−0.0924	0.195
清洁电力上网占比	β_4	−0.0744**	0.031

、*分别表示在 5%、1%的水平上显著

上述结果表明，外界环境变量显著影响电网公司生产效率，这与 Çelen[316]、Mullarkey 等[181]、Xie 等[8]的研究结论一致。在不同的环境条件下，直接进行效率评估，对处于不利环境下的电网公司不公平，难以保证生产有效的电网公司的经验具有推广意义。若对所有电网公司采用共同的评价标准构造共同前沿，贵州与广东、北京等经济发达地区的电网公司不具有相同的比较基础，无法达到共同前沿面。电网公司评价结果反映了各地经济发展的差异。例如，对于经济欠发达地区，人口密度增长缓慢是主要原因之一。利用产业转移的有利时机，吸引企业投资和外出人员返乡，增加用户数量，特别是相关行业的非住宅用户数，将有利于

电网公司生产效率的提高。当然，更重要的是，管理部门在构建评价标准和评价体系时，需要考虑地区差异的影响。基于国家对清洁能源发展的重视及《中华人民共和国可再生能源法》的要求，即使清洁上网占比有碍于电力输配效率的提升，电网公司也必须不断增加清洁电力上网占比，因此需要借助智能电网、泛在物联网的优势，实现全国范围内的电力输配优化。

8.1.6　关于影响因素分析的讨论

本节通过采用数据包络分析、自助法和共同前沿分析方法研究我国 31 个省域电网公司在 2004～2013 年的生产效率及其变化趋势，并分析 2002 年厂网分离电力体制改革后对电力输配行业效率的影响，验证并阐述了环境变量对效率结果的影响[325]。

首先，结合共同前沿分析方法与自助法，提高了结果区分度，使得修正后的结果更加真实可靠。模型 2 由模型 1 结合自助法改进而成，其效率值小于模型 1，但标准差增大，区分度提高；模型 3 还结合了共同前沿分析方法，根据环境变量的差异，将电网公司分成不同的组别，得到的组内效率值更具有可比性，弱化了环境变量对于电网公司效率评价的影响。如果仅使用传统的数据包络分析方法进行评价，也就是模型 1 的结果，结果区分度太低且无法排除环境变量的影响，低估了不利条件下电网公司的效率值。模型 3 为考虑地区差异的电网效率评价提供了研究视角，未来中国的电网建设在经济发展、环境条件等因素方面必须考虑地区差异，才能使结果更加科学和客观。

客观的电力输配行业效率评价结果具有重要的现实意义。引入自助法，相当于补充了若干虚拟决策单元，通过增加同类型决策单元数量提高结果的可信度。分组过程必须考虑外部条件的差异，否则影响结论的可操作性。在我国电力政策总体方针不变的前提下，根据地区差异制定不同的政策，将提高政策的可操作性和针对性；经济发达地区的电网公司生产效率评价高，间接表明引入先进技术如超高压、特高压输变电技术的重要性，技术进步成为生产效率提高的主要力量，在当前电力需求增速放缓的情况下，科学进行行业预测，避免资源浪费，同时大力推进技术进步，是未来电网行业进一步改革的重要方面。

其次，2002 年电力体制改革取得了很大成效，但目前多种迹象表明现有管理体制已难以适应形势发展，需要进一步深化输配领域的政策改革，提高电网的市场化建设程度。前述分析表明厂网分离、煤电价格联动、主辅分离等政策起到了一定的作用，与此同时，我们发现电网效率在研究期间出现先上升、后下滑的现象，说明近年来电力体制成为阻碍生产效率进一步提高的障碍。对其分解指标纯技术效率和规模效率的分析可以看出，通过超高压、特高压电网及大型变电设备安装等的建设，可以短时间内提高规模效率，经济发展与技术发展相匹配的地区，技术效率也会提高；但对于经济落后或配套设施建设较差的地区，技术效率则未必提高，甚至由于总效率的提高而阻碍技术效率提高；电力输出、清洁能源占比较大的省（自治区、直辖市）在总效率及两个分解指标评价中处于不利地位。

电力体制改革，对电力输配行业效率的提升发挥了积极作用，但仍存在一些需要解决的问题，需要真正推进和打破行业垄断与行政垄断，实现以政府为主导，鼓励竞争性市场对资源配置的调动作用；我国在新电改中将逐渐转变当前的运行模式，有序放开输配环节以外的竞争性环节，即在发电、售电环节引入更多的竞争主体，提高电力市场化程度，优化电力调度方式，才能发挥资源的优化配置功能。目前国家已启动新电改，间接佐证了我们采用研究方法的适应性与正确性。电力输出地区效率普遍低的原因很大程度上在于没有发挥管理的积极性，进一步说明输电线路统一管理和配电网建设属地化的必要性；加强对电力输出地区的支持是影响未来政策是否可持续的关键，也会影响智能电网建设的步伐。当然，政策的推进需要逐步进行，对于民族或边疆地区，给予更多的优惠政策。例如，推动智能电网技术的建设，加大偏远农村电网的投入、改造和升级；建立并完善新能源应用技术体系，基于新能源技术、分布式发电技术、大规模储能技术，使得其发展可以融入全国总体的"能源互联网"。纯技术效率和规模效率不同的变化趋势说明，对清洁能源政策的支持应从发电领域扩展到电网领域，这与 Xie 等[8]得出的结论类似。政府需要理顺电价形成机制，妥善处理好电价交叉补贴制度，增加对电力输出地区的转移支付，理顺清洁能源价格形成机制，发挥不同类型地区在电力系统整体优化中的作用。

最后，经济发展、客户密度和清洁电力占比显著影响电网生产效率。只有处于相似环境条件下的电网公司，其效率值才具有可比性。采用分组比较，结合曼–惠特尼秩和检验和 Tobit 回归方法，结果证实生产效率与经济发展正相关，与清洁电力上网占比负相关。电网公司所处地区的经济发展不是电网公司自身所能决定的，尽管电网公司可以通过线路建设方案间接提高服务地区的客户密度，但我国当前条件下，电网公司兼有经济生产和保证社会公平的双重责任，相当于客户密度也是外生限定的。虽然清洁电力上网不利于电网生产效率的提升，但综合考虑其生产效率和环境效率，政府仍应持续不断地鼓励增加清洁电力上网比例，同时进一步协调电网与清洁能源发展，避免资源浪费。

由于地理位置、天气环境变量的差异，处于不利自然环境条件下的电网公司，需要制定差异化的考核政策，而不是统一化的评判标准。电网公司不仅要提高生产效率，还要保证电网的服务质量，提高用电普及率和供电可靠率，生产效率与供电质量不可偏废。经济发达程度对于生产效率影响显著，表明我国在电网规划中，需要同经济发展的增速预测联动，才能提高规划的科学性。经济发展快的地区，则需要加大电网投资，进而反作用于经济发展；经济增速低的地区则相反。

某些地区的客户密度预测增长时，提前进行电网建设将是非常有益的；在客户密度稳定甚至下降的地区，则应谨慎投资。此外，还需协调清洁电力发展步伐与电网消纳问题，合理厘定清洁能源补贴，减少其发展中的套利行为和过度投资，使补贴真正落到实处，避免大规模弃风、弃光现象的发生。针对可持续发展和电网效率的矛盾，需要借助新能源技术、信息技术和智能控制技术，推广智能电网的应用范围；与此同时，进一步深化电力体制改革，加强市场化改革进程，推动大用户直购电，加强售电侧的竞争。当技术充分发展后，可以将清洁能源发电的优惠政策扩展至输配领域，并适时推进输配分离，变政府主导为市场机制推动清洁电力上网的发展。通过技术和政策两方面的改革，不仅能够推动智能电网的建设，而且可以实现电网效率的稳步提升。

8.2　环境异质性因素对生产效率的影响机理研究

8.2.1　随机前沿分析的基本理论

1. 超越对数距离函数

效率是衡量决策单元（公司、地区等）相对绩效的常用指标。它通常被定义为可观测到的产出值与潜在最优值的比率。第 3 章已经详细介绍了随机前沿分析方法及其用于效率测算的历史，异质性因素的分离方式，以及前沿面的估计方法。本节重点从生产效率角度探讨电网公司效率的变化，生产效率指生产过程中资源配置的、与生产技术水平相关的效率，在有些书中也称为技术效率。为了与数据包络分析方法下的技术效率进行区分，本书称其为生产效率。基础随机前沿模型只能处理单一产出的问题，本节采用多投入、多产出距离函数来估计电网公司相对于技术前沿的效率值。由于电网的产出是由电力消耗和客户数量决定的，这些都是外生因素，电网公司的主要目标是在产出一定的情况下最小化投入指标，因此在投入距离函数框架内测算的公司特定技术效率可定义为

$$D^I(x, y, g) = \max\left\{\rho \mid (x/\rho) \in L(y), \rho \geqslant 1\right\} \tag{8-6}$$

其中，投入的生产可能集 $L(y)$ 表示能够生产产出向量 y 的所有可能投入向量 x 的集合；ρ 表示在产出向量保持不变的情况下投入向量可以径向收缩的最大比例；g 表示投入向量径向收缩的方向向量。投入距离函数具有以下性质：它是一阶齐次的，并且具有投入的非递减凹函数和产出的非递增拟凹函数性质[326]。

上述性质使我们可以计算以投入为导向的技术效率（TE），并将其作为距离函数值的倒数，最终得到 0 和 1 之间的值，当 TE 值为 1 时表示这家公司处于生

产前沿面上。参考 Farrell[212]的定义，可得

$$\mathrm{TE}_I(x,y,g) = 1/D^I(x,y,g) \tag{8-7}$$

使用更灵活的超越对数函数来对距离函数进行参数化，更便于计算并可以施加齐次条件。对于 M 个产出和 K 个投入，对应的超越对数函数表达式如式（8-8）所示[128, 327]：

$$\begin{aligned}
\ln D_{it}^I &= \alpha_0 + \sum_{m=1}^M \alpha_m \ln y_{mit} + \frac{1}{2}\sum_{m=1}^M\sum_{n=1}^M \alpha_{mn} \ln y_{mit} \ln y_{nit} + \sum_{k=1}^K \beta_k \ln x_{kit} \\
&+ \frac{1}{2}\sum_{k=1}^K\sum_{l=1}^K \beta_{kl} \ln x_{kit} \ln x_{lit} + \sum_{k=1}^K\sum_{m=1}^M \gamma_{km} \ln x_{kit} \ln y_{mit} + \delta_1 t + \frac{1}{2}\delta_2 t^2 \\
&+ \sum_{m=1}^M \theta_m \ln(y_{mit})t + \sum_{k=1}^K u_k \ln(x_{kit})t + \sum_{j=1}^6 \rho_j \mathrm{REG}_j + v_{it},
\end{aligned} \tag{8-8}$$

其中，$i(i=1,2,\cdots,N)$、$t(t=1,2,\cdots,T)$ 和 $j(j=1,2,\cdots,6)$ 分别表示第 i 个省级电网所属的公司、时间和区域电网；v_{it} 表示方差为 σ_v^2 的正态分布误差项；α、β、γ、δ、θ、u 和 ρ 分别表示待估计的未知参数。投入向量的一次齐次性由如下约束条件[式（8-9）]决定：

$$\sum_{k=1}^K \beta_k = 1, \quad \sum_{l=1}^K \beta_{kl} = 0, \ k=1,2,\cdots,K, \quad \sum_{k=1}^K \gamma_{km} = \sum_{k=1}^K u_k = 0, \ m=1,2,\cdots,M \tag{8-9}$$

根据对称性原则，二次项系数满足如下条件：

$$\begin{aligned}
\alpha_{mn} &= \alpha_{nm}, m,n=1,2,\cdots,M \\
\beta_{kl} &= \beta_{lk}, k,l=1,2,\cdots,K
\end{aligned} \tag{8-10}$$

为了便于参数估计，使用随机前沿分析方法估计超越对数型投入距离函数。由于投入向量满足线性齐次性，可以通过一个特定的投入变量 x_{Kit} 来规范化距离函数中的所有投入：

$$-\ln x_{Kit} = \mathrm{TL}(\ln x_{kit}^*, \ln y_{mit}, t) + v_{it} - u_{it} \tag{8-11}$$

其中，$\mathrm{TL}(\cdot)$ 表示超越对数型投入函数形式；$x_{kit}^* = x_{kit}/x_{Kit}$；$u_{it}$ 表示非效率项，$u_{it} \equiv \ln D_t$，u_{it} 是非负的，服从均值为 0、方差为 σ_u^2 的半正态分布。

2. 模型形式

传统的效率分析方法，大多假设所有决策单元都面临相同的外部环境，但这

与现实不符，由于资源禀赋、制度环境、经济发展水平的差异，决策单元的外部经营环境经常具有很强的异质性[328]。可观测的和不可观测的异质性都会导致非效率评估的偏差，因此明晰它们在公用事业相对绩效评估中的作用非常重要。本节采用中国电网公司的面板数据，使用五种随机前沿模型测量研究期间内非效率方差的水平，分析一组由环境变量所表示的可观测和不可观测的异质性对效率的影响。

下文将要采用的第一种估计模型（REH 模型）是目前随机前沿分析方法应用最广泛的模型。该模型是由 Battese 和 Coelli[125]所提出的。由于该模型假定具有截尾特征的正态变量（pre-truncated normal variable）的均值依赖于外部变量，因此可用于研究环境变量对效率的影响。尽管它是基于截面数据的研究所提出的，也可用于面板模型的研究[129]。

$$-\ln x_{Kit} = \alpha + \text{TL}\left(\ln x_{kit}^*, \ln y_{mit}, t\right) + v_{it} - u_{it}$$
$$u_{it} \sim N^+\left(\mu_{it}, \sigma_u^2\right) = N^+\left(\delta_0 + z_{it}\delta, \sigma_u^2\right) \qquad （8-12）$$
$$v_{it} \sim N\left(0, \sigma_v^2\right)$$

其中，z_{it} 表示环境向量，其为影响决策单元的非效率项。无论观察到的环境因素如何，该模型的问题都在于不可观测的异质性仍是非效率项的一部分，并且其分布不独立于解释变量。Farsi 和 Filippini[329]认为，由于存在不可观测的异质性因素，该模型可能高估了非效率项。

为了解决不可观测的异质性偏差，Greene[126]通过增加决策单元特有的非时变随机/固定效应来表述公共事业部门间不可观测的异质性，提出了 TRE 模型和 TFE模型。根据 Hausman[330]的研究，当面板数据的随机误差 v_{it} 与自变量不相关时，随机效应模型更有效，同时它的参数化更严格，可以对模型中的非效率项直接进行个体特征估计[126,129]。当条件均值和大量参数被提前确定时，固定效应模型更加适用，但它可能掩盖了跨期估计中决策单元个体的非效率，并且可能只相对于"最佳水平"进行了估计。对样本数据的 Hausman 检验结果表明，p 值（0.75）远大于 0.05，不接受选择固定效应模型的零假设。因此，本节将采用第二种模型——TRE 模型，TRE 模型的具体形式如下：

$$-\ln x_{Kit} = (\alpha + \omega_i) + \text{TL}\left(\ln x_{kit}^*, \ln y_{mit}, t\right) + v_{it} - u_{it}$$
$$u_{it} \sim N^+\left(0, \sigma_u^2\right), v_{it} \sim \text{iid}, N\left(0, \sigma_v^2\right) \qquad （8-13）$$
$$\omega_i \sim \text{iid}, N\left(0, \sigma_\omega^2\right)$$

其中，ω_i 表示具有正态分布的随机项，用于捕捉不可观测的个体特征。由于 TRE

模型能够将不可观测的异质性偏差与非效率项分离，因此其性能通常优于 REH 模型。

通过增加环境因素的影响来扩展 TRE 模型，可以得到第三种模型 TREH1 模型。该模型与 TRE 模型具有相似的模型形式，但非效率项的均值是能够解释协方差变量的异质性因素的函数。与 REH 模型相比，TRE 模型通过模拟的极大似然方法进行估计，没有考虑到不可观测的公司特定效应，而 TREH1 模型则通过极大似然方法估计不可观测的异质性与非效率项分离后的结果。第三种模型形式如下所示：

$$-\ln x_{Kit} = (\alpha + \omega_i) + \text{TL}\left(\ln x_{kit}^*, \ln y_{mit}, t\right) + v_{it} - u_{it}$$
$$u_{it} \sim N^+\left(\mu_{it}, \sigma_u^2\right) = N^+\left(\delta_0 + z_{it}'\delta, \sigma_u^2\right) \quad (8\text{-}14)$$
$$v_{it} \sim \text{iid}, N\left(0, \sigma_v^2\right), \quad \omega_i \sim \text{iid}, N\left(0, \sigma_\omega^2\right)$$

上述模型均将误差项视为同方差，但 Kumbhakar 和 Lovell[331]指出，忽略对称误差项的异方差性同样会导致技术效率估计的偏差。为分析误差项分布假设对非效率项的影响，我们进一步采用了 Alvarez 等[332]提出的第四种模型（TREH2 模型）进行效率分析。TREH2 模型在效率分布的方差中包含了一个异质性成分，因此非效率项的均值和方差都与环境变量有关。

$$-\ln x_{Kit} = (\alpha + \omega_i) + \text{TL}\left(\ln x_{kit}^*, \ln y_{mit}, t\right) + v_{it} - u_{it}$$
$$u_{it} \sim N^+\left(\mu_{it}, \sigma_{uit}^2\right) = N^+\left(\delta_0 + z_{it}'\delta, \exp(\gamma_0 + z_{it}'\gamma)^2\right) \quad (8\text{-}15)$$
$$v_{it} \sim N\left(0, \sigma_v^2\right), \omega_i \sim \text{iid}, N\left(0, \sigma_\omega^2\right)$$

在 TRE 模型中，假设随着时间的推移公司间未观测到的差异保持不变，这代表决策单元存在不可观测的持续异质性，并不应仅被理解为非效率。然而，这可能会导致不少人认为厂商的特征项可能包含了非效率项中非时变结构或持续性成分。如果非效率项中存在非时变结构元素的可能性，Greene 的模型可能低估了整体的非效率性，而 Kumbhakar 等[129]提出的第五种模型——广义真实随机效应模型（generalized true random-effects model，GTRE 模型）更适用于解决这一问题：

$$-\ln x_{Kit} = (\alpha + \omega_i + \eta_i) + \text{TL}\left(\ln x_{kit}^*, \ln y_{mit}, t\right) + v_{it} - u_{it}$$
$$u_{it} \sim N^+\left(0, \sigma_u^2\right), \quad v_{it} \sim N\left(0, \sigma_v^2\right) \quad (8\text{-}16)$$
$$\omega_i \sim N\left(0, \sigma_\omega^2\right), \quad \eta_i \sim \text{iid}, N\left(0, \sigma_\eta^2\right)$$

GTRE 模型将非时变的因素分解为企业特性效应和非效率项，其中非效率项

由持续部分 η_i 和短期效应部分 u_{it} 组成,其余部分为厂商不可观测的长期特有异质性 (ω_i) 和噪声项 (v_{it})。如 Kumbhakar 等[129]所述,该模型可以通过三个步骤进行估计。

表 8-11 总结了上述五种模型的主要特点。这些模型对可观测和不可观测的异质性进行建模的方式是不同的,并且由于事先并不知道这些模型在效率测算中的优缺点,我们将采用同一数据集,分析效率对不同模型设定的敏感程度。考虑异质性可能会高估效率,而不考虑异质性则可能低估效率。在某种程度上,TREH2 模型在区分异质性成分方面通常优于 REH 模型、TRE 模型和 TREH1 模型,而 GTRE 模型能够更准确地描述非效率项。然而,由于 TREH2 模型和 GTRE 模型提供了一些不同的信息,因而很难比较这两个模型的结果。

表 8-11　模型特性总结表

模型名称	可观测异质性纳入情况	不可观测异质性纳入情况
REH	可观测异质性影响非效率项的均值	未考虑不可观测的异质性的影响
TRE	未考虑可观测异质性的影响	不随时间变化,且服从对称性随机分布假设
TREH1	可观测异质性影响非效率项的均值	不随时间变化,且服从对称性随机分布假设
TREH2	可观测异质性影响非效率项的均值和方差	不随时间变化,且服从对称性随机分布假设
GTRE	未考虑不可观测异质性的影响	将不随时间变化的非效率项从 TRE 模型的不可观测异质性中分离后保留的部分

上述文献大多采用基于分布假设的单阶段极大似然(maximum likelihood,ML)方法来估计参数和技术效率。Kumbhakar 等[333]指出,在评估效率时,可以使用三步普通最小二乘法简化估计过程。Filippini 和 Greene[120]在估计技术效率的两个组成部分时提出了一个全信息最大模拟似然估计,这可以解决 Kumbhakar 等[333]使用多步普通最小二乘法带来的不便。鉴于变化后模型的联合概率分布函数遵循闭偏态正态分布,Lai 和 Kumbhakar[130]提出将极大似然估计和系统非线性最小二乘法相结合,在不需要外部工具变量的情况下估计模型的参数和非效率项。需要指出的是,上述研究大多侧重于分离持续技术效率和短暂技术效率,对估算方法关注较少,并且当前尚无研究表明当非效率项遵循正态或半正态分布假设时,这些替代的估计方法比传统的极大似然方法更稳健。此外,本节旨在探讨环境因素是否会影响电网公司的技术效率,并进一步探讨包含各种非效率项的结果的稳健性。从某种程度上来讲,估计方法的复杂性不如上述两个研究目标更为重要。因此,本节仍采用极大似然法对技术参数和技术效率进行估计。

8.2.2 数据和样本

Pollitt[334]指出，电网的复杂性可能使得厂商需要考虑所有可能的影响因素，但由于数据可用性和模型复杂性的限制，无法涵盖所有影响因素。在本章中，投入变量为资本存量(x_1)和劳动力(x_2)。由于中国电网行业无法获得劳动成本或员工收入信息，因此我们采用员工数量替代劳动成本。Hattori 等[335]、Çelen[336]和 Kumbhakar等[129]也将员工数量作为投入变量。Kumbhakar 和 Hjalmarsson[337]将变压器总容量作为资本，实际上这只是企业所采用资源的一部分，输电线路长度同样是重要的组成部分[129]。所计算的折旧可能并不代表资本资产价值的实际下降值[129]，因而我们在这里使用资本存量来衡量资本投入，这能更好地反映资本的真实价值。本节参照 Lin 和 Wang[338]的研究，使用永续盘存法（perpetual inventory method，PIM）计算电网公司每年的资本存量。

选择用户数量(y_1)作为第一个产出变量，其中包括居民用户数和非居民用户数，该变量可以反映终端用户的数量[339]及平均消费水平的差异[183]。第二个产出变量是电力消费量(y_2)，测量单位为亿千瓦时。这两个变量是基准电网设施中最常用的产出变量，可以反映电网部门的网络连接和电力供应水平[340]。此外，还将输电和配电业务的线路长度(y_3)作为第三个产出变量，反映地理分布和电力交付能力。为了减少技术差异中不可观测的异质性因素对技术效率的影响，将电压水平作为物理线路网络长度的权重进行计算。一些研究认为，在效率分析中线路损耗这一"不良"产出也应包括在非期望产出中，而其他研究则将其作为投入变量[151]。相关研究表明，"线损"与输出功率高度线性，本节不将其作为投入或产出变量。因此，本书所设定的超越对数距离函数共有两个投入变量和三个产出变量。由于资本存量、劳动力、用户数量、电力消费量、线路长度等数据均由国家部门和省级电网分公司统计记录，因此本节将其作为省级电网分公司的研究数据。

基于数据可得性和统计一致性，研究中未将港澳台地区和西藏纳入研究范围。考虑研究初期尚未进行厂网分离的电力改革，国网蒙东和内蒙古电力，四川、重庆、河北的电力公司和国网冀北电力公司作为省级数据统一上报，本节将它们合并处理。因而，本节采用 1993～2014 年 29 个省级电网公司所组成的面板数据进行效率估计。数据主要来自《中国电力工业统计资料汇编》、《中国电力年鉴》、《国家电网公司年鉴》、《南方电网公司年鉴》、《中国能源统计年鉴》、《中国统计年鉴》和中国气象数据网。数据集是一个平衡的面板，共含有 638 个观测值。

除上述投入和产出外，监管、地理、气候和其他条件都可能影响电网设施的性能[341]，因此将一些虚拟变量、天气和地形变量纳入后续的分析。其中一个虚拟变量为分拆改革(d_1)，其用于估计厂网分离政策对电网公司的影响[336, 342]，该政策于 2002 年实施，大多数省级电网公司在 2003 年底完成了改革，因此我们将 2004

年以后所有公司的虚拟变量设为 1,其余情况设为 0。其他虚拟变量均为区域变量,即 NOR(华北地区)、NW(西北地区)、NE(东北地区)、CEN(华中地区)、EAS(华东地区)和 SOU(南方地区)。当省级电网公司是该区域公司的分支机构时,我们将其设为 1。

关于环境变量,Yu 等[168]发现,降雨量和风力等天气条件是影响停电的最主要因素。根据 Llorca 等[187]的研究,风速和降水量较大且最低气温较低的恶劣天气地区的公司管理难度更大。本节收集了最高和最低气温、霜冻、台风、冰雹、降水、风速和其他异质性因素。考虑到并非所有的极端天气都发生在所有的省(自治区、直辖市),并且其中一些是高度相关的,因而最终选择最大温差(z_1)、年降水量(z_2)、平均风速(z_3)代表天气因素。进一步地,相关检验也证实了它们的独立性和有效性。最大温差是年最高温度减去最低温度(单位为℃)。年降水量是年度降水量的平均值,单位为毫米。平均风速是日平均风速的平均值,通过对相应省的气象站观测资料计算平均值得到环境数据。此外,考虑地形特征的影响,因此将山地占比(z_4)作为地理环境因素。推断可得,当出现更不利的条件时,四个环境变量都呈现出较高的值。表 8-12 总结了本节所用变量的描述性统计结果。

表 8-12　描述性统计结果

变量名称	变量类型	变量符号	单位	平均值	方差	最小值	最大值
资本存量	投入变量	x_1	亿元	242.96	276.67	18.87	1979.85
劳动力	投入变量	x_2	万人	2.74	1.88	0.21	14.24
用户数量	产出变量	y_1	万户	1256.73	868.51	15.42	8687.65
电力消费量	产出变量	y_2	亿千瓦时	858.41	85.67	19.41	4960.65
线路长度	产出变量	y_3	万千伏·千米	421.05	320.18	18.00	1563.58
分离政策	虚拟变量	Unbundle	—	0.500	0.500	0.000	1.000
华北地区	虚拟变量	NOR		0.172	0.378	0.000	1.000
西北地区	虚拟变量	NW		0.172	0.378	0.000	1.000
东北地区	虚拟变量	NE		0.103	0.305	0.000	1.000
华中地区	虚拟变量	CEN		0.207	0.405	0.000	1.000
华东地区	虚拟变量	EAS		0.172	0.378	0.000	1.000
南方地区	虚拟变量	SOU		0.172	0.378	0.000	1.000
最大温差	环境变量	z_1	℃	45.22	11.67	17.38	84.50
年降水量	环境变量	z_2	毫米	722.49	524.35	2.50	5643.08
平均风速	环境变量	z_3	米/秒	23.02	5.61	11.31	38.42
山地占比	环境变量	z_4	%	38.94	16.72	7.00	78.20

8.2.3　不同模型下的电网公司技术效率估计

考虑到可观测和不可观测的异质性特征及式（8-12）～式（8-16）中的假设，环境变量不仅可能影响 REH 模型和 TREH1 模型下非效率项的均值，而且可能影响到 TREH2 模型下非效率项的均值和方差。表 8-13 为基于上述模型得到的变量系数和规模报酬。除虚拟变量和时间变量外，模型中包含的所有变量均为对数形式，并根据其平均值进行了归一化处理。因此，模型中的一阶系数可以解释为产出弹性。正如预期的那样，用户数量和线路长度对技术效率有正向影响（负系数）。不断增加的用户数量和线路长度将带来规模经济，同时将进一步提高电网公司的效率。尽管电力消费量对技术效率有负向影响（正系数），但用户数量、电力消费量和线路长度的系数之和（$\ln y_1 + \ln y_2 + \ln y_3$）为负，这意味着产出与技术效率正相关。这样的结果与 Galán 和 Pollitt[151] 及 Anaya 和 Pollitt[343] 的结论一致。在所有模型中，资本比劳动力投入具有更高的弹性。这一结果与 Kumbhakar 等[129] 的研究一致。由于电网是资本密集型行业，这一结果显得非常合理。同时，分拆改革的变量系数为负（Unbundle），说明厂网分离改革总体上提高了电网效率。

表 8-13　各模型参数估计结果

模型	变量名称	REH		TRE		TREH1		TREH2		GTRE	
		参数	标准差	参数	标准差	参数	标准差	参数	标准差	参数	标准差
生产前沿模型	$\ln(x_2/x_1)$	−0.909***	0.095	−0.956***	0.111	−0.624***	0.124	−0.645***	0.024	−0.638***	0.046
	$\ln y_1$	−0.943***	0.098	−2.010***	0.652	−3.221***	0.654	−2.987***	0.643	−2.898***	0.680
	$\ln y_2$	0.792**	0.141	1.787**	0.841	2.764**	1.247	1.365*	0.854	1.949**	0.887
	$\ln y_3$	−0.551***	0.073	−3.199**	1.534	−1.068**	0.563	−1.887***	0.155	−2.548**	1.029
	$1/2\ln(x_2/x_1)^2$	0.258	0.480	1.295***	0.388	2.074***	0.332	0.586	0.532	1.015	0.865
	$\ln(x_2/x_1) \times \ln y_1$	7.408***	2.553	−4.307**	1.912	−4.285**	1.724	1.428	1.502	−2.443***	0.625
	$\ln(x_2/x_1) \times \ln y_2$	−4.243**	1.085	−9.849***	1.871	−11.084***	2.156	−7.622	5.732	−2.194	1.964
	$\ln(x_2/x_1) \times \ln y_3$	3.887	2.825	10.987	7.324	14.329***	2.242	7.601***	0.084	4.363	2.934
	$1/2(\ln y_1)^2$	5.468	5.139	1.364	1.722	−2.697	3.258	0.876	0.565	−6.595***	0.747
	$\ln y_1 \times \ln y_2$	10.176	7.902	9.284	6.643	13.223***	5.100	5.386***	0.201	−3.912	1.988
	$1/2(\ln y_2)^2$	−5.228***	0.872	−6.689***	0.698	−9.717***	0.723	−2.966	1.879	2.886	1.725
	$\ln y_1 \times \ln y_3$	−2.091*	0.957	−9.118***	1.797	−7.671	5.351	−3.827	2.463	−3.733***	0.627
	$\ln y_2 \times \ln y_3$	1.876**	0.688	7.866***	1.648	−6.130***	4.871	3.483*	1.451	3.294	2.411
	$1/2(\ln y_3)^2$	−2.233*	1.329	0.618	1.183	4.171	4.809	−3.824	2.258	−8.625***	1.863
	Unbundle	−0.151***	0.047	−0.169***	0.027	−0.207***	0.027	−0.231***	0.021	−0.128***	0.037

续表

模型	变量名称	REH		TRE		TREH1		TREH2		GTRE	
		参数	标准差	参数	标准差	参数	标准差	参数	标准差	参数	标准差
生产前沿模型	NOR	0.166**	0.069	−0.005	0.163	0.017	0.086	−0.103***	0.028	0.100	0.067
	NW	0.279***	0.065	0.074	0.179	0.276**	0.112	−0.475***	0.031	0.120**	0.059
	NE	0.178***	0.062	−0.002	0.181	0.257**	0.114	−0.207	0.189	0.035	0.058
	CEN	0.112*	0.062	0.093	0.167	0.035	0.104	−0.199***	0.029	0.097	0.060
	EAS	0.044	0.060	−0.097	0.163	−0.136	0.105	−0.207	0.135	0.031	0.058
	SOU	−0.042	0.057	0.125	0.174	−0.084	0.100	−0.944	0.736	0.116*	0.059
	t	−0.304***	0.066	−0.013**	0.005	−0.126***	0.023	−0.028**	0.001	−0.277***	0.065
	t^2	0.224***	0.082	0.158**	0.063	0.006***	0.001	0.093***	0.007	−0.006***	0.001
	$t(x_2/x_1)$	1.261***	0.217	0.998**	0.305	0.650***	0.179	0.873***	0.222	1.607***	0.199
	ty_1	−0.296	0.964	−1.322*	0.672	−0.190	0.171	1.076	1.266	−2.493***	0.888
	ty_2	0.699	1.116	1.764	1.421	1.346*	0.527	2.051	1.736	4.108***	1.061
	ty_3	1.041	0.984	2.128	2.054	2.039	1.831	1.928	1.443	1.988	1.532
	截距项	−3.890***	0.470	−2.861***	0.151	−1.774***	0.326	−1.873**	0.398	−2.325***	0.945
非效率项均值	z_1	−1.853***	0.292			−2.939***	0.125	−2.256***	0.174		
	z_2	0.620***	0.106			0.691***	0.075	0.612	0.455		
	z_3	0.679***	0.230			0.787***	0.184	0.758***	0.083		
	z_4	0.205**	0.119			0.284***	0.101	1.122	1.104		
	t	−0.120***	0.019			−0.104***	0.015	0.153*	0.073		
	截距项	−0.605	0.432			−1.484***	0.317	1.220**	0.458		
非效率项方差	z_1							−0.124**	0.073		
	z_2							−0.498**	0.092		
	z_3							−0.188	0.134		
	z_4							−2.682***	0.030		
	t							0.774**	0.142		
	截距项	−3.602***	0.323	−3.308***	0.158	−6.344***	2.133	−1.415***	0.098	−3.655***	0.224
噪声项	常数项	−3.239***	0.112	−4.466***	0.206	−3.749***	0.096	−3.755***	0.072	−3.380***	0.123
	规模报酬	1.611		4.378		2.149		4.154		4.135	

*、**、***分别表示在 10%、5%、1%的水平上显著

对于截尾形式的非效率项中的环境变量，REH、TREH1 和 TREH2 模型下，

年降水量、平均风速和山地占比的系数为正，说明观测值越大，效率水平越低。Llorca 等[187]也得到了类似的结果。让人意外的是，最大温差的系数在这三种模型下均为负，这表明在温差范围较大的地区电网公司容易获得更高的效率。深入分析后发现，这一结果在一定程度上是合理的，因为大多数温差较大的地区都位于中国北方，这些地区的电网设计通常会考虑到极低温度的影响。此外，这些地区的用户在冬季很容易获得集中供暖服务，这可以有效地防止电力需求的过度增长，使得电力消耗相对稳定。这些措施都有利于电网系统的运行。一般来说，不利的天气条件会阻碍技术效率的提高，而政策和电网设计可以抵消寒冷天气的负面影响。从时间变化上看，TREH2 模型下非效率项的方差随时间而增大，这也与 Llorca 等[187]的结论一致。

表 8-14 为不同模型下效率值的基本统计数据。最高效率平均值（0.836）出现在 TRE 模型和 TREH2 模型下，最低效率均值（0.720）出现在 REH 模型下。对比来看，本节得到的效率值比 Li 等[344]的结果偏低，可能是因为 Li 等忽视了几个自然条件、气候条件恶劣的省（自治区、直辖市）。这些省（自治区、直辖市）包括新疆、云南和海南。此外，我们的研究周期更长也是可能的原因之一。

表 8-14　效率估计值描述性统计

统计量	REH	TRE	TREH1	TREH2	GTRE
平均值	0.720	0.836	0.778	0.836	0.732
标准差	0.264	0.123	0.258	0.176	0.112
最小值	0.155	0.347	0.196	0.171	0.226
最大值	0.982	0.971	0.998	0.978	0.902

表 8-14 的结果表明，模型选择影响平均效率估计。REH 模型的效率低于 TREH1 模型，由于前一个模型中的非效率项是非时变的厂商特定的异质性和"真实"非效率的混合项，而后一个模型将它们分开，因此第一个模型的非效率水平相对较高，相应的效率值偏低是十分合理的[342]。TREH2 下的效率与 TRE 相同，普遍高于 TREH1。这与以往文献的研究结果一致，即 TREH1 通常可以获得更客观的结果，并且具有更强的区分能力[342]。接下来，我们讨论最后一个模型——GTRE 模型，该模型的效率值低于 TRE、TREH1 和 TREH2 模型。这一结果与预期一致，因为 GTRE 模型将非效率视为非时变部分和时变部分的综合，或者说长期效应和短期效应的综合，并不包含外部因素的影响，因而增加时变部分会导致效率值低于 TRE 模型得到的结果[344]。

对于模型结果之间的差异，考虑到可观测和不可观测的异质性，TREH1 和

TREH2 之间的差异大于 TRE 和 GTRE 模型的差异，并且它们的效率差距随着时间的推移而增大。电网公司效率不收敛进一步体现出考虑特有的非时变特性的重要作用。大多数被观测到的异质性，如天气和地理条件，都很难改善，而电网公司可以通过加强技术和管理，在一定程度上抵消不可观测的异质性。

本节也进行了斯皮尔曼相关性检验，以探讨不同模型效率排序的一致性，详细信息见表 8-15。结果发现，只有 REH 和 TREH1 之间存在很高的正相关性，这说明非时变随机分量对效率的影响很小。REH 与 TREH2、TREH1 与 TREH2 之间呈高度负相关。这进一步表明，观察到的环境因素是导致非效率分布不一致的部分原因。其他模型之间较低的相关系数表明，各模型之间的电网公司效率排序存在显著差异。这可能是由于模型对非效率项的分布形式和内容施加了不同的假设。不同模型之间的结果排序的差异提醒我们，必须非常谨慎地确定电网公司的效率基准，尤其是当某个投入产出指标既是非效率的主要原因之一又是监管者收入的一部分时尤其如此。

表 8-15　不同模型效率估计值之间的斯皮尔曼秩相关系数

模型	REH	TRE	TREH1	TREH2	GTRE
REH	1.000				
TRE	0.013*	1.000			
TREH1	0.968*	−0.056*	1.000		
TREH2	−0.783*	0.379*	−0.817*	1.000	
GTRE	0.096*	0.396*	−0.040*	0.128*	1.000

*表示在 1%的水平下显著

8.2.4　分拆改革的影响

图 8-10 描述了分拆改革前后不同电网公司的平均技术效率。可以看出，不同模型的结果差异很大。考虑不可观测异质性模型（TRE 模型）下的效率无显著变化趋势，而 GTRE 模型得到的效率结果，除效率水平较低外也有相似的变化趋势。假设观测到的环境因素只影响非效率的均值（REH 模型和 TREH1 模型），在研究的前期可以观察到持续的效率增长，但在分拆改革后，曲线的斜率降低。当我们将非效率分为持续非效率和暂时非效率时，并没有看到明显的趋势变化。相对而言，平均效率和非效率方差随观察到的环境因素的影响呈下降趋势（TREH2 模型）。模型间效率变化的趋势表明，电网公司的评价应考虑异质性因素。此外，研究期间各地区之间的效率差距扩大，这也证明了在效率分析中纳入异质性因素的必要性。

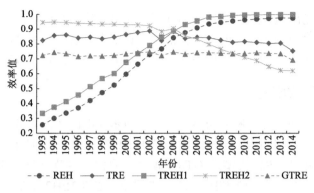

图 8-10　研究期间内各模型下的电网公司平均效率

剔除研究中的虚拟变量后，TREH1 模型和 TREH2 模型的效率趋势如图 8-11
所示。剔除虚拟变量后效率值不断提高，剔除变量前后趋势不同的原因可能是中
国电网普遍存在交叉补贴[345]。这一结果表明，在效率评价中必须考虑厂网分离
改革。此外，图 8-10 中 TREH2 模型下效率值下降可能是其他因素（管理和评
估）导致的，也可能是由于电网建设面临的天气和地理条件更具挑战性造成的。
总之，厂网分离改革在为电网公司创造有利条件方面发挥了积极作用，但由于
改革力度不足，无法抵消异质性因素带来的负面影响，电网部门并没有从中获
得足够的收益。

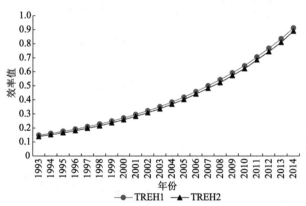

图 8-11　剔除虚拟变量后 TREH1 模型和 TREH2 模型的电网公司平均效率

除了外部观测到的环境、地形等异质性因素和厂网分离改革中未观测到的异
质性因素，自给率等内生异质性因素也是影响效率的潜在因素。我们采用
Kruskal-Wallis 秩和检验方法，对数据分布未知、极值未确定、方差不均的样本进
行研究，考察电力自给情况是否会改变电网的效率。首先将决策单元分为两组，
一组包括前五大电力输出和购进的决策单元，另一组包括其余 19 个决策单元。在
TREH2 模型和 GTRE 模型下，p 值分别为 0.64 和 0.53。然后将决策单元分为电力

输入组和电力输出组，p 值分别为 0.007 和 0.001，这两个值远低于 0.05。进一步的分析表明，电力调入较多的省（自治区、直辖市）会获得更高的效率。这些结果表明，自给率这一内生异质性因素的确影响电网公司的技术效率。

8.2.5　区域间效率差异

根据前文所述，将电网公司分为六组，即东北电网、西北电网、华北电网、华中电网、华东电网和南方电网。考虑到 REH 模型和 TREH1 模型都是 TREH2 模型的特例，并且 TRE 模型是 GTRE 模型的简化，本节仅介绍 TREH2 模型和 GTRE 模型的结果。图 8-12 和图 8-13 分别展示了在 TREH2 模型和 GTRE 模型下研究期间内各区域的平均效率[346]。

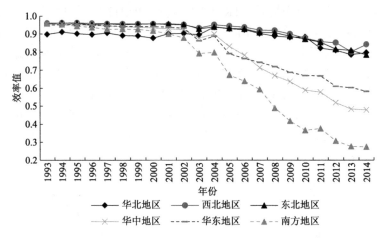

图 8-12　TREH2 模型下各区域电网公司的平均效率

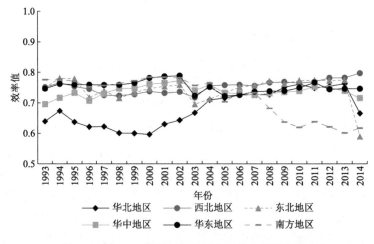

图 8-13　GTRE 模型下各区域电网公司的平均效率

可以看出，东北和西北电网效率较高，而西北地区的效率变化相对较小。一些相对发达的地区，如天津、广东和长三角地区的效率通常较低。另外，在研究期间这些地区的资本投资增长迅速，可能存在过度投资的现象。虽然过度投资是资源垄断的结果，有利于提高电网的 GDP 增长和服务质量，但同时增加了电网性能进一步改善的难度。

与很多人的主观感受不同的是，南方电网在厂网分离改革后效率显著下降。如图 8-14 所示，这主要是由于研究期间用户数量与资本投入的比率下降。从某种程度而言，这种比率下降是由绩效较差的电网公司不可观测的异质性因素造成的。效率水平下降也可能出于以下原因：首先，云南、贵州、广西等南方电网半数以上省（自治区、直辖市）地形复杂且经济不发达，使得当地公司在衡量不可观测的异质性方面处于劣势。其次，水电等电源缺乏稳定性，区域间电力调度占比较高，这在一定程度上阻碍了效率的提高。最后，1998 年中国发布了"村村通电"项目，目标省（自治区、直辖市）均处于山地占比较高的环境，提高通电率的边际成本是不断增长的，这对提高技术效率提出了新的挑战。由于华中电网包含山地占比相对较高的四川和重庆，在 TREH2 模型下也出现了类似的趋势。因此，在厂网分离改革后的电力紧缺时期，南方电网各省级电网公司的效率甚至有所下降，表明这些公司需要做更多的工作来提高效率，政府应更加重视这些省（自治区、直辖市）的激励性监管。

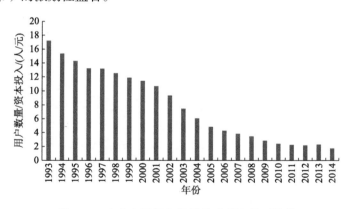

图 8-14　南方电网用户数量/资本投入的平均值

8.3　本 章 小 结

近年来，效率分析被广泛应用于电网公司的政策改革和绩效标杆管理中。2002年中国实施了厂网分离改革，旨在促进竞争、提高电网技术效率。本章采用基于自助法和共同前沿分析的数据包络分析模型和多个随机前沿分析模型，研究电力政策改革的效果,并从天气和地理两个方面探讨了异质性因素对电网效率的影响,得出了多个有价值的结论。首先,无论是结合共同前沿分析方法与自助法的数据包络分析模型,还是 TREH 模型和 GTRE 模型,都说明只有处于相似环境条件下的电网公司,其效率值才具有可比性。本章通过多种方式降低待评价决策单元的异质性,均提高了结果的可信度。其次,2002 年厂网分离的政策改革为电网公司的提高技术效率创造了有利条件,但还不足以抵消异质性因素带来的负面影响,但目前多种迹象表明现有管理体制已难以适应形势发展,需要进一步深化输配领域的政策改革,提高电网的市场化建设程度。再次,中国电网行业的确存在规模经济,恶劣的天气和地理条件可能会阻碍效率的提升,效率对模型形式和异质性因素的选择比较敏感。这说明在技术效率研究中考虑公司异质性的必要性;此外,经济发展程度、人口密度和清洁电力上网占比等同样会显著影响电网技术效率。最后,各地区之间的效率差异很大,我国电网系统的相对绩效仍有提高的空间,未来需要真正推进和打破行业垄断与行政垄断,实现以政府为主导,鼓励竞争性市场对资源配置的调动作用,从而改善效率水平较低省(自治区、直辖市)的现状。

第9章 输配电部门服务效率研究

电网企业在经营中除了追求经济效益，还要保障供电的可靠性、提高电网覆盖率、保证电压稳定、降低断电时长和断电次数。我国一直将解决贫困地区人口通电和困难群众用电问题作为电网和政府的主要工作目标之一，对电网公司的考核也不仅从经济效益层面出发，还考虑供电可靠性。

9.1 输配电部门服务效率的研究进展

电网行业主要承担电力输配工作，包括发电并网、增高电压、远距离传输、降低电压及配送至终端用户等多个流程，其本质是将电力从生产方配送给消费者。由于电力的生产、输配与消费是在一瞬间完成的，但电力的存储需要专门的设备，成本较高，所以当前电网行业的工作重点是在保障服务质量的前提下，通过电网延伸的方式协调电力生产与供应的关系。电力供应中断将带来很大的损失，服务质量同生产效率都是电力输配行业效率分析的研究热点。这类文献的核心思想是通过将服务质量指标纳入效率测度过程中，探索服务质量对效率的影响；通常的做法是，将服务质量加入投入指标中，并将提出的新模型的结果与传统模型的结果进行对比[20, 182, 186]。Giannakis 等[20]最早将服务质量指标纳入电力输配行业的效率测度模型，并提出服务效率（service efficiency，SE）的理念，认为它不仅包括技术效率维度，还包括服务质量维度的考核和评价。研究结果表明，服务质量模型的效率值与传统模型的效率值之间并无显著相关性，服务质量的改善能够促进行业全要素生产率的提升，但生产效率与服务效率之间的关系尚不清楚。Growitsch 等[182]发现，在效率测度框架中引入服务质量的维度，会对效率结果产生显著影响，必须将服务质量纳入效率分析模型中。服务质量的提升必然伴随一定的成本支出，也有一些文献估算了电力输配行业提升服务质量的成本[184, 185]。Cambini 等[186]研究了技术效率与服务成本效率之间的关系，结果显示两者之间并无直接冲突。

有很多关于服务效率的研究都证明了，影响输配电部门效率的因素不仅局限于资源投入和内部管理，外部环境因素同样扮演着重要角色。技术效率相近的企业，服务质量却经常存在很大的差异，外界诸多不可控的环境因素被认为是造成这种差异的重要原因。Cambini 等[186]发现与异质性相关的环境变量对效率值有显著影响。有些文献分析了环境变量对于效率的可能影响。Coelli 等[347]总结了常见的两种观点：一是外生变量影响生产技术，Kumbhakar[123]最早在生产函数中加入外生变量；二是外生变量影响生产效率，Battese 和 Coelli[125]最早使用外生变量对效率进行回归。Çelen[336]不仅考虑了单一变量对效率的影响，还考虑了两个变量的交叉项对效率的影响。在以往的研究中，环境因素对单纯的生产效率的研究较多，而针对服务效率的研究较少。一般而言，环境变量通常包括如下几个方面。

（1）经济变量一般代表了对电力的需求。电力需求越大，电力生产效率理论上也会越高，最终两者将会稳定在合理范围内。在经济快速发展、电力需求增长的初期，电网部门、电力系统或许存在暂时无法满足电力需求的情况，但经过一段时间的资源配置、政策引导之后，电网部门匹配电力生产与消费的能力将会提升，技术效率也会提高。从长期来看，经济发展是电力终端消费的重要组成部分，是拉动电力生产、输配的重要动力之一，经济发展与电网部门的动态博弈过程也将会淘汰低效率企业。

（2）政策变量代表了政府相关部门对于整个电力行业架构调整与优化的思路。相对于其他环境变量，政策变量相对可控，具有很强的目的性。改革的目的一般是提升企业生产效率、减少浪费等。很多政策是政府采取的符合时代潮流的改革举措，但随着政策制定的外部环境的变化，发生了许多无法控制与预测的事件，特定政策对于效率的影响需要进一步深入具体研究。

（3）技术变量代表着先进技术的理论转化、应用等情况。技术变量本质上并不属于环境变量，而是内生变量的一种，但通过环境变量的形式影响服务效率。在电网行业，较高水平的输配电技术对于效率的提升在理论上存在积极促进影响。例如，地下电缆会降低外部自然环境对电力输送环节的影响，超高压输电线路将会降低线损量。

（4）自然变量一般特指那些对电力输配环节可能产生重大损失的极端天气变量或对于电网线路建设造成较大困难的地形变量等。在与电网业务相关的自然变量中，极端气温、降水、飓风、冰雹和地形条件等变量应用最为广泛，且主要表现为负面影响。

电网行业与自来水、天然气、通信行业类似，是具有通道性质的网络行业，其具有天然垄断属性，属于公用服务事业。这类部门并不能简单依靠引入竞争来促进效率的提升，网络的重复建设也必然带来大量的浪费。政府管制的重点在于如何更好地通过政策手段，对电网企业进行激励管制，在保障电力供应安全的情况下提升效益。进行电网行业服务效率的研究，对洞悉输配行业存在的问题、梳理电力政策及其演变过程具有积极意义，有利于合理评价电力企业的生产效率，激励企业持续调整生产运营、优化资源配置、减少浪费。作为基准分析的重要视角，服务效率分析可以从政府管制的角度出发，采用前沿分析的方法，将行业中领先企业的最佳实践作为标准，以此来衡量企业自身的效率。

9.2 基于随机前沿分析方法的服务效率模型

9.2.1 非效率的来源与分类

组合误差项包含随机误差项及非效率项，二者均属于随机变量。一般来说，随机误差项服从正态分布，而对于非效率项的分布假设，目前学术界先后提出了四种分布形式：半正态分布、指数分布、截尾正态分布、Gamma 分布，其中前两种分布为单参数分布，后两种为双参数分布。截尾正态分布相对于半正态分布的进步之处在于，它可以设定非效率项的均值大于等于 0，不一定符合半正态分布的形式，其表达式更为灵活。Gamma 分布是对指数分布、半正态分布的拓展，属于更为灵活的分布假设。昆伯卡和拉维尔[143]认为分布假设必然对效率的样本均值产生直接影响，但根据一些实证研究，不同的分布假设对于效率排序的影响并不太大。这个结论可以说明，当我们的研究目标仅是得到效率排序，而不是要得到精确的效率值时，关于非效率项的分布假设不必过于严格。此外，除了假设两个随机变量的分布外，还需要假设两个随机变量互相独立，且均与自变量无关，否则会产生模型估计偏差。

效率的时期变化规律受到企业行为、外部环境因素等的影响，某一种特殊的函数形式很难准确描述所有决策单元长时期内的变化规律与趋势。最初，Kumbhakar[123]与 Battese 和 Coelli[148]均使用固定的函数形式描述效率随时间变化的趋势。这两篇文章的共同点都是将非效率项分解为两个独立部分，即与企业相关的部分和与时间相关的部分，他们使用一次函数、二次函数等确定性的固定函数形式来具体描述非效率与时间的关系。Ahn 和 Sickles[149]结合调整成本理论，针对时变效率的路径问题，通过考虑上一阶段非效率对本阶段非效率的影响，提出自回归模型。自回归模型描述了非效率持续性现象与效率逐步改进过程，认为第 t-1 阶段的非效率会有一部分转移到第 t 阶段，并使用一阶自回归结构来动态捕获效率演变的路径。Emvalomatis[150]从短期和长期这两种视角界定了自回归模型实证分析中应注意的问题，Galán 和 Pollitt[151]将自回归模型应用于哥伦比亚配电行业的研究，参考 Galán 和 Pollitt[151]的自回归异质性模型，本书主要使用的模型如式（9-1）～式（9-3）所示，各符号与其对应的含义如表 9-1 所示。

$$y_{it} = \alpha_i + x_{it}\beta + v_{it} - u_{it}, \qquad v_{it} \sim \text{iid}, N(0, \sigma_v^2) \qquad (9\text{-}1)$$

$$\ln u_{it} = \omega + z_{it}\gamma + \rho_i \ln u_{i,t-1} + \xi_{it}, \qquad \xi_{it} \sim N(0, \sigma_\xi^2), \ t = 2, \cdots, T \qquad (9\text{-}2)$$

$$\ln u_{i1} = \frac{\omega + z_{it}\gamma}{1 - \rho_i} + \xi_{i1}, \qquad \xi_{i1} \sim N(0, \frac{\sigma_\xi^2}{1 - \rho_i^2}), \ t = 1 \qquad (9\text{-}3)$$

表 9-1　随机前沿自回归模型的符号及含义表

符号	含义	符号	含义
y_{it}	产出变量	z_{it}	环境变量
x_{it}	投入变量	γ	相应的系数
α_i	截距	ρ_i	一阶自回归系数，取值为 0～1
β	结构参数	ω	共同的截距部分
u_{it}	非效率项	ξ_{it}，v_{it}	符合经典假设的随机误差项

　　第 8 章已经从异质性因素影响非效率的方式角度对异质性因素进行了分类。本章研究异质性因素对不同决策单元效率影响的差异。异质性因素可分为随机效应[126, 138, 348]与固定效应[126, 348]，常见的随机前沿异质性模型如表 9-2 所示。这些模型的目的都在于有效地分离出异质性，使效率测度的结果更为合理。Kopsakangas-Savolainen 和 Svento[138]与 Galán 等[146]研究随机前沿分析模型中异质性的来源，将异质性因素划分为可观测的异质性因素与不可观测的异质性因素。经过 30 多年的发展，随机前沿分析模型在识别异质性方面有了很大的提升。从理论上看，忽略异质性的影响，将导致很严重的估计偏差[126]。从实证上看，经济发展、天气、地形等外部异质性因素与某些不可观测的变量明显影响着电网企业的运营。

表 9-2　随机前沿异质性模型

类型	模型	具体设定	作者
随机效应	RE	$y_{it} = \alpha + x_{it}\beta + v_{it} - u_{it}$	Pitt 和 Lee[120]
	TRE	$y_{it} = \alpha + w_i + x_{it}\beta + v_{it} - u_{it}$	Greene[126]
	REH	$y_{it} = \alpha + x_{it}\beta + v_{it} - u_{it}$ $u_i = N^+(z_i\delta_i, \sigma_u^2)$	Kopsakangas-Savolainen 和 Svento[138]
	TREH	$y_{it} = \alpha + w_i + x_{it}\beta + v_{it} - u_{it}$ $u_i = N^+(z_i\delta_i, \sigma_u^2)$	Kopsakangas-Savolainen 和 Svento[138]
	GTRE	$-\ln x_{Kit} = (\alpha + \omega_i + \eta_i) + \mathrm{TL}\left(\ln x_{kit}^*, \ln y_{mit}, t\right) + v_{it} - u_{it}$ $u_{it} \sim N^+\left(0, \sigma_u^2\right), v_{it} \sim N\left(0, \sigma_v^2\right)$ $\omega_i \sim N\left(0, \sigma_\omega^2\right), \eta_i \sim \mathrm{iid}, N\left(0, \sigma_\eta^2\right)$	Kumbhakar 等[129]
固定效应	FE	$y_{it} = (\alpha - u_i) + x_{it}\beta + v_{it}$ $= \alpha_i + x_{it}\beta + v_{it}$	Schmidt 和 Sickles（1984）
	TFE	$y_{it} = \alpha_i + x_{it}\beta + v_{it} - u_{it}$	Greene[126]

　　注：RE(random effects，随机效应)，TRE(true random effects，真实随机效应)，REH(heterogeneity extended random effects，扩展的异质随机效应)，TREH(heterogeneity extended true random effects，扩展的异质真实随机效应)，GTRE(generalized true random effects，广义真实随机效应)，FE(fixed effects，固定效应)，TFE(true fixed effects，真实固定效应)

9.2.2　多产出对模型形式的挑战

考虑单一产出时，生产效率是实际产出与生产前沿面的比值，效率测度直观且容易理解。但是当存在多种类型的产出时，效率测度的直观意义并不那么明显。如何在电网企业的经营中，追求经济效益与服务质量的共同提高，是一个典型的多产出问题。Coelli 和 Perelman[349]提到，当使用计量经济学的方法研究多产出行业的效率问题时，经常需要一个描述多产出的综合指标，或者使用对偶成本模型，但这两种方法分别要求产出价格信息与假设成本最小化。作为管制部门的效率测度，产出价格信息难以获取，统一的行为假设的设定也很难满足。而随机距离函数不需要以上两类信息，就能描述多产出技术问题。

随机前沿分析通过与距离函数结合来处理多产出问题，电网企业的产出是由外部电力需求决定的，企业的经营目标是在既定产出的条件下，尽量减少投入，因此选择投入导向型的距离函数。首先，假设投入向量为 $x = (x_1, x_2, \cdots, x_n)^{\mathrm{T}}$，产出向量为 $y = (y_1, y_2, \cdots, y_n)^{\mathrm{T}}$，则投入集合为 $L_g(y)$，其表示在生产技术 g 下，所有能够生产产出向量 y 的投入向量 x 的集合，如式（9-4）所示，其中 x / ρ 代表当生产一定量的产出时，投入向量能径向缩减到的最小值，式（9-5）表示投入型距离函数表示的技术效率。

$$D_I(x, y, g) = \max\{\rho \mid (x / \rho) \in L_g(y), \rho \geqslant 1\} \tag{9-4}$$

$$\mathrm{TE}_I(x, y, g) = (x / \rho) / x = 1 / \rho = 1 / D_I(x, y, g) \tag{9-5}$$

在式（9-6）中，设定服务效率值为 $\exp(-u)$，式（9-7）描述的是当投入缩减到 x / ρ 值时，距离函数值为 1。投入型的距离函数对投入是线性齐次的，意味着可以任意选择一个投入 $x_{N_{it}}$ 使得所有投入进行正规化处理，见式（9-8）。对式（9-8）两边取自然对数，右端加入误差项 v_{it}，变为式（9-9）。关于距离函数内部的形式与结构，与第 8 章类似，我们将使用超越对数的生产函数形式近似代替生产技术。

$$\mathrm{ES} = \exp(-u) \tag{9-6}$$

$$D_I(x_{it} \exp(-u_{it}), y_{it}, t) = D_I(x_{it}, y_{it}, t)\exp(-u_{it}) = 1 \tag{9-7}$$

$$1 / x_{N_{it}} = D_I(x_{it} / x_{N_{it}}, y_{it}, t)\exp(-u_{it}) \tag{9-8}$$

$$-\ln x_{N_{it}} = \ln D_I(x_{it} / x_{N_{it}}, y_{it}, t) - u_{it} + v_{it} \tag{9-9}$$

9.2.3　基于贝叶斯估计的服务效率测算方法

随机前沿模型可以使用极大似然估计与贝叶斯估计两种估计方法进行参数与

效率的估计，这两种估计方法之间存在异同点。Kim 和 Schmidt[144]认为两种估计方法的流程比较类似。例如，极大似然估计需要给随机变量做出分布假设，贝叶斯估计也需要对待估参数进行分布假设。Kim 和 Schmidt[144]的实证分析发现，两种估计方法的结果并没有很大的差别。Ortega 和 Gavilan[133]发现贝叶斯估计的优势之一在于可以方便地设置参数的约束条件，而且 WinBUGS（Windows Bayesian inference using Gibbs sampling）软件的灵活性较高，非常适合于实现多种模型的设定。

根据贝叶斯估计的基本思想，以经验为基础的信息可以组成先验信息，再进一步结合样本数据修正概率，即可得到对于该事物的推断分析，即后验分析。而极大似然估计是基于频率学派的基本观点，对于参数估计的标准是最合理的参数估计量应该使得这组样本从总体中抽出的概率最大。贝叶斯估计方法最早由 van den Broeck 等[132]引入随机前沿分析中。相比常规的极大似然方法，贝叶斯方法的均方差值显著减小，模型的估计效果更好[133,144]。本章使用 WinBUGS 进行贝叶斯分析。

9.3　输配电部门服务效率研究的特色与数据选择

本节选择 1993～2013 年的数据，以全国 29 个省级电网公司、国网蒙东及内蒙古电力 31 个决策单元作为研究对象。2002 年电力体制改革时，考虑到西藏的特殊情况，未进行厂网分离，再加上数据缺失太多，故不进行分析。港澳台三个地区由于电力管理体制及统计口径不同，也均不予考虑。表 9-3 展示了待研究的决策单元及对应的区域电网。本章所使用到的数据可分为电力行业数据、自然环境数据、社会经济数据，主要来自《电力工业统计资料汇编》《中国电力年鉴》《国家电网公司年鉴》《南方电网公司年鉴》《中国气象年鉴》《中国气象灾害年鉴》及《中国统计年鉴》等，具体情况如表 9-4 所示。

表 9-3　决策单元及对应的电网公司

区域	省级电网公司
华北电网	北京、天津、河北、山西、内蒙古、山东
东北电网	辽宁、吉林、黑龙江、蒙东
华东电网	上海、江苏、浙江、福建、安徽
华中电网	河南、湖北、湖南、四川、重庆、江西
西北电网	陕西、甘肃、宁夏、青海、新疆
南方电网	广东、广西、贵州、云南、海南

表 9-4 主要数据项及相应资料来源

序号	数据条目			资料来源
1	电力行业数据	电力企业供电量（亿千瓦时）		《中国电力年鉴》
2		供电面积		《中国统计年鉴》
3		35 千伏以上变压器容量（万千伏安）		《中国电力年鉴》
4		35 千伏以上架空线路回路长度（千米）		《中国电力年鉴》
5		电缆长度（千米）		《中国电力年鉴》
6		线损率		《中国电力年鉴》
7		农村通电率		《中国电力年鉴》
8		基期资本存量（万元）		《中国电力年鉴》
9		电网新增固定资产（万元）	1993～1997 年	《电力工业统计摘要》《中国固定资产投资统计年鉴》
			1998～2003 年	《中国电力年鉴》
			2004～2013 年	《电力工业统计资料汇编》
10		固定资产投资价格指数		《中国统计年鉴》
11		负载系数		《电力工业统计资料汇编》
12		停电时长（小时）		中国电力企业联合会网站、国家能源局电力可靠性管理和工程质量监督中心网站
13		发电设备平均运行时长（小时）		《中国电力年鉴》
14		员工人数（人）	1993～1996 年	《中国电力年鉴》
			1997～2004 年	《中国劳动统计年鉴》《南方电网公司年鉴》
			2005～2013 年	《国家电网公司年鉴》《南方电网公司年鉴》《中国电力年鉴》
15		电力用户数	住宅用户（户）	《中国人口统计年鉴》
			非住宅用户（个）	《中国工商行政管理年鉴》
16		电力终端消费量（亿千瓦时）		《中国能源统计年鉴》
17	自然环境数据	常规天气变量	降水量（毫米）	《中国气象年鉴》
18			极端最高气温（℃）	
19			极端最低气温（℃）	
20		极端天气变量	雷电次数（次）	《中国气象灾害年鉴》
21			风雹次数（次）	
22			龙卷风次数（次）	

续表

序号		数据条目	资料来源
23	自然环境数据	山地占比	各省市统计年鉴
24	社会经济数据	平均发电时长	《中国电力年鉴》
25		各省地区生产总值增速	《中国统计年鉴》
26		各省终端能源消费总量（万吨标准煤）	《中国能源统计年鉴》

2013 年，样本区域的全社会用电量超过了全国全社会用电量的 99.94%。以 2002年作为分界点，考虑到数据的可得性，我们选择改革前后10年左右，即1993～2013 年作为生产效率的研究时期，这样可以使厂网分离改革前后年份相近，便于进行政策效果的对比分析。自 1999 年开始，国家开始发布部分或全部省级行政区域电网公司可靠性数据，国网重庆市电力公司自 1997 年直辖市设立开始运营，国网蒙东 2009 年成立，因此我们将 1999～2013 年作为服务效率的研究期间。通过以上分析可以看出，本节所采用的数据是非平衡面板数据。

9.3.1　指标加工与处理

关于投入产出变量的选择，学术界存在不同的观点。表 9-5 总结了近年来使用参数方法研究电网行业的投入产出指标。参考 Cambini 等[186]的研究，选择价值量与实物量两类投入指标。当考虑服务质量维度时，线损量与停电时长、次数也是经常使用的投入指标，因为企业需要增加投入来降低线损量与停电时长，这类投入是对其他投入的一种替代，故很多学者将描述服务质量的变量作为投入变量[151, 182, 183, 185, 341]。

实物量投入指标包括线路长度、变压器容量与员工人数。对于线路长度是否应该作为投入指标，学术界存在不同意见。Kumbhakar 等[129]认为线路长度可以视为企业满足外生的用户需求的一个产出变量。Galán 和 Pollitt[151]认为线路长度并没有完全受到企业的控制，因此将其作为产出特性变量。与他们的观点不同，也有部分文献将线路长度作为投入变量[183, 190]。我们认为输电线路是电网企业进行运营的主要固定资产之一，在缺少固定资产等财务指标的情况下，适宜将线路长度作为投入变量，否则将其作为产出变量。为了描述不同电压等级之间的差异，以电压等级作为权重，将线路长度进行加权和处理。相对而言，对于变压器容量的处理没有太多不同意见，几乎所有的研究文献都将其作为投入变量[129, 190, 350]。关于劳动力投入，大多数文献中使用员工人数[183, 191, 350, 351]来表示，也有文献使用工资[129]，由于各地薪酬水平不同，且数据难以获得，本节选择员工人数代表劳动力投入。

价值量投入指标包括固定资产投入与非固定资产投入。参考 Lin 和 Wang[338] 的做法，我们使用了永续盘存法对电网企业的固定资产资本存量进行了核算。由于各电网分公司的运营费用数据无法准确界定，故使用员工人数作为运营费用的替代变量[186]。

表 9-5　电网行业基于参数方法的常见投入指标和产出指标

文献	投入指标	产出指标	方法
Hattori[179]	劳动力指标：员工人数 资产指标：变压器容量	居民用户售电量 非居民用户售电量	随机前沿分析 T-IDF
Growitsch 等[182]	总成本 用户损失时长	用户数量 供电量	随机前沿分析 T-IDF
Tovar 等[183]	员工人数 网络线路长度 网络能量损失	用户数量 配电量	随机前沿分析 全要素生产率
Growitsch 等[341]	总生产成本 社会成本	用户数量供电量	随机前沿分析 T-IDF
Çelen[191]	员工人数 网络线路长度 变压器容量 供电质量指标	用户数量 供电量	随机前沿分析 T-IDF
Coelli 等[185]	资本投入量 非资本投入量 断电次数	用户数量供电量 服务面积	随机前沿分析 PLP T-IDF
Galán 和 Pollitt[151]	总成本 线损量 用户损失时长	住宅用户数 非住宅用户数 网络线路长度	随机前沿分析 T-IDF
Filippini 和 Wetzel[342]	①可变成本、变压器容量的最大需求；②总成本	用户数量供电量	随机前沿分析
Kumbhakar 等[333]	劳动力指标：工资 资产指标： ①变压器总容量 ②使用寿命独立的资产指标	用户数量供电量 线路长度	随机前沿分析 T-IDF

注：PLP：parametric linear programming，参数线性规划。T-IDF：translog input distance function，超越对数输入距离函数

从表 9-5 中可以看出，用户数量与电力消费量（或供电量、售电量）是电网企业出现频率最高的产出指标，Neuberg[340]认为这两个产出变量反映了电力配送服务中的两个主要功能：网络连接与电力供应。考虑到发端上网电量与受端用户消费电量存在差异，本节对供电量及用电量进行加权平均处理，权重为 1 : 1。此外，由于居民用电与全行业用电存在较大差异，参考 Galán 和 Pollitt[151]的做法，我们也将用电量数据分为居民用户与非居民用户，这样就得到四个变量。Galán和 Pollitt[151]对用户数量与消费量进行相关性分析，由于两个指标相关性太高（0.95），为避免多重共线性问题，故只选取了用户数量。但在我们的样本中，由于居民用户数量与消费量（0.615）、非居民用户数量与消费量（0.756）的相关性较低，因此，保留了四个产出变量。由于服务面积影响资本与人力投入，进而影响服务效率，所以同 Coelli 等[185]一样，也将服务面积作为产出变量。

Battese 和 Coelli[125]最早在随机前沿分析的研究中引入环境因素，截至目前，电力输配行业常见的环境变量主要包括经济、政策、技术及自然环境四类变量。表 9-6 总结了电网行业效率研究中常用的环境变量。本节选择了三类环境变量：政策变量、经济变量与自然变量。我们认为各省分离政策的执行效果也存在异质性，但却无法使用明确指标进行衡量，并通过对应的系数来反映。由于各天气变量之间存在相关性，则如何合理捕获天气变量对效率的影响显得更具挑战性。有关政策变量的研究，可以采用引入虚拟变量的方法[342]。在总体政策改革的时代背景下，我们将讨论外生环境变量对技术效率及服务效率两种效率的影响，并分析它们的效率差异及其形成原因。

表 9-6　电网行业常用的环境变量

变量类别	环境变量	描述	已使用的文献
经济变量	用户密度	单位线路长度上的终端用户数量	Çelen[191] Galán 和 Pollitt[151] Hattori[179]
	消费密度	每位用户平均消费电量	Galán 和 Pollitt[151] Hattori[179]
	用户结构	住宅用户用电量占社会总用电量的比例或售电量占全社会总售电量的比例	Cambini 等[186] Çelen[191]
	负载系数		Hattori[179]
	小城镇用户比例	居住在小于 10 000 名居民的城镇用户所占电力总用户数量的比例	Coelli 等[185]
	电力用户增长率	相比上一年度，电力用户总数的增长率	Coelli 等[185]
	服务面积	电网延伸所覆盖的供电面积	Cambini 等[186]
政策变量	是否分离	用来捕获厂网分离政策的对效率影响程度的虚拟变量	Filippini 和 Wetzel[342]

续表

变量类别	环境变量	描述	已使用的文献
政策变量	是否兼并	用来捕获企业兼并对效率影响程度的虚拟变量	Çelen[191]
技术变量	地下电缆比例	电缆长度比例	Cambini 等[186] Coelli 等[185]
	高压工业用电容量	根据与工业用户的所签署合同的高压用电容量与总变压器容量的比值	Coelli 等[185]
	资产寿命代理变量	净账面价值占总账面价值的比例	Coelli 等[185]
自然变量	大风		Growitsch 等[341] Jamasb 等[184]Leme 等[261] Yu 等[168]
	冰雹		
	气温		
	降雨量		
	闪电		

　　本节的研究目标之一是测度厂网分离政策对效率的影响，因此加入厂网分离虚拟政策变量——是否分离。中国 2002 年实施了厂网分离政策，2003 年底大部分省（自治区、直辖市）基本完成厂网分离，因此 2003 年及其之前的年份，我们设置该虚拟变量值为 0；从 2004 年开始，设置其值为 1。考虑国网蒙东 2009 年成立，因此在整个研究期间中，国网蒙东的该虚拟变量均设置为 0。

　　根据中国电力企业联合会的统计数据，在 1993～2013 年，中国大部分年份处于电力供不应求的状态，只有 1999～2001 年出现过短暂的供过于求的情况，但之后的 2003～2008 年，全国各地均出现了较为严重的电力供应短缺。2004 年前后出现了全国范围的电力紧张情况，政策实施年份恰好与缺电现象频发时间重合。为了描述厂网分离政策对电网企业效率的影响，须考虑电力供需形势，因此我们引入三个描述电力供应与需求的环境变量——平均发电时长（z_1）、地区生产总值的增长率（z_2）及能源强度的下降率（z_3），分别描述电力供应、外部经济增长对电力的需求及外部节能行为对效率的影响，其中地区生产总值的增长率同时是经济变量。z_1=本年发电设备平均运行时间/上年发电设备平均运行时间，由于研究的初始年份为 1993 年，故令 1992 年发电时长=1。地区生产总值的增长率以 1997 年不变价为准。z_3=某省每年能耗强度/某省研究时期内能耗强度的几何平均数，以 1997 年地区生产总值为基准。此外，还选择了年降水量（z_4）、最大温差（z_5）和山地占比（z_6）三个自然变量。表 9-7 为样本数据的描述性统计信息。

表 9-7　所使用数据的描述性统计分析

变量类别	变量	单位	平均值	标准差	最小值	最大值
投入指标	员工人数（x_1）	人	29 435.252 9	19 034.570 0	4 434.733 7	117 337.000 0
	线路长度（x_2）	10^4 千米·千伏	469.315 8	311.781 4	31.682 0	1 478.455 0
	变压器容量（x_3）	10^4 千伏安	7 945.433 0	7 682.132 9	287.000 0	44 792.000 0
	资本存量（x_4）	10^4 元	269.713 6	282.506 6	18.866 2	1 947.9204
	线损率（x_5）		6.918%	1.684%	13.200%	2.240%
	停电时长（x_6）	小时	11.213 9	10.544 0	0.991 3	108.200 0
产出指标	住宅用户用电量（y_1）	10^8 千瓦时	122.967 0	111.214 2	4.470 0	711.370 0
	非住宅用户用电量（y_2）	10^8 千瓦时	826.357 7	736.858 5	28.520 0	4 149.500 0
	住宅用户数（y_3）	10^4 户	1 292.708 4	869.467 3	98.397 7	8 679.262 4
	非住宅用户数（y_4）	10^4 户	30.916 4	28.031 6	1.678 0	181.010 0
	服务面积（y_5）	10^4 平方千米	27.451 4	33.217 9	0.630 0	164.755 0
环境变量指标	是否分离-虚拟变量（z_0）		0.666 7	0.471 4	0	1
	平均发电时长（z_1）		1.003 5	0.071 3	0.815 7	1.266 2
	地区生产总值的增长率（z_2）		11.547 5%	2.440 9%	5.100 0%	23.800 0%
	能源强度的下降率（z_3）		0.916 1	0.137 3	0.566 1	1.517 3
	年降水量（z_4）	℃	47.238 5	10.338 4	25.800 0	78.900 0
	最大温差（z_5）	毫米	879.890 8	506.991 2	74.900 0	2 678.900 0
	山地占比　（z_6）		60.736 9%	24.719 5	1.000 0%	97.000 0%

9.3.2　模型设定与分组

　　超越对数生产函数由于能够反映生产要素之间的交互关系，也常被用于参数的生产效率模型，本节选择超越对数生产函数描述生产技术。除了以上的投入产出变量，我们还加入时间趋势变量 t 来捕获技术进步的影响，具体模型如式（9-10）与式（9-11）所示。Wang[352]与 Zhu 等[353]证明了外生变量对非效率的影响非单调，即某个环境变量对非效率的影响可能是正相关，也可能是负相关，符号的正负与取值范围有关。Wang[352]进一步推导出了外生变量对于效率的边际影响。Filippini和 Wetzel[342]计算了在新西兰电力配送行业中，所有权分离对于成本效率的边际影响。通过式（9-12），我们同样能够计算各个环境变量对生产效率及服务效率的边际影响。本节的结果与 Wang[352]得到的结果一致。参考 Galán 等[146]的模型框架，我们使用经济变量和自然变量等捕获可观测的异质性，使用厂网分离虚拟变量与非效率持续性来捕获不可观测的异质性，见式（9-11）。

$$
\begin{aligned}
-\ln x_{1_{it}} = {} & \alpha_i + \sum \beta_m \ln y_{m_{it}} + \sum \delta_r \ln(\frac{x_{r_{it}}}{x_{1_{it}}}) \\
& + \frac{1}{2} \sum \sum \beta_{mn} \ln y_{m_{it}} \ln y_{n_{it}} + \frac{1}{2} \sum \sum \delta_{rs} \ln(\frac{x_{r_{it}}}{x_{1_{it}}}) \ln(\frac{x_{s_{it}}}{x_{1_{it}}}) \\
& + \sum \sum \eta_{mr} \ln y_{m_{it}} \ln(\frac{x_{r_{it}}}{x_{1_{it}}}) + k_1 t + k_2 t^2 + \sum \lambda_m t \ln y_{m_{it}} \\
& + \sum \mu_r t \ln(\frac{x_{r_{it}}}{x_{1_{it}}}) - u_{it} + v_{it}
\end{aligned}
\tag{9-10}
$$

$$
u_{it} = \omega + \vartheta z_0 + \sum_{p=1}^{6} \gamma_p \ln z_{p_{it}} + \rho_i u_{i,t-1} + \xi_{it}, \ \xi_{it} \sim N(0, \sigma_\xi^2), \ t = 2, \cdots, T
$$

$$
u_{i1} = \frac{\omega + \sum_{p=1}^{6} \gamma_p \ln z_{p_{it}} + \vartheta z_0}{1 - \rho_i} + \xi_{i1}, \ \xi_{i1} \sim N(0, \frac{\sigma_\xi^2}{1 - \rho_i^2}), \ t = 1
\tag{9-11}
$$

$$
\frac{\partial \mathrm{ES}}{\partial z_i} = \frac{\partial \mathrm{ES}}{\partial u} \times \frac{\partial u}{\partial z_i} = -\exp(-u) \times \theta = -\mathrm{ES} \times \theta
\tag{9-12}
$$

其中，在模型 1 与模型 2 中，$T = 21$；在模型 3 和模型 4 中，$T = 15$。研究中设置 3 组模型，电网的产出变量取决于社会需求，而环境变量也非电网本身所能够决定的，二者均保持不变。正如上文所指出的，投入变量的选择要保证结果的稳健性，表 9-8 为不同模型选用的投入指标情况。第一组模型研究 1993～2013 年生产效率的变化路径，观察两种投入指标测度结果的差异。由于 1999 年后国家才发布电力可靠性数据，初期仅发布了大中城市的电力可靠性数据，为保证统计口径一致，研究期间的停电时长数据使用省会停电时长。第二组模型与第三组模型使用不同投入指标，对比研究 1999～2013 年的服务效率与生产效率。

表 9-8　模型投入变量设定情况

投入变量	第一组		第二组		第三组	
	1993～2013 年		1999～2013 年		1999～2013 年	
	模型 1	模型 2	模型 3.1	模型 3.2	模型 4.1	模型 4.2
员工人数（x_1）	√	√	√	√	√	√
线路长度（x_2）	√		√		√	

续表

投入变量	第一组		第二组		第三组	
	1993~2013 年		1999~2013 年		1999~2013 年	
	模型 1	模型 2	模型 3.1	模型 3.2	模型 4.1	模型 4.2
变压器容量（x_3）	√		√	√		
资本存量（x_4）		√			√	√
线损率（x_5）				√		√
停电时长（x_6）				√		√

为了进行贝叶斯估计,首先要给定随机前沿分析模型中待估参数的先验分布。由于各国电网部门的特性基本相同, 先验分布的假设主要参考 Galán 和 Pollitt[151] 的研究, 假设电网部门的效率近似服从截尾正态分布。研究中,采用马尔可夫链—蒙特卡罗算法进行 100 000 次迭代, 为了使取得的样本均为收敛后的结果, 取样时舍弃最初的 20 000 次迭代; 为了消除序列自相关, 每隔 16 次迭代取出一个样本, 最终用于后验分析的总样本数为 5000 个。

9.3.3　服务效率与生产效率结果的对比分析

1. 电网公司生产效率分析

从总体上看, 两个模型得到的总体效率均值相近, 具体情况如表 9-9、表 9-10 所示。全国效率均值约为 0.42, 电网企业的生产效率还存在约 60% 的提升空间。与实物量模型（模型 1）相比, 大部分的价值量模型（模型 2）得到的结果的标准差较大, 说明决策单元间资产管理能力导致的效率差距大于技术水平导致的效率差距。

表 9-9　北方区域的三大电网的效率结果

模型	指标	全国	华北电网	东北电网	西北电网
模型 1	均值	0.4184	0.4112	0.4770	0.4697
	标准差	0.0560	0.0230	0.0502	0.0558
	最小值	0.3232	0.3780	0.4075	0.4027
	最大值	0.5378	0.4469	0.5376	0.5378
模型 2	均值	0.4158	0.3075	0.4543	0.4051
	标准差	0.0851	0.0681	0.0948	0.0545
	最小值	0.2142	0.2142	0.3241	0.3413
	最大值	0.6144	0.4212	0.6144	0.4934

表 9-10　南方区域的三大电网的效率结果

模型	指标	全国	华东电网	华中电网	南方电网
模型 1	均值	0.4184	0.4019	0.3882	0.3625
	标准差	0.0560	0.0131	0.0313	0.0329
	最小值	0.3232	0.3844	0.3527	0.3232
	最大值	0.5378	0.4314	0.4303	0.4103
模型 2	均值	0.4158	0.3761	0.4869	0.4651
	标准差	0.0851	0.0324	0.0536	0.0237
	最小值	0.2142	0.3298	0.4201	0.4191
	最大值	0.6144	0.4450	0.5820	0.4984

　　图 9-1 显示两个模型得到的效率变化趋势大致相同。厂网分离前，总体效率保持下降趋势；政策颁布后，两模型总体效率均有所上升，但在 2008 年之后又开始下降。这与我们的预期结果相近：厂网分离之前，效率持续下降加速了改革进程；改革后的总体效率小幅上升，说明改革促进了效率提升；这种趋势在 2008 年后出现变化，说明改革的正向效应减弱，亟待进行新一轮的电力体制改革，以提高其资本运营效率。相比模型 1，模型 2 的结果更为明显地反映了改革所带来的影响。各地区存在不同的建设标准，与其当地自然环境、供电服务质量密切相关，因此不同地区建设同一单位输配电资产的成本并不相同，而价值量资产指标可以体现这种差异。从这种意义上说，价值量指标更为合理。Giannakis 等[20]与 Cambini 等[186]同样认为价值量指标更有利于测度效率。

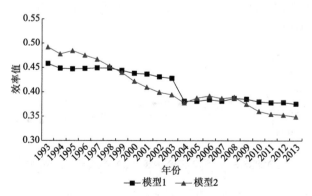

图 9-1　1993～2013 年的总体年均生产效率变动趋势图

　　两条曲线在 1998 年、2004 年与 2008 年交汇，恰好与政企分离、厂网分离、电价调整三次电力改革的时间相对应。说明模型 1 与模型 2 较好地捕获到了电力行业的重大体制变革。两个模型得到的 1993～2004 年效率的变化路径有所不同，2004 年之后的变化路径基本一致。中国电网企业的生产效率在 1993～2003 年持续下降，说明了 2002 年电力体制改革的必然性。1997 年出台了以经营权与所有权分离为主的政企分离政策，实物资产量变化不大，因此实物量模型的生产效率变动不大；但实行厂网分离之后，资产划归、重组导致改革前后实物资产量变化较大，因此模型 1 的结果在 2003 年出现了一个显著的下降。不同于模型 1 阶梯式的下降，模型 2 的结果是逐步下降的。在计划经济管理体制下，电力总公司直接进行资源配置，企业经营能动性差；引入市场化经营管理体制后，电网公司有更强的动力加强管理、提高运营能力，经营能力对效率的影响开始显现。尽管厂网分离政策后的资产划归工作导致企业的关注重点短时间内有所转移，但资产运营能力在一定程度上得到提高，因而效率值表现出一定程度的增长，随着改革红利的消失，管理体制难以适应市场变化的情况再次出现，效率值再次下滑。总体来说，无论是政企分离还是厂网分离均促使企业加强资源配置、避免浪费，它们均起到了良好效果，这些发现与 Pérez-Reyes 和 Tovar[17]及 Goto 和 Sueyoshi[180]的结果相一致。

图 9-2 与图 9-3 展示了各区域电网效率的演变路径。模型 1 下，六大区域电网在研究期间的效率变化规律基本一致。模型 2 下，六大区域电网的效率在厂网分离政策颁布前持续下降；政策颁布后，南方电网、华中电网、华东电网效率上升，而华北电网、东北电网与西北电网效率下降，说明分离政策对南方地区的效果更为显著。综合以上讨论，说明价值量模型能够更好地洞悉效率变化的地区差异。需要注意的是，20 世纪 90 年代的效率大多数高于 2004 年以后的效率，不一定意味着 2004 年后效率值下降，而可能是由于在厂网分离之前，电网部门与发电部门的资产统计数据并未彻底分开，低估了电网部门资产数据，因此造成了效率高估的现象。

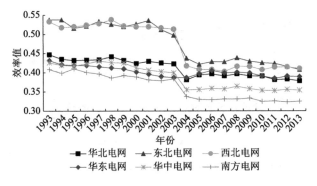

图 9-2 1993～2013 年的六大区域电网的年均生产效率值（模型 1 结果）

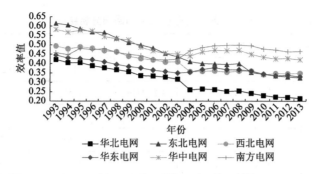

图9-3 1993～2013年的六大区域电网的年均生产效率值（模型2结果）

由以上结果可知，使用价值量指标的模型2在效率测度方面表现更好。其中蒙东的年均效率值为0.2024。南方地区除去安徽、广西、上海外，其他地区的电网公司效率普遍较高。相对而言，北方地区效率普遍较低。

2. 服务效率与生产效率的对比分析

1）服务质量影响因素分析

停电时长是衡量服务质量最主要的指标之一，我们以其为因变量，分析技术、社会用电需求及极端天气等自变量对服务效率的影响。对各变量的系数做出如下假设：电缆比例增大，停电时长降低，系数为负；平均用电负荷率上升，供电紧张，系数为正；三个极端天气变量均使得停电时长增大，系数为正。

首先将五个变量均作为自变量进行第一次回归分析，结果显示电缆比例、平均用电负荷率的系数显著，系数正负号也符合预期，但后三个极端天气变量（雷电次数、风雹次数、龙卷风次数）不太显著；然后将后三个变量求和后作为综合变量（气象灾害总次数），再进行第二次回归分析，结果仍然是前两个变量影响与预期一致，系数较为稳定且显著，天气变量影响仍然不显著（表9-11）。这说明，影响停电时长的因素中，电缆比例与平均用电负荷率是两个较为显著的指标。随着技术的进步，电缆比例每提高1%，停电时长减少约23小时；平均用电负荷率每增长1%，停电时长增加约25小时。加大技术投资、增大电缆比例、实行分时电价等电力调峰政策，有利于降低停电时长。极端天气变量并不显著影响停电时长，有如下几个可能原因：①为了降低极端天气状况对电网运营的影响，极端天气频发地区在输电网络建设时已经考虑了天气因素的影响；②天气变量之间并不独立，与停电时长不一定呈现线性关系，还需要描述气象灾害对电力设备的毁坏程度。因此综合以上可能因素，天气变量对停电时长的影响不显著。

表 9-11　效率对服务质量的回归分析结果

回归结果	变量	系数	标准差	t 统计量	p 值
第一次回归结果	常数项	−9.9504	9.7204	−1.0237	0.3072
	电缆比例（X_1）	−22.7546	5.1257	−4.4393	0.0000
	平均用电负荷率（X_2）	24.2241	11.0632	2.1896	0.0297
	雷电次数（X_3）	0.2688	0.1657	1.6216	0.1064
	风雹次数（X_4）	0.1369	0.1623	0.8436	0.3999
	龙卷风次数（X_5）	−0.7196	0.3531	−2.0383	0.0428
第二次回归结果	常数项	−11.2000	9.6219	−1.1640	0.2458
	电缆比例（X_1）	−22.5475	5.1627	−4.3674	0.0000
	平均用电负荷率（X_2）	25.2007	10.9220	2.3073	0.0220
	气象灾害总次数（X_6）	0.1239	0.1073	1.1545	0.2496

2）服务效率与生产效率的对比分析

电力作为一种具备公共属性的特殊商品，是否考虑服务质量产生两种不同的评价导向：单纯追求经济效益与考虑其维护社会公平的功能。我们使用实物量模型与价值量模型，分别对生产效率与服务效率进行测度（表 9-12、表 9-13）。

表 9-12　北方地区三大电网的服务效率及生产效率结果

模型	指标	全国	华北电网	东北电网	西北电网
模型 3-服务效率	均值	0.3158	0.3567	0.2790	0.3716
	标准差	0.0576	0.0462	0.0452	0.0403
	最小值	0.2296	0.3038	0.2296	0.3354
	最大值	0.4440	0.4440	0.3619	0.4357
模型 3-生产效率	均值	0.2827	0.2991	0.3139	0.3163
	标准差	0.0413	0.0324	0.0120	0.0332
	最小值	0.2054	0.2551	0.2958	0.2764
	最大值	0.3621	0.3438	0.3341	0.3621
模型 4-服务效率	均值	0.2181	0.2348	0.1857	0.2264
	标准差	0.0312	0.0093	0.0185	0.0307
	最小值	0.1626	0.2181	0.1684	0.2013
	最大值	0.2764	0.2481	0.2206	0.2764

续表

模型	指标	全国	华北电网	东北电网	西北电网
模型 4-生产效率	均值	0.3282	0.2303	0.4114	0.3597
	标准差	0.0619	0.0126	0.0367	0.0430
	最小值	0.2128	0.2128	0.3565	0.3187
	最大值	0.4714	0.2544	0.4714	0.4280

表 9-13　南方地区三大电网的服务效率及生产效率结果

模型	指标	全国	华东电网	华中电网	南方电网
模型 3-服务效率	均值	0.3158	0.2822	0.2923	0.3132
	标准差	0.0576	0.0374	0.0492	0.0495
	最小值	0.2296	0.2439	0.2428	0.2661
	最大值	0.4440	0.3379	0.3852	0.3893
模型 3-生产效率	均值	0.2827	0.2474	0.2982	0.2211
	标准差	0.0413	0.0095	0.0110	0.0075
	最小值	0.2054	0.2288	0.2771	0.2054
	最大值	0.3621	0.2663	0.3192	0.2356
模型 4-服务效率	均值	0.2181	0.1790	0.2390	0.2439
	标准差	0.0312	0.0105	0.0131	0.0122
	最小值	0.1626	0.1626	0.2255	0.2270
	最大值	0.2764	0.1951	0.2751	0.2662
模型 4-生产效率	均值	0.3282	0.2943	0.3293	0.3440
	标准差	0.0619	0.0196	0.0109	0.0158
	最小值	0.2128	0.2600	0.3122	0.3137
	最大值	0.4714	0.3161	0.3600	0.3637

　　根据表 9-12，使用实物量指标的模型 3，总体上服务效率大于生产效率；使用价值量指标的模型 4，生产效率大于服务效率，这与 Giannakis 等[20]的结果相反。说明在中国，对服务质量的关注造成了过度投资的现象，影响了生产效率的提升。如图 9-4 所示，厂网分离政策推出后，从整体上看，生产效率呈上升趋势，服务效率呈下降趋势，表明电网独立运营后更注重技术革新，技术进步加大，纯生产效率提升；但由于电力区域性、季节性短缺问题仍未彻底解决，拉闸限电现象频发，导致电网服务效率下降。

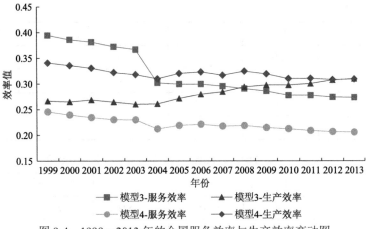

图 9-4　1999～2013 年的全国服务效率与生产效率变动图

图 9-5 包含了由模型 3 与模型 4 得到的六大区域电网的生产效率与服务效率变化趋势。模型 3 下，除南方电网外，服务效率与生产效率均出现交叉现象，说明两者差距缩小。模型 4 下，华北电网、东北电网、西北电网的服务效率与生产效率的差距缩小，其他三个地区电网的服务效率与生产效率的差距均进一步加大。这说明从投资成本角度，提高服务效率比提高生产效率代价更大。北方地区地形较为平缓，客户密度大，服务效率提升的代价较低，相对其他地区，其可以快速缩小与生产效率的差距。

为了进一步检验服务效率与生产效率是否存在显著差异，将模型 3 与模型 4 得到的效率值分为两组。由于服务效率与生产效率可看作同一样本用两种方法检验的结果，存在一一对应关系，符合配对样本的基本要求，故进行两两配对样本 T 显著性检验，成对样本相关性系数结果如表 9-14 所示。当置信度水平为 5% 时，模型 3-服务效率与模型 3-生产效率的相关性不显著（0.808>0.05），但模型 4-服务效率与模型 4-生产效率的相关性显著（0.000<0.05），这与 Giannakis 等[20]结果一致。表 9-15 中的显著性水平均小于 0.05，说明模型 3-服务效率与模型 3-生产效率、模型

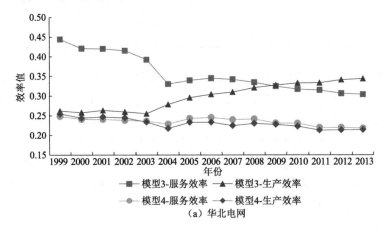

（a）华北电网

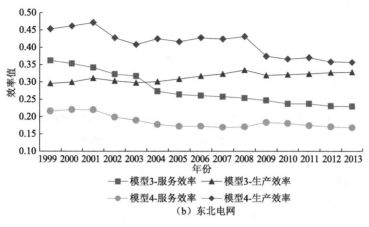

（b）东北电网

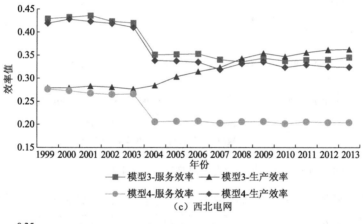

（c）西北电网

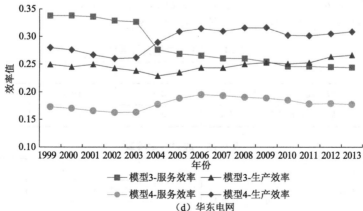

（d）华东电网

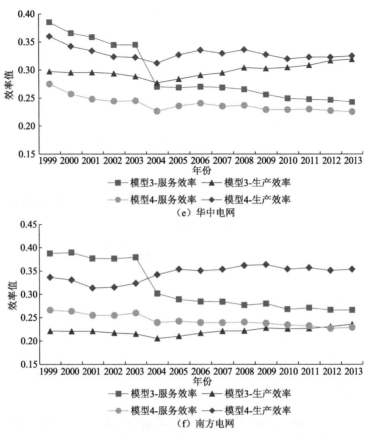

图 9-5 1999～2013 年的六大电网服务效率与生产效率平均值的变动图

4-服务效率与模型 4-生产效率都存在显著性差异，这也与 Growitsch 等[182]的结果一致。两者的显著差异说明了在进行效率测度时，应当考虑服务质量。这与 Giannakis 等[20]、Cambini 等[186]和 Growitsch 等[182]得到的结论一致。

表 9-14 成对样本相关性系数

配对关系		样本数/个	相关性	显著性水平
配对 1	模型 3-服务效率和模型 3-生产效率	455	0.011	0.808
配对 2	模型 4-服务效率和模型 4-生产效率	455	0.445	0.000

表 9-15 成对样本检验

配对关系		配对差异					t	自由度	显著性（双侧检验）
		均值	标准差	平均标准误	95%置信区间				
					下限	上限			
配对 1	模型 3-服务效率和模型 3-生产效率	0.035 87	0.123 80	0.005 80	0.024 46	0.047 27	6.180	454	0.000

续表

配对关系	配对差异					t	自由度	显著性（双侧检验）
	均值	标准差	平均标准误	95%置信区间				
				下限	上限			
配对 2　模型 4-服务效率和模型 4-生产效率	−0.098 85	0.120 90	0.005 67	−0.109 98	−0.087 71	−17.439	454	0.000

3. 异质性因素的边际影响分析

效率变化趋势分析是一种对显示出来的既定现象的规律进行描述与探索，但并未对企业效率的影响因素进行分析。本节主要讨论异质性因素对效率的影响。依据式（9-12），在六个模型得到的环境变量系数的基础上，进一步计算各影响因素对效率的边际影响，如表 9-16 所示。效率值取各模型中效率的总体平均值。根据模型设定，厂网分离虚拟变量与非效率持续性变量的系数均与所在电网公司相关，属于异质性变量，因此在计算时，均取平均值。

表 9-16　各影响因素对效率的平均边际影响

变量	模型 1	模型 2	模型 3	模型 3	模型 4	模型 4
	生产效率	生产效率	服务效率	生产效率	服务效率	生产效率
厂网分离虚拟变量	−0.0551	−0.0274	−0.0751	−0.0130	−0.0303	−0.0142
z_1	−0.1251	−0.1409	−0.0543	−0.0739	−0.0563	−0.0876
z_2	0.0178	−0.0086	−0.0113	0.0056	0.0059	−0.0065
z_3	0.0134	0.1214	0.0680	−0.0507	0.0478	0.0491
z_4	0.0798	0.0216	−0.0212	0.0187	0.0597	0.1224
z_5	−0.0014	−0.0032	−0.0276	−0.0010	0.0000	−0.0155
z_6	0.0778	0.0604	0.0154	−0.0021	0.0498	0.1839
持续性	−0.1687	−0.1656	−0.1292	−0.1123	−0.0858	−0.1291

在各个模型中，持续性对效率的边际影响的绝对值均为最大，说明企业自身运营的敏捷性仍是影响效率的最重要的因素之一。Galán 和 Pollitt[151]的研究中，哥伦比亚的非效率持续性的结果大于 60%，而在我们的研究中为 40%左右，说明中国非效率持续性现象比哥伦比亚显著。由于非效率的持续性受到外部因素的制约，因此很难直接判断非效率持续性与企业运营水平在多大程度相关。无论如何，降低非效率的持续性，提升快速反应与调整的能力，都有利于企业提高运营水平。

1）分离政策影响

从表 9-16 可以看出，各模型测度得到的厂网分离虚拟变量对效率的边际影响均为负值，Filippini 和 Wetzel[342]发现新西兰厂网分离虚拟变量对效率的边际影响的结果均为正值。这是因为改革前，在电力行业实行一体化经营，省域电网之间异质性较小，由于一体化经营而受益；厂网分离后，异质性因素凸显，垄断经营的优势被削弱。但新西兰的国土面积与区域异质性较小，因此中国与新西兰的结果不同。

图 9-6 为模型 1 和模型 2 下厂网分离政策对不同省（自治区、直辖市）效率值的影响情况。可以发现：①该政策对大多数电网公司效率产生负向影响；②模型 2 下，对效率存在正向影响的电网公司数量比模型 1 多，且均分布在华东电网、华中电网、南方电网三大区域。其中江苏、浙江、重庆在两个模型结果中均为正影响，表明该政策促进了南方经济发达地区的电网效率。

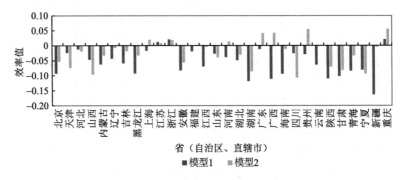

图 9-6　厂网分离政策对生产效率的边际影响

为了研究厂网分离政策对服务效率与生产效率的影响，进一步对模型 3 与模型 4 的结果进行分析。根据表 9-16，厂网分离虚拟变量对服务效率边际影响的绝对值比对生产效率的影响大（在模型 3 结果中，0.0751>0.0130，在模型 4 结果中，0.0303>0.0142），这说明服务效率受到厂网分离政策影响而导致的下降程度大于生产效率。从图 9-7 中可以看出，实物量模型下，厂网分离政策对大部分电网企业效率产生负向影响。图 9-8 显示价值量模型下，受该政策正向影响的企业数量

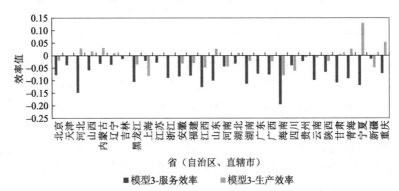

图 9-7　厂网分离政策对服务效率与生产效率的边际影响（模型 3）

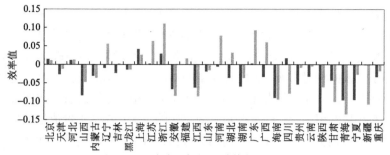

图 9-8 厂网分离政策对服务效率与生产效率的边际影响（模型 4）

增多。这说明相比基于实物量等技术指标的生产效率，厂网分离政策促进了企业运营效率的提升；对比后发现，在实物量模型和价值量模型两种情况下，对生产效率产生的影响明显优于服务效率，说明生产效率的提高短期内就可见效，而服务效率的提升涉及的因素更多，需要的时间更长。这也与图 9-5 中的服务效率与生产效率的变化路径一致。

2）环境因素影响

根据表 9-16，z_1（平均发电时长）对效率的影响为负，当 z_1 增大时，电力供应紧张，可能出现拉闸限电现象，影响能源供应量和服务质量，从而导致电网整体效率降低。z_2（地区生产总值的增长率）对效率的影响方向不确定，地区生产总值的增长率过高，电力供应、电力调度困难，会影响效率提升；地区生产总值的增长率过低则会造成电力资源浪费。z_3（能源强度的下降率）对效率的影响大部分为正（只有模型 3 中生产效率的符号为负），说明能耗强度下降越快，电网效率提升越显著；研究期内总体上能耗强度下降，有利于促进电网企业效率的提升。

根据表 9-16 中各数值的符号，得到表 9-17。与预期结果相同，大部分 z_5（最大温差）对效率具有负向影响。与预期结果不同的是，大部分 z_4（年降水量）与 z_6（山地占比）对效率具有正向影响，一方面可能是由于降水量较大、丘陵面积较大地区大多分布于客户密集、电网技术水平高的东南沿海地区，电网效率较高；另一方面可能是因为自然变量影响效率的机理本身更复杂，存在非线性关系[261]。

表 9-17 自然变量对效率影响的方向

自然变量	模型 1 和模型 2	模型 3 和模型 4	模型 3 和模型 4
	生产效率	服务效率	生产效率
z_4（年降水量）	+	○	+
z_5（最大温差）	−	○	−
z_6（山地占比）	+	+	+

注意：+表示正影响，−表示负影响，○表示不确定

通过表9-16中关于模型1与模型2的相关性的分析可以发现，z_1的绝对值最大，说明电力供应的情况对生产效率产生较大的影响。图9-9分别展示出在模型3与模型4下环境变量对服务效率与生产效率边际影响的绝对值，可以较为直观地反映出对各个环境因素的相对影响。①两种模型的指标比较：无论是服务效率还是生产效率，在模型3中，z_1与z_3所占比例较大；在模型4中，z_4与z_6所占比例较大。这说明在基于实物量的模型中，经济变量对效率影响更大；在基于价值量的模型中，自然变量对效率影响更大。正如本章前面的分析，由于各地电网的自然环境不同，建设标准各异，价值量资产指标反映出了单位实物量的价值量差异。②两种模型的效率比较：在模型3中，经济变量对生产效率边际影响较大，相比生产效率，自然变量对服务效率边际影响的相对比重增大；而在模型4中，由于自然变量所占比例已经很大，因此对服务效率与生产效率的差别不太明显。以上两点说明价值量指标得到的效率值与自然变量的联系更为紧密，在分析服务效率时更是如此。自然变量不受到企业决策、外部政策的影响，这再次说明服务效率的提高比生产效率更为困难。

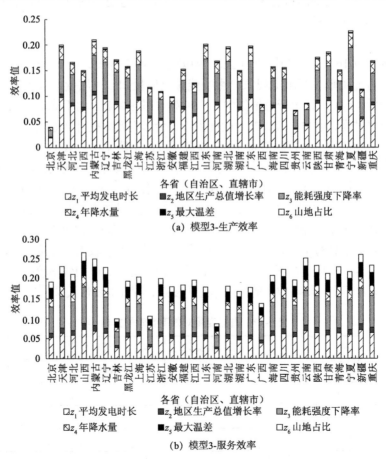

(a) 模型3-生产效率

(b) 模型3-服务效率

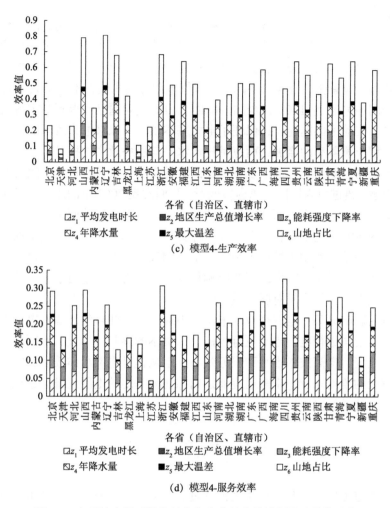

图 9-9　各环境变量对服务效率与生产效率的边际影响的绝对值

9.4　电力政策效果评价

　　通过前面的分析可以发现，无论采用实物量指标还是价值量指标，2002 年的厂网分离改革都在很大程度上达到了预期效果。通过对比两种类型资产指标的模型结果，可以发现，采用价值量指标能够得到更丰富且符合现实的结果，更符合效率评价的基本思想。中国电网企业的生产效率在 1993～2003 年持续下降，说明了 2002 年电力体制改革的必然性。尽管由于调整缓慢，部分省（自治区、直辖市）在分离政策实施后出现了生产效率下降的情况，但由于 2002 年的厂网分离改革具有较好的区分度，这在一定程度上起到了激励效果。

根据统计检验结果，服务效率与生产效率存在显著差别，两者的变化路径、动态演变过程不尽相同，因此考虑服务质量显著影响效率分析结果。相比其他国家，中国更关注电力的公共服务属性，这在一定程度上影响了效率的提升。2004年后，电力供应紧张，服务效率降低，但供电服务面积仍在不断扩大。截至2015年底，全国通电率达100%，全国范围内电力供应问题已经得到基本解决。这说明电力改革推动了电网建设，保证了电力基本供应，未来电力改革的重点将不再是供电面积与覆盖率的增加，而应是技术水平与服务效率的提升。

由于电网行业受到外部诸多不可控因素的影响，其在进行效率测度时必须考虑环境因素。通过引入厂网分离虚拟变量，我们发现2002年的改革提升了南方地区部分电网公司的效率，而北方地区的效率出现一定程度的回落，这可能与资产分离导致的垄断程度下降相关。投入指标类型和效率类型与环境变量的边际影响程度有一定关系。实物量模型中经济变量影响较大，价值量模型中自然变量影响较大；经济变量对生产效率的相对影响程度较大，自然变量对于服务效率的相对影响程度较大。自然变量对服务质量的线性影响不够显著，但技术与社会变量对服务质量的影响显著。电网企业未来运营中应当更关注自然环境对电网的影响。目前的电网公司进行电力投资更有积极性，资本的逐利性导致其不断增大经济发达地区的投资、提高技术水平和服务效率；但从提升电网总体效率、实现区域经济协调发展的角度来看，未来还应加强内陆能源基地的电网建设，这也是优化全国电网建设的必经之路。

9.5　本　章　小　结

本章通过考虑厂网分离政策虚拟变量、电力供需关系、自然变量等外界异质性因素，分别采用实物量与价值量两类投入指标，测度了各年份各电网公司的生产效率与服务效率[354]。主要结论有以下几点：第一，2002年厂网分离改革增大了各电网公司之间的区分度，达到了部分预期效果；使用价值量指标，能够得到更丰富且符合现实的结果。第二，考虑服务质量维度显著影响效率分析结果，未来电力改革的重点应放在采用新技术、进一步提升电力服务质量上。第三，2002年电力改革对南方部分电网企业起到了一定促进作用，但北方电网企业的效率却出现回落。第四，投入指标类型和效率类型与环境变量的边际影响密切相关，实物量指标与生产效率、经济变量的关系更为紧密，而价值量指标则与服务效率、自然变量的关系更为紧密；自然变量对服务质量的线性影响不够显著，但技术与社会变量对服务质量的影响显著。

第 10 章 一体化电力系统环境效率研究

传统的数据包络分析模型将决策单元的生产过程视为"黑箱"，只关注决策单元总的投入和产出，相当于认为不同部门之间是完全合作的，且能够在最优状态下生产。在现有的电力管理体制下，发电部门与输配电部门隶属于不同的企业，这种假设过于理想化，Färe 和 Grosskopf[355]首先在数据包络分析方法的研究中引入中间变量的概念，试图观测决策单元生产过程中各部门间的关系对生产效率的影响，并于 2000 年正式提出了网络数据包络分析模型的概念。

Kao 和 Hwang[356]从不同的视角对网络数据包络分析进行研究，他们将具有两阶段特征企业的整体效率分解为其内部各部门效率的乘积，从而计算出决策单元整体效率值和部门效率值。上述模型以径向距离函数为基础，但在线性规划求解过程中忽略了投入与产出的松弛变量。Tsutsui 和 Goto[192]认为投入产出模型基于径向变化的假设过强，因此建立了基于松弛变量的网络数据包络分析模型。Fukuyama 和 Weber[196]将非理想产出的概念引入两阶段 SBM-网络数据包络分析模型，发现是否引入非理想产出对效率评价值影响很大。发电部门除了产生有效发电量这一中间变量外，还会产生碳排放、厂用电等非理想产出，输配环节的输入除了中间变量——发电量外，还包括输配网络的投入因素等。10.1 节按照传统的效率评价方法，采用含有非理想产出的基于松弛变量的网络数据包络分析（network with slack based measure data envelopment analysis，NSBM-DEA）模型研究电力系统整体效率；10.2 节提出与电力系统运行状况相吻合的含有非理想产出的两阶段基于松弛变量的动态网络数据包络分析（dynamic network with slacks based measure data envelopment analysis，DNSBM-DEA）模型，对比分析网络模型的特点与不同；10.3 节进一步引入服务质量指标，探讨政策变革对电力系统的影响。

10.1 基于 NSBM-DEA 模型的电力系统环境效率研究

10.1.1 单部门模型

对任一决策单元 j，以 x_j、y_j、u_j 分别表示发电部门 N 维投入、M 维理想产

出和 L 维非理想产出。只要进行电力生产和输配，就不可避免地会产生碳排放、厂用电、线路损耗，这意味着要想减少非理想产出，必须以减少理想产出为代价。若求解决策单元 DMU（x_0, u_0, z_0）的效率值，设定 λ、s^-、s^{u-}、s^+ 为决策变量，参照 Cooper 等[357]的方法，建立电力系统的 SBM-数据包络分析模型，如式（10-1）所示：

$$(\text{SBM}) \quad \min \rho = \frac{1 - \dfrac{1}{N}\sum_{n=1}^{N} s_n^- / x_n - \dfrac{1}{L}\sum_{l=1}^{L} s_l^{u-} / u_l}{1 + \dfrac{1}{M}\sum_{m=1}^{M} s_m^+ / y_{m0}}$$

$$\text{s.t.} \begin{cases} x_0 = X\lambda + s^- \\ u_0 = U\lambda + s^{u-} \\ y_0 = Y\lambda - s^+ \\ s^-、s^{u-}、s^+、\lambda \geqslant 0 \end{cases} \quad (10\text{-}1)$$

模型中，$X \geqslant 0$，$U \geqslant 0$，若 $x_{i0}=0$，$u_{i0}=0$ [x_0 为决策单元 0 的 N 维投入；x_{i0} 为这 N 维投入中的第 i 个（$i=1,2,\cdots,N$）投入]，目标函数中的 s_{i0}^-/x_{i0}，s_{i0}^{u-}/u_{i0} 项将取消，若 $y_{i0} \leqslant 0$，将以很小的正数替代，以保证 s_m^+/y_{m0} 能够作为惩罚项存在。

引入标量变量 t_1，令 $\dfrac{1}{t_1} = 1 + \dfrac{1}{M}\sum_{m=1}^{M} s_m^+ / y_{m0}$，对式（10-1）进行转化后，得出其对偶问题，然后进行求解，忽略增加的 $t_1 > 0$ 的限制，再对该对偶问题进行变形，将式（10-1）转化为一般的线性规划模型（10-2）：

$$(\text{DP}')\max 1 - vx_0 - \mu_u u_0 + \mu y_0$$

$$\text{s.t.} \begin{cases} vX_j + \mu_u U_j - \mu Y_j \geqslant 0 \\ v \geqslant \dfrac{1}{N}[1/x] \\ \mu_u \geqslant \dfrac{1}{L}[1/u] \\ \mu \geqslant \dfrac{1 - vx_0 - \mu_u u_0 + \mu y_0}{M}[1/y] \end{cases} \quad (10\text{-}2)$$

其中，$[1/x]$、$[1/u]$、$[1/y]$ 分别表示列向量 $(1/x_{10}, 1/x_{20}, \cdots, 1/x_{N_10})^{\mathrm{T}}$、$(1/u_{10}, 1/u_{20}, \cdots, 1/u_{L_10})^{\mathrm{T}}$ 和 $(1/z_{10}, 1/z_{20}, \cdots, 1/z_{M0})^{\mathrm{T}}$。对偶变量 $v \in R^N$，$\mu_u \in R^L$，$\mu \in R^M$，可以将 v、μ_u、μ 理解为投入产出变量的价格，显然，对于生产前沿面上的决策单元，

效率值不小于 0，当其值为 1 时达到 SBM 有效。

10.1.2　NSBM-DEA 模型

中间变量的出现引致了发电部门与输配电部门在投入产出指标上的矛盾，若想提高电力系统整体的环境效率，必须将这两个部门视为整体，将有效发电量视为中间变量，建立相应的网络数据包络分析模型。对决策单元 j，以 x_j^1、y_j^1 和 u_j^1 分别表示发电部门 N^1 维投入、M^1 维 x_j^2 的理想产出和 L^1 维非理想产出，M^{12} 维的变量 z_j^{12} 表示中间变量，其同时是输配电部门的输入变量，以表示输配电部门除中间变量外的 N^2 维的投入变量，y_j^2 和 u_j^2 分别表示输配电部门 M^2 维的理想产出和 L^2 维的非理想产出。因为发电部门理想产出只有发电量，同时发电量是中间变量 z_0^{12}，且为已知的固定值。若求解决策单元 DMU（$x_0^1,x_0^2,z_0^{12},u_0^1,u_0^2,y_0^2$）的效率值，可以省略第一阶段的理想产出项，建立电力系统 NSBM-DEA 模型，如式（10-3）所示：

$$\min \rho = \frac{1-\dfrac{1}{N_1}\displaystyle\sum_{n_1=1}^{N_1} s_{n1}^{1-}\big/x_{n_1 0}^1 - \dfrac{1}{N_2}\displaystyle\sum_{n_2=1}^{N_2} s_{n2}^{2-}\big/x_{n_2 0}^2 - \dfrac{1}{L_1}\displaystyle\sum_{l_1=1}^{L_1} s_{l_1}^{u1-}\big/u_{l_1 0}^1 - \dfrac{1}{L_2}\displaystyle\sum_{l_2=1}^{L_2} s_{l_2}^{u2-}\big/u_{l_2 0}^2}{1+\dfrac{1}{M_2}\displaystyle\sum_{m_2=1}^{M_2} s_{m_2}^{2+}\big/y_{m_2 0}^2}$$

$$(\text{NSBM-DEA}) \quad \text{s.t.} \begin{cases} x_0^1 = X^1 \lambda^1 + s^{1-} \\ u_0^1 = U^1 \lambda^1 + s^{u1-} \\ x_0^2 = X^2 \lambda^2 + s^{2-} \\ u_0^2 = U^2 \lambda^2 + s^{u2-} \\ y_0^2 = Y^2 \lambda^2 - s^{2+} \\ Z^{12} \lambda^1 \geqslant z_0^{12} \\ Z^{12} \lambda^2 \leqslant z_0^{12} \\ s^{1-}、s^{2-}、s^{u1-}、s^{u2-}、s^{2+}、\lambda^1、\lambda^2 \geqslant 0 \end{cases} \qquad （10\text{-}3）$$

令 $\dfrac{1}{t}=1+\dfrac{1}{M_2}\displaystyle\sum_{m_2=1}^{M_2} s_{m_1}^{1+}\big/y_{m_2 0}^1$，$S^{1-}=ts^{1-}$，$S^{2-}=ts^{2-}$，$S^{u1-}=ts^{u1-}$，$S^{u2-}=ts^{u2-}$，$\Lambda^1=t\lambda^1$，$\Lambda^2=t\lambda^2$，将式（10-3）表示为线性规划问题，并转化为其对偶问题，再进行一定的变形和简化计算，如式（10-4）所示：

$$(\text{DP}')\max 1-v^1 x_0^1 - \mu_u^1 u_0^1 - v^2 x_0^2 - \mu_u^2 u_0^2 + \mu_d^2 y_0^2$$

$$
\begin{cases}
v^1 \geqslant \dfrac{1}{N_1}\left[1/x^1\right] \\[2mm]
v^2 \geqslant \dfrac{1}{N_2}\left[1/x^2\right] \\[2mm]
\mu_u^1 \geqslant \dfrac{1}{L_1}\left[1/u^1\right] \\[2mm]
\mu_u^2 \geqslant \dfrac{1}{L_2}\left[1/u^2\right] \\[2mm]
\mu_d^2 \geqslant \dfrac{\mu_d^2 y_0^2 - v^1 x_0^1 - \mu_u^1 u_0^1 - v^2 x_0^2 - \mu_u^2 u_0^2}{M_2}\left[1/y^2\right] \\[2mm]
v^1 X_j^1 + \mu_u^1 U_j^1 - w^1 Z_j^{12} \geqslant 0 \\[2mm]
v^2 X_j^2 + \mu_u^2 U_j^2 - \mu_d^2 Y^2 + w^2 Z_j^{12} \geqslant 0 \\[2mm]
w^1,\ w^2 \geqslant 0
\end{cases}
\tag{10-4}
$$

令 $\left[1/x^1\right]$、$\left[1/x^2\right]$、$\left[1/u^1\right]$、$\left[1/u^2\right]$、$\left[1/z^{12}\right]$ 和 $\left[1/y^2\right]$ 分别表示列向量 $(1/x_{10}^1, 1/x_{20}^1, \cdots, 1/x_{N_10}^1)^T$、$(1/x_{10}^2, 1/x_{20}^2, \cdots, 1/x_{N_20}^2)^T$、$(1/u_{10}^1, 1/u_{20}^1, \cdots, 1/u_{L_10}^1)^T$、$(1/u_{10}^2, 1/u_{20}^2, \cdots, 1/u_{L_20}^2)^T$、$(1/z_{10}^1, 1/z_{20}^1, \cdots, 1/z_{M_120}^1)^T$ 和 $(1/y_{10}^2, 1/y_{20}^2, \cdots, 1/y_{M_20}^2)^T$，根据模型的最初定义，式（10-4）的目标函数值即网络数据包络分析模型的效率值。若整个电力系统效率值为 1，决策单元处于生产前沿面上，则发电部门和输配电部门均数据包络分析有效，反之则不成立。

由于电力系统各部门均存在多种投入和多种产出，且有些投入或产出由多部门共用，很难准确描述这些指标间的函数关系。此外中国电力系统，输电和配电两环节均由电网公司运营，且国家一直鼓励跨区域输电，输电网上的电力进入配电环节后将由当地公司管理，又应分开考虑，研究中更适合采用网络数据包络分析方法进行效率评价。SBM 方法可以分析投入冗余和产出不足，能够更系统地研究影响电力系统效率的原因。电力体制改革政策制定应着眼于整个行业，若只基于对电力行业的部分环节（如电网）进行分析并提出改革政策建议，难免失之偏颇，不符合整体利益。此外，由于碳减排主要依靠发电部门实现，且输配电网建设及生产效率受发电部门电源分布及供电能力影响很大，将发输配售多个部门作为整体考虑，对于研究中国电力系统的整体效率是非常必要的[8]。

基于上述考虑，采用 NSBM-DEA 模型对包含非期望产出的中国省际电力系统环境效率进行分析具有重要现实意义。NSBM-DEA 模型是基于 SBM 方法建立的网络数据包络分析模型，可以直接用来处理网络结构下的投入冗余和产出不足的问题。

假设有 n 个同质决策单元，其中每个决策单元都包含三个连续的子部门。x_{ijk} 表示决策单元 DMU_j 的 k 部门的第 i 个投入，y_{rjk} 表示决策单元 DMU_j 的 k 部门的

第 r 个产出，$z_{j(k,h)_l}$ 表示决策单元 DMU_j 的 k 部门到 h 部门的连接变量，m_k 表示 k 部门的投入种类数，r_k 表示 k 部门的产出种类数。生产可能集 $\{(X_k,Y_k,Z_{(k,h)})\}$ 由式（10-5）定义：

$$
\begin{aligned}
&X_k \geqslant \sum_{j=1}^{n} X_{jk}\lambda_{jk}, \quad k=1,\cdots,K \\
&Y_k \leqslant \sum_{j=1}^{n} Y_{jk}\lambda_{jk}, \quad k=1,\cdots,K \\
&Z_{(k,h)} = \sum_{j=1}^{n} Z_{j(k,h)}\lambda_{jk}, \quad \forall(k,h) \\
&Z_{(k,h)} = \sum_{j=1}^{n} Z_{j(k,h)}\lambda_{jh}, \quad \forall(k,h) \\
&\sum_{j=1}^{n}\lambda_{jk}=1 \quad (\forall k), \quad \lambda_{jk}\geqslant0, \quad \forall(j,k)
\end{aligned}
\tag{10-5}
$$

其中，λ_{jk} 表示决策单元 DMU_j 的 k 部门的权重。待评价决策单元 DMU_o 可以表示为式（10-6）：

$$
\begin{aligned}
&X_{ok} = X_k\lambda_k + S_k^-, \quad k=1,\cdots,K \\
&Y_{ok} = Y_k\lambda_k - S_k^+, \quad k=1,\cdots,K \\
&e\lambda_k = 1, \quad k=1,\cdots,K \\
&\lambda_k \geqslant 0, \ S_k^+ \geqslant 0, \ S_k^- \geqslant 0, \quad \forall k
\end{aligned}
\tag{10-6}
$$

其中，(S_k^+) 表示投入（产出）的松弛变量。

$$
\begin{aligned}
&X_k = (X_{1k},\cdots,X_{nk}) \in R^{m_k\times n} \\
&Y_k = (Y_{1k},\cdots,Y_{nk}) \in R^{r_k\times n}
\end{aligned}
\tag{10-7}
$$

在 NSBM-DEA 模型中，我们一般把相邻两个部门之间的连接变量分为以下两种。

（1）"固定"（不可任意调节）的连接变量，这种变量的值不可任意处置，其是否变动不受相邻两个部门的影响，其表达式如式（10-8）所示：

$$
\begin{aligned}
&\sum_{j=1}^{n}\lambda_{jk}z_{j(k,h)_l} = z_{o(k,h)_l}, (k,h)_l=1,\cdots,\mathrm{linkfix}_{(k,h)} \\
&\sum_{j=1}^{n}\lambda_{jh}z_{j(k,h)_l} = z_{o(k,h)_l}, (k,h)_l=1,\cdots,\mathrm{linkfix}_{(k,h)}
\end{aligned}
\tag{10-8}
$$

（2）"自由"（可任意调节）的连接变量，这种变量的值可任意处置，即其变动与否可以由两个相邻部门协商决定，其相应的表达式如式（10-9）所示：

$$\sum_{j=1}^{n}\lambda_{jk}z_{j(k,h)_l} = \sum_{j=1}^{n}\lambda_{jh}z_{j(k,h)_l}, \; (k,h)_l = 1,\cdots,\text{linkfree}_{(k,h)} \qquad （10\text{-}9）$$

下面是一个包含非期望产出的典型 NSBM-DEA 模型，决策单元被分为三个顺序连接的部门，其中，部门 1 和部门 2 之间、部门 2 和部门 3 之间的连接变量都为可任意调节的连接变量。求解数学规划可以得到决策单元的整体效率，相关符号说明见表 10-1。

$$\min \frac{\sum_{k=1}^{K}w^k\left[1-\frac{1}{m_k}\left(\sum_{i=1}^{m_k}\frac{s_{iok}^-}{x_{iok}}\right)\right]}{\sum_{k=1}^{K}w^k\left[1+\frac{1}{r_k+f_k}\left(\sum_{r=1}^{r_k}\frac{s_{rok}^+}{y_{rok}}+\sum_{r=1}^{f_k}\frac{u_{pok}^+}{b_{pok}^t}\right)\right]}$$

$$\text{s.t.}\begin{cases} \sum_{j=1}^{n}\lambda_{jk}x_{ijk}+s_{iok}^- = x_{iok}, \; i=1,\cdots,m_k \\[2mm] \sum_{j=1}^{n}\lambda_{jk}y_{rjk}+s_{rok}^+ = y_{rok}, \; r=1,\cdots,r_k \\[2mm] \sum_{j=1}^{n}\lambda_{jk}b_{pjk}+u_{pok}^+ = b_{pok}, \; p=1,\cdots,f_k \\[2mm] \sum_{j=1}^{n}\lambda_{j1}z_{j(1,2)_l} = \sum_{j=1}^{n}\lambda_{j2}z_{j(1,2)_l}, \; (1,2)_l = 1,\cdots,\text{linkfree}_{(1,2)} \\[2mm] \sum_{j=1}^{n}\lambda_{j2}z_{j(2,3)_l} = \sum_{j=1}^{n}\lambda_{j3}z_{j(2,3)_l}, \; (2,3)_l = 1,\cdots,\text{linkfree}_{(2,3)} \\[2mm] \sum_{j=1}^{n}\lambda_{jk} = 1 \\[2mm] \lambda_{jk}\geqslant 0, \; s_{iok}^-\geqslant 0, \; s_{rok}^+\geqslant 0, \; u_{pok}^+\geqslant 0, \; \forall i, \; \forall r, \; \forall p, \; \forall j, \; \forall k \end{cases} \qquad （10\text{-}10）$$

表 10-1　NSBM-DEA 模型中的符号含义

符号	说明
b_{pjk}	决策单元 DMU_o 的 k 部门的第 p 个非期望产出
s_{iok}^-	决策单元 DMU_o 的 k 部门的第 i 个投入的松弛变量
s_{rok}^+	决策单元 DMU_o 的 k 部门的第 r 个期望产出的松弛变量

续表

符号	说明
u_{pok}^+	决策单元 DMU_o 的 k 部门的第 p 个非期望产出的松弛变量
w^k	k 部门的权重

$linkfix_{(1,2)}$ 表示部门 1 和部门 2 之间的固定连接变量种类数，$linkfree_{(2,3)}$ 表示部门 2 和部门 3 之间的自由连接变量的种类数。对应的部门效率如式（10-11）所示：

$$\frac{1-\dfrac{1}{m_k}\left(\sum_{i=1}^{m_k}\dfrac{s_{iok}^-}{x_{iok}}\right)}{1+\dfrac{1}{r_k+f_k}\left(\sum_{r=1}^{r_k}\dfrac{s_{rok}^+}{y_{rok}}+\sum_{r=1}^{f_k}\dfrac{u_{pok}^+}{b_{pok}^t}\right)} \tag{10-11}$$

式（10-11）中目标函数表示无源情景，即同时基于投入最优和产出最优。但是有些情景下只能是基于投入最优，这种情景下的目标函数如式（10-12）所示：

$$\min\sum_{k=1}^{K}w^k\left[1-\frac{1}{m_k}\left(\sum_{i=1}^{m_k}\frac{s_{iok}^-}{x_{iok}}\right)\right] \tag{10-12}$$

相关约束条件与无源情景相同，代入数据求解即可得到基于投入最优情景的解。而对应的部门效率如式（10-13）所示：

$$1-\frac{1}{m_k}\left(\sum_{i=1}^{m_k}\frac{s_{iok}^-}{x_{iok}}\right) \tag{10-13}$$

而有些情景下决策单元只能基于产出最优，这种情景下的目标函数如式（10-14）所示：

$$\min\frac{1}{\sum_{k=1}^{K}w^k\left[1+\dfrac{1}{r_k+f_k}\left(\sum_{r=1}^{r_k}\dfrac{s_{rok}^+}{y_{rok}}+\sum_{r=1}^{f_k}\dfrac{u_{pok}^+}{b_{pok}^t}\right)\right]} \tag{10-14}$$

其他约束条件与无源情景相同，代入相关数据求解即可得到基于产出最优情景的解。其对应的部门效率如式（10-15）所示：

$$\frac{1}{1+\dfrac{1}{r_k+f_k}\left(\sum_{r=1}^{r_k}\dfrac{s_{rok}^+}{y_{rok}}+\sum_{r=1}^{f_k}\dfrac{u_{pok}^+}{b_{pok}^t}\right)} \tag{10-15}$$

上述模型中我们假定生产过程是规模报酬可变的，如果生产过程是规模报酬不变的，我们只需要把约束条件中的式（10-16）去掉即可。

$$\sum_{j=1}^{n} \lambda_{jk} = 1 \qquad （10-16）$$

决策单元的整体效率由各部门效率共同决定，当且仅当一个决策单元的所有部门都为效率最优时，该决策单元才达到效率最优状态，即当且仅当所有部门效率都为1时，决策单元效率才为1。若求出的整体效率或者部门效率不是1，我们可以依据松弛变量的值对相应的投入产出变量进行分析与调整。

10.1.3 数据获取与模型构建

本节把中国省际电力系统作为决策单元，决策单元分为发电、输电、配电三个部门，选取智能电网建设实施的2007~2012年为研究期间。由于政策与管理体制差异较大，本节研究未包括港澳台地区，西藏由于数据缺乏也不包括在内，因此本节的决策单元为30个。相关投入产出变量见表10-2。

表10-2 垂直一体化电力系统的投入产出变量集合

部门	变量类型	变量	单位
发电	投入	燃料	万吨标准煤
		发电部门总资产	亿元
		发电部门人力	人
	产出	碳排放量	万吨
	连接变量	上网电量	亿千瓦时
	跨期变量	装机容量	亿千瓦
输电	投入	输电部门总资产	亿元
	连接变量	配电量	亿千瓦时
	跨期变量	线路长度	千伏·千米
配电	投入	配电部门人力	人
	产出	线损电量	亿千瓦时
		电力消费量	亿千瓦时
	跨期变量	变压器容量	亿千伏安

厂网分离政策推行后，电力系统的发电和输电业务隶属不同企业，它们之间的连接变量被视为是不可任意调节的；输配业务由同一家公司经营，输电和配电可以在不同分公司、线路上调拨，因此它们之间的连接变量是可任意调节的。政策制定者既能

控制电力系统的各项投入，又能制定政策调节电力消费量，因此本节采用无源的 NSBM-DEA 模型。

一个地区的电力供应与需求可能并不相等，有一些省（自治区、直辖市）需要外购电，而有一些省（自治区、直辖市）会外送电，考虑"跨区输电"现象，本节对输配电部门变量做以下处理。设 a=配电量/供电量。对输配电部门的投入产出都进行修正，投入（产出）计算值=投入（产出）原始值/a，其中 $a>1$ 表示该省（自治区、直辖市）总体上外购电；$a<1$ 表示该省（自治区、直辖市）外送电；$a=1$ 表示该省（自治区、直辖市）既没有外购电又没有外送电，我们将对其不作处理。

我国电力系统不但包含电力消费量等期望产出，还包含碳排放量和线损电量等非期望产出。为科学研究电力系统环境效率，基于上述 NSBM-DEA 模型架构，结合我国电力系统现状，本节建立以下包含非期望产出的 NSBM-DEA 模型以分析省际电力系统环境效率，如式（10-17）所示：

$$\min \frac{\sum\limits_{k=1}^{K} w^k \left[1 - \dfrac{1}{m_k} \left(\sum\limits_{i=1}^{m_k} \dfrac{S_{iok}^-}{X_{iok}} \right) \right]}{\sum\limits_{k=1}^{K} w^k \left[1 + \dfrac{1}{r_k + f_k} \left(\sum\limits_{r=1}^{r_k} \dfrac{S_{rok}^+}{Y_{rok}} + \sum\limits_{r=1}^{f_k} \dfrac{U_{pok}^+}{B_{pok}^t} \right) \right]}$$

$$\text{s.t.} \begin{cases} \sum\limits_{j=1}^{n} \lambda_{jk} X_{ijk} + S_{iok}^- = X_{iok}, \ i=1,\cdots,m_k \\[2mm] \sum\limits_{j=1}^{n} \lambda_{jk} Y_{rjk} + S_{rok}^+ = Y_{rok}, \ r=1,\cdots,r_k \\[2mm] \sum\limits_{j=1}^{n} \lambda_{jk} B_{pjk} + U_{pok}^+ = B_{pok}, \ p=1,\cdots,f_k \\[2mm] \sum\limits_{j=1}^{n} \lambda_{j1} z_{j(1,2)_l} = z_{o(1,2)_l}, (1,2)_l=1,\cdots,\text{linkfix}_{(1,2)} \\[2mm] \sum\limits_{j=1}^{n} \lambda_{j2} z_{j(1,2)_l} = z_{o(1,2)_l}, (1,2)_l=1,\cdots,\text{linkfix}_{(1,2)} \\[2mm] \sum\limits_{j=1}^{n} \lambda_{j2} Z_{j(2,3)_l} = \sum\limits_{j=1}^{n} \lambda_{j3} Z_{j(2,3)_l}, (2,3)_l=1,\cdots,\text{linkfree}_{(2,3)} \\[2mm] \sum\limits_{j=1}^{n} \lambda_{jk} = 1 \\[2mm] \lambda_{jk} \geqslant 0, \ S_{iok}^- \geqslant 0, \ S_{rok}^+ \geqslant 0, \ U_{pok}^+ \geqslant 0, \ \forall i, \ \forall r, \ \forall p, \ \forall j, \ \forall k \end{cases}$$

（10-17）

其中，X_{ijk}、Y_{rjk}、B_{pjk} 分别表示经因子 a 修正过的投入、期望产出和非期望产出；

S_{iok}^{t-}、S_{rok}^{t+}、U_{pok}^{t+} 分别表示待评价决策单元投入、期望产出、非期望产出对应的松弛变量；$Z_{j(2,3)_i}$ 表示经修正的部门 2 和部门 3 之间的连接变量。对应的部门效率为式（10-18）：

$$\frac{1-\dfrac{1}{m_k}\left(\sum_{i=1}^{m_k}\dfrac{S_{iok}^-}{X_{iok}}\right)}{1+\dfrac{1}{r_k+f_k}\left(\sum_{r=1}^{r_k}\dfrac{S_{rok}^+}{Y_{rok}}+\sum_{r=1}^{f_k}\dfrac{U_{pok}^+}{B_{pok}^t}\right)} \qquad （10\text{-}18）$$

我国售电业务基本都由两大电网公司负责，且对电力系统效率影响较小，因此不再对其进行具体分析。由于输配业务均由电网公司经营，其主要资产是输电线路和变压器。而高电压等级（110 千伏以上）资产在电网总资产中的比重大于低电压等级资产，即输电资产比重大于配电资产，本节不对电网资产进行主观拆分，将电网资产只作为输电网投入；类似地，大多数电网公司员工主要从事配电相关工作，我们将其作为配电网投入；电网线损发生在输配电的各个阶段，而配电线损高于输电线损，因此本节将其作为配电部门非理想产出。

关于部门权重，由于减少线损是为了节约能源，间接减少温室气体排放。服务经济发展和节能减排对电力系统同样重要，将服务经济发展和节能减排对电力系统的影响分别赋予权重 1/2；发输配三个部门对服务经济发展同样重要，三者缺一不可，因此发输配三个部门权重都为 1/3；在节能减排方面，发电部门是电力系统温室气体排放的直接来源，而配电部门线损高于输电部门，我们认为直接减排和间接减排同等重要，分别赋予三个部门权重 1/2、1/6、1/3。因此，发电部门权重为 1/2×1/3+1/2×1/2=0.417；输电部门权重为 1/2×1/3+1/2×1/6=0.250；配电部门权重为 1/2×1/3+1/2×1/3=0.333。由于不同电压等级的输电线路占用资源不同，采用加权处理方式，定义加权输电线路长度 AL，如式（10-19）所示：

$$AL = \sum_{i=1}^{n} A_i \cdot L_i \qquad （10\text{-}19）$$

其中，n 表示 35 千伏及以上电压等级的数量；A_i 表示第 i 种电压等级的电压值；L_i 表示第 i 种电压等级线路长度。占用资源的权重受到电压值 A_i 和线路长度 L_i 的影响。

10.1.4 电力系统静态环境效率测度分析

本节先对全国各地区（由于数据缺失，西藏和港澳台地区未包含在研究中）2007～2012 年的电力系统整体及各部门环境效率进行研究，之后参考气候条件和地理位置，将决策单元分地区进行研究，以期从多个角度科学分析中国电力系统的环境效率。具体分类情况如表 10-3 所示。

表 10-3　待评价决策单元分类

组别	省（自治区、直辖市）
东北	辽宁、吉林、黑龙江
东部	北京、天津、河北、山东、江苏、浙江、福建、山东、广东、海南
中部	山西、安徽、江西、河南、湖北、湖南
西部	内蒙古、广西、重庆、四川、贵州、云南、陕西、甘肃、青海、宁夏、新疆

1. 环境效率总体分析

基于各省（自治区、直辖市）电力系统环境效率实际情况，本书选取研究时期内的各期效率的平均值进行分析。表 10-4 列示了各省（自治区、直辖市）整体及部门平均效率，图 10-1 列示了各省（自治区、直辖市）电力系统子部门的效率最大值与最小值的差值。

表 10-4　各省（自治区、直辖市）整体及部门平均效率

省（自治区、直辖市）	效率			
	整体	发电	输电	配电
北京	0.8879	0.8075	1.0000	0.9122
天津	0.8162	0.9256	0.7822	0.7132
河北	0.8083	0.7838	0.9145	0.7648
山西	0.9768	1.0000	0.9555	0.9642
内蒙古	0.7977	0.5871	1.0000	1.0000
辽宁	0.5466	0.5867	0.6963	0.3888
吉林	0.4552	0.4519	0.6388	0.3416
黑龙江	0.4474	0.4764	0.6283	0.3010
上海	0.9250	1.0000	0.7000	1.0000
江苏	1.0000	1.0000	1.0000	1.0000
浙江	0.9254	0.9715	0.7478	1.0000
安徽	0.6840	0.8027	0.7305	0.5069
福建	0.8133	0.9977	0.6900	0.6869

续表

省（自治区、直辖市）	效率			
	整体	发电	输电	配电
江西	0.5860	0.6082	0.8303	0.3872
山东	0.9716	1.0000	0.8864	1.0000
河南	0.7344	0.5607	1.0000	0.8159
湖北	1.0000	1.0000	1.0000	1.0000
湖南	0.5015	0.5888	0.6438	0.3094
广东	0.9251	1.0000	0.7003	1.0000
广西	0.6694	0.9145	0.7014	0.3825
海南	1.0000	1.0000	1.0000	1.0000
重庆	0.5282	0.6109	0.6698	0.3324
四川	0.6781	1.0000	0.6738	0.3606
贵州	0.9135	1.0000	0.8800	0.8310
云南	0.7927	1.0000	0.9989	0.4237
陕西	0.4761	0.4931	0.6409	0.3453
甘肃	0.7318	1.0000	0.7509	0.4200
青海	0.9966	1.0000	0.9865	1.0000
宁夏	0.9398	0.8880	1.0000	0.9630
新疆	0.7203	0.5908	1.0000	0.7131

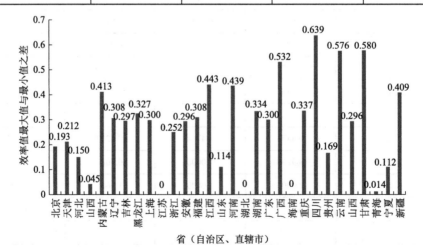

图 10-1　各地区电力系统子部门效率值最大值与最小值之差

从整体来看，江苏、湖北和海南三个省（自治区、直辖市）整体环境效率最高，效率值为 1，它们或者地处我国东南沿海，地理位置优越，经济发达，或者水资源丰富，水电占比在全国居于前列，这些都有利于电力系统以高效率运营。有 12 个省（自治区、直辖市）效率值处于 0.8～＜1，分别为北京、天津、河北、山西、上海、浙江、福建、山东、广东、贵州、青海和宁夏。效率值处于 0.5～＜0.8 的地区有 12 个，这说明，由于种种原因，中国很多地区的电力系统效率值还有待提升；甚至有 3 个地区效率低于 0.5，分别是吉林、黑龙江和陕西。究其原因，这三个地区都是老工业基地，但地理位置相对不够优越，自身经济水平不高，经济结构亟待调整，同时它们不是国家优先发展地区，再加上天气条件恶劣或者地形条件复杂，种种问题导致电力系统效率值不高。总结来说，效率值处于 0.8 以下的地区有 15 个，达到样本总量的 1/2，这更加说明了我国电力系统效率值整体水平还有很大的进步空间，需要进一步深化改革。

分部门看，发电部门效率值较低的地区有内蒙古、辽宁、吉林、黑龙江、河南和陕西等；输电部门效率值较低的地区有吉林、黑龙江、湖南和陕西等；配电部门效率值较低的地区有吉林、黑龙江、湖南、重庆和陕西等。一个地区电力系统的三个部门效率中最大值与最小值之差揭示了该地区电力系统发展是否平衡。从图 10-1 来看，30 个省级行政区中，有 15 个地区的电力系统子部门之间的效率值之差达到或者超过 0.3，数量为样本总数的一半，这说明我国电力系统整体效率虽然已达到一个较高水平，但是各地区电力系统子部门并没有实现同步发展，如云南和四川由于"西电东送"工程而重点发展了发电部门，致使其发电部门效率明显高于其他部门。必须对这种区域电力系统的不平衡发展给予足够重视，在提升电力系统整体效率的过程中重点改进效率最低的子部门的运营，实现各子部门同步发展。

电力行业效率值较高的省（自治区、直辖市）可以分为三类。第一类地区包括北京、上海、浙江和广东等地，经济发达，电力需求大于自身发电量，需要外购电，同时技术水平较高，天气、地形等外部条件较好，诸多因素导致这些地区电力行业效率值较高；第二类地区包括山东、山西等，这类地区经济发展较好，同时其或者煤炭等资源丰富，或者交通便利、地理位置优越，其工业尤其是重工业发达，发电部门效率值很高，经常外送电量，这些因素长期作用，使电力行业效率值保持在了很高的水平；第三类地区包括贵州和青海等，这类地区处于中国西部，自身经济不发达，电力需求量相对较低，但化石燃料资源丰富，发电部门效率很高，是"西电东送"的源头，同时其水电或风电等清洁能源发电占比也相对较高，国家的西部大开发战略也对这些地区有很大的促进作用，一系列因素使得这些地区的电力行业效率一直很高。

综上，在我国电力系统当前及未来的改革与发展中，应充分重视地区特性和差异，以及每个地区电力部门的发展现状，制定有针对性的政策与措施，促进各地区电力系统乃至我国电力系统整体高效快速发展。

2. 环境效率区域差异分析

研究期间全国及四个地区电力系统的环境效率如表 10-5 所示。整体来看，全国电力系统环境效率水平较高，平均效率达 0.7750。其中，东部地区环境效率一直最高，中部地区和西部地区相差无几，而东北部地区的环境效率一直明显低于其他三个地区，这与我国当前的经济发展状况一致。

表 10-5 NSBM-DEA 模型下全国及各地区 2007～2012 年电力系统的环境效率

年份	全国	东北部	东部	中部	西部
2007	0.7953	0.5158	0.9483	0.7560	0.7538
2008	0.7882	0.4964	0.9216	0.7415	0.7741
2009	0.7925	0.4830	0.9176	0.7775	0.7712
2010	0.7626	0.4628	0.8890	0.7340	0.7450
2011	0.7457	0.4678	0.8754	0.7316	0.7113
2012	0.7749	0.5122	0.9150	0.7491	0.7359
均值	0.7750	0.4897	0.9112	0.7483	0.7486

出现这种情况的原因包括以下几点：①东部地区地处沿海，交通便利，自改革开放以来，一直都是我国优先发展的地区，其经济实力雄厚，科技水平、居民生活水平高，无论是商业用电量还是居民用电量都很大，加上东部地区一般地势平坦，有利于电力设施布局，种种因素综合使得东部地区的电力系统环境效率一直领先其他三个地区。此外，由于东部地区资源较为贫乏，电力一直都是供不应求，需要其他地区输入电力，这不仅会提升发电部门的资源利用率，也会在碳排放量这个非期望产出指标上提升发电部门的环境效率，进而有助于电力系统环境效率的整体提升；②中部地区的地理位置虽然不如东部地区便利，但陆上交通发达，同时其资源丰富，农业和工业都较为发达，经济水平也仅次于东部地区，整体来说有利于发电部门发展和输配电部门布局及运营，因此中部地区整体环境效率也相对较高；③西部地区地理位置不佳，但其资源丰富，无论是其水资源还是化石燃料资源的可利用量都极为可观，虽然西部地区经济较为落后，人口密度、电力消费水平低，但是基于国家的西部大开发战略，该地区经济发展得到了国家的大力支持，包括电力工业在内的各种基础工业都迅速发展。鉴于该地区电力供

大于求，国家于 20 世纪末启动了"西电东送"工程。国家的有力支持加上良好的资源禀赋使得该地区的电力系统尤其是发电部门的环境效率一直较高；④东北部地区虽然是老工业基地，但其地理位置较差，地形复杂，天气恶劣，不利于电力工业的发展，此外近年来其经济增速不高，人口密度较低，战略地位也不如东部地区和西部地区高，诸多因素导致东北部地区电力工业发展滞缓，效率较低。

全国及各地区发电、输电和配电部门的平均效率如图 10-2 所示。就全国来看，输电部门效率最高，配电部门效率略低，发电部门效率最低。由于技术成熟，输电部门非期望产出较少，同时其受外部环境因素影响也相对其他两个部门少，这使得各地区之间的差距相对其他两个部门要小很多；受益于厂网分离改革，发电部门市场化程度最高，广泛的竞争有效提升了发电部门的效率；配电部门受地理环境、天气因素和人口布局及密度等因素影响大，而我国地域辽阔，地形复杂，这给配电部门带来了很大挑战，因此配电部门效率最低，同时其各地区之间的效率差异也最大。

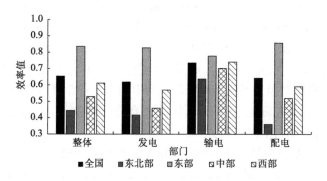

图 10-2　全国及各地区整体、发电、输电和配电部门的平均效率

就发电部门来看，东部地区效率最高，西部地区次之，东北部地区最差，这主要是由于东部地区经济发达，电力供不应求，需要外部地区输入电力，其发电部门资源利用率较高，同时非期望产出少；而西部地区虽然资源丰富，发电工业发达，但在发电的同时产生了大量的碳排放量等非期望产出，这在一定程度上拉低了该地区的发电效率；中部地区虽经济较为发达，但不如东部地区，其发电部门建设也不如西部地区；东北部地区无论是经济水平还是发电设施均有所不足，该地区较低的发电效率也直接拉低了国家的整体发电效率。就输电部门看，各地区差异较小，这主要得益于全国输配电网络由两大电网负责，整体技术水平相当，但因为输电工作受地形和天气等因素影响，各地区之间也有所区别，东部地区输电效率最高，东北部地区输电效率最低。就配电部门看，东部地区配电效率最高，

东北部地区配电效率最低，同时各地区之间差距很大，这主要是因为配电部门工作受地形因素、天气条件和人口密度等影响很大，东部地区在这几个指标上都表现较好，而东北部地区地形复杂、天气恶劣、人口密度小，不利于配电部门的效率提升。

由以上分析可以看出，电力系统整体及部门效率受当地经济状况、地理环境和天气条件等诸多因素影响，在制定电力改革政策及电力系统发展规划时，应充分考虑各地区外部因素及电力系统的内部特点，才能走出符合国家发展规划和地区电力发展特点的电力系统改革与发展之路[358]。

10.2　基于 DNSBM-DEA 模型的电力系统动态环境效率研究

10.2.1　基于 DNSBM-DEA 模型

电力系统当期的固定资产投资存在滞后效应，通常需要多个研究周期才会对运营效率产生影响。要分析某一管理体制存续期间电力系统效率的变化情况，NSBM-DEA 模型有所不足，必须采用集合动态数据包络分析技术的 DNSBM-DEA 模型，它具有 NSBM-DEA 模型优点的同时兼具动态数据包络分析的特性。DNSBM-DEA 模型在银行、保险等多个行业获得了广泛应用，但目前尚无运用 DNSBM-DEA 模型对包含发输配多个环节的中国电力行业整体效率分析的研究[8]。鉴于此，结合中国省际电力系统现状及现有管理体制，本节提出了一个新的 DNSBM 模型来研究中国省域电力系统的环境效率。

DNSBM-DEA 模型是基于 NSBM-DEA 模型和基于松弛变量的动态数据包络分析模型（dynamic with slacks-based measure data envelopment analysis，DSBM-DEA）模型发展出来的，因此其同时具有网络数据包络分析特性和动态数据包络分析特性。相对于 NSBM-DEA 模型，DNSBM-DEA 模型最重要的变化是可以通过跨期变量来考虑决策单元效率随时间的变化情况。一个决策单元的运营活动通常会持续多个时期，而有一些变量的作用也会持续多个时期，如电网系统的发电机组和线路长度等固定资产，跨期变量即类似变量。一个包含非期望产出，具有可任意调节的连接变量的 DNSBM-DEA 模型表达式如式（10-20）所示：

$$\min \frac{\sum\limits_{t=1}^{T} W^t \left\{ \sum\limits_{k=1}^{K} w^k \left[1 - \frac{1}{m_k} \left(\sum\limits_{i=1}^{m_k} \frac{s_{iok}^{t-}}{x_{iok}^t} \right) \right] \right\}}{\sum\limits_{t=1}^{T} W^t \left\{ \sum\limits_{k=1}^{K} w^k \left[1 + \frac{1}{r_k + f_k} \left(\sum\limits_{r=1}^{r_k} \frac{s_{rok}^{t+}}{y_{rok}^t} + \sum\limits_{p=1}^{f_k} \frac{u_{pok}^{t+}}{b_{pok}^t} \right) \right] \right\}}$$

$$
\text{s.t.}\begin{cases}
\sum_{j=1}^{n}\lambda_{jk}^{t}x_{ijk}^{t}+s_{iok}^{t-}=x_{iok}^{t}, i=1,\cdots,m_{k}\\[2mm]
\sum_{j=1}^{n}\lambda_{jk}^{t}y_{rjk}^{t}+s_{rok}^{t+}=y_{rok}^{t}, r=1,\cdots,r_{k}\\[2mm]
\sum_{j=1}^{n}\lambda_{jk}^{t}b_{pjk}^{t}+u_{pok}^{t+}=b_{pok}^{t}, p=1,\cdots,f_{k}\\[2mm]
\sum_{j=1}^{n}\lambda_{jk}^{t}z_{jk_{l}}^{t,t+1}=\sum_{j=1}^{n}\lambda_{jk}^{t+1}z_{jk_{l}}^{t,t+1}, k_{l}=1,\cdots,\text{nfree}_{k}, t=1,\cdots,T-1\\[2mm]
\sum_{j=1}^{n}\lambda_{jk}^{t}z_{j(k,h)_{l}}^{t}=\sum_{j=1}^{n}\lambda_{jh}^{t}z_{j(k,h)_{l}}^{t}, (k,h)_{l}=1,\cdots,\text{linkfree}_{(k,h)}\\[2mm]
\sum_{j=1}^{n}\lambda_{jk}^{t}=1\\[2mm]
\lambda_{jk}^{t}\geqslant 0,\ s_{iok}^{t-}\geqslant 0,\ s_{rok}^{t+}\geqslant 0,\ u_{pok}^{t+}\geqslant 0,\ \forall i,\ \forall r,\ \forall p,\ \forall j,\ \forall k,\ \forall t
\end{cases}
\tag{10-20}
$$

其中，m_{k}、r_{k}、f_{k}、nfree_{k} 分别表示 k 部门的投入、期望产出、非期望产出和跨期变量的个数；n 表示决策单元数量；T 表示时期数；$\text{linkfree}_{(k,h)}$ 表示 k 部门到 h 部门的连接变量个数。表 10-6 为上述模型的符号解释。

表 10-6　DNSBM-DEA 模型中应用的符号及含义

符号	说明
x_{ijk}^{t}	决策单元 DMU_{j} 的 k 部门在 t 时期的第 i 个投入
y_{rjk}^{t}	决策单元 DMU_{j} 的 k 部门在 t 时期的第 r 个期望产出
b_{pjk}^{t}	决策单元 DMU_{j} 的 k 部门在 t 时期的第 p 个非期望产出
$z_{jk_{l}}^{t,t+1}$	决策单元 DMU_{j} 从 t 时期到 $t+1$ 时期的连接变量
$z_{j(k,h)_{l}}^{t}$	在 t 时期决策单元 DMU_{j} 的 k 部门到 h 部门的连接变量
s_{iok}^{t-}	决策单元 DMU_{o} 的 k 部门的第 i 个投入在 t 时期的松弛变量
s_{rok}^{t+}	决策单元 DMU_{o} 的 k 部门的第 r 个期望产出在 t 时期的松弛变量
u_{pok}^{t+}	决策单元 DMU_{o} 的 k 部门的第 p 个非期望产出在 t 时期的松弛变量
λ_{jk}^{t}	决策单元 DMU_{j} 的 k 部门在 t 时期的权重
W^{t}	t 时期的权重
w^{k}	k 部门的权重

时期效率如式（10-21）所示：

$$\min \frac{\sum_{k=1}^{K} w^k \left[1 - \frac{1}{m_k} \left(\sum_{i=1}^{m_k} \frac{S_{iok}^{t-}}{X_{iok}^t} \right) \right]}{\sum_{k=1}^{K} w^k \left[1 + \frac{1}{r_k + f_k} \left(\sum_{r=1}^{r_k} \frac{S_{rok}^{t+}}{Y_{rok}^t} + \sum_{r=1}^{f_k} \frac{U_{pok}^{t+}}{B_{pok}^t} \right) \right]} \tag{10-21}$$

部门效率如式（10-22）所示：

$$\min \frac{\sum_{t=1}^{T} W^t \left[1 - \frac{1}{m_k} \left(\sum_{i=1}^{m_k} \frac{S_{iok}^{t-}}{X_{iok}^t} \right) \right]}{\sum_{t=1}^{T} W^t \left[1 + \frac{1}{r_k + f_k} \left(\sum_{r=1}^{r_k} \frac{S_{rok}^{t+}}{Y_{rok}^t} + \sum_{r=1}^{f_k} \frac{U_{pok}^{t+}}{B_{pok}^t} \right) \right]} \tag{10-22}$$

上述目标函数同时基于投入最优和产出最优。基于投入最优情景的决策单元整体效率的目标函数如式（10-23）所示：

$$\min \sum_{t=1}^{T} W^t \left\{ \sum_{k=1}^{K} w^k \left[1 - \frac{1}{m_k} \left(\sum_{i=1}^{m_k} \frac{s_{iok}^{t-}}{x_{iok}^t} \right) \right] \right\} \tag{10-23}$$

基于产出最优情景的决策单元整体效率的目标函数如式（10-24）所示：

$$\min \frac{1}{\sum_{t=1}^{T} W^t \left\{ \sum_{k=1}^{K} w^k \left[1 + \frac{1}{r_k + f_k} \left(\sum_{r=1}^{r_k} \frac{s_{rok}^{t+}}{y_{rok}^t} + \sum_{p=1}^{f_k} \frac{u_{pok}^{t+}}{b_{pok}^t} \right) \right] \right\}} \tag{10-24}$$

相关约束条件与无源情景相同，代入数据求解即可得到基于投入最优或者产出最优情景的最优解。同 NSBM-DEA 模型类似，上述模型中生产过程是规模报酬可变的，如果生产过程是规模报酬不变的，只需要去掉约束条件中的式（10-25）。

$$\sum_{j=1}^{n} \lambda_{jk}^t = 1 \tag{10-25}$$

与 NSBM-DEA 模型不同，DNSBM-DEA 模型中的连接变量依据不同的问题大致可以分为以下四类。

（1）"固定"（不可任意调节）的连接变量，即变量是否变化及变化程度超出了相关部门的控制范围。

$$\sum_{j=1}^{n} \lambda_{jk}^{t} z_{j(k,h)_l}^{t} = z_{o(k,h)_l}^{t}, \ (k,h)_l = 1, \cdots, \text{linkfix}_{(k,h)}$$

$$\sum_{j=1}^{n} \lambda_{jh}^{t} z_{j(k,h)_l}^{t} = z_{o(k,h)_l}^{t}, \ (k,h)_l = 1, \cdots, \text{linkfix}_{(k,h)}$$

（10-26）

（2）"自由"（可任意调节）的连接变量，即变量是否变化及变化程度在相关部门的控制范围内。

$$\sum_{j=1}^{n} \lambda_{jk}^{t} z_{j(k,h)_l}^{t} = \sum_{j=1}^{n} \lambda_{jh}^{t} z_{j(k,h)_l}^{t}, \ (k,h)_l = 1, \cdots, \text{linkfree}_{(k,h)}$$

（10-27）

（3）作为投入的连接变量，这一变量被视作流入部门的投入，其冗余代表该部门投入无效率。

$$\sum_{j=1}^{n} \lambda_{jk}^{t} z_{j(k,h)_{\text{in}}}^{t} + S_{iok}^{t-} = z_{o(k,h)_{\text{in}}}^{t}, (k,h)_{\text{in}} = 1, \cdots, \text{linkin}_{(k,h)}$$

（10-28）

（4）作为产出的连接变量，即这一变量被视作流出部门的产出，其不足代表该部门的产出无效率。

$$\sum_{j=1}^{n} \lambda_{jk}^{t} z_{j(k,h)_{\text{out}}}^{t} + S_{rok}^{t+} = z_{o(k,h)_{\text{out}}}^{t}, \ (k,h)_{\text{out}} = 1, \cdots, \text{linkout}_{(k,h)}$$

（10-29）

图 10-3 是一个包含发输配三部门的垂直一体化电力系统的结构。发电部门和输电部门之间通过上网电量连接，输电部门和配电部门之间通过配电量连接。三个部门相邻两个运营周期之间分别通过不同的跨期变量（装机容量、输电线路长度、变压器容量）连接。如果不考虑这些连接变量和跨期变量的影响，把三个部门作为一体进行考虑，就是传统的"黑箱"模型，投入指标为系统总体的燃料、资产和劳动力，产出指标为碳排放量、线损电量和用电量。

为了构建中国省际电力系统动态网络分析模型，本节同样把省域电力系统作为决策单元，分为发电部门、输电部门、配电部门，选取智能电网建设实施的 2007 年至 2012 年为研究期间。决策单元共 30 个，发电部门权重为 0.417，输电部门权重为 0.250，配电部门权重为 0.333。本节的 3 个时期变量分别为装机容量、输电线路长度和变压器容量，各部门投入产出指标如表 10-2 所示。

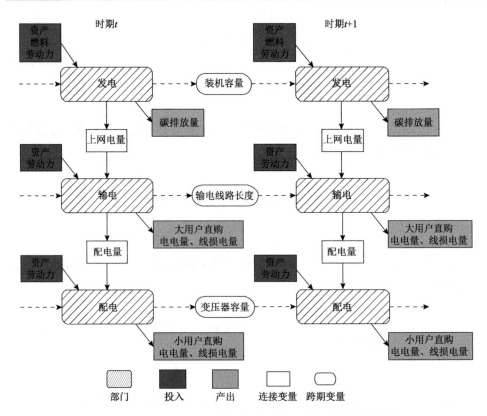

图 10-3　DNSBM-DEA 模型下的垂直一体化电力系统结构

经济活动对电力系统生产效率的影响随着时间增长而减弱已成为共识，但时期权重和部门权重的确定仍未形成规范的程序和方法[8,359,360]。本节参考陈昌兵[361]计算得到的 1978～2012 年中国资产折旧率（约 6%）确定时期权重，2007～2012 年的时期权重分别为 0.142、0.151、0.161、0.171、0.182、0.193。其他关于变量的处理与 NSBM-DEA 模型相同。

由于电力规划与建设由国家发展和改革委员会与地方发展和改革委员会总体管控，所以相邻周期间的跨期变量可任意调节；政府既可以直接调整电力系统投入，又可以通过一系列政策调节电力需求，因此本节采用无源的 DNSBM-DEA 模型。

考虑中国区域电网实际，建立以下模型以分析中国省际电力系统效率，DMU_o 的效率可通过式（10-30）得到：

$$\min \frac{\sum_{t=1}^{T} W^t \left\{ \sum_{k=1}^{K} w^k \left[1 - \frac{1}{m_k} \left(\sum_{i=1}^{m_k} \frac{S_{iok}^{t-}}{X_{iok}^{t}} \right) \right] \right\}}{\sum_{t=1}^{T} W^t \left\{ \sum_{k=1}^{K} w^k \left[1 + \frac{1}{r_k + f_k} \left(\sum_{r=1}^{r_k} \frac{S_{rok}^{t+}}{Y_{rok}^{t}} + \sum_{p=1}^{f_k} \frac{U_{pok}^{t+}}{B_{pok}^{t}} \right) \right] \right\}}$$

$$\text{s.t.}\begin{cases} \sum_{j=1}^{n} \lambda_{jk}^{t} X_{ijk}^{t} + S_{iok}^{t-} = X_{iok}^{t}, \quad i = 1, \cdots, m_k \\[2mm] \sum_{j=1}^{n} \lambda_{jk}^{t} Y_{rjk}^{t} + S_{rok}^{t+} = Y_{rok}^{t}, \quad r = 1, \cdots, r_k \\[2mm] \sum_{j=1}^{n} \lambda_{jk}^{t} B_{pjk}^{t} + U_{pok}^{t+} = B_{pok}^{t}, \quad p = 1, \cdots, f_k \\[2mm] \sum_{j=1}^{n} \lambda_{jk}^{t} z_{jk_l}^{t,t+1} = \sum_{j=1}^{n} \lambda_{jk}^{t+1} z_{jk_l}^{t,t+1}, \quad k_l = 1, \cdots, \text{nfree}_k, \quad t = 1, \cdots, T-1 \\[2mm] \sum_{j=1}^{n} \lambda_{j1}^{t} z_{j(1,2)_l}^{t} = z_{o(1,2)_l}^{t}, (1,2)_l = 1, \cdots, \text{linkfix}_{(1,2)} \\[2mm] \sum_{j=1}^{n} \lambda_{j2}^{t} z_{j(1,2)_l}^{t} = z_{o(1,2)_l}^{t}, (1,2)_l = 1, \cdots, \text{linkfix}_{(1,2)} \\[2mm] \sum_{j=1}^{n} \lambda_{j2}^{t} Z_{j(2,3)_l}^{t} = \sum_{j=1}^{n} \lambda_{j3}^{t} Z_{j(2,3)_l}^{t}, (2,3)_l = 1, \cdots, \text{linkfree}_{(2,3)} \\[2mm] \sum_{j=1}^{n} \lambda_{jk}^{t} = 1 \\[2mm] \lambda_{jk}^{t} \geqslant 0, S_{iok}^{t-} \geqslant 0, S_{rok}^{t+} \geqslant 0, U_{pok}^{t+} \geqslant 0, \forall i, \forall r, \forall p, \forall j, \forall k, \forall t \end{cases} \quad (10\text{-}30)$$

其中，X_{ijk}^{t}、Y_{rjk}^{t}、B_{pjk}^{t} 分别表示经因子 a 修正过的投入、期望产出和非期望产出；S_{iok}^{t-}、S_{rok}^{t+}、U_{pok}^{t+} 分别表示待评价决策单元的投入、期望产出和非期望产出对应的松弛变量；$Z_{j(2,3)_l}^{t}$ 表示经修正的部门 2 和部门 3 之间的连接变量。参考 Tone[26] 和 Guo 等[362]的研究方法，在 SBM 模型的一些应用情景中，各个投入产出变量不能无限制地增大或者减小，应当增加投入产出变量变动范围的约束。例如，设定燃料、资产、碳排放量、线损电量的降幅不超过三成；类似地，设定人力投入削减不超过五成，电力消费量研究期间不会提升一倍以上。

　　为了分析电力政策改革的影响，定义上述模型为模型 1，并假设研究时期内"厂网未分离，输配未分离"，这样发电部门和输电部门之间的连接变量就变为可任意调节的连接变量。因此，模型 1 中部门 1 和部门 2 之间的固定连接约束变为自由连接约束。

$$\sum_{j=1}^{n} \lambda_{j1}^{t} z_{j(1,2)_l}^{t} = z_{o(1,2)_l}^{t}, (1,2)_l = 1, \cdots, \text{linkfix}_{(1,2)}$$

$$\sum_{j=1}^{n} \lambda_{j2}^{t} z_{j(1,2)_l}^{t} = z_{o(1,2)_l}^{t}, (1,2)_l = 1, \cdots, \text{linkfix}_{(1,2)} \quad (10\text{-}31)$$

$$\sum_{j=1}^{n}\lambda_{j1}^{t}z_{j(1,2)_{l}}^{t}=\sum_{j=1}^{n}\lambda_{j2}^{t}z_{j(1,2)_{l}}^{t},\ (1,2)_{l}=1,\cdots,\mathrm{linkfree}_{(1,2)} \tag{10-32}$$

假设其他约束不变，通过与模型 1 对比来分析厂网分离改革对电力系统效率的影响，建立模型 2。在此情景下，输电和配电部门之间的连接变量是可自由调节的连接变量。

之后假设研究时期内"厂网已分离，输配已分离"，此时输电部门和配电部门之间的连接变量应为固定连接变量，基于此我们把模型 1 约束中的部门 2 和部门 3 之间的自由连接约束：

$$\sum_{j=1}^{n}\lambda_{j2}^{t}z_{j(2,3)_{l}}^{t}=\sum_{j=1}^{n}\lambda_{j3}^{t}z_{j(2,3)_{l}}^{t},\ (2,3)_{l}=1,\cdots,\mathrm{linkfree}_{(2,3)} \tag{10-33}$$

替换为固定连接约束：

$$\sum_{j=1}^{n}\lambda_{j2}^{t}z_{j(2,3)_{l}}^{t}=z_{o(2,3)_{l}}^{t},\ (2,3)_{l}=1,\cdots,\mathrm{linkfix}_{(2,3)}$$
$$\sum_{j=1}^{n}\lambda_{j3}^{t}z_{j(2,3)_{l}}^{t}=z_{o(2,3)_{l}}^{t},\ (2,3)_{l}=1,\cdots,\mathrm{linkfix}_{(2,3)} \tag{10-34}$$

其他约束条件保持不变，通过与模型 1 对比来模拟分析输配分离政策的优劣，得到模型 3。表 10-7 为三种情景下的模型差异对比。

表 10-7　三种政策情景下上网电量和配电量类型对比

情景	模型	连接变量类型	
		上网电量	配电量
SGT，ITD	模型 1	固定连接	自由连接
IGT，ITD	模型 2	自由连接	自由连接
SGT，STD	模型 3	固定连接	固定连接

注：SGT（厂网分离，separation of electricity generation and transmission）；STD（输配分离，the separation of electricity transmission and distribution）；IGT（厂网未分离，integration of electricity generation and transmission）；ITD（输配未分离，the integration of electricity transmission and distribution）

在研究中国电力系统区域效率时，本节首先分析各地区的整体效率，接着分析部门无效率的原因与效率随时间的变化趋势，之后我们再分析八个投入（产出）指标的效率。投入（产出）指标效率的定义如式（10-35）所示：

$$E_{v}=1-\frac{S_{v}}{C_{v}} \tag{10-35}$$

其中，E_v 表示投入（产出）指标效率；S_v 表示投入（产出）变量的松弛量；C_v 表示投入（产出）变量当前值。变量指标效率越低，表示变量对决策单元效率的阻碍作用越大，为进一步探究指标效率较低的变量对电力系统效率的影响，我们选择排名后四位的投入产出变量，基于模型 1 建立四个模型并进行变量效率分析。在对比分析输配分离政策对电力系统效率的影响时，对两种情景下的指标效率进行对比，以找出各指标受输配分离政策的影响，并进一步确定政策实施后决策者的努力方向。

10.2.2　管理模式变革对环境效率影响分析

1. 电力系统整体的动态环境效率

模型 1 测算了当前政策环境（厂网已分离，输配未分离）下中国电力行业的平均效率，结果如表 10-8 所示。研究期间内，中国电力系统环境效率均值为 0.7410，说明全国整体动态环境效率较高。分部门来看，发电部门市场化程度最高，有利于资源合理配置，平均效率也是三个部门中最高的，达到 0.8226。但由于各地区的资源禀赋及电源结构不同，各省发电部门效率相差较大；配电部门隶属于完全垄断的电网公司，但由于各地区地形、天气条件多变，使得配电部门网络结构和组织结构需要进行相应调整才能适应当地情况，这与归一化的管理体制矛盾，因而配电部门效率差异很大，平均效率最低，仅为 0.6293，与此同时，配电部门的标准差是最大的；输电部门同样属于完全垄断部门，但各地电网分公司技术差异较小，且输电部门受地理环境和人口分布因素等影响程度又相对配电部门小，因此其平均效率达 0.7748，高于配电部门，其区域间的差异也是最小的。总的来说，中国电力系统三个部门及同一部门内不同省际均存在较大差异，区域及部门发展不均衡的情况显著。政策制定者应在推动电力系统全局稳步均衡发展的基础上着重关注各地配电部门实际，并通过简政放权提升配电部门管理创新的积极性，进而提升电力行业整体效率。

表 10-8　三种政策情景下电力系统的整体、部门和时期效率

部门/时期		模型 1		模型 2		模型 3	
		均值	标准差	均值	标准差	均值	标准差
整体		0.7410	0.1809	0.7025	0.1993	0.7722	0.1847
部门	发电	0.8226	0.1988	0.7373	0.2185	0.8227	0.1985
	输电	0.7748	0.1389	0.7660	0.1452	0.8203	0.1417
	配电	0.6293	0.2771	0.6097	0.2619	0.6878	0.2810
时期	2007 年	0.7625	0.1793	0.6923	0.1943	0.7950	0.1899

续表

部门/时期		模型 1		模型 2		模型 3	
		均值	标准差	均值	标准差	均值	标准差
时期	2008 年	0.7581	0.1787	0.6958	0.1938	0.7855	0.1835
	2009 年	0.7592	0.1942	0.6959	0.2090	0.8004	0.1931
	2010 年	0.7227	0.1945	0.6816	0.2031	0.7588	0.1921
	2011 年	0.7062	0.1839	0.6771	0.1982	0.7364	0.1903
	2012 年	0.7439	0.1772	0.7228	0.1761	0.7646	0.1856

　　研究期间内年度平均效率呈现"U"形变化趋势，从 2007 年的 0.7625 波动下滑到 2011 年的最低点 0.7062，之后开始上升，2012 年达到 0.7439。出现下滑现象的可能原因有以下几点：从内部看，在这段时间内，中国经济结构正在转型升级，由粗放型向集约型转变，电力行业随之也开始淘汰落后产能，势必要增加电力固定资产投入，同时增大节能减排方面的人力和物力投入，进而影响效率的提升。从外部看，2008 年全球金融危机对各行各业都造成了一定冲击。尽管中国政府通过加大基础设施建设在一定程度上减小了全球经济增长放缓对我国经济的冲击，但仍不能完全消除金融危机的影响。电力行业作为经济发展的重要能源支撑部门，外贸需求疲软不可避免地带来环境效率下滑。随着全球经济在 2010 年开始复苏，加之经济结构调整与产能优化等政策初显成效，电力行业效率在 2011 年之后开始回升。

　　表 10-9 为各地区分部门分地区的效率均值。东部地区整体效率最高，西部地区次之，东北部地区最低，部门效率与整体效率排名基本一致，各地区时期效率变化趋势也与全国时期效率变化趋势大体相似，如图 10-4 所示。具体来说，东北部地区电力系统整体效率仅为 0.4722，远低于其他三个地区，其中输电部门效率最高，但也只有 0.6409；配电部门效率最低，仅有 0.3425。这主要是因为东北部地区地形复杂，天气条件较为恶劣，山林丘陵较多，人口密度较小，居住较为分散，加之经济增长疲软，配电部门产出提高空间有限，影响了其效率提升，而输电部门效率主要由技术水平决定，受外部条件影响相对较少，效率值也就相对较高。各部门效率的标准差均较小，说明本地区各省之间由于外部环境类似，电力系统效率差距不大。

表 10-9　模型 1 计算结果的统计性描述

类型	整体		发电		输电		配电	
	均值	标准差	均值	标准差	均值	标准差	均值	标准差
东北部	0.4722	0.0383	0.4884	0.0523	0.6409	0.0112	0.3425	0.0355
东部	0.8853	0.1103	0.9584	0.0779	0.8128	0.1389	0.8517	0.2155

续表

类型	整体		发电		输电		配电	
	均值	标准差	均值	标准差	均值	标准差	均值	标准差
中部	0.6873	0.1555	0.7888	0.1776	0.7838	0.1545	0.5017	0.1939
西部	0.7123	0.1627	0.8086	0.2000	0.7719	0.1404	0.5750	0.2732

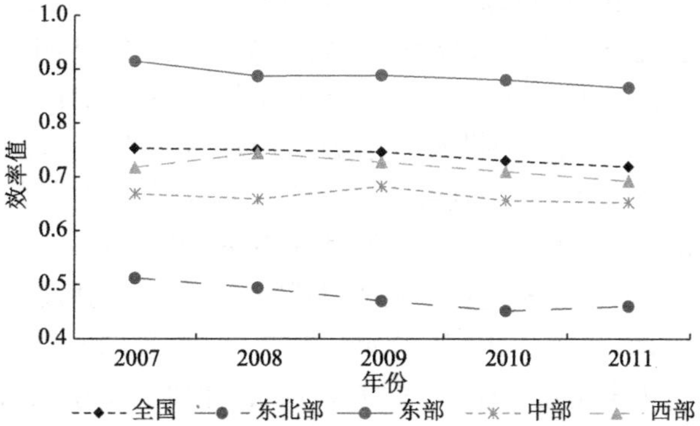

图 10-4　模型 1 下全国整体与各地区的时期效率变化趋势

　　东部地区各省（自治区、直辖市）都处于中国沿海，地理位置优越，地形相对平缓，经济发达，技术水平高，因此该地区整体与部门效率都是最高的[177]，其整体效率高达 0.8853，标准差却只有 0.1103，甚至低于中部地区和西部地区。由于该地区经济外向型更为明显，因此其受 2008 年全球经济危机影响最为严重，2007～2011 年的时期效率下降幅度最大。而东部地区的输电部门效率尽管是所有地区中最高的，但由于输电部门效率主要由技术水平决定，反而比发电部门和配电部门的效率低。中部地区自然资源较为丰富，但其经济发展较东部地区缓慢，一定程度上制约了其产出指标的增长，且其内部各省（自治区、直辖市）间自然条件差异很大，电力系整体效率仅为 0.6873，并且其配电部门效率明显低于其他两个部门，只有 0.5017；配电效率标准差为 0.1939，说明该地区电力系统内部省际配电部门效率差异较大。东部地区和中部地区的时期效率在 2009 年出现"凸点"，主要是因为这两类地区经济的外向型程度高，经济危机后中国政府实施了"一揽子"计划以维持经济增长，该计划在 2009 年开始实施的时候力度最大，作用最强，之后开始逐步减弱。

　　西部地区整体效率较高，达到 0.7123，其中其发电部门效率最高，为 0.8086，配电部门效率最低，只有 0.5750，而配电部门效率标准差达到 0.2732。由于中国的能源基地大多位于西部地区，尽管当地电力需求量相对较低，但各产出指标仍保持较快增长，尤其是发电部门效率很高。此外，水电或风电等清洁能源发电在该地区占比较高，非理想产出较少，间接提高了其效率水平。但是该地区经济基础差，人口密度小，不同省级行政区地理面积、地形特征及天气条件都有明显差异，因此不同省际配电部门间效率差异较大，该地区应在加强电力外送基地建设的同时，提高输配电部门技术水平，实现行业整体效率的提高。该地区经济与全球经济联系不如其他地区紧密，因此其受经济危机影响相对最小，直到2008年后时期效率才出现下滑。

表10-10为一体化电力系统评价中的八个投入产出变量的表现值，发电部门总资产和电力消费量两个指标表现最好，效率分别达到了0.9643和0.9322。这主要是由于发电行业已基本实现充分竞争，技术水平大幅提高，且主辅业分离较为彻底，裁撤了冗余人员，使得人力投入接近最优状态；电力消费主要取决于社会需求，在注重供电效率的社会背景下，其可调整量较小。输电部门总资产和配电部门人力是表现相对最差的两个指标，效率分别仅为0.7699和0.6718，一方面由于国家为了"西电东送"等工程的顺利进行，大规模开展了输电网络建设，其产能还未能充分释放，而配电行业一方面由于完全垄断，存在一定程度的人力资源浪费；另一方面为了保证实现电力全覆盖工程——"户户通"，增加了人力方面的投入，产生了一定的人员冗余现象。相对而言，电力系统整体在其他四个变量上的表现相对平稳。

表 10-10　模型 1 和模型 3 下各投入产出量的效率

模型	类型	燃料	发电部门总资产	发电部门人力	输电部门总资产	配电部门人力	碳排放量	线损电量	电力消费量
模型1	全国	0.8898	0.9643	0.8186	0.7699	0.6718	0.8839	0.8591	0.9322
	东北部	0.6992	0.7810	0.7217	0.6878	0.6645	0.6796	0.7525	0.8413
	东部	0.9690	0.9864	0.9615	0.8133	0.8845	0.9735	0.9419	0.9932
	中部	0.8548	0.9904	0.7193	0.7512	0.5467	0.8444	0.8058	0.9359
	西部	0.8888	0.9564	0.8481	0.7763	0.6208	0.8797	0.8419	0.8995
模型3	全国	0.8839	0.8778	0.8897	0.9639	0.8160	0.8282	0.7332	0.9461
	东北部	0.6815	0.7383	0.7012	0.8738	0.4255	0.6542	0.4031	0.9015
	东部	0.9735	0.9496	0.9690	0.9864	0.9615	0.8427	0.9328	0.9920
	中部	0.8446	0.8702	0.8550	0.9899	0.7197	0.8614	0.7052	0.9397
	西部	0.8805	0.8579	0.8898	0.9560	0.8473	0.8467	0.6635	0.9178

同全国的效率分析趋势相同，输电部门总资产和配电部门人力已经成为影响各地区电力系统进一步提高环境效率的主要障碍。不同地区指标效率存在较大差

异。东北部地区经济发展增速低于预期，火电行业技术更新速度较慢，机组性能较差，导致发电燃料消耗较大，温室气体排放降速低于全国平均水平，因此，其各指标效率均明显低于全国平均值。由于经济发展较快，产业结构合理，用户消费效率几乎没有冗余，东部地区所有指标效率均高于全国平均水平。受益于能源基地建设，中部地区和西部地区发电部门技术水平迅速提高，资产效率表现较好；但由于管理水平与人员培训未能有效跟进，发电部门人力效率相对较差；随着清洁能源占比提高，西部发电部门燃料投入效率提高；大多数坑口电厂位于中部地区，且拥有最先进的技术，其资产效率在所有地区中表现最好，但由于环保及管理水平未能有效跟进，燃料与人力效率未能相应提高。可以看出，国家范围内的电力系统统筹优化已经初见成效，但各地区发展不均衡问题依然突出。

为进一步分析各投入产出指标对电力系统总体效率的影响，本节基于单一变量原则，在模型 1 的基础上分别删除某一投入产出指标并建立模型，通过与模型 1 的对比来分析研究相关指标的影响。基于此建立的 4 个模型分别如下：①模型 4，发电部门人力效率模型；②模型 5，输电部门总资产效率模型；③模型 6，配电部门人力效率模型；④模型 7，线损电量效率模型。各模型投入产出量见表 10-11。

表 10-11　五个模型的差异对比

变量	模型				
	模型 1	模型 4	模型 5	模型 6	模型 7
燃料	√	√	√	√	√
发电部门总资产	√	√	√	√	√
发电部门人力	√		√	√	√
输电部门总资产	√	√		√	√
配电部门人力	√	√	√		√
碳排放量	√	√	√	√	√
电力消费量	√	√	√	√	√
线损电量	√	√	√	√	

四个模型的结果如表 10-12 所示。模型 4 下，不考虑发电部门人力投入指标时，中国电力系统效率会从模型 1 的 0.7410（表 10-8）增长为 0.7438。其中东北部地区效率提升较大，由 0.4722（表 10-9）提升到 0.5285，说明该地区发电部门人力效率较差，优化发电部门人力资源配置可以有效提升其电力系统的总体效率；模型 5 下，不考虑输电部门总资产，中国电力系统整体效率提升 0.0370，除中部地区以外三个地区的整体效率都会提升，其中东北部地区提高最多，达到 0.0742；

模型 6 的结果显示，不包括配电部门人力投入，全国各个地区电力系统整体效率平均提升 0.0765，东北部地区最明显，提升幅度为 0.1589，东部地区提升最少，也有 0.0182。这一结果再次证实输电部门总资产和配电部门人力已经成为影响电力系统整体效率提高的关键因素。模型 7 下，不考虑线损电量，东北部地区、中部地区和西部地区的效率有所提升，而东部地区有所下降。这说明东北部地区、中部地区和西部地区的输配电线损控制得较差，尤其是西部地区，输配电线损效率最低，而东部地区输配电线损控制得最好。

表 10-12　四个模型下的全国整体与各地区效率

类型	全国	东北部	东部	中部	西部
模型 4	0.7438	0.5285	0.8863	0.6724	0.7119
模型 5	0.7780	0.5464	0.9301	0.6730	0.7601
模型 6	0.8175	0.6311	0.9035	0.7689	0.8166
模型 7	0.7519	0.4955	0.8724	0.7242	0.7274

图 10-5 列示了 NSBM-DEA 模型与 DNSBM-DEA 模型的计算结果差异。与 NSBM-DEA 模型的研究结果相比，DNSBM-DEA 模型下的全国和各地区的整体及子部门效率值均有一定程度变化。之所以会出现这种情况，主要是因为 DNSBM-DEA 模型考虑了三个部门的跨期变量的影响。

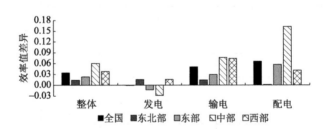

图 10-5　NSBM-DEA 模型与 DNSBM-DEA 模型的结果差异
图中效率值差异=NSBM-DEA 模型的效率值 – DNSBM-DEA 模型的效率值

DNSBM-DEA 模型比 NSBM-DEA 模型下的全国整体效率值出现一定程度的降低，其中东北部地区效率下降最少，而中部地区整体效率下降幅度最大，其他两个地区的整体效率也有一定程度的降低，这说明全国各地区在三个跨期变量上的表现均不理想。由于基数较低，东北部地区相对其他三个地区表现最好，中部地区表现最差；就发电效率来看，全国发电效率基本没有变化，这说明在装机容量上全国平均表现相对较好，其中东北部地区和西部地区在该指标上表现较差，东部地区和中部地区表现较好；就输电效率而言，全国及各地区输电效率均出现一定幅度的下滑，其中中部地区下降幅度最大，东北部地区下降最少，说明各地区在线路长度指标上的表现普遍不好，并且各地区之间存在一定差异；就配电效率而言，全国及各地区配电效率均出现下滑，但是各地区之间差异较大，其中中部地区降幅最大，东北部地区配电效率几乎没有变化，说明除东北部地区外，其他三个地区在变压器容量指标上的表现均需改善，其中中部地区表现最差，需要管理者给予足够重视。

综合来看，全国各地区在装机容量、线路长度和变压器容量三个跨期变量上的表现存在很大差异性，这说明各地区对不同的跨期变量的利用效率存在很大不同，也说明各地区在不同的跨期变量的效率上有不同程度的改进空间，不同层次的管理者及政策制定者在做出相关决策时，应当对这种情况予以足够的重视，制定出最适合地区电力发展的策略。

两个模型对比，NSBM-DEA 模型更加注重连接变量的影响，而 DNSBM-DEA 模型既注重了连接变量的影响，又考虑了跨期变量的影响，分析方法更加全面均衡。在电力系统效率研究方面，NSBM-DEA 模型适用于研究具体且静态的问题，而 DNSBM-DEA 模型由于具有动态视角，能够科学地分析电力系统的效率，可以用来研究改革政策对电力系统效率的长期影响。

2. 分离政策的影响研究

本节采用情景分析模拟电力系统已完成改革政策所造成的影响和未实施改革政策可能带来的效应。如前所述，模型 1 表示"厂网分离，输配未分离"情景；模型 2 模拟"厂网未分离，输配未分离"情景；模型 3 模拟"厂网分离，输配分离"情景。图 10-6 显示了三个模型下各地区的整体效率和部门效率。如表 10-8 所示，对比模型 1 和模型 2 可以发现，厂网分离情景下，电力行业的整体效率从 0.7025 提升到 0.7410，发电部门的平均效率提升最大，幅度为 0.0853，输电部门

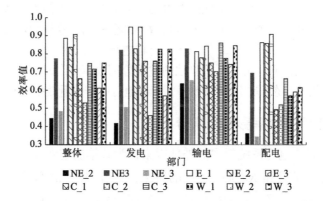

图 10-6　模型 1、模型 2、模型 3 下四个地区的整体效率和部门效率

NE（东北部，northeast）；E（东部，east）；C（中部，central）；W（西部，west）；A_x 的形式表示模型 x 下 A 的效率，如 NE_2 表示模型 2 下东北部地区的效率

和配电部门的平均效率也有小幅度提高，这主要是因为厂网分离政策增强了发电市场活力，同时在一定程度上提高了输配电部门话语权，表明厂网分离政策对发电部门的促进作用要大于对输配电部门的促进作用。这一结果间接证明了对输配电部门实施进一步改革的必要性。分地区看，中部地区和西部地区整体效率提升相对较大，说明这两个地区厂网分离改革前电源结构与管理问题较为严重。其中各个地区都是发电部门效率显著提升，这也是因为厂网分离改革对发电部门影响最大。总的来说，厂网分离改革明显提升了中国电力行业的总体效率，是一次成功的改革。

模型 1 和模型 3 的对比结果显示，输配分离政策实施后，绝大部分效率指标将明显提升。其中电力行业整体、输电部门和配电部门效率分别提升 0.0312、0.0455 和 0.0585，而发电部门效率却几乎没有变化，这主要是因为该政策主要作用于输配电部门。分地区看，东部地区仍是电力系统效率最高的地区，整体效率达到 0.9073。中部地区整体效率提升最快，接近 0.0838，其中输电部门、配电部门效率提升幅度比其他三个地区都大，分别为 0.1103 和 0.1709，说明该政策对中部地区输配电部门效率促进作用最为明显。西部地区仍是中国电力系统效率第二高的地区，整体效率达 0.7495。东北部地区整体效率提升最少，只有 0.0078，并且各子部门效率提升都不显著，说明单独的输配分离改革对东北部地区促进作用不明显，还有其他因素制约输配电部门效率的提升。综合来看，输配分离改革能够进一步提高电力输出省（自治区、直辖市）的积极性，提升中国电力行业的整体效率，电力系统整体发展将变得更加均衡，是未来深化电力行业改革的方向。

如表 10-10 所示，实施输配分离政策后，中国电力系统中输电部门总资产、配电部门人力、发电部门人力和电力消费量四个指标效率会有所提升，其中前两个指标效率提升最多，超过 0.1，而这两个指标恰为当前电力管理体制下影响电力系统整体效率进一步提升的主要障碍。分地区来看，各地区输电部门总资产效率都会有所提升；除东北部地区外，其他三个地区发电部门人力和配电部门人力效率都会上升；除东部地区外，其他三个地区电力消费量效率都会提高，这说明输配分离政策对各地区的促进作用存在差异：东北部地区只有输电部门总资产和电力消费量两个投入产出指标效率得到提升，再次证明单独的输配分离改革对东北部地区电网效率的促进作用有限。此外，东部地区燃料效率、中部地区碳排放量效率也有所提升。

10.2.3 动态环境效率影响因素分析

为了探究影响电力系统效率的外部因素，为政策制定者提出更加综合全面的建议，借鉴 Çelen[316] 和 Xavier 等[363] 的做法，本节以得到的效率值（ θ_i ）作为因变量，以环境变量（ Z_i ）作为自变量，进行回归分析。由于模型得到的效率值介于 0 和 1 之间，是截断数据，Tobit 模型适用于处理这类受限因变量问题，被学者广泛应用于效率影响因素分析，因此本节采用 Tobit 模型对影响电力系统效率的环境因素进行分析[316, 363-365]。

定义潜在随机变量 θ_i^* 如下：

$$\theta_i^* = Z_i'\beta + \varepsilon_i$$

其中，$\varepsilon_i \sim N(0,\sigma^2)$；$Z_i$ 表示一个 $r \times 1$ 阶的环境因素向量；β 表示待估计的 $r \times 1$ 阶的参数向量。基于 θ_i^*，θ_i 定义如下：

$$\theta_i = \begin{cases} \theta_i^*, & 0 \leqslant \theta_i^* \leqslant 1 \\ 0, & \theta_i^* \leqslant 0 \text{或} \theta_i^* \geqslant 1 \end{cases} \quad (10\text{-}36)$$

运用 Tobit 模型分析影响效率的外部因素时，由于所选择的环境变量与因变量可能存在相关性，这会影响估计结果，因此必须科学谨慎地选取环境变量[316]。基于以往的成果，本节选取以下四个变量：产业结构（industrial structure，IS），用第二产业增加值占全省地区生产总值的比重表示；顾客密度（customer density，CD），用每千米输配线路上的平均顾客数表示；电源结构（power structure，PS），用各省级地区发电装机容量中火电装机容量的比重表示；能耗强度（energy consumption intensity，ECI），用地区单位生产总值能耗强度表示，相关数据源自中宏产业数据库[316, 363-365]，表 10-13 列出了各自变量的相关系数。本节使用 Eviews 进行 Tobit 回归分析，相关分析结果如表 10-14 所示。

表 10-13　所选环境变量的相关性

变量	IS	CD	PS	ECI
IS	1.0000	−0.1656	−0.5901	0.2254
CD	−0.2089	1.0000	0.4141	0.1652
PS	0.1652	0.4141	1.0000	−0.2089
ECI	0.2254	−0.5901	−0.1656	1.0000

表 10-14　模型 1 的回归结果

结果类型	细分类型	常量	IS	CD	PS	ECI
部门	整体	0.3197	−0.2662	0.8255**	0.0003	0.6174**
	发电	0.7718***	−0.1639	−0.9247**	−0.5258**	0.4479
	输电	0.2101	−0.5169*	0.1999	0.3830	0.7626***
	配电	−0.0051	−0.2514	0.9548**	0.2865	0.7058**
时期	2007 年	0.2023	−0.222	1.0633***	0.0053	0.8321***
	2008 年	0.2848	−0.1591	0.7692**	0.0023	0.6012**
	2009 年	0.3248	−0.2986	0.8541**	0.0038	0.6178**

续表

结果类型	细分类型	常量	IS	CD	PS	ECI
时期	2010 年	0.4005	−0.3519	0.7096[**]	0.0385	0.5250[**]
	2011 年	0.3506	−0.2421	0.7388[**]	−0.0646	0.4718[*]
	2012 年	0.6067	−0.1149	0.4910[***]	−0.0056	0.3157[**]

*、**、***分别表示在 10%、5%、1%的水平下显著

　　产业结构不利于输电部门效率的提升，系数为 − 0.5169。主要是由于第二产业电力需求量大，且在不同季节、每天不同时间段需求量波动较大，加大了输电网柔性约束。因此提高第三产业比重不仅可以优化产业结构，而且还有助于输电部门效率的提升。

　　顾客密度对输电部门效率影响不显著，但能够促进整体效率和配电部门效率的提高，系数分别为 0.8255 和 0.9548，对发电部门效率影响为负，系数为−0.9247。这主要是因为顾客密度高的地区恰为经济发达地区，配电网建设完备，技术水平、生产效率较高，但同时这些地区资源普遍缺乏，电厂建设面临更大的资金、燃料压力和环保监管。这也再次印证了加大坑口电厂建设力度，实现全国范围内电力资源优化调度的重要性和积极意义[316]。

　　电源结构对电力行业整体、输电部门和配电部门效率影响都不显著；电源结构多元化并不利于发电部门效率提高；火电装机容量在总装机容量中的比重每提升 1%，发电部门效率会下降 0.5258%。这主要是因为火力发电会产生空气污染物，危害环境，火力发电比重越大，发电部门产生的非期望产出越多，效率越低。尽管对于终端消费来说，具体电源形式不影响消费者的使用，但在综合考虑资源禀赋、经济效益和环境效率的基础上，适当降低火电比重以提升发电部门效率，对于国家总体的节能减排工作是非常必要的。

　　能耗强度对发电部门效率无显著影响，但有利于电力行业整体、输电部门和配电部门效率的提高，系数分别为 0.6174、0.7626 和 0.7058，能耗强度每降低 1%，电力行业整体效率、输电部门效率和配电部门效率分别降低 0.6174%、0.7626%和0.7058%。这可能是因为能耗强度的降低不仅需要技术的进步，也需要在电力系统的各个环节投入更多的资源，投入增加明显而产出增加不明显就会引起效率下降。降低能耗是经济发展的必然趋势，决策者应提前预估这种情况的潜在影响，避免电力行业的过度投资和资源浪费。

　　顾客密度和能耗强度对时期效率存在显著正向影响，其影响程度随时间推移整体呈现下降趋势。这说明随着经济发展和电力行业的技术进步，外界环境因素对电力行业的影响逐渐减弱。总的来说，决策者在制定长期改革政策和短期发展计划时，都应该充分考虑到环境因素对电力系统效率的影响，未来的政策变革应给予各地区一定的自主权，各地区可以根据当地电力系统实际进行一定幅度的调

整，只有这样才能实现区域电力系统的优化发展。

10.2.4　政策启示

本节以 2007～2012 年中国 30 个省级电力系统的整体及发电、输电、配电三个部门为例，采用 NSBM-DEA 模型和 DNSBM-DEA 模型研究电力系统环境效率，探索效率研究视角变化对今后电力政策改革的启示。

首先，DNSBM-DEA 模型结合了 NSBM-DEA 模型和动态数据包络分析模型的优势，提供了电力系统整体环境效率影响因素贡献分析的新途径。研究中将发电、输电、配电三个部门作为既统一又相互独立的整体，先后采用 NSBM-DEA 模型和 DNSBM-DEA 模型进行研究。其中 DNSBM-DEA 模型融合网络结构、动态技术和松弛变量的信息，可以考虑前期活动对决策单元当期效率的影响；通过松弛变量的计算，洞悉不同投入产出指标无效率的程度，以找出无效率的根源，为探求系统整体效率提高的途径提供了新的研究视角。与 Yan 等[323]的工作相比，本节增加了对发电部门的分析及碳排放量和线损电量两个非期望产出，完善了一体化电力系统的组成，从全局角度得出更具说服力的结论；同时，基于 DNSBM-DEA 模型的网络特性结合情景分析进行研究，为考察厂网分离政策执行效果及未来进一步推行输配分离政策的可行性提供了契机；我们对不同电压等级的输电线路资产进行了加权处理，并探讨了"跨区输电"对电力系统效率的影响，以期得到更加准确客观的结果。我们还结合所提模型研究了效率相对较低的变量对全国和地区效率的影响，便于制定针对性的改革政策或管理决策。

其次，各地区整体及部门效率之间差异显著，顾客密度和能源强度对总效率及各分解指标均影响显著，而电源结构只影响发电部门的环境效率。2007～2012 年中国省际电力系统效率普遍不高，发电部门效率最高，配电部门效率最低；效率值呈现明显的时期特征和地区差异；就发电部门来看，东部地区效率最高，东北部地区效率最低，各地区电力系统之间与电力系统各部门之间发展不均衡的问题长期存在；整个研究期间，整体效率与地区效率均呈现"U"形变化趋势，说明经济发展是电力系统效率提高的关键；进一步的回归分析发现：能耗强度与整体、输电部门和配电部门的效率都正相关，产业结构、顾客密度和电源结构也影响整体效率或部门效率，这佐证了能源基地建设、"西电东送"政策对提高中部地区和西部地区发电部门效率的积极作用。当前阶段输电网的投资冗余和配电部门的机构臃肿阻碍了电力系统整体效率的提高。分地区看，提高东北部地区发电行业技术水平和燃料品质，实现东北部地区、中部地区、西部地区发电部门的减员增效，降低输配电部门的线路损耗，同时加强对其节能减排工作的监督，才能实现电力行业整体效率[227]的提升与行业内的协调发展。

最后，厂网分离政策显著提升了电力系统整体与发电部门的环境效率，进一步加强输配体制改革已经成为当前电力系统政策改革的必由之路。模型 2 和模型 1 的对比结果表明，厂网分离政策的推行，增强了发电部门的竞争意识，环境效率显著提升，决策主体发电积极性和主动性有效改善，并促进了中国电力行业整体效率的提升；模型 3 和模型 1 的对比发现：输配分离政策不仅能够提高输配电部门的效率，而且可以推动电力行业整体效率的提升。当前中国电力系统输电与配电部门效率相对较低，产权不清，交叉补贴等问题越来越严重，输配电改革势在必行。虽然新电改已提出适当放开配电侧和售电侧的增量部分，但改革的力度仍稍显不足，二者的分离是解决中国电力系统当前主要矛盾的关键。考虑到各地区自然条件、电网建设的异质性，单独的输配分离改革并非对所有地区都有效，决策者应参考中国区域经济发展战略规划，充分认识到各地区电力系统的特点，在国家总体改革政策基础上给予地方一定的自主权，分步骤、分阶段制定考虑地区特点的分离改革政策，才能实现电力系统总体效率的稳步提高。

10.3　考虑服务质量的输配体制改革对环境效率影响研究

10.3.1　情景设置

2015 年，9 号文发布，旨在进一步推动大客户直购电，深化电力市场体制改革，提高配电行业的服务质量。本节结合历史资料，通过加入限制条件来模拟改革情景，不仅研究配电网与输电网分离对电力系统性能的影响，还研究将各方案分开对系统性能的影响差异。在设定情景时考虑以下情况。

（1）本节模拟大用户与发电商直接电力交易业务的推广情景。9 号文发布后，大用户直购电业务发展迅速，占总用电量的比重大幅提高。假设表示大用户直接交易比率的函数是单调递增凸的函数。近年来，我国已经在若干省（自治区、直辖市）进行了试点。根据试点的数据，我们认为，新一轮电力体制改革后，大客户直购电将保持增长趋势。导频参数之间的比例变化很大，所以很难模拟所有参数的比例，因此，假设所有的参数都有一个统一的比例函数。由于数据可用性和一致性问题，本节将研究除西藏、香港、澳门、台湾外的 30 个省（自治区、直辖市）的电力系统效率。根据地理位置，将所有地区分为六组，如表 10-15 所示。以每一组相对完整的数据集为样本，模拟该地区各大客户直购电比例的增长函数。

表 10-15　省（自治区、直辖市）及所属区域

地区	省（自治区、直辖市）
华北	北京、天津、河北、山西、内蒙古、山东
东北	辽宁、吉林、黑龙江

续表

地区	省（自治区、直辖市）
华东	上海、江苏、浙江、安徽、福建
华中	江西、河南、湖北、湖南、重庆、四川
华南	广东、广西、海南、贵州、云南
西北	陕西、甘肃、青海、宁夏、新疆

（2）模拟激励社会资本投资于配电业务并建立电力交易市场的情景。根据 You 和 Jie[177]的研究，在新一轮电力体制改革之前，输配电部门之间的联系被认为是一种自由的联系。但改革后，二者之间的联系已不再是一种自由联系。

本节研究设置的子情景如下。

情景 SI，模拟真实情景，即厂网分离，输配一体，没有大用户直购电时的情景，在此情景下，将从发电厂传输到电网的上网电力设置为固定连接变量，而将从输电网传输到配电网的电量设置为自由连接变量。

情景 SDI，仅放开大用户直购电，未建立电力交易市场的情景。在此情景下，将配电量分为两个部分：一部分是大用户直购电量，将其作为输电网的理想产出；另一部分剩余的配电量作为输配电环节的连接变量。

情景 SDPS，假设电力交易市场中上网电量占比为 α，其他未上网电量由电网公司销售。参照情景 SDI，将 α 设置为 10%、30%、50%、70% 和 90%，表示电力体制改革中的市场建设水平，它们对应的情景分别为 SDPS-10%、SDPS-30%、SDPS-50%、SDPS-70%、SDPS-90%。配电公司和发电厂之间直接交易部分设置为固定连接，因为它已经完成了与输电部门的分离，其他电力交易仍设定为自由连接。

情景 SDS，在情景 SDI 的基础上假设输配环节电力交易市场完全开放。在此情景下，输配环节视为是完全分离的，两部门之间通过固定连接变量联系。

表 10-16 显示了四种情景之间的差异。

表 10-16　四种情景设置

情景	模型	连接变量	
		上网电量	配电量
SI（SPG、ITD）	模型 1	固定连接变量	自由连接变量
SDI（SPG、DPP、ITD）	模型 2	固定连接变量	自由连接变量
SDPS（SPG、DPP、部分 STD）	模型 3	固定连接变量	自由连接变量与固定连接变量并存
SDS（SPG、DPP、STD）	模型 4	固定连接变量	固定连接变量

注：SPG（separate power plants from grids，厂网分离）；ITD（integrate transmission with distribution，输配一体）；STD（separate distribution from transmission，输配分离）；DPP（direct power transactions between large customers and plants，大用户直购电）

本节旨在探讨省际电力系统的效率，分析省级行政区的采用电力直接交的最优比例。

以情景 SI 为基准，模拟 2015 年新一轮电力体制改革前中国电力系统的情况。发电和输电分离，但输电和配电并未分离。因此，连接变量约束应设置为

$$\sum_{j=1}^{n} \lambda_{j1}^{t} z_{j\,\text{fix}(1,2)}^{t} = z_{o(1,2)}^{t}, \ \text{fix}(1,2) = 1,\cdots,\text{linkfix}_{(1,2)} \sum_{j=1}^{n} \lambda_{j2}^{t} z_{j\,\text{fix}(1,2)}^{t}$$

$$= z_{o(1,2)}^{t}, \text{fix}(1,2) = 1,\cdots,\text{linkfix}_{(1,2)} \sum_{j=1}^{n} \lambda_{j2}^{t} z_{j\,\text{free}(2,3)}^{t} \quad （10\text{-}37）$$

$$= \sum_{j=1}^{n} \lambda_{j3}^{t} z_{j\,\text{free}(2,3)}^{t}, \text{free}(2,3) = 1,\cdots,\text{linkfree}_{(2,3)}$$

情景 SDI（输变电一体化的直接电力交易情景）与情景 SI 类似，但输入和输出变量不同，并且存在直接电力交易。情景 SDPS（直接电力交易与输配电分离情景）假设部分配电通过电力市场进行交易，除输配电部门之间的自由连接，约束分为两个约束：一个是自由连接，另一个是固定连接，其他所有约束均与情景 SI 相同。情景 SI 的约束条件如式（10-38）所示：

$$\sum_{j=1}^{n} \lambda_{j2}^{t} z_{j\,\text{free}(2,3)}^{t} = \sum_{j=1}^{n} \lambda_{j3}^{t} z_{j\,\text{free}(2,3)}^{t}, \text{free}(2,3) = 1,\cdots,\text{linkfree}_{(2,3)} \quad （10\text{-}38）$$

上面的方程式变成：

$$\sum_{j=1}^{n} \lambda_{j2}^{t} z_{j\,\text{free}(2,3)}^{t} = \sum_{j=1}^{n} \lambda_{j3}^{t} z_{j\,\text{free}(2,3)}^{t}, \text{free}(2,3)$$

$$= 1,\cdots,\text{linkfree}(2,3), \sum_{j=1}^{n} \lambda_{j1}^{t} z_{j\,\text{fix}(2,3)}^{t}$$

$$= z_{0\,\text{fix}(2,3)}^{t}, \text{fix}(2,3)$$

$$= 1,\cdots,\text{linkfix}(2,3), \sum_{j=1}^{n} \lambda_{j2}^{t} z_{j\,\text{fix}(2,3)}^{t} \quad （10\text{-}39）$$

$$= z_{0\,\text{fix}(2,3)}^{t}, \text{fix}(2,3)$$

$$= 1,\cdots,\text{linkfix}(2,3), z_{j\,\text{fix}(2,3)}^{t} = a z_{j(2,3)}^{t}, z_{j\,\text{free}(2,3)}^{t}$$

$$= z_{j(2,3)}^{t} - a z_{j(2,3)}^{t}$$

其中，$z_{j}^{t}(2,3)$ 表示在时期 t 时决策单元 j 从输电部门到配电部门的连接。

在情景 SDS 中，输电部门和配电部门之间是固定连接约束。情景 SI 中的自由连接如式（10-40）所示：

$$\sum_{j=1}^{n}\lambda_{j1}^{t}z_{j\text{fix}(2,3)}^{t}=z_{0\text{fix}(2,3)}^{t},\text{fix}(2,3)=1,\cdots,\text{linkfix}（2,3）\qquad（10\text{-}40）$$

如前所述，大多数研究只将二氧化碳作为电力系统的非期望产出，而忽略了输配电造成的损失。表 10-17 回顾了以往研究中的投入、产出指标选择。本节将增加顾客数量作为服务质量的指标，并将其作为产出。

表 10-17 　电力系统投入产出指标综述

文献	部门	投入	产出	连接变量	跨期变量
Tone[26]	发电部门	劳动力		发电量	
	输电部门	劳动力	大用户直购电电量	送电量	
	配电部门	劳动力	小用户直购电电量		
Tone 和 Tsutsui[359]	发电部门	劳动力/燃料		发电量	容量
	输电部门	劳动力	大用户直购电电量	送电量	线路长度
	配电部门	劳动力	小用户直购电电量		转换量
You 和 Jie[177]	输电部门	购电量/劳动力/资产	工业用电量	配电量	输送量、线路长度
	配电部门	劳动力/资产	居民用电量		转换量
Nabavieh 等[366]	发电部门	装机容量/燃料	净发电量/碳排放量		Malmquist 指数
Shermeh 等[367]	发电部门	燃料/职工数量			
	输电部门	职工数量/从邻居购电量	向邻居售电量/大用户直购电电量/传输损耗	输电量	
	配电部门	职工数量	小用户直购电电量/配电损耗		
Xie 等[358]	发电部门	资产/燃料/劳动力	碳排放量	上网电量	产电量、容量
	输电部门	资产		配电量	输送量、线路长度
	配电部门	资产/劳动力	线路损耗/配电电量		转换量、容量

电力系统是一个复杂的网络，其子部门之间存在连接活动。此外，在测量效率随时间的变化时，必须考虑相邻周期之间的关系[368]。基于上述回顾和分析，本节的分析中选择以下投入产出指标，如图 10-7 所示。

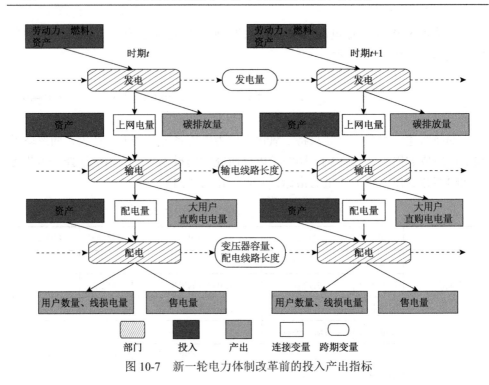

图 10-7 新一轮电力体制改革前的投入产出指标

为客观考察分拆改革的效果，本节以 2011～2016 年为研究期。在"十二五"规划之初，即 2011 年，区域电网公司陆续注销，中国国家电网公司进一步加强了垄断地位。2011～2016 年，除 9 号文发布外，中国电力系统并未采取其他具有重大影响的改革措施，因此，采用这一时期的数据来模拟新一轮电力体制改革的影响是合适的。

表 10-18 为新一轮电力体制改革前投入产出指标的数据集，资料来源于《电力工业统计资料汇编》和《中国劳动统计年鉴》。数据根据研究需要进行了一定程度的调整，主要涉及以下几个方面。一般来说，一个地区的电力供需是不平等的。具体来说，有些省（自治区、直辖市）对外输出电力，有些省（自治区、直辖市）购入电力。忽视"区域间输电"将导致效率评估出现偏差。考虑到这一现象，采用如下公式调整输配电部门的投入产出：投入（产出）调整=原始投入（产出）/β，其中β=发电行业的配电/供电。β 大于 1 表示外购电；β 小于 1 表示外送电；β 等于 1 表示既没有外购电又没有外送电。

表 10-18 投入产出指标汇总

部门	变量类型	变量	单位
发电部门	投入	能源（$X^t_{1/1}$）	万吨标准煤
		发电部门资产投入（$X^t_{2/1}$）	亿元
		发电部门劳动力（$X^t_{3/1}$）	人

续表

部门	变量类型	变量	单位
发电部门	非期望产出	碳排放量（U^t_{1j1}）	万吨
	连接变量	上网电量[$Z^t_{1j\text{fixed}(1,2)}$]	亿度
	跨期变量	装机容量（$C^{t,t+1}_{1j1}$）	兆瓦
输电部门	投入	输电部门资产投入（X^t_{1j2}）	亿元
	期望产出	大用户直购电量（Y^t_{1j2}）	亿度
	连接变量	配电量[$Z^t_{1j\text{free}(2,3)}$ 或 $Z^t_{1j\text{fixed}(2,3)}$]	亿度
	跨期变量	输电线长度×输电线功率（$C^{t,t+1}_{1j2}$）	千伏·千米
配电部门	投入	配电部门劳动力（$C^{t,t+1}_{1j2}$）	人
		配电部门资产投入（X^t_{1j3}）	亿元
	非期望产出	线损（U^t_{1j3}）	亿度
		用户数量（Y^t_{1j3}）	人
	跨期变量	变压器容量（$C^{t,t+1}_{1j3}$）	亿伏安
		配电线长度×配电线功率（$C^{t,t+1}_{2j3}$）	千伏·千米

中国电力系统的输配电部门都由电网公司运营，不存在每个部门的详细数据。在实际运营过程中，劳动力、变压器容量、线损主要集中于配电环节。因此，将电网公司的线损作为配电部门的非期望产出，将配电部门劳动力作为配电部门的投入。此外，对配电部门资产投入、变压器容量及配电线长度也按照细分标准进行了划分。

资产投入按 2000 年不变价折算，折算方法如式（10-41）所示：

$$I^t_j = I^{t-1}_j(1-\delta) + \Delta I^t_j / P^t_j \qquad (10\text{-}41)$$

其中，I 表示固定资产；j 表示决策单元的个数；t 和 $t{-}1$ 表示时间。P^t_j 表示第 t 年第 j 区域的新增投资；I^t_j 表示预设固定资产平减指数；δ 表示折旧率，根据估计，设 $\delta=6\%$。

由于输电线路所使用的资源根据其电压水平的不同而不同，输电线路的加权和计算如式（10-42）所示：

$$AL = \sum_{i=1}^{n} A_i \times L_i \qquad (10\text{-}42)$$

其中，n 表示 35 千伏及以上电压等级数量；A_i 表示第 i 电压等级的电压值；L_i 表示第 i 电压等级线路长度。

二氧化碳为发电部门的非理想产出，本节利用电力生产的能源消费量和 IPCC 公布的碳排放系数对碳排放量进行换算。碳排放量的计算如式（10-43）所示：

$$C_j^t = E_j^t \times \theta \qquad\qquad (10\text{-}43)$$

其中，C_j^t 表示第 t 年第 j 区域的碳排放量；E_j^t 表示第 t 年第 j 区域的能源消费量；θ 表示 IPCC 发布的碳排放系数。

电力系统生产效率随着时间的流逝而发生变化，但没有标准的方法计算各个时期的权重。根据 Xie 等[358]提供的折旧率估算方法，得到周期权向量为[0.143，0.152，0.161，0.171，0.181，0.192]。在设置部门权重时考虑以下方面：第一，假设节能减排与经济发展同等重要；第二，根据每一个部门的平均资产份额确定发电、输电和配电部门在经济发展方面的权重；第三，发电、输电和配电部门对节能减排同样重要。因而，分别赋予发电、输电和配电部门权重为[0.487，0.232，0.281]。

10.3.2　电力系统性能分析

本节比较了四种情景下各省（自治区、直辖市）的综合服务效率。表 10-19 显示了 SI、SDI 和 SDS 情景，以及涉及 ETM（En-Tan-Mo）机制的不同电力交易比率的 SDPS 情景下中国电力系统的效率。它表明 SDPS-10%、SDPS-30%、SDPS-50%、SDPS-70%、SDPS-90%的结果几乎相同。尽管配电部门是否参与市场化改革显著影响效率，但参与电力交易市场的比例对效率影响不大。这表明，输配分离、配电业务引入竞争是影响我国电力系统效率变化的关键因素。

表 10-19　不同情景下各决策单元的综合服务效率

省（自治区、直辖市）	SI	SDI	SDPS-10%	SDPS-30%	SDPS-50%	SDPS-70%	SDPS-90%	SDS
北京	0.488	0.495	0.599	0.582	0.582	0.599	0.603	0.930
天津	0.555	0.552	0.542	0.500	0.500	0.542	0.500	0.960
广东	0.637	0.634	0.699	0.681	0.694	0.699	0.676	0.647
黑龙江	0.689	0.708	0.578	0.732	0.732	0.578	0.728	0.955
海南	0.854	0.854	0.881	0.890	0.890	0.881	0.889	0.851
云南	0.886	0.880	0.935	0.945	0.944	0.935	0.947	0.856
江西	0.918	0.918	0.954	0.954	0.954	0.954	0.954	0.913

续表

省（自治区、直辖市）	SI	SDI	SDPS-10%	SDPS-30%	SDPS-50%	SDPS-70%	SDPS-90%	SDS
四川	0.934	0.934	0.709	0.855	0.855	0.709	0.856	0.899
甘肃	0.936	0.934	0.970	0.944	0.954	0.970	0.970	0.931
湖北	0.941	0.941	0.904	0.904	0.905	0.904	0.917	0.922
福建	0.954	0.954	0.859	0.890	0.890	0.859	0.891	0.932
宁夏	0.956	0.956	0.990	0.982	0.982	0.990	0.982	0.937
陕西	0.958	0.958	0.838	0.841	0.842	0.838	0.847	0.937
吉林	0.960	0.960	0.850	0.849	0.849	0.850	0.848	0.931
辽宁	0.963	0.964	0.946	0.742	0.742	0.946	0.741	0.917
安徽	0.965	0.965	0.916	0.897	0.898	0.916	0.895	0.927
广西	0.967	0.967	0.893	0.888	0.888	0.893	0.888	0.941
山西	0.968	0.968	0.978	0.986	0.986	0.978	0.985	0.951
河南	0.972	0.972	0.922	0.906	0.906	0.922	0.906	0.941
上海	0.974	0.974	0.924	0.923	0.923	0.924	0.923	0.962
湖南	0.975	0.975	0.889	0.614	0.614	0.889	0.614	0.935
新疆	0.975	0.975	0.969	0.903	0.902	0.969	0.905	0.922
贵州	0.976	0.976	0.929	0.937	0.937	0.929	0.937	0.949
内蒙古	0.976	0.976	0.933	0.943	0.943	0.933	0.944	0.957
浙江	0.977	0.977	0.854	0.851	0.851	0.854	0.848	0.954
河北	0.979	0.979	0.924	0.933	0.933	0.924	0.933	0.960
重庆	0.982	0.982	0.762	0.760	0.759	0.762	0.770	0.956
山东	0.984	0.984	0.924	0.915	0.915	0.924	0.915	0.954
江苏	0.987	0.987	0.864	0.872	0.872	0.864	0.872	0.966
青海	0.990	0.995	0.969	0.911	0.911	0.969	0.977	0.858

在完全市场化的电力交易机制即 SDS 情景下，可以最大限度地提高全国电力系统的整体效率；但在 SDPS 情景下，电力交易市场中上网电量占比对电力系统效率的影响较小。无论电力交易市场中上网电量占比，即参与直接电力交易的比例如何，SDPS 情景下的综合服务效率大部分都低于其他情景下的综合服务效率，且当该比例为 70%时，平均效率高于其他子情景。研究表明，无论是否允许大客

户直购电，彻底市场化的交易机制和配电与输电部门一体化的机制都能促进效率提高。截至 2019 年 11 月，我国直接参与电力交易的比例占总用电量的 41.2%。9 号文指出，并非所有电力都将进入交易市场，这表明我国一直在探索直接电力交易的范围和边界。新一轮电力体制改革的目的不仅是提高电力系统的经济效益，还要着眼于提高电力系统的服务质量，因此本节将选择电力交易市场中上网电量占比为 70%（SDPS-70%）的情景来代表 SDPS 情景。后文将在分析部分引入市场化改革水平对综合电力系统效率的影响。

　　表 10-19 为不同情景下决策单元的效率变化。在 SI 情景下，北京的效率最低，为 0.488，青海的效率最高，为 0.990。同时，省级行政区的整体效率与区域电力供需状况有显著差异。在 SDS 情景下，北京、天津和其他电力输入省（自治区、直辖市）的效率显著提高。在完全市场化机制下，由于电力是通过优化全国电力供应进行调度的，因此涉及的行政干预较少，电力进口省（自治区、直辖市）可能比其他情景更容易获得高效率。因此，在 SDS 情景下，电力系统的平均效率最高。

　　对于电力输入占比较大的省（自治区、直辖市），如北京、天津、广东等，随着电力交易市场中上网电量占比的提高，其获得高效率的机会大大增加。对于新疆、内蒙古、河北等超高压跨区输电线路较多的省（自治区、直辖市），市场化改革能够加大其电力调出力度，可能会降低其效率。对于以火电为主的电力输出省（自治区、直辖市），如山西、宁夏和贵州，不同情景下效率差别不大。对湖北、湖南、四川、重庆等水电调出大省而言，完全市场化的改革将有助于提高效率，而只有一小部分电力进入交易市场，甚至可能降低效率。对于火电占主导地位、电力调入比重较小的省（自治区、直辖市），如东南沿海大部分省（自治区、直辖市），也会倾向规范化或完全市场化的情景。山东、河南、海南等电力调入调出少的省（自治区、直辖市）也出现类似情况。公众对于这一结果看法是有争议的，本节引入了指数 β，它不仅消除了区域间电力传输带来的效率评价偏差，而且表明不同的减排分配方案可能导致完全不同的结果。这也表明，有必要给电力调出省（自治区、直辖市）增加财政转移支付。

　　至于省际效率差异，随着电力参与交易市场比重的增加，省际的效率差距变小，SDS 情景下省际总体效率差距最小，标准差为 0.059。在不同的 SDPS 情景下，省际效率的标准差在 0.120 左右，不实行输配分离化改革情景下，各省（自治区、直辖市）效率的标准差在 0.130 左右。与初始情景（SI）相比，是否所有电力参与市场化改革（SDI 和 SDPS）对效率影响很大，在不同的省级行政区域中，效率的方差减小。特别是我国电力系统的平均综合效率在 SDPS 情景下是最低的，这意味着政府要坚决彻底地进行电力体制改革，推进输配分离政策，缩小地区差距。

改革政策对电力系统的整体效率有很大差异，即使是相同的政策也会对各省级行政区域产生不同的影响。因此，电力体制改革要因地制宜，适时调整。

为了进一步研究 2015 年的改革对省级行政区域的影响并制定更有效的政策，本节根据其位置将各省级行政区域分为六组。图 10-8 为不同情景下各地区的效率值。SI 情景下，华东地区效率最高。该地区经济发达，电力消费量大，该地区的产能可以得到有效发挥。同时，由于人口稠密，电力生产技术相对先进，这些因素导致东部地区输电部门的效率也很高。华北地区是效率最低的地区，这是因为考虑到了二氧化碳的非期望产出，而该地区的省（自治区、直辖市）无一例外都是火电居于完全主导地位，与目前国家追求可持续发展的方针政策一致。因此，环境因素是评价电力系统效率的重要指标。

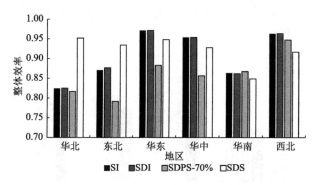

图 10-8　不同情景下不同区域的整体效率

SDI 情景下，东北地区的效率稍高于 SI 情景。该地区是中国重工业基地，而重工业大多为电力密集型企业，电力密集型企业是大用户直购电的目标客户。这种电力密集型企业的商业模式可以通过节省配电部门的资金来提高电网部门的效率，这一结论可以在后文中进一步得到验证。

电力销售完全市场化，东北和华北地区的效率显著提高，而华东、西北、华中和华南地区的效率则呈下降趋势。在华中和华南两个地区，水电占总发电量的比例很高，特别是四川、重庆、湖北和云南。这些地区在夏季的丰水季节，火力发电能力利用率较低，效率下降。然而，东北地区的情况却不同，部分原因是这些地区在供暖季节的电力需求强劲，风力发电大幅增加。因此，电力需求和容量利用率也经历了类似的变化趋势。电力体制改革后，清洁发电的优势使这些地区更具竞争力，从而缩小了与其他地区整体效率的差距。

Resende 等[315]对小型电力系统的研究也发现了类似的结果。竞争的有效性受到电力系统规模的限制，并且存在一个阈值，低于这个阈值，竞争将不会产生预期结果。影响竞争力的相关特征包括是否位于热带地区、交通情况和偏远地区客户比例。因此，引入竞争的政策在巴西、印度、英国等大型经济体取得了成功，但在尼加拉瓜、萨尔瓦多和澳大利亚北部等小型经济体中却没有成功。对中国而言，宜将配电业务与输电业务分开，在六大区域电网中引入竞争机制，但地方电网公司仍应保持其完整的电力系统。

为了进一步探讨新一轮电力体制改革的影响，图 10-9 显示了不同情景下各部门的效率变化。可见，电力体制改革对发电部门的影响最小，对输电部门的影响最大。在发展电力交易市场的过程中，输电部门的效率在 SDPS 情景下有下降的趋势，但在电力市场全面建立即 SDS 情景下，输电效率提高显著，这与电力体制改革打破电网公司输配电业务垄断的意图不谋而合。虽然完全实现这一目标存在很大困难，但从长远来看，实施直购电政策后，将有利于提高电网公司的效率，而输电部门的效率将下降。可能的原因是大客户直购电减少了配电业务，电网公司对输电业务的依赖程度提高。因此，大客户与发电厂之间的直接交易价格将是未来提高电网效率的关键因素。

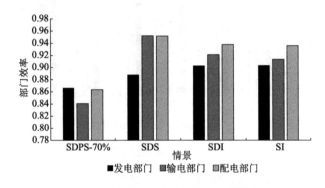

图 10-9　不同情景下中国的部门效率

表 10-20 描述了各情景下不同区域的部门效率变化。由于恶劣的天气条件，东北地区和华北地区输电部门的效率大都是较低的。东北地区和华北地区降雪频繁、气温较低，必须实行更加严格的技术标准，这加大了电网的投资和维护成本。

表 10-20　不同情景下各地区部门效率对比

情景	部门	华北	东北	华东	华中	华南	西北	中国
SI	发电部门	0.847 274	0.963 607	0.954 851	0.931 802	0.805 261	0.947 239	0.903 401
	输电部门	0.826 122	0.675 786	0.980 256	0.955 685	0.980 433	0.975 409	0.913 290
	配电部门	0.893 170	0.868 840	0.991 402	0.986 746	0.868 137	0.978 957	0.935 950
SDI	发电部门	0.847 456	0.963 624	0.954 773	0.931 776	0.803 049	0.946 103	0.921 276
	输电部门	0.862 753	0.675 736	0.980 196	0.955 922	0.980 395	0.979 139	0.937 837
	配电部门	0.892 692	0.891 765	0.991 423	0.986 801	0.866 008	0.938 988	0.951 315

续表

情景	部门	华北	东北	华东	华中	华南	西北	中国
SDPS-70%	发电部门	0.810 141	0.870 040	0.868 745	0.877 051	0.850 872	0.933 628	0.866 650
	输电部门	0.743 561	0.677 727	0.879 587	0.851 874	0.922 099	0.922 343	0.840 864
	配电部门	0.846 092	0.747 763	0.904 195	0.819 320	0.846 796	0.984 258	0.863 734
SDS	发电部门	0.933 821	0.905 184	0.920 041	0.895 477	0.791 025	0.879 317	0.888 108
	输电部门	0.955 163	0.943 613	0.963 071	0.954 826	0.962 557	0.955 232	0.952 352
	配电部门	0.977 425	0.976 414	0.982 152	0.934 076	0.854 479	0.946 154	0.951 714

通过比较不同改革措施的效率差距，得出以下结论：①在 SDI 情景下，华北地区输电部门效率明显提高，而华南地区配电效率略有下降。②在 SDPS 情景下，各地区的子部门效率大都低于 SI 情景；与 SDPS 情景相比，在 SDS 情景下，各地区的子部门效率又开始回升，说明现阶段电力行业市场化改革不彻底对电力系统产生了负面影响，而改革的全面实施更有利于提高电力系统的运行效率。

图 10-10 为不同情景下 2011～2016 年的时期效率。在 2015 年出现显著拐点之前，效率持续提高。一个可能的解释是，2015 年后，中国经济发展进入"新常态"。此后，电力消耗也呈现出不同的趋势。伴随着经济增长速度放缓，中国正在进行一场以产业结构调整和高能耗产业生产下降为特征的"产业转型升级"改革。2015 年全国用电量仅增长 0.5%，比 2014 年下降 3.3%。然而，第二产业的用电量甚至下降了 1.4%，这是 1980 年以来的第一个负值。

SDI 情景的时期效率呈现出与 SI 情景相似的趋势，这表明大客户与发电集团之间的直接电力交易政策无法抵消经济增长率放缓导致的效率下降。在 SDPS-70%情景下，电力系统的时期效率低于其他情景，这反映了我国新一轮电力体制改革后的均衡态势，但并不像 SDS 情景所表明的那样是电力改革的最优策略。因此，政府应加大力度，建立完全市场化的交易机制。

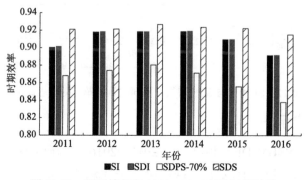

图 10-10　不同情景下 2011～2016 年的时期效率

图 10-11 显示了 SI 情景和其他改革方案之间效率差距的变化。总体而言,SDI 情景和 SDPS-70%情景下的电力系统效率与 SI 情景相比显著下降,SDS 情景下的电力系统效率没有显著提高,说明 2015 年的改革限制了我国电力系统效率的进一步提高。

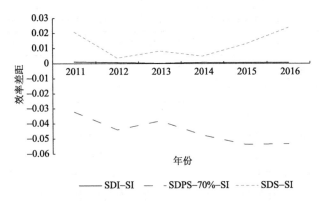

图 10-11　不同改革方案与初始方案效率差距的变化

从效率变化的角度来看,完全的电力交易市场化改革对不同地区的影响差异很大。图 10-12 分析了 SDS-SI 在不同区域的效率差距。可以发现,华北和东北地区的效率显著提高,主要是因为这些地区以火电为主,在自由竞争的市场上,火电因发电稳定可能会增加份额。同时,这些地区是我国重要的重工业基地,对电力直接交易的需求比其他地区更大。鉴于这一结果,政策制定者在实施改革时应更加重视该问题。

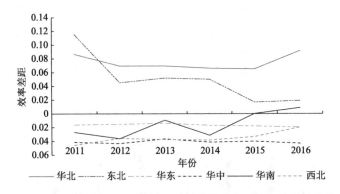

图 10-12　SI 情景与 SDS 情景下不同政策改革下效率差距的变化

10.3.3　政策启示

本节采用 DNSBM-DEA 模型,以 2011～2016 年为研究区间,探讨了 2015 年电力改革对我国 30 个省级行政区域的电力系统效率的影响。并进一步运用情景分析法模拟不同政策改革对电力系统及其各子部门的影响。在以下诸方面能够为未来的政策制定提供决策技术支持[369]。

第一，电力系统的生产效率受发电和消费情况的影响很大。电力调入省（自治区、直辖市）普遍效率较低，而具有丰富的燃煤发电能力的省级行政区，电力调出较多，容易获得高效率。各区域在不同情景下表现出不同的效率发展趋势，这表明财政转移到燃煤电力调出省（自治区、直辖市）的政策起到了一定作用。总体而言，2015 年的改革建立了电力交易市场，并引入大用户直购电交易，即 SDPS 情景显著影响了电力系统的效率，这对厘清参与电力市场化改革的范围提出了重大挑战。未来的政策必须将交易市场与财政转移支付政策结合起来，明晰参与电力交易的范围，加快电力体制改革。

第二，各部门政策对电力系统的影响差异显著。发电方与大用户之间的直接电力交易显著影响电力系统效率。不彻底的改革可能会损害所有部门的效率，而 SDS 情景下完全的电力交易能够显著提高输配电部门的效率，并可能缩小地区之间的效率差距，重工业比重较大的地区效率明显提高。从生产效率的角度来看，部分市场化的交易机制表现甚至不如 SDS 情景和 SI 情景。简而言之，从输配电环节的角度出发，应建立完整的电力交易市场系统，避免电力价格双轨制和人为调节。

第三，尽管引入竞争对决策单元不同地区和子部门的效率影响显著，但不能抵消经济发展形势变化的影响。大多数情景下的效率变化趋势在 2015 年出现拐点，但大客户与发电商之间的直接电力交易、配电与输电分开的情景除外，这与中国经济增长趋势相吻合。也反映了 SDPS 情景的均衡状况，即使与 SI 情景没有进一步的电力改革相比，SDPS 情景并非合适的电力改革策略。2015 年的改革对效率的影响很小，因为 SI 情景与输配电一体化（SDI 情景）情况下的效率差距很小。然而，SDS 情景会进一步扩大各区域的效率差距，对于电力调入与调出省（自治区、直辖市）尤其如此。

基于以上分析，我们可以发现，未来的电力政策改革需遵循如下原则：首先，政府在因地制宜调整措施的同时，不仅要促进大客户和发电集团之间的直接电力交易，而且要促进所有企业之间的直接电力交易，进一步推进电力体制改革目标，建立完善的电力交易市场。其次，进一步鼓励建立电力交易市场，开展增量配电服务，应对目前全国电力供应分布不均的局面。再次，通过情景模拟，分析分拆改革可能导致的中国电力系统结构变革，我们发现政策制定者应加大力度，厘清参与电力交易的行业和部门，并在这些部门建立完全市场化的交易机制，其他部门则继续进行严格的电力管制。最后，提高竞争力的政策可能并非对所有国家都适用。由于各国电力工业发展水平、经济社会条件和资源禀赋的差异，结论未必相同，但我们的这些发现能够为其他国家探索适合本国国情的电力体制改革提供决策技术支持。未来的改革中，一方面，可以进一步探讨服务和环境指标对效率评估的影响，从而确定关键评估指标；另一方面，可以从成本效益的角度探讨新一轮电力体制改革对电力系统的影响。

10.4　本章小结

本章采用基于NSBM-DEA模型和DNSBM-DEA模型研究一体化电力系统的整体、部门及时期效率，分析引致电力系统无效率的部门和变量，并通过情景模拟分析了厂网分离改革的成效及未来电力系统实施输配分离政策的影响，以期能为决策者提供短期发展规划和长期政策改革建议。

研究过程中发现，松弛变量和服务质量指标及跨期变量与连接变量的引入均显著影响评价结果，外部环境的差异对电力系统效率影响非常大。目前我国推行的输配分离政策是提高电力系统服务质量和环境效率的有效举措，但若想达到政策的预期效果，必须尽快厘清实行市场化交易和维持输配一体化管理的范围。除偏远地区、特殊行业和特殊人群外，尽快推行电力市场化改革，尽快解决电价双轨制，这将有利于电力系统环境效率的整体提升。

参 考 文 献

[1] IEA. World Energy Outlook 2017[R]. International Energy Agency, Paris, 2017.

[2] 中国电力企业联合会. 中国电力行业年度发展报告 2018[M]. 北京: 中国市场出版社, 2018.

[3] IEA. World Energy Outlook 2019[R]. International Energy Agency. Paris, 2019.

[4] 中华人民共和国国务院新闻办公室. 中国的能源政策(2012)[M]. 北京: 外文出版社, 2012.

[5] 解百臣, 杜纲. 效用型 Malmquist 指数方法及火电类上市公司实证分析[J]. 中国管理科学, 2010, 18: 46-51.

[6] Zhao X L, Lyon T P, Song C. Lurching towards markets for power: China's electricity policy 1985-2007[J]. Applied Energy, 2012, 94: 148-155.

[7] Zhao X L, Ma C B. Deregulation, vertical unbundling and the performance of China's large coal-fired power plants[J]. Energy Economics, 2013, 40: 474-483.

[8] Xie B C, Fan Y, Qu Q Q. Does generation form influence environmental efficiency performance? An analysis of China's power system[J]. Applied Energy, 2012, 96: 261-271.

[9] Zhou P, Ang B W, Wang H. Energy and CO_2 emission performance in electricity generation: a non-radial directional distance function approach[J]. European Journal of Operational Research, 2012, 221(3): 625-635.

[10] IEA. CO_2 emissions from fuel combustion (detailed estimates)[R]. International Energy Agency, Paris, 2012.

[11] IEA. Energy statistics of non-OECD countries[R]. International Energy Agency, Paris, 2012.

[12] IEA. CO_2 emissions from fuel combustion (detailed estimates)[R]. International Energy Agency, Paris, 2017.

[13] Gouveia M C, Dias L C, Antunes C H, et al. Benchmarking of maintenance and outage repair in an electricity distribution company using the value-based DEA method[J]. Omega, 2015, 53: 104-114.

[14] Gore O, Viljainen S, Makkonen M, et al. Russian electricity market reform: deregulation or re-regulation?[J]. Energy Policy, 2012, 41: 676-685.

[15] Kuosmanen T. Stochastic semi-nonparametric frontier estimation of electricity distribution networks: application of the StoNED method in the Finnish regulatory model[J]. Energy Economics, 2012, 34(6): 2189-2199.

[16] Blázquez-Gómez L, Grifell-Tatjé E. Evaluating the regulator: winners and losers in the regulation of Spanish electricity distribution[J]. Energy Economics, 2011, 33(5): 807-815.

[17] Pérez-Reyes R, Tovar B. Measuring efficiency and productivity change (PTF) in the Peruvian electricity distribution companies after reforms[J]. Energy Policy, 2009, 37(6): 2249-2261.

[18] 科埃利 T J, 拉奥 D S P, 奥唐奈 C J, 等. 效率与生产率分析引论[M]. 2 版. 王忠玉译. 北京: 中国人民大学出版社, 2008.

[19] Jamasb T, Pollitt M. Benchmarking and regulation: international electricity experience[J]. Utilities Policy, 2000, 9(3): 107-130.

[20] Giannakis D, Jamasb T, Pollitt M. Benchmarking and incentive regulation of quality of service: an application to the UK electricity distribution networks[J]. Energy Policy, 2005, 33(17): 2256-2271.

[21] Charnes A, Coopper W W, Rhodes E. Measuring the efficiency of decision making units[J]. European Journal of Operational Research, 1978, 2(6): 429-444.

[22] Zhou P, Ang B W, Poh K L. A survey of data envelopment analysis in energy and environmental studies[J]. European Journal of Operational Research, 2008, 189(1): 1-18.

[23] Liu J S, Lu L Y Y, Lu W M, et al. A survey of DEA applications[J]. Omega, 2013, 41(5): 893-902.

[24] Banker R D, Charnes A, Cooper W W. Some models for estimating technical and scale inefficiencies in data envelopment analysis[J]. Management Science, 1984, 30: 1078-1092.

[25] Andersen P, Petersen N C. A procedure for ranking efficient units in data envelopment analysis[J]. Management Science, 1993, 39(10): 1261-1264.

[26] Tone K. A slacks-based measure of efficiency in data envelopment analysis[J]. European Journal of Operational Research, 2001, 130(3): 498-509.

[27] Färe R, Grosskopf S, Lovell C A K, et al. Multilateral productivity comparisons when some outputs are undesirable: a nonparametric approach[J]. The Review of Economics and Statistics, 1989, 71: 90-98.

[28] Hailu A, Veeman T S. Non-parametric productivity analysis with undesirable outputs: an application to the Canadian pulp and paper industry[J]. American Journal of Agricultural Economics, 2001, 83(3): 605-616.

[29] Seiford L M, Zhu J. Modeling undesirable factors in efficiency evaluation[J]. European Journal of Operational Research, 2002, 142(1): 16-20.

[30] Färe R, Grosskopf S, Yaisawarng S, et al. Productivity growth in Illinois electric utilities[J]. Resources and Energy, 1990, 12(4): 383-398.

[31] Liang L, Wu J, Cook W D, et al. The DEA game cross-efficiency model and its Nash equilibrium[J]. Operations Research, 2008, 56(5): 1278-1288.

[32] Chung Y H, Färe R, Grosskopf S. Productivity and undesirable outputs: a directional distance function approach[J]. Journal of Environmental Management, 1997, 51: 229-240.

[33] Sueyoshi T, Goto M. Data envelopment analysis for environmental assessment: Comparison between public and private ownership in petroleum industry[J]. European Journal of Operational Research, 2012, 216(3): 668-678.

[34] Goto M, Otsuka A, Sueyoshi T. DEA (Data Envelopment Analysis) assessment of operational and environmental efficiencies on Japanese regional industries[J]. Energy, 2014, 66: 535-549.

[35] Efron B. 1979. Bootstrap methods: another look at the jackknife[J]. The Annals of Statistics, 7(1): 1-26.

[36] Simar L, Wilson P W. Sensitivity analysis of efficiency scores: how to bootstrap in nonparametric frontier models[J]. Management Science, 1998, 44(1): 49-61.

[37] Simar L, Wilson P W. Statistical inference in nonparametric frontier models: the state of the art[J]. Journal of Productivity Analysis, 2000, 13(1): 49-78

[38] Hawdon D. Efficiency, performance and regulation of the international gas industry—a bootstrap DEA approach[J]. Energy Policy, 2003, 31(11): 1167-1178.

[39] Kneip A, Simar L, Wilson P W. A computationally efficient, consistent bootstrap for inference with non-parametric DEA estimators[J]. Computational Economics, 2011, 38(4): 483-515.

[40] 刘晓欣, 邵燕敏, 张珣. 基于 Bootstrap-DEA 的工业能源效率分析[J]. 系统科学与数学, 2011, 31: 361-371.

[41] 陶长琪, 王志平. 技术效率的地区差异及其成因分析——基于三阶段 DEA 与 Bootstrap-DEA 方法[J]. 研究与发展管理, 2011, 23: 91-99.

[42] Duan N, Guo J P, Xie B C. Is there a difference between the energy and CO_2 emission performance for China's thermal power industry? A bootstrapped directional distance function approach[J]. Applied Energy, 2016, 162: 1552-1563.

[43] Simar L, Wilson P W, Walker J E. Statistical inference in nonparametric frontier models: recent developments and perspectives[M]//Fried H O, Lovell C K, Schmidt S S. The Measurement of Productive Efficiency and Productivity Growth. Oxford: Oxford University Press, 2008: 421-521.

[44] Simar L, Wilson P W. Estimating and bootstrapping Malmquist indices[J]. European Journal of Operational Research, 1999, 115(3): 459-471.

[45] Simar L, Wilson P W. Non-parametric tests of returns to scale[J]. European Journal of Operational Research, 2002, 139(1): 115-132.

[46] Simar L, Vanhems A, Wilson P W. Statistical inference for DEA estimators of directional distances[J]. European Journal of Operational Research, 2012, 220(3): 853-864.

[47] Hampf B, Rødseth K L. Carbon dioxide emission standards for US power plants: An efficiency analysis perspective[J]. Energy Economics, 2015, 50: 140-153.

[48] Kneip A, Simar L, Wilson P W. Asymptotics and consistent bootstraps for DEA estimators in nonparametric frontier models[J]. Econometric Theory, 2008, 24(6): 1663-1697.

[49] Daraio C, Simar L. 2014. Directional distances and their robust versions: computational and testing issues[J]. European Journal of Operational Research, 237(1): 358-369.

[50] Kneip A, Simar L, Wilson P W. When bias kills the variance: central limit theorems for DEA and FDH efficiency scores[J]. Econometric Theory, 2015, 31(2): 394-422.

[51] Olesen O B, Petersen N C. Stochastic data envelopment analysis: a review[J]. European Journal of Operational Research, 2016, 251(1): 2-21.

[52] Tsionas E G, Papadakis E N. A Bayesian approach to statistical inference in stochastic DEA[J]. Omega, 2010, 38(5): 309-314.

[53] Mitropoulos P, Talias M A, Mitropoulos I. Combining stochastic DEA with Bayesian analysis to obtain statistical properties of the efficiency scores: an application to Greek public hospitals[J]. European Journal of Operational Research, 2015, 243(1): 302-311.

[54] Jin J L, Zhou D Q, Zhou P. Measuring environmental performance with stochastic environmental DEA: the case of APEC economies[J]. Economic Modelling, 2014, 38: 80-86.

[55] Sala-Garrido R, Hernández-Sancho F, Molinos-Senante M. Assessing the efficiency of wastewater treatment plants in an uncertain context: a DEA with tolerances approach[J]. Environmental Science & Policy, 2012, 18: 34-44.

[56] Bruni M E, Conforti D, Beraldi P, et al. Probabilistically constrained models for efficiency and dominance in DEA[J]. International Journal of Production Economics, 2009, 117(1): 219-228.

[57] Sueyoshi T, Goto M. Returns to scale vs. damages to scale in data envelopment analysis: An impact of US clean air act on coal-fired power plants[J]. Omega, 2013, 41: 164-175.

[58] Steenhof P A. Decomposition for emission baseline setting in China's electricity sector[J]. Energy Policy, 2007, 35(1): 280-294.

[59] Sarıca K, Or I. Efficiency assessment of Turkish power plants using data envelopment analysis[J]. Energy, 2007, 32(8): 1484-1499.

[60] Lee Y C, Hu J L, Kao C H. Efficient saving targets of electricity and energy for regions in China[J]. International Journal of Electrical Power & Energy Systems, 2011, 33(6): 1211-1219.

[61] Färe R, Grosskopf S, Logan J. The relative efficiency of Illinois electric utilities[J]. Resources and Energy, 1983, 5(4): 349-367.

[62] Sueyoshi T, Goto M. DEA radial measurement for environmental assessment and planning: desirable procedures to evaluate fossil fuel power plants[J]. Energy Policy, 2012, 41: 422-432.

[63] Wang Y S, Xie B C, Shang L F, et al. Measures to improve the performance of China's thermal power industry in view of cost efficiency[J]. Applied Energy, 2013, 112: 1078-1086.

[64] Zhou P, Ang B W, Han J Y. Total factor carbon emission performance: a Malmquist index analysis[J]. Energy Economics, 2010, 32(1): 194-201.

[65] Färe R, Grosskopf S. Modeling undesirable factors in efficiency evaluation: comment[J]. European Journal of Operational Research, 2004, 157(1): 242-245.

[66] Färe R, Grosskopf S, Pasurka C A Jr. Environmental production functions and environmental directional distance functions[J]. Energy, 2007, 32(7): 1055-1066.

[67] Yaisawarng S, Klein J D. 1994. The effects of sulfur dioxide controls on productivity change in the US electric power industry[J]. The Review of Economics and Statistics, 76(3): 447-460.

[68] 解百臣, 徐大鹏, 刘明磊, 等. 基于投入型 Malmquist 指数的省际发电部门低碳经济评价[J]. 管理评论, 2010, 22: 119-128

[69] Färe R, Grosskopf S, Weber W L. The effect of risk-based capital requirements on profit efficiency in banking[J]. Applied Economics, 2004, 36(15): 1731-1743.

[70] Wang K, Xian Y J, Wei Y M, et al. Sources of carbon productivity change: a decomposition and disaggregation analysis based on global Luenberger productivity indicator and endogenous directional distance function[J]. Ecological Indicators, 2016, 66: 545-555.

[71] Zhang N, Choi Y. A note on the evolution of directional distance function and its development in energy and environmental studies 1997–2013[J]. Renewable and Sustainable Energy Reviews, 2014, 33: 50-59.

[72] Färe R, Grosskopf S, Lovell C a K. Production frontiers[M]. Cambridge: Cambridge University Press, 1993.

[73] Maniadakis N, Thanassoulis E. A cost Malmquist productivity index[J]. European Journal of Operational Research, 2004, 154(2): 396-409.

[74] 涂正革. 工业二氧化硫排放的影子价格: 一个新的分析框架[J]. 经济学(季刊), 2010, 9: 259-282.

[75] Choi Y. Estimation of CO_2 shadow price in Chinese provinces: an output distance function approach[J]. International Journal of Innovation and Sustainable Development, 2012, 6(3): 281-289.

[76] Assaf A G, Barros C P, Managi S. 2011. Cost efficiency of Japanese steam power generation companies: a Bayesian comparison of random and fixed frontier models[J]. Applied Energy, 88(4): 1441-1446.

[77] Jahangoshai Rezaee M, Moini A, Makui A. Operational and non-operational performance evaluation of thermal power plants in Iran: a game theory approach[J]. Energy, 2012, 38(1): 96-103.

[78] Arabi B, Munisamy S, Emrouznejad A, et al. Eco-efficiency considering the issue of heterogeneity among power plants[J]. Energy, 2016, 111: 722-735.

[79] Vaninsky A. Efficiency of electric power generation in the United States: analysis and forecast based on data envelopment analysis[J]. Energy Economics, 2006, 28(3): 326-338.

[80] Xie B C, Shang L F, Yang S B, et al. Dynamic environmental efficiency evaluation of electric power industries: evidence from OECD (Organization for Economic Cooperation and Development) and BRIC (Brazil, Russia, India and China) countries[J]. Energy, 2014, 74: 147-157.

[81] Sueyoshi T, Goto M. DEA environmental assessment in a time horizon: malmquist index on fuel mix, electricity and CO_2 of industrial nations[J]. Energy Economics, 2013, 40: 370-382.

[82] Ewertowska A, Galán-Martín A, Guillén-Gosálbez G, et al. Assessment of the environmental efficiency of the electricity mix of the top European economies via data envelopment analysis[J]. Journal of Cleaner Production, 2016, 116: 13-22.

[83] Matsushita K, Yamane F. Pollution from the electric power sector in Japan and efficient pollution reduction[J]. Energy Economics, 2012, 34(4): 1124-1130.

[84] Wang K, Wang S S, Liu L, et al. Environmental co-benefits of energy efficiency improvement in coal-fired power sector: a case study of Henan Province, China[J]. Applied Energy, 2016, 184: 810-819.

[85] Zhou Y, Xing X P, Fang K N, et al. Environmental efficiency analysis of power industry in China based on an entropy SBM model[J]. Energy Policy, 2013, 57: 68-75.

[86] Chen L, Jia G Z. Environmental efficiency analysis of China's regional industry: a data envelopment analysis (DEA) based approach[J]. Journal of Cleaner Production, 2017, 142: 846-853.

[87] Bi G B, Song W, Zhou P, et al. Does environmental regulation affect energy efficiency in China's thermal power generation? Empirical evidence from a slacks-based DEA model[J]. Energy Policy, 2014, 66: 537-546.

[88] Korhonen P J, Luptacik M. Eco-efficiency analysis of power plants: an extension of data envelopment analysis[J]. European Journal of Operational Research, 2004, 154(2): 437-446.

[89] Sueyoshi T, Goto M. DEA approach for unified efficiency measurement: assessment of Japanese fossil fuel power generation[J]. Energy Economics, 2011, 33(2): 292-303.

[90] Sueyoshi T, Goto M. Environmental assessment by DEA radial measurement: US coal-fired power plants in ISO (Independent System Operator) and RTO (Regional Transmission Organization)[J]. Energy Economics, 2012, 34(3): 663-676.

[91] Sueyoshi T, Goto M. Environmental assessment on coal-fired power plants in US north-east region by DEA non-radial measurement[J]. Energy Economics, 2015, 50: 125-139.

[92] Arabi B, Munisamy S, Emrouznejad A, et al. Power industry restructuring and eco-efficiency changes: a new slacks-based model in Malmquist-Luenberger Index measurement[J]. Energy Policy, 2014, 68: 132-145.

[93] Sueyoshi T, Goto M. Undesirable congestion under natural disposability and desirable congestion under managerial disposability in US electric power industry measured by DEA environmental assessment[J]. Energy Economics, 2016, 55: 173-188.

[94] Sahoo N R, Mohapatra P K J, Sahoo B K, et al. Rationality of energy efficiency improvement targets under the PAT scheme in India – A case of thermal power plants[J]. Energy Economics, 2017, 66: 279-289.

[95] Zhang N, Kong F B, Choi Y, et al. The effect of size-control policy on unified energy and carbon efficiency for Chinese fossil fuel power plants[J]. Energy Policy, 2014, 70: 193-200.

[96] Zhang N, Choi Y. Total-factor carbon emission performance of fossil fuel power plants in China: a metafrontier non-radial Malmquist index analysis[J]. Energy Economics, 2013, 40: 549-559.

[97] Du L M, Mao J. Estimating the environmental efficiency and marginal CO_2 abatement cost of coal-fired power plants in China[J]. Energy Policy, 2015, 85: 347-356.

[98] Zhao X L, Yin H T, Zhao Y. Impact of environmental regulations on the efficiency and CO_2 emissions of power plants in China[J]. Applied Energy, 2015, 149: 238-247.

[99] 赵晓丽, 马骞, 马春波. 电力工业厂网分开改革对火电企业效率影响的实证分析[J]. 中国软科学, 2013, (2): 184-192.

[100] Du L M, Mao J, Shi J C. Assessing the impact of regulatory reforms on China's electricity generation industry[J]. Energy Policy, 2009, 37(2): 712-710.

[101] Lin B Q, Du K R. Modeling the dynamics of carbon emission performance in China: a parametric Malmquist index approach[J]. Energy Economics, 2015, 49: 550-557.

[102] Charnes A, Cooper W W, Rhodes E. Evaluating program and managerial efficiency: an application of data envelopment analysis to program follow through[J]. Management Science, 1981, 27(6): 668-697.

[103] Chiu C R, Liou J L, Wu P I, et al. Decomposition of the environmental inefficiency of the meta-frontier with undesirable output[J]. Energy Economics, 2012, 34(5): 1392-1399.

[104] Chung Y, Heshmati A. Measurement of environmentally sensitive productivity growth in Korean industries[J]. Journal of Cleaner Production, 2015, 104: 380-391.

[105] Munisamy S, Arabi B. Eco-efficiency change in power plants: using a slacks-based measure for the meta-frontier Malmquist-Luenberger productivity index[J]. Journal of Cleaner Production, 2015, 105: 218-232.

[106] Nakano M, Managi S. Regulatory reforms and productivity: an empirical analysis of the Japanese electricity industry[J]. Energy Policy, 2008, 36(1): 201-209.

[107] Fleishman R, Alexander R, Bretschneider S, et al. Does regulation stimulate productivity? The effect of air quality policies on the efficiency of US power plants[J]. Energy Policy, 2009, 37(11): 4574-4582.

[108] Fried H O, Lovell C A K, Schmidt S S, et al. Accounting for environmental effects and statistical noise in data envelopment analysis[J]. Journal of Productivity Analysis, 2002, 17: 157-174.

[109] Tu Z G, Liu L K. Efficiency evaluation of industrial sectors in China accounting for the energy and environment factors: based on provincial data by a SBM approach[J]. Economic Review, 2011, （2）: 55-65.

[110] Lee M, Zhang N. Technical efficiency, shadow price of carbon dioxide emissions, and substitutability for energy in the Chinese manufacturing industries[J]. Energy Economics, 2012, 34（5）: 1492-1497.

[111] Egilmez G, Kucukvar M, Tatari O. Sustainability assessment of US manufacturing sectors: an economic input output-based frontier approach[J]. Journal of Cleaner Production, 2013, 53: 91-102.

[112] Yang H L, Pollitt M. Incorporating both undesirable outputs and uncontrollable variables into DEA: the performance of Chinese coal-fired power plants[J]. European Journal of Operational Research, 2009, 197（3）: 1095-1105.

[113] Sueyoshi T, Goto M. Returns to scale and damages to scale on US fossil fuel power plants: radial and non-radial approaches for DEA environmental assessment[J]. Energy Economics, 2012, 34（6）: 2240-2259.

[114] Zhang N, Choi Y. A comparative study of dynamic changes in CO_2 emission performance of fossil fuel power plants in China and Korea[J]. Energy Policy, 2013, 62: 324-332.

[115] Fan M T, Shao S, Yang L L. Combining global Malmquist–Luenberger index and generalized method of moments to investigate industrial total factor CO_2 emission performance: a case of Shanghai （China）[J]. Energy Policy, 2015, 79: 189-201.

[116] Chen S Y, Golley J. 'Green' productivity growth in China's industrial economy[J]. Energy Economics, 2014, 44: 89-98.

[117] Roodman D. How to do Xtabond2: an introduction to difference and system GMM in Stata[J]. The Stata Journal: Promoting Communications on Statistics and Stata, 2009, 9（1）: 86-136.

[118] Aigner D, Lovell C A K, Schmidt P. Formulation and estimation of stochastic frontier production function models[J]. Journal of Econometrics, 1977, 6（1）: 21-37.

[119] Meeusen W, van den Broeck J. Efficiency estimation from Cobb-Douglas production functions with composed error[J]. International Economic Review, 1977, 18（2）: 435-444.

[120] Pitt M M, Lee L F. The measurement and sources of technical inefficiency in the Indonesian weaving industry[J]. Journal of Development Economics, 1981, 9（1）: 43-64.

[121] Polachek S W, Yoon B J. Panel estimates of a two tiered earnings frontier[J]. Journal of Applied Econometrics, 1996, 11（2）: 169-178.

[122] Schmidt P, Sickles R C. Production frontiers and panel data[J]. Journal of Business & Economic Statistics, 1984, 2（4）: 367-374.

[123] Kumbhakar S C. Production frontiers, panel data, and time-varying technical inefficiency[J]. Journal of Econometrics, 1990, 46: 201-211.

[124] Battese G E. Frontier production functions and technical efficiency a survey of empirical applications in agricultural economics[J]. Agricultural Economics, 1992, 7（3/4）: 185-208.

[125] Battese G E, Coelli T J. A model for technical inefficiency effects in a stochastic frontier production function for panel data[J]. Empirical Economics, 1995, 20（2）: 325-332.

[126] Greene W. Reconsidering heterogeneity in panel data estimators of the stochastic frontier model[J]. Journal of Econometrics, 2005, 126（2）: 269-303.

[127] Tsionas E G, Kumbhakar S C. Firm heterogeneity, persistent and transient technical inefficiency: a generalized true random-effects model[J]. Journal of Applied Econometrics, 2014, 29（1）: 110-132.

[128] Filippini M, Greene W. Persistent and transient productive inefficiency: a maximum simulated likelihood approach[J]. Journal of Productivity Analysis, 2016, 45（2）: 187-196.

[129] Kumbhakar S C, Amundsveen R, Kvile H M, et al. Scale economies, technical change and efficiency in Norwegian electricity distribution, 1998–2010[J]. Journal of Productivity Analysis, 2015, 43（3）: 295-305.

[130] Lai H P, Kumbhakar S C. Endogeneity in panel data stochastic frontier model with determinants of persistent and transient inefficiency[J]. Economics Letters, 2018, 162: 5-9.

[131] Amsler C, Prokhorov A, Schmidt P. Endogenous environmental variables in stochastic frontier models[J]. Journal of Econometrics, 2017, 199(2): 131-140.

[132] van den Broeck J, Koop G, Osiewalski J, et al. Stochastic frontier models: a Bayesian perspective[J]. Journal of Econometrics, 1994, 61(2): 273-303.

[133] Ortega F J, Gavilan J M. A comparison between maximum likelihood and Bayesian estimation of stochastic frontier production models[J]. Communications in Statistics - Simulation and Computation, 2014, 43(7): 1714-1725.

[134] Wikström D. A finite sample improvement of the fixed effects estimator applied to technical inefficiency[J]. Journal of Productivity Analysis, 2015, 43(1): 29-46.

[135] Andor M, Hesse F. The StoNED age: the departure into a new era of efficiency analysis? A Monte Carlo comparison of StoNED and the "oldies" (SFA and DEA)[J]. Journal of Productivity Analysis, 2014, 41(1): 85-109.

[136] Saastamoinen A, Kuosmanen T. Quality frontier of electricity distribution: supply security, best practices, and underground cabling in Finland[J]. Energy Economics, 2016, 53: 281-292.

[137] Monastyrenko E. Eco-efficiency outcomes of mergers and acquisitions in the European electricity industry[J]. Energy Policy, 2017, 107: 258-277.

[138] Kopsakangas-Savolainen M, Svento R. Observed and unobserved heterogeneity in stochastic frontier models: an application to the electricity distribution industry[J]. Energy Economics, 2011, 33(2): 304-310.

[139] Colombi R, Kumbhakar S C, Martini G, et al. Closed-skew normality in stochastic frontiers with individual effects and long/short-run efficiency[J]. Journal of Productivity Analysis, 2014, 42(2): 123-136.

[140] Filippini M, Geissmann T, Greene W H. Persistent and transient cost efficiency—an application to the Swiss hydropower sector[J]. Journal of Productivity Analysis, 2018, 49(1): 65-77.

[141] Blasch J, Boogen N, Filippini M, et al. Explaining electricity demand and the role of energy and investment literacy on end-use efficiency of Swiss households[J]. Energy Economics, 2017, 68: 89-102.

[142] Alberini A, Filippini M. Transient and persistent energy efficiency in the US residential sector: evidence from household-level data[J]. Energy Efficiency, 2018, 11(3): 589-601.

[143] 昆伯卡 S C, 拉维尔 C A K. 随机边界分析[M]. 陈晓红, 杨倩译. 上海: 复旦大学出版社, 2007.

[144] Kim Y, Schmidt P. A review and empirical comparison of Bayesian and classical approaches to inference on efficiency levels in stochastic frontier models with panel data[J]. Journal of Productivity Analysis, 2000, 14(2): 91-118.

[145] Berger J. Statistical Decision Theory and Beyesian Analysis[M]. Dordrecht: Springer, 1985.

[146] Galán J E, Veiga H, Wiper M P. Bayesian estimation of inefficiency heterogeneity in stochastic frontier models[J]. Journal of Productivity Analysis, 2014, 42(1): 85-101.

[147] Camacho G, Eduardo J. Bayesian analysis of heterogeneity in stochastic frontier models[D]. Madrid: Carlos III University of Madrid, 2014.

[148] Battese G E, Coelli T J. Frontier production functions, technical efficiency and panel data: with application to paddy farmers in India[J]. Journal of Productivity Analysis, 1992, 3: 153-169.

[149] Ahn S C, Sickles R C. Estimation of long-run inefficiency levels: a dynamic frontier approach[J]. Econometric Reviews, 2000, 19(4): 461-492.

[150] Emvalomatis G. Adjustment and unobserved heterogeneity in dynamic stochastic frontier models[J]. Journal of Productivity Analysis, 2012, 37(1): 7-16.

[151] Galán J E, Pollitt M G. Inefficiency persistence and heterogeneity in Colombian electricity utilities[J]. Energy Economics, 2014, 46: 31-44.

[152] Kopp R J, Smith V K. Frontier production function estimates for steam electric generation: a comparative analysis[J]. Southern Economic Journal, 1980, 46: 1049-1059.

[153] 张琪.火电行业技术效率及影响因素研究: 基于三要素随机前沿生产函数模型[D]. 厦门: 厦门大学, 2014.

[154] 陶锋, 郭建万, 杨舜贤. 电力体制转型期发电行业的技术效率及其影响因素[J]. 中国工业经济, 2008, (1): 68-76

[155] 黄梦妮. 我国发电业的技术效率及其影响因素分析[D]. 上海:上海师范大学, 2013.

[156] 张各兴, 夏大慰.所有权结构、环境规制与中国发电行业的效率——基于 2003—2009 年 30 个省级面板数据的分析[J]. 中国工业经济, 2011, (6): 130-140.

[157] 李楠, 马占新. 上市电力公司生产效率分析[J]. 煤炭经济研究, 2013, 33(10): 50-54.

[158] 封玉婷. 电力上市公司效率测度及分析[J]. 财会通讯, 2011, (17): 34-35.

[159] Hiebert L D. The determinants of the cost efficiency of electric generating plants: a stochastic frontier approach[J]. Southern Economic Journal, 2002, 68(4): 935-946.

[160] Chen Z F, Barros C P, Borges M R. A Bayesian stochastic frontier analysis of Chinese fossil-fuel electricity generation companies[J]. Energy Economics, 2015, 48: 136-144.

[161] Li H Z, Tian X L, Zou T. Impact analysis of coal-electricity pricing linkage scheme in China based on stochastic frontier cost function[J]. Applied Energy, 2015, 151: 296-305.

[162] 张少华, 蒋伟杰.能源效率测度方法: 演变、争议与未来[J]. 数量经济技术经济研究, 2016, 33(7): 3-24.

[163] Wang D D, Sueyoshi T. Assessment of large commercial rooftop photovoltaic system installations: evidence from California[J]. Applied Energy, 2017, 188: 45-55.

[164] Wang Z H, Li Y, Wang K, et al. Environment-adjusted operational performance evaluation of solar photovoltaic power plants: a three stage efficiency analysis[J]. Renewable and Sustainable Energy Reviews, 2017, 76(1): 1153-1162.

[165] Weyman-Jones T G. Productive efficiency in a regulated industry: the area electricity boards of England and Wales[J]. Energy Economics, 1991, 13(2): 116-122.

[166] Hattori T, Jamasb T, Pollitt M. Electricity distribution in the UK and Japan: a comparative efficiency analysis 1985-1998[J]. The Energy Journal, 2005, 26(2): 23-48.

[167] 王金祥, 吴育华.基于超效率 DEA 模型的电力公司效率评价[J]. 东北电力学院学报, 2004, 24: 22-25.

[168] Yu W, Jamasb T, Pollitt M. Does weather explain cost and quality performance? An analysis of UK electricity distribution companies[J]. Energy Policy, 2009, 37(11): 4177-4188.

[169] 赵会茹, 赵名璐, 乞建勋.基于 DEA 技术的输配电价格管制研究[J]. 数量经济技术经济研究, 2004, 21: 110-119.

[170] 范英, 姬强, 朱磊, 等.中国能源安全研究:基于管理科学的视角[M]. 北京: 科学出版社, 2013.

[171] Corton M L, Zimmermann A, Phillips M A. The low cost of quality improvements in the electricity distribution sector of Brazil[J]. Energy Policy, 2016, 97: 485-493.

[172] Xie B C, Zhang Z J, Anaya K L. Has the unbundling reform improved the service efficiency of China's power grid firms?[J]. Energy Economics, 2021, 104993.

[173] Yunos J M, Hawdon D. The efficiency of the National Electricity Board in Malaysia: an intercountry comparison using DEA[J]. Energy Economics, 1997, 19(2): 255-269.

[174] Ajayi V, Weyman-Jones T, Glass A. Cost efficiency and electricity market structure: a case study of OECD countries[J]. Energy Economics, 2017, 65: 283-291.

[175] de Souza M V P, Souza R C, Pessanha J F M, et al. An application of data envelopment analysis to evaluate the efficiency level of the operational cost of Brazilian electricity distribution utilities[J]. Socio-Economic Planning Sciences, 2014, 48(3): 169-174.

[176] Llorca M, Orea L, Pollitt M G. Using the latent class approach to cluster firms in benchmarking: an application to the US electricity transmission industry[J]. Operations Research Perspectives, 2014, 1(1): 6-17.

[177] You Y Q, Jie T. A study of the operation efficiency and cost performance indices of power-supply companies in China based on a dynamic network slacks-based measure model[J]. Omega, 2016, 60: 85-97.

[178] Førsund F R, Kittelsen S A C. Productivity development of Norwegian electricity distribution utilities[J]. Resource and Energy Economics, 1998, 20(3): 207-224.

[179] Hattori T. Relative performance of US and Japanese electricity distribution: an application of stochastic frontier analysis[J]. Journal of Productivity Analysis, 2002, 18(3): 269-284.

[180] Goto M, Sueyoshi T. Productivity growth and deregulation of Japanese electricity distribution[J]. Energy Policy, 2009, 37(8): 3130-3138.

[181] Mullarkey S, Caulfield B, McCormack S, et al. A framework for establishing the technical efficiency of Electricity Distribution Counties (EDCs) using data envelopment analysis[J]. Energy Conversion and Management, 2015, 94: 112-123.

[182] Growitsch C, Jamasb T, Pollitt M. Quality of service, efficiency and scale in network industries: an analysis of European electricity distribution[J]. Applied Economics, 2009, 41(20): 2555-2570.

[183] Tovar B, Javier Ramos-Real F, de Almeida E F. Firm size and productivity. Evidence from the electricity distribution industry in Brazil[J]. Energy Policy, 2011, 39(2): 826-833.

[184] Jamasb T, Orea L, Pollitt M. Estimating the marginal cost of quality improvements: the case of the UK electricity distribution companies[J]. Energy Economics, 2012, 34(5): 1498-1506.

[185] Coelli T J, Gautier A, Perelman S, et al. Estimating the cost of improving quality in electricity distribution: a parametric distance function approach[J]. Energy Policy, 2013, 53: 287-297.

[186] Cambini C, Croce A, Fumagalli E. Output-based incentive regulation in electricity distribution: evidence from Italy[J]. Energy Economics, 2014, 45: 205-216.

[187] Llorca M, Orea L, Pollitt M G. Efficiency and environmental factors in the US electricity transmission industry[J]. Energy Economics, 2016, 55: 234-246.

[188] Domijan Jr A, Matavalam R K, Montenegro A, et al. Effects of normal weather conditions on interruptions in distribution systems[J]. International Journal of Power and Energy Systems, 2005, 25(1): 54-62.

[189] Saastamoinen A, Bjørndal E, Bjørndal M. Specification of merger gains in the Norwegian electricity distribution industry[J]. Energy Policy, 2017, 102: 96-107.

[190] Mirza F M, Mushtaq I, Ullah K. Assessing the efficiency dynamics of post reforms electric distribution utilities in Pakistan[J].Utilities Policy, 2017, 47: 18-28.

[191] Çelen A. Technical efficiency in Turkish electricity distribution market: an application of stochastic frontier analysis (SFA)[J]. Ekonomik Yaklasim, 2016, 27(101):161-183.

[192] Tsutsui M, Goto M. A multi-division efficiency evaluation of US electric power companies using a weighted slacks-based measure[J]. Socio-Economic Planning Sciences, 2009, 43(3): 201-208.

[193] Burns P, Weyman-Jones T G. Cost functions and cost efficiency in electricity distribution: a stochastic frontier approach[J]. 1996, 48(1): 41-64.

[194] Azadeh A, Ghaderi S F, Omrani H, et al. An integrated DEA-COLS-SFA algorithm for optimization and policy making of electricity distribution units[J]. Energy Policy, 2009, 37(7): 2605-2618.

[195] Arocena P. Cost and quality gains from diversification and vertical integration in the electricity industry: a DEA approach[J]. Energy Economics, 2008, 30(1): 39-58.

[196] Fukuyama H, Weber W L. A slacks-based inefficiency measure for a two-stage system with bad outputs[J]. Omega, 2010, 38(5): 398-409.

[197] Sueyoshi T, Yuan Y, Goto M. A litera ture study for DEA applied to energy and environment[J]. Energy Economics, 2017, 62(1): 104-124.

[198] Wu J, Yin P Z, Sun J S, et al. Evaluating the environmental efficiency of a two-stage system with undesired outputs by a DEA approach: an interest preference perspective[J]. European Journal of Operational Research, 2016, 254(3): 1047-1062.

[199] Vazhayil J P, Balasubramanian R. Optimization of India's power sector strategies using weight-restricted stochastic data envelopment analysis[J]. Energy Policy, 2013, 56: 456-465.

[200] Hwang I. Production efficiency measurement of ten Japanese electric power companies: an application of the stochastic frontier model[J]. Journal of Economic Research, 2016, 21: 35-65.

[201] Jaunky V C, Zhang L. Convergence of operational efficiency in China's provincial power sectors[J]. Energy Journal, 2016, 37: 3-27.

[202] Bagdadioglu N, Price C M W, Weyman-Jones T G. Efficiency and ownership in electricity distribution: a non-parametric model of the Turkish experience[J]. Energy Economics, 1996, 18(1/2): 1-23.

[203] Abbott M. The productivity and efficiency of the Australian electricity supply industry[J]. Energy Economics, 2006, 28(4): 444-454.

[204] Wattana S, Sharma D. Electricity industry reforms in Thailand: an analysis of productivity[J]. International Journal of Energy Sector Management, 2011, 5(4):494-521.

[205] Bushnell J, Chen Y. Allocation and leakage in regional cap-and-trade markets for CO_2[J]. Resource and Energy Economics, 2012, 34(4): 647-668.

[206] Cong R G. An optimization model for renewable energy generation and its application in China: a perspective of maximum utilization[J]. Renewable and Sustainable Energy Reviews, 2013, 17: 94-103.

[207] Sueyoshi T. Tariff structure of Japanese electric power companies: an empirical analysis using DEA[J]. European Journal of Operational Research, 1999, 118(2): 350-374.

[208] Goto M, Inoue T, Sueyoshi T. Structural reform of Japanese electric power industry: separation between generation and transmission & distribution[J]. Energy Policy, 2013, 56: 186-200.

[209] 林伯强, 杜克锐. 要素市场扭曲对能源效率的影响[J]. 经济研究, 2013, 48(9): 125-136.

[210] 李永来. 市场化改革与电力行业效率:基于 DEA 的电力行业上市公司分析[J].当代经济科学, 2009, 31(1):59-64,126.

[211] Wang K, Zhang X, Yu X Y, et al. Emissions trading and abatement cost savings: an estimation of China's thermal power industry[J]. Renewable and Sustainable Energy Reviews, 2016, 65: 1005-1017.

[212] Farrell M J. The measurement of productive efficiency[J]. Journal of the Royal Statistical Society Series A (General), 1957, 120(3): 253-290.

[213] 魏权龄, 岳明. DEA 概论与 C^2R 模型——数据包络分析(一)[J]. 系统工程理论与实践, 1989,(1): 58-69

[214] 魏权龄, 崔宇刚. 评价相对有效性的几个重要 DEA 模型——数据包络分析(二)[J]. 系统工程理论与实践, 1989,(2): 55-68

[215] 魏权龄, 卢刚. DEA 方法与模型的应用——数据包络分析(三)[J]. 系统工程理论与实践, 1989,(3): 67-75

[216] Banker R D. Estimating most productive scale size using data envelopment analysis[J]. European Journal of Operational Research, 1984, 17(1): 35-44.

[217] Zhou P, Poh K L, Ang B W. A non-radial DEA approach to measuring environmental performance[J]. European Journal of Operational Research, 2007, 178(1):1-9.

[218] Cook W D, Seiford L M. Data envelopment analysis (DEA)-Thirty years on[J]. European Journal of Operational Research, 2009, 192(1): 1-17.

[219] Tone K, Tsutsui M. Network DEA: a slacks-based measure approach[J]. European Journal of Operational Research, 2009, 197(1): 243-252.

[220] Tone K. Dealing with undesirable outputs in DEA: a slacks-based measure(SBM) approach[R]. GRIPS Research Report Series I, 2004.

[221] Boyd G, Molburg J, Prince R. Alternative methods of marginal abatement cost estimation: non-parametric distance functions[R]. Proceedings of the USAEE/IAEE 17th Conference 86-95, 1996.

[222] Kaneko S, Fujii H, Sawazu N, et al. Financial allocation strategy for the regional pollution abatement cost of reducing sulfur dioxide emissions in the thermal power sector in China[J]. Energy Policy, 2010, 38(5): 2131-2141.

[223] Xie B C, Duan N, Wang Y S. Environmental efficiency and abatement cost of China's industrial sectors based on a three-stage data envelopment analysis[J]. Journal of Cleaner Production, 2017, 153(1): 626-636.

[224] Jondrow J, Lovell C A K, Materov I S, et al. On the estimation of technical inefficiency in the stochastic frontier production function model[J]. Journal of Econometrics, 1982, 19(2/3): 233-238.

[225] 白雪洁, 宋莹.中国各省火电行业的技术效率及其提升方向——基于三阶段 DEA 模型的分析[J]. 财经研究, 2008, 34: 15-25

[226] 王兵, 卢金勇, 陈茹.环境约束下的中国火电行业技术效率及其影响因素实证研究[J]. 经济评论, 2010, (4): 90-97,108.

[227] Adler N, Friedman L, Sinuany-Stern Z. Review of ranking methods in the data envelopment analysis context[J]. European Journal of Operational Research, 2002, 140: 249-265.

[228] Sexton T R, Silkman R H, Hogan A J. Data envelopment analysis: critique and extensions[J]. New Directions for Program Evaluation, 1986, (32): 73-105.

[229] Doyle J, Green R. Efficiency and cross-efficiency in DEA derivations meanings and uses[J]. Journal of the Operational Research Society, 1994, 45: 567-578.

[230] 吴杰. 数据包络分析(DEA)的交叉效率研究——基于博弈理论的效率评估方法[D]. 合肥: 中国科学技术大学, 2008.

[231] Lin B Q, Yang L S. Efficiency effect of changing investment structure on China's power industry[J]. Renewable and Sustainable Energy Reviews, 2014, 39: 403-411.

[232] Mou D G. Understanding China's electricity market reform from the perspective of the coal-fired power disparity[J]. Energy Policy, 2014, 74: 224-234.

[233] Xie B C, Gao J, Zhang S, et al. The environmental efficiency analysis of China's power generation sector based on game cross-efficiency approach[J]. Structural Change and Economic Dynamics, 2018, 46: 126-135.

[234] Bian Y W, He P, Xu H. Estimation of potential energy saving and carbon dioxide emission reduction in China based on an extended non-radial DEA approach[J]. Energy Policy, 2013, 63: 962-971.

[235] Ma J J, Du G, Xie B C. CO_2 emission changes of China's power generation system: Input-output subsystem analysis[J]. Energy Policy, 2019, 124: 1-12.

[236] Zhang Y J, Peng Y L, Ma C Q, et al. Can environmental innovation facilitate carbon emissions reduction? Evidence from China[J]. Energy Policy, 2017, 100: 18-28.

[237] Arellano M, Bond S. Some tests of specification for panel data: Monte Carlo evidence and an application to employment equations[J]. The Review of Economic Studies, 1991, 58(2): 277-297.

[238] Arellano M, Bover O. Another look at the instrumental variable estimation of error-components models[J]. Journal of Econometrics, 1995, 68: 29-51.

[239] Blundell R, Bond S. Initial conditions and moment restrictions in dynamic panel data models[J]. Journal of Econometrics, 1998, 87: 115-143.

[240] Sargan J D. The estimation of economic relationships using instrumental variables[J]. Econometrica, 1958, 26(3): 393-415.

[241] Hansen L P. Large sample properties of generalized method of moments estimators[J]. Econometrica, 1982, 50: 1029-1054.

[242] Chen T Y, Yeh T L, Lee Y T. Comparison of power plants efficiency among 73 countries[J]. Journal of Energy, 2013, 2013: 1-8.

[243] 曲茜茜, 解百臣, 殷可欣. 考虑非理想产出的中国火电行业效率省际差异分析[J]. 资源科学, 2012, 34(6): 1160-1166.

[244] Hoff A. Second stage DEA: comparison of approaches for modelling the DEA score[J]. European Journal of Operational Research, 2007, 181(1): 425-435.

[245] BP. BP statistical review of world energy[M]. London: BP stats, 2014.

[246] IEA. CO_2 emissions from fuel combustion 2014[R]. International Energy Agency, IEA, Paris, 2014.

[247] 国家统计局能源统计司. 中国能源统计年鉴 2013[M]. 北京: 中国统计出版社, 2013.

[248] Ang B W, Mu A R, Zhou P. Accounting frameworks for tracking energy efficiency trends[J]. Energy Economics, 2010, 32(5): 1209-1219.

[249] Bogetoft P, Otto L. Benchmarking with DEA, SFA, and R[M]. Dordrecht: Springer, 2011.

[250] Simar L, Wilson P W. Statistical approaches for non - parametric frontier models: a guided tour[J]. International Statistical Review, 2015, 83(1): 77-110.

[251] 解百臣, 张宝成, 吴育华. 收益型 Malmquist 指数置信区间估计[J]. 北京理工大学学报, 2010, 30: 1252-1255.

[252] Shephard R W, Gale D, Kuhn H W. Theory of cost and production functions[M]. Princeton: University Press Princeton, 1970.

[253] Färe R, Grosskopf S, Lovell C A K. The measurement of efficiency of production[M]. Dordrecht: Springer, 1985.

[254] Chambers R G, Chung Y, Färe R. Profit, directional distance functions, and Nerlovian efficiency[J]. Journal of Optimization Theory and Applications, 1998, 98(2): 351-364.

[255] Duan N, Guo J P, Zhou P, et al. The impacts of the coal-electricity price linkage on the profit efficiency of China's thermal power plants[J]. International Journal of Production Research, 2019, 57(23): 7457-7470.

[256] da Silva e Souza G, Gomes E G. Management of agricultural research centers in Brazil: a DEA application using a dynamic GMM approach[J]. European Journal of Operational Research, 2015, 240(3): 819-824.

[257] Simar L, Wilson P W. Estimation and inference in two-stage, semi-parametric models of production processes[J]. Journal of Econometrics, 2007, 136(1): 31-64.

[258] Ma C B, Zhao X L. China's electricity market restructuring and technology mandates: plant-level evidence for changing operational efficiency[J]. Energy Economics, 2015, 47: 227-237.

[259] Gharneh N S, Nabavieh A, Gholamiangonabadi D, et al. Productivity change and its determinants: application of the Malmquist index with bootstrapping in Iranian steam power plants[J]. Utilities Policy, 2014, 31: 114-120.

[260] Singh S K, Bajpai V K. Estimation of operational efficiency and its determinants using DEA: the case of Indian coal-fired power plants[J]. International Journal of Energy Sector Management, 2013, 7(4): 409-429.

[261] Leme R C, Paiva A P, Steele Santos P E, et al. Design of experiments applied to environmental variables analysis in electricity utilities efficiency: the Brazilian case[J]. Energy Economics, 2014, 45: 111-119.

[262] Zhou P, Zhou X, Fan L W. On estimating shadow prices of undesirable outputs with efficiency models: a literature review[J]. Applied Energy, 2014, 130: 799-806.

[263] Yang F X, Yang M, Nie H L. Productivity trends of Chinese regions: a perspective from energy saving and environmental regulations[J]. Applied Energy, 2013, 110: 82-89.

[264] Gómez-Calvet R, Conesa D, Gómez-Calvet A R, et al. Energy efficiency in the European Union: what can be learned from the joint application of directional distance functions and slacks-based measures?[J]. Applied Energy, 2014, 132: 137-154.

[265] Choi Y, Zhang N, Zhou P. Efficiency and abatement costs of energy-related CO_2 emissions in China: a slacks-based efficiency measure[J]. Applied Energy, 2012, 98: 198-208.

[266] Färe R, Grosskopf S, Whittaker G. Directional output distance functions: endogenous directions based on exogenous normalization constraints[J]. Journal of Productivity Analysis, 2013, 40(3): 267-269.

[267] 邓英芝.中国电力系统环境效率研究:考虑松弛变量的网络 DEA 视角[J]. 中国软科学, 2015, (11): 145-154.

[268] Wu Y N, Xu R H. Current status, future potentials and challenges of renewable energy development in Gansu Province (Northwest China)[J]. Renewable and Sustainable Energy Reviews, 2013, 18: 73-86.

[269] Feng Y, Lin H Y, Ho S L, et al. Overview of wind power generation in China: status and development[J]. Renewable and Sustainable Energy Reviews, 2015, 50: 847-858.

[270] 高涛, 乌兰, 邸瑞奇, 等.内蒙古的绿色能源及能源领域应对气候变化对策的思考[J]. 西部资源, 2009, (1): 18-26

[271] Zhang S F, Andrews-Speed P, Zhao X L. Political and institutional analysis of the successes and failures of China's wind power policy[J]. Energy Policy, 2013, 56: 331-340.

[272] Fourt L A, Woodlock J W. Early Prediction of market success for new grocery products[J]. Journal of Marketing, 1960, 25(2): 31-38.

[273] Rogers E M. Diffusion of innovations[M]. New York: Free Press, 1992.

[274] Bass F M. A new product growth for model consumer durables[J]. Management Science, 1969, 15(5): 215-227.

[275] Mahajan V, Muller E, Bass F M. New product diffusion models in marketing: a review and directions for research[J]. Journal of Marketing, 1990, 54(1): 1-26.

[276] Bass F M, Krishnan T V, Jain D C. Why the Bass model fits without decision variables[J]. Marketing Science, 1994, 13(3): 203-223.

[277] Guseo R, Valle A D. Oil and gas depletion: diffusion models and forecasting under strategic intervention[J]. Statistical Methods and Applications, 2005, 14(3): 375-387.

[278] Guseo R, Valle A D, Guidolin M. World Oil Depletion Models: price effects compared with strategic or technological interventions[J]. Technological Forecasting and Social Change, 2007, 74(4): 452-469.

[279] Guseo R. Worldwide cheap and heavy oil productions: a long-term energy model[J]. Energy Policy, 2011, 39(9): 5572-5577.

[280] Valle A D, Furlan C. Diffusion of nuclear energy in some developing countries[J]. Technological Forecasting and Social Change, 2014, 81: 143-153.

[281] Srinivasan V, Mason C H. Technical note: nonlinear least squares estimation of new product diffusion models[J]. Marketing Science, 1986, 5(2): 169-178.

[282] Venkatesan R, Kumar V. A genetic algorithms approach to growth phase forecasting of wireless subscribers[J]. International Journal of Forecasting, 2002, 18(4): 625-646.

[283] Rao K U, Kishore V V N. Wind power technology diffusion analysis in selected states of India[J]. Renewable Energy, 2009, 34(4): 983-988.

[284] Guidolin M, Mortarino C. Cross-country diffusion of photovoltaic systems: modelling choices and forecasts for national adoption patterns[J]. Technological Forecasting and Social Change, 2010, 77(2): 279-296.

[285] Valle A D, Furlan C. Forecasting accuracy of wind power technology diffusion models across countries[J]. International Journal of Forecasting, 2011, 27(2): 592-601.

[286] Makridakis S, Hibon M. The M3-Competition results, conclusions and implications[J]. International Journal of Forecasting, 2000, 16(4): 451-476.

[287] 万义莲.新疆风电现状及发展建议[J]. 新疆电力, 2002, 3: 50-52,60.

[288] Zeng B, Zeng M, Xue S, et al. Overall review of wind power development in Inner Mongolia: status quo, barriers and solutions[J]. Renewable and Sustainable Energy Reviews, 2014, 29: 614-624.

[289] Zeng M, Li C, Zhou L S. Progress and prospective on the police system of renewable energy in China[J]. Renewable and Sustainable Energy Reviews, 2013, 20: 36-44.

[290] Zhang S F, Li X M. Large scale wind power integration in China: analysis from a policy perspective[J]. Renewable and Sustainable Energy Reviews, 2012, 16(2): 1110-1115.

[291] Li X, Hubacek K, Siu Y L. Wind power in China – Dream or reality?[J]. Energy, 2012, 37(1): 51-60.

[292] Zang R, Feng S Z. Wind energy resource assessment and wind power development in Inner Mongolia[J]. International Electric Power for China, 1997, (4): 17-20.

[293] Zhao X L, Li S J, Zhang S F, et al. The effectiveness of China's wind power policy: an empirical analysis[J]. Energy Policy, 2016, 95: 269-279.

[294] Zhao Z Y, Tian Y X, Zillante G. Modeling and evaluation of the wind power industry chain: a China study[J]. Renewable and Sustainable Energy Reviews, 2014, 31: 397-406.

[295] Zhao Z Y, Chang R D, Chen Y L. What hinder the further development of wind power in China?—A socio-technical barrier study[J]. Energy Policy, 2016, 88: 465-476.

[296] Fan X C, Wang W Q, Shi R J, et al. Analysis and countermeasures of wind power curtailment in China[J]. Renewable and Sustainable Energy Reviews, 2015, 52: 1429-1436.

[297] Wang Q. Effective policies for renewable energy—the example of China's wind power—lessons for China's photovoltaic power[J]. Renewable and Sustainable Energy Reviews, 2010, 14(2): 702-712.

[298] Chen H, Li J, Han F, et al. Discussions on large-scaled and centralized development of wind power in China[J]. Energy Technology and Economics, 2011, 23(1): 11-15.

[299] She Z Y, Cao R, Xie B C, et al. An analysis of the wind power development factors by Generalized Bass Model: a case study of China's eight bases[J]. Journal of Cleaner Production, 2019, 231: 1503-1514.

[300] Adler P S, Clark K B. Behind the learning curve: a sketch of the learning process[J]. Management Science, 1991, 37: 267-281.

[301] Guseo R, Guidolin M. Modelling a dynamic market potential: A class of automata networks for diffusion of innovations[J]. Technological Forecasting and Social Change, 2009, 76: 806-820.

[302] Lu Z Y, Li W H, Xie B C, et al. Study on China's wind power development path—Based on the target for 2030[J]. Renewable and Sustainable Energy Reviews, 2015, 51: 197-208.

[303] Dong C G, Sigrin B, Brinkman G. Forecasting residential solar photovoltaic deployment in California[J]. Technological Forecasting and Social Change, 2017, 117: 251-265.

[304] Kumbaroğlu G, Madlener R, Demirel M. A real options evaluation model for the diffusion prospects of new renewable power generation technologies[J]. Energy Economics, 2008, 30(4): 1882-1908.

[305] Wang R, Liu W J, Xiao L S, et al. Path towards achieving of China's 2020 carbon emission reduction target—A discussion of low-carbon energy policies at province level[J]. Energy Policy, 2011, 39: 2740-2747.

[306] 郑照宁, 刘德顺. 中国光伏组件价格变化的学习曲线模型及政策建议[J]. 太阳能学报, 2005, 26(1): 93-98.

[307] de la Tour A, Glachant M, Ménière Y. Predicting the costs of photovoltaic solar modules in 2020 using experience curve models[J]. Energy, 2013, 62: 341-348.

[308] Zhao Z Y, Chen Y L, Chang R D. How to stimulate renewable energy power generation effectively? – China's incentive approaches and lessons[J]. Renewable Energy, 2016, 92: 147-156.

[309] Shi C L, Long R Y, Li H J. Study on the diffusion prediction of solar photovoltaic technology in China[J]. Industrial Technology Economy, 2011, 30: 60-65.

[310] Xu M, Xie P, Xie B C. Study of China's optimal solar photovoltaic power development path to 2050[J]. Resources Policy, 2020, 65.

[311] O'Donnell C J, Rao D S P, Battese G E. Metafrontier frameworks for the study of firm-level efficiencies and technology ratios[J]. Empirical Economics, 2008, 34(2): 231-255.

[312] Wang Q W, Zhao Z Y, Zhou P, et al. Energy efficiency and production technology heterogeneity in China: a meta-frontier DEA approach[J]. Economic Modelling, 2013, 35: 283-289.

[313] Lu W Z, Huang S J, Wang L. Environmental efficiency and regional technology gaps in China: a metafrontier non-radial and non-oriental Malmquist index analysis[J]. Polish Journal of Environmental Studies, 2014, 23(1): 119-124.

[314] Charnes A, Cooper W W, Divine D, et al. Comparisons of DEA and existing ratio and regression systems for effecting efficiency evaluations of regulated electric cooperatives in Texas[J]. Research in Governmental and Nonprofit Accounting, 1989, 5: 287-210.

[315] Resende M. Relative efficiency measurement and prospects for yardstick competition in Brazilian electricity distribution[J]. Energy Policy, 2002, 30(8): 637-647.

[316] Çelen A. Efficiency and productivity (TFP) of the Turkish electricity distribution companies: an application of two-stage (DEA&Tobit) analysis[J]. Energy Policy, 2013, 63: 300-310.

[317] Dai X F, Kuosmanen T. Best-practice benchmarking using clustering methods: application to energy regulation[J]. Omega, 2014, 42(1): 179-188.

[318] Scheel H. Undesirable outputs in efficiency valuations[J]. European Journal of Operational Research, 2001, 132(2): 400-410.

[319] Liang Y. China and the global financial crisis: assessing the impacts and policy responses[J]. China and World Economy, 2010, 18(3): 56-72.

[320] 张各兴, 夏大慰.中国输配电网技术效率与全要素生产率研究——基于 2005—2009 年 24 家省级电力公司面板数据的分析[J]. 财经研究, 2012, 38: 112-122.

[321] Amado C A F, Santos S P, Sequeira J F C. Using Data Envelopment Analysis to support the design of process improvement interventions in electricity distribution[J]. European Journal of Operational Research, 2013, 228(1): 226-235.

[322] Allman A, Daoutidis P. Optimal design of synergistic distributed renewable fuel and power systems[J]. Renewable Energy, 2017, 100: 78-89.

[323] Yan Q, Yin J, Wang X, et al. Evaluating the relation between electric power market reform and efficiency changes using the DEA model[J]. Revista de la Facultad de Ingeniería U.C.V., 2017, 32(2): 805-814.

[324] Tobin J. Estimation of relationships for limited dependent variables[J]. Econometrica, 1958, 26(1): 24-36.

[325] Xie B C, Gao J, Chen Y F, et al. Measuring the efficiency of grid companies in China: a bootstrapping non-parametric meta-frontier approach[J]. Journal of Cleaner Production, 2018, 174: 1381-1391.

[326] Färe R, Primont D. Multi-output production and duality: theory and applications[M]. Dordrecht: Springer, 1995.

[327] Duman Y S, Kasman A. Environmental technical efficiency in EU member and candidate countries: a parametric hyperbolic distance function approach[J]. Energy, 2018, 147: 297-307.

[328] Lin B Q, Du K R. Measuring energy efficiency under heterogeneous technologies using a latent class stochastic frontier approach: an application to Chinese energy economy[J]. Energy, 2014, 76: 884-890.

[329] Farsi M, Filippini M. An analysis of efficiency and productivity in Swiss hospitals[J]. Swiss Journal of Economics and Statistics, 2006, 142(1): 1-37.

[330] Hausman J A. Specification tests in econometrics[J]. Econometrica, 1978, 46: 1251-1271.

[331] Kumbhakar S C, Lovell C A K. Stochastic frontier analysis[M]. Cambridge: Cambridge University Press, 2000.

[332] Alvarez A, Amsler C, Orea L, et al. Interpreting and testing the scaling property in models where inefficiency depends on firm characteristics[J]. Journal of Productivity Analysis, 2006, 25(3): 201-212.

[333] Kumbhakar S C, Lien G, Hardaker J B. Technical efficiency in competing panel data models: a study of Norwegian grain farming[J]. Journal of Productivity Analysis, 2014, 41(2): 321-337.

[334] Pollitt M. Ownership and Performance in Electric Utilities[M]. Oxford: Oxford University Press, 1995.

[335] He Y X, Guang F T, Wang M Y. The efficiency of electricity-use of China and its influencing factors[J]. Energy, 2018, 163: 258-269.

[336] Çelen A. The effect of merger and consolidation activities on the efficiency of electricity distribution regions in Turkey[J]. Energy Policy, 2013, 59: 674-682.

[337] Kumbhakar S C, Hjalmarsson L. Relative performance of public and private ownership under yardstick competition: electricity retail distribution[J]. European Economic Review, 1998, 42(1): 97-122.

[338] Lin B Q, Wang X L. Exploring energy efficiency in China's iron and steel industry: a stochastic frontier approach[J]. Energy Policy, 2014, 72: 87-96.

[339] Jamasb T, Pollitt M. International benchmarking and regulation: an application to European electricity distribution utilities[J]. Energy Policy, 2003, 31(15): 1609-1622.

[340] Neuberg L G. Two issues in the municipal ownership of electric power distribution systems[J]. The Bell Journal of Economics, 1977, 8(1): 303-323.

[341] Growitsch C, Jamasb T, Wetzel H. Efficiency effects of observed and unobserved heterogeneity: evidence from Norwegian electricity distribution networks[J]. Energy Economics, 2012, 34(2): 542-548.

[342] Filippini M, Wetzel H. The impact of ownership unbundling on cost efficiency: empirical evidence from the New Zealand electricity distribution sector[J]. Energy Economics, 2014, 45: 412-418.

[343] Anaya K L, Pollitt M G. Using stochastic frontier analysis to measure the impact of weather on the efficiency of electricity distribution businesses in developing economies[J]. European Journal of Operational Research, 2017, 263(3): 1078-1094.

[344] Li H Z, Kopsakangas-Savolainen M, Xiao X Z, et al. Cost efficiency of electric grid utilities in China: a comparison of estimates from SFA-MLE, SFA-Bayes and StoNED-CNLS[J]. Energy Economics, 2016, 55: 272-283.

[345] Li H Z, Kopsakangas-Savolainen M, Xiao X Z, et al. Have regulatory reforms improved the efficiency levels of the Japanese electricity distribution sector? A cost metafrontier-based analysis[J]. Energy Policy, 2017, 108: 606-616.

[346] Liu X Y, Pollitt M G, Xie B C, et al. Does environmental heterogeneity affect the productive efficiency of grid utilities in China?[J]. Energy Economics, 2019, 83: 333-344.

[347] Coelli T, Perelman S, Romano E. Accounting for environmental influences in stochastic frontier models: with application to international airlines[J]. Journal of Productivity Analysis, 1999, 11(3): 251-273.

[348] Greene W. Fixed and random effects in stochastic frontier models[J]. Journal of Productivity Analysis, 2005, 23(1): 7-32.

[349] Coelli T, Perelman S. Efficiency measurement, multiple-output technologies and distance functions: with application to European railways. [J]. Applied Economics, 2000, (32): 1967-1976.

[350] Goto M, Tsutsui M. Technical efficiency and impacts of deregulation: an analysis of three functions in U.S. electric power utilities during the period from 1992 through 2000[J]. Energy Economics, 2008, 30(1): 15-18.

[351] Dal Bó E, Rossi M A. Corruption and inefficiency: theory and evidence from electric utilities[J]. Journal of Public Economics, 2006, 91(5): 939-962.

[352] Wang H J. Heteroscedasticity and non-monotonic efficiency effects of a stochastic frontier model[J]. Journal of Productivity Analysis, 2002, 18(3): 241-253.

[353] Zhu X Q, Karagiannis G, Oude Lansink A. The impact of direct income transfers of CAP on Greek olive farms' performance: using a non-monotonic inefficiency effects model[J]. Journal of Agricultural Economics, 2011, 62(3): 630-638.

[354] Deng N Q, Liu L Q, Deng Y Z. Estimating the effects of restructuring on the technical and service-quality efficiency of electricity companies in China[J]. Utilities Policy, 2018, 50: 91-100.

[355] Färe R, Grosskopf S. Network DEA[J]. Socio-Economic Planning Sciences, 2000, 34(1): 35-49.

[356] Kao C A, Hwang S N. Efficiency decomposition in two-stage data envelopment analysis: an application to non-life insurance companies in Taiwan[J]. European Journal of Operational Research, 2008, 185(1): 418-429.

[357] Cooper W W, Seiford L M, Tone K. Data envelopment analysis: a comprehensive text with models, applications, references and DEA-solver software[M]. Dordrecht: Springer, 2007.

[358] Xie B C, Wang J Y, Ma J J, et al. Efficiency evaluation of China's provincial power systems based on the dynamic network slacks-based measure model[J]. Journal of Cleaner Production, 2018, 174: 650-660.

[359] Tone K, Tsutsui M. Dynamic DEA with network structure: a slacks-based measure approach[J]. Omega, 2014, 42(1): 124-131.

[360] Fukuyama H, Weber W L. Measuring Japanese bank performance: a dynamic network DEA approach[J]. Journal of Productivity Analysis, 2015, 44(3): 249-264.

[361] 陈昌兵. 可变折旧率估计及资本存量测算[J]. 经济研究, 2014, 49(12): 72-85.

[362] Guo X D, Zhu L, Fan Y, et al. Evaluation of potential reductions in carbon emissions in Chinese provinces based on environmental DEA[J]. Energy Policy, 2011, 39(5): 2352-2360.

[363] Xavier S S, Lima J W M, Lima L M M, et al. How efficient are the Brazilian electricity distribution companies?[J]. Journal of Control Automation and Electrical Systems, 2015, 26(3): 283-296.

[364] Lam P L, Shiu A. Efficiency and productivity of China's thermal power generation[J]. Review of Industrial Organization, 2004, 24(1): 73-93.

[365] 曹秀芬, 杨桂元, 宋马林. 中国电力能源效率影响因素研究[J]. 科学决策, 2011, (11): 76-93.

[366] Nabavieh A, Gholamiangonabadi D, Ahangaran A A. Dynamic changes in CO_2 emission performance of different types of Iranian fossil-fuel power plants[J]. Energy Economics, 2015, 52: 142-150.

[367] Shermeh H E, Najafi S E, Alavidoost M H. A novel fuzzy network SBM model for data envelopment analysis: a case study in Iran regional power companies[J]. Energy, 2016, 112: 686-697.

[368] Tone K, Tsutsui M. Dynamic DEA: a slacks-based measure approach[J]. Omega, 2010, 38(3/4): 145-156.

[369] She Z Y, Meng G, Xie B C, et al. The effectiveness of the unbundling reform in China's power system from a dynamic efficiency perspective[J]. Applied Energy, 2020, 264: 114717.

后　　记

本书是作者所在研究团队对中国电力系统及其各部门效率研究思考的阶段性成果。虽然研究的出发点是电力行业的生产效率，但随着研究的深入，分析的角度经历了生产效率、环境效率到服务效率的变迁。本质上研究的是持续的政策改革和技术创新对优化电源结构、降低能源强度及减轻环境污染等产生的重要影响。这并不局限于中国，更是世界范围内广泛关注的问题。遵循这一研究思路，我们与其他合作者撰写了诸多论文，先后发表在诸如 *European Journal of Operational Research*、*Omega*、*Energy Economics*、*Journal of Environmental Management* 和《中国软科学》等国内外高水平刊物上。与以往的研究成果相比，本书以更全面的研究视角和更严谨的理论逻辑进行论述。

本书最终能够付梓，要感谢科学出版社的编辑老师等为本书的出版所做的不懈努力。在本书编辑校对过程中，他们付出了大量的时间和精力，从修辞手法、标点符号到符号表示，进行了多轮商讨，给我们提供了许多宝贵的意见和建议，这种对待学术严谨治学、克己求真的态度给我们留下了深刻的印象，其工匠精神与精益求精的态度是我们学习的榜样！

感谢国际能源经济协会副主席、国家自然科学基金委员会创新研究群体学术带头人、教育部长江学者特聘教授、"新世纪百千万人才工程"国家级人选、国家杰出青年科学基金获得者、北京航空航天大学经济管理学院院长范英教授在本书编纂过程中的支持与关怀。一直以来，范英老师以其严谨的学术态度、高度的人文关怀、儒雅的处世方式深深地影响着我们。本书成稿过程中，与范英老师多次交流研究边界的设定与研究框架的调整，为书籍的顺利出版奠定了坚实基础。在此，我们表示衷心的感谢和深深的敬意。

虽然我们在本书的写作过程中付出了最大的努力，但难免存在疏漏和不足之处。在此，我们恳请各位读者不吝指正！

作　者
2021 年 2 月